中國大學人文啓思錄

第10卷

本 书 编 委 会

顾 问⊙杨叔子

主 编⊙欧阳康

副主编⊙刘金仿　余东升

华中科技大学出版社

http://www.hustp.com

中国·武汉

图书在版编目(CIP)数据

中国大学人文启思录.第 10 卷/欧阳康主编.—武汉：华中科技大学出版社,2018.2(2025.3重印)
ISBN 978-7-5680-3441-8

Ⅰ.①中⋯ Ⅱ.①欧⋯ Ⅲ.①人文科学-文集 Ⅳ.①C53

中国版本图书馆 CIP 数据核字(2017)第 326967 号

中国大学人文启思录（第 10 卷）

欧阳康　主编

Zhongguo Daxue Renwen Qisilu (Di 10 Juan)

策划编辑：钱　坤　杨　玲
责任编辑：苏克超
封面设计：饶　益
责任校对：曾　婷
责任监印：周治超
出版发行：华中科技大学出版社（中国·武汉）　　电话：(027)81321913
　　　　　武汉市东湖新技术开发区华工科技园　　邮编：430223
录　　排：华中科技大学惠友文印中心
印　　刷：广东虎彩云印刷有限公司
开　　本：710mm×1000mm　1/16
印　　张：24.5　插页：1
字　　数：363 千字
版　　次：2025 年 3 月第 1 版第 2 次印刷
定　　价：68.00 元

文化素质教育要解决好
"以什么样的文化来育人"的问题

杨叔子

时隔多年,作为文化素质教育的一项重要成果,影响巨大的《中国大学人文启思录》又接着出版了,而且一次就推出了四卷,值得热烈祝贺!

文化素质教育涉及高等教育的两个根本,即"育人"和"文化"。对高等教育而言,一方面,牢记"育人"这个根本,就是不忘教育的初心;另一方面,牢记"文化"这个根本,就是不忘教育的内涵。本质上讲,教育就是"文化育人",就是"以文化人"。而文化素质教育就是要解决好"以什么样的文化来育人"的问题。

党的十九大明确指出,"中国特色社会主义进入了新时代"。如何服务于新时代的"总目标、总任务、总体布局、战略布局",创新发展具有中国特色社会主义新时代内涵的文化素质教育,是我们要承担的一项重要历史使命。

这里有必要重温党的十九大报告有关文化和教育的重要论述。

关于文化,党的十九大报告指出:"文化是一个国家、一个民族的灵魂。文化兴国运兴,文化强民族强。没有高度的文化自信,没有文化的繁荣兴盛,就没有中华民族伟大复兴。""文化自信是一个国家、一个民族发展中更基本、更深沉、更持久的力量。"文化自信成为"新时代坚持和发展中国特色社会主义的基本方略"的重要组成部分。

关于教育,党的十九大提出:"建设教育强国是中华民族伟大复兴的基础工程,必须把教育事业放在优先位置","要全面贯彻党的教育方针,落实立德树人根本任务,发展素质教育,推进教育公平,培养德智体美全面发展的社会主义建设者和接班人"。

可以说,文化很重要,教育很重要,素质教育很重要,而文化素质教育则将文化、教育、素质教育连接成整体。因此,文化素质教育同样也很重要。过去二十多年的文化素质教育实践已充分证明了这一点。

在中国特色社会主义进入了新时代的今天,文化素质教育工作首先要以习近平新时代中国特色社会主义思想为指导,重新认识新时代文化的内涵。新时代的文化,核心是社会主义核心价值观,这是新时代文化的核心和根本;要创造性转化、创新性发展中华优秀传统文化,继承革命文化,发展社会主义先进文化。其次,要发展文化素质教育,创造出既符合新时代文化建设要求又体现素质教育精神的有效途径和方法。

文化在发展,教育在发展,因此,"以什么样的文化来育人"是一个常说常新的命题。在这个意义上,文化素质教育将会"经久不衰"。华中科技大学提出"让文化素质教育的旗帜更加鲜艳",我十分赞成这个口号,也希望华中科技大学在这方面有新的建树、新的成就。我衷心地祝愿,文化素质教育将迎来新的发展高潮。

新时代大学生 文化素质教育及其实践导向①

欧阳康

 自 1995 年算起,我国高校的大学生文化素质教育已经开展了 20 多年,取得了非常丰硕的成果。《国家中长期教育改革和发展规划纲要(2010—2020)》将"以提高质量为核心,全面实施素质教育"作为中国教育改革和发展的重要方略,既指出了高等教育的发展方向,也对文化素质教育做出了宏观的战略定位。习近平总书记在党的十九大报告中明确指出,"建设教育强国是中华民族伟大复兴的基础工程,必须把教育事业放在优先位置,深化教育改革,加快教育现代化,办好人民满意的教育。要全面贯彻党的教育方针,落实立德树人根本任务,发展素质教育,推进教育公平,培养德智体美全面发展的社会主义建设者和接班人。"这为更好地开展文化素质教育指出了明确的方向。由此,在新时代拓展和深化大学生文化素质教育,应强化其实践导向。一方面将文化素质教育融入大学生的学习和生活实践,转化为他们的生存活动和生命体验,提高他们的文化品位;另一方面积极引导大学生主动投入当代中国的社会主义现代化实践和文化建设,在服务社会和报效

---

① 本文原载《教育研究》2012 年第 2 期,现征得作者同意做了部分修改,是为序。

祖国的过程中展示人生价值,在传承和创新中华文化的过程中提升思想境界。我们应当从这样的高度明确新时代大学生文化素质教育的功能定位和目标体系,探讨更加科学的价值取向和实施途径,促进当代大学生更加全面健康地发展。

一、明确文化素质教育的功能定位

改革开放以来我国高等教育取得了巨大的成就,尤其是通过大学扩招和合校,不仅让更多的适龄青年能够走进大学,也让大学在教书育人、科学研究、社会服务和文化传承创新方面获得全面发展的强劲动力与必要空间,让大学有可能回归大学本性,塑造大学精神,取得了革命性的跨越式发展。但是来自多方面的对于教育尤其是高等教育的不太满意,最少表明我们教育者包括教育管理者的初衷与社会各界对我们的要求与期盼之间还存在着相当大的差距,仍然值得我们深思。

在当前大学对于教育的担忧中,一个非常突出的方面便是大学生文化素养甚至基本素养的缺失。这当然并不只是大学的问题,而是涉及整个教育体系宏观定位和内部协调分工的问题。有人甚至这样描述过我们在人才培养方面从整个高中、初中、小学甚至幼儿园的教育错位问题:幼儿园急着教小学的课,小学急着教初中的课,初中急着教高中的课,高中急着教大学的课,而到了大学却发现还有一些基本的教育缺失,于是不得不去补在幼儿园就应当教的东西,要教大学生们做人行事、接人待物,教他们以基本的礼貌用语和行为规范,要对大学生进行基础性的人性、人格、人品培养。这就是人的基本素养与基本品格教育。文化素质教育正是在这种意义上显得格外重要和紧迫,要求努力提高校园文化建设水平,引导高校凝练和培育大学精神;鼓励师生员工特别是青年学生参与基层文化建设和群众文化活动。从本文讨论的话题来看,就是要对文化素质教育做一个恰当的功能定位。这里有三个层面的问题。

第一个层面,文化素质教育在高等教育体系中的定位。文化素质教育应纳入全面素质教育的视野来加以考察。全面素质教育包含着非常丰富的内容,文化素质教育只是全面素质教育体系的一个内在组成部分。1994 年起,时任华中理工大学校长的杨叔子院士和一批有识之士开始倡导文化素质教育。当时有很明确的针对性,就是由于高考文理分科所带来的理工科学生的知识结构局限和培养方面所存在的问题。由此以来,我国高校文化素质教育经历了从"三注"(注重素质教育,注视创新能力培养,注意个性发展)和"三个提高"(提高大学生的文化素质,提高大学教师的文化素养,提高大学的文化品位与格调)到"三个结合"(文化素质教育与提高教师素养相结合,与思想政治教育相结合,与科学教育相结合)的过程。当前,文化素质教育面对诸多挑战,需要我们的积极谋划与创新。《国家中长期教育改革和发展规划纲要(2010—2020)》将全面实施素质教育作为中国教育改革发展的基本方向和重要内容,既指出了高等教育的发展方向,也对文化素质教育做出了宏观的战略定位。我们应当在这样的双重意义和二维高度上来思考文化素质教育。

第二个层面,文化素质教育课程在高校课程体系中的定位。课程是教育教学的基本形式。文化素质教育只有纳入规范化的课程教育体系才有可靠的载体,才能得到具体的实现。多年来,我国高校普遍开设了文化素质教育课,有的学校还推出了一批精品课程,对拓展大学生的学术视野和知识体系、提高大学生的文化素养发挥了积极的作用。但现在看来,要把文化素质课真正开好还有很多的工作要做。一是拓展文化素质教育课程的覆盖面,将更多的学科内容开设为素质教育的课程;二是扩展文化素质教育课程的内涵,使之具有更加丰富的内容;三是提升文化素质教育课程的质量,使之具有更大的影响力和魅力;四是增加文化素质教育课程的数量,使更多的大学生能够有机会选修该类课程,受到文化的熏陶与洗礼;五是把文化素质的精神与价值灌注到各种专业课程之中,使之都能提升文化品格,发挥文化素质教育的功能,等等。

第三个层面,文化素质教育在大学生成人成才中的地位。人的全面发展是一个过程,在人的发展的不同时期有不同的具体内容和要求。实践性文化素质教育在大学生全面素质培养中发挥着非常重要的作用,其最根本的功能在于帮助大学生更早更好地走进社会和参与社会实践,促进大学生在实践中增强其文化自觉和文化认同,提升其文化品格,促进其全面发展。

二、构建文化素质教育的目标体系

我国的大学生文化素质教育自实施以来已经取得了一定的成效,在新的历史时期,文化素质教育何去何从则需要一个明确的目标体系。对于我国高等教育,党中央提出两个核心问题——办什么样的大学和怎样办好大学,培养什么样的人和怎样培育好人。按照这样的思路,这里我们要问的问题就是,搞什么样的文化素质教育,怎样更好地开展文化素质教育。或者我们也可以把问题转化为文化素质教育的核心目标何在,如何实现它的核心目标,这就是在多元价值背景下如何更好地履行"立德树人"的神圣使命。由此,构建文化素质教育的目标体系应着眼于以下几个方面。

第一,尽快从涉及文化素质教育的一些概念争论中超脱出来。近年来,围绕文化素质教育的概念界定和内涵存在着一些争论,需要我们加以正视。从教育部的官方文件来看,使用的是文化素质教育概念,并将其看作素质教育的内在组成部分。我国绝大部分高校也都是使用的这个概念,在文化素质教育的旗帜下开展相应的活动。近年来也有学校把类似的活动叫作"通识教育",与国外所说的"General Education"相比照;有的则叫作"博雅教育"或"自由教育",来源于国外一些高校的"Liberal Education"或"Liberal Arts Education";国外还有高校将其称为全人教育,即英文的"Whole-Person Education"。有的高校既讲文化素质教育,又讲通识教育,也用博雅教育,想把多方面的内容都容纳进去。也有的学者不赞成诸多提法并存,认为它们是与文化素质教育有区别甚至对立的,主张用文化素质教育来加以统一或统摄。笔者认为,这种争论,一方面反映了素质教育尤其文化素质教育可能具有的丰富内涵和多样形态性,另一方面也表明人们力图从不同的侧面来开展活动,强化其不同的侧面。从总体来看,这些概念方面的讨论如果能够形成共识,对于澄清问题无疑是有好处的,但如果一时无法达成共识也不要紧,因为关键和重要的问题不在于名目,而在于实质,在于我们的总体教育理念和实施方略。不管以什么名目来展开,只要有利于大学精神的塑造,有利于大学生的自由全面健康发展,有利于培养更多更好的优秀人才,就应当允许和鼓励。

第二,文化素质指导委员会和相关单位应当拓展自己的工作边界。就拓展文化素质教育的工作边界而言,过去我们关心得比较多的是人文知识的拓展,希望能够开设更多的选修课,后来发展到了大学生综合能力培养,设计了多种形式的活动,现在又提升到了高端素养的培育和养成,这就需要更加丰富多样的载体和手段。就文化素质教育深化和发展的方向而言,则需要更加广阔的视野、更加创新的思路、更加开拓的精神,着眼于文化的传承与创新。我们主张强化大学生文化素质教育的实践导向,这里的实践包含大学生本身的学习生活实践和中国社会的生产与发展实践。我们一方面应当努力将文化素质教育融入大学生的学习生活实践,转化为他们的生存活动和生命体验,增强大学生校园生命活动的实践特性和文化内涵;另一方面应当积极引导大学生主动投身于当代中国的社会主义现代化实践,在服务社会和报效人民的过程中展示人生价值、提升思想境界。这就给文化素质教育提出了很高的要求,也提供了更大的活动与发展空间。如果我国各高校的文化素质教育基地和相关机构都能把工作边界再拓展一点,工作思路再细致一点,活动内容再丰富一点,那么我们的大学生文化素质教育就会在整体上有更大的拓展,拓展的目标就是促进大学生的全面的高素质的培养。

第三,关注文化素质教育的三种内涵或者三个层面。文化素质教育包含着三个基本的层面:一是知识层面;二是能力层面;三是境界层面。我们过去对前两个层面更为关注,也做了很多很好的工作。在知识层面,我们强调人文与科学并重,要求理工科学生加强人文知识和修养,人文社科的学生要加强科学精神教育,实际上所有的学生都应该既有科学素养又有人文素养。现实情况是学理工科的学生不一定都有很好的科学素养,而学人文的也不一定必然有很好的人文素养,我们需要一种整体性的教育。在能力层面,我们强调感性与理性能力、动脑与动手能力、批判与建构能力、服务与创新能力等的统一。今天我们更看重的是第三个层面:境界层面。当代大学生缺失的是思想境界,而境界提升实际上是一件很难的事情。冯友兰先生认为人生有四种境界,即自然境界、功利境界、道德境界和天地境界,人的境界提升是一个从自然到功利到道德到天地的过程。马克思的墓志铭上写的

是"哲学家们只是用不同的方式解释世界，而问题在于改变世界"。向哪个方向去改变？自然是向最理想的方向，而理想则在人的心中，这个理想的生成需要在人的全部生命体验中去感悟。

从当前大学生的实际情况来看，我们一方面要强调提升境界，另一方面要敢于和善于去面对消沉、面对堕落、面对沉沦。过去我们的文化素质教育往往关注人性和人心的高端方面，这是应当继承、保持和发扬的。而同样应当引起关注的，恰恰还有低端的东西。如果人生没有一个高的境界，人生是没有意义的，大学生活是没有目标的，甚至会出现消沉与堕落。所以，我们不仅要问一问"钢铁是怎样炼成的？"也还应该问一下"钢铁是怎样锈蚀的？"从人性的基础性假说来看，西方文化是原罪说和性恶论，中国文化是性善说。不管是性善性恶，在现实社会中，不管由善变恶，还是由恶变善，关键在于自我意识和自我规范，才有可能在行动中获得自由。

大学生们追求自由，但对自由也有很多的误解。例如，不少人把自由简单地理解为随心所欲。其实真正的自由不仅仅是随心所欲，首先是在认识和超越限定。英国哲学家以赛亚·伯林爵士把自由分为两种：一种叫作积极自由，即自由地做想做的事情（Freedom to do what you want to do）；另一种叫作消极自由，即超越限定的自由（Freedom from the limitation）。

我们每一个人都生活在限定中，只有把握和消除了限定，才有可能做自己想做的事情，实现积极自由。每一个大学生都生活在受到各种限定的环境中，从他们进大学那一天起，就要遵守校规，要去学习，要去上课，要做作业，要做实验，完成论文等。这些限定已经将他们压得喘不过气了，他们如何去实现自由，达到真正的自由？如果对于自由理解得不正确，他们所追求的自由就可能变成没有前提的随心所欲，成为一种放纵，成为一种无政府主义。

三、探讨文化素质教育的有效途径

文化素质教育目标的达成需要有科学有效的路径支撑。多年来，我国高校在这方面已经形成了很多好的做法，应当继续保持和发扬。但新时代文化素质教育面对全新的大学生群体，有更高的要求，要使其更加行之有效，还需要加强对教师和学生的情况做具体分析，尤其是从实践导向的高度回答一些有关教育途径的基础性问题。这里主要讨论以下几个问题。

第一，人的优秀素养，到底是"教"出来的，还是"养"出来的？这里说的"教"是指来自外部的灌输，这里说的"养"就是自我的体验。过去我们比较强调来自外部的环境影响和教育引导，现在越来越感到体验的重要性。笔者作为哲学教师，特别重视人生的体验与感悟。因为，真正的优秀很难说是教出来的，而往往是自己悟和养出来的，是一种自我教育和自我塑造。最现实的情况是，我们用同样一套教育体系、同样一套课程、同样的教学方法，去教不同的学生，达到的效果却大不相同。大学四年结束之时，当年以相似的高分招收进校的大学生，在同样的学校环境中却迅速地发生分化，大多数人保持在一般状态，而优秀的和落后的则向两个极端迅速分化。同样一个体系对于不同人的作用是非常不一样的。而这里最大的差距就在于学生对于学校的教育和环境的作用有非常不同的自我领悟与自我内化。开展大学生文化素质教育，从学校的角度看，就是提供一种氛围和条件，而其作用，则要看不同学生对其的认同与追寻。

第二，学生如何才能由被教育者转化为自我教育者？我们过去一直强调"全员育人"，但笔者认为更应注重"全员自育"。只有当每一个大学生都能够自觉地进行自我教育的时候，我们的育人体系才可能发挥作用，否则再好的教育体系对同学们来说无非是一些外在性、强制性和框架性的东西，难以对他们的内在因素发挥实质性的积极作用。这正是实践性文化素质教育体系的关键因素。华中科技大学的 172 名同学，以王艾甫先生无意中发现的没有发出的 84 张阵亡通知书为线索，为太原解放战争中牺牲的湖北籍烈士寻找亲属，开展"烈士寻亲"活动，在履行国家责任的过程中迅速成长，变得更加成熟。这项活动获得国家有关部门的表彰。后来我们继续开展红色寻访，为赤壁市羊楼洞野战医院的抗美援朝志愿军烈士寻找亲友，寻访改革开放 30 年，寻访新中国成立 60 年，等等。这些活动把同学们引入到中国社会实践的历史与现实，促进了外部信息向同学们内在心理和社会要素的转换，引领了他们的思想进步，加速了他们的成长过程。这表明充分认识历史的现代意义，发挥历史事实的教育作用，促进历史意识的现代塑造，对于大学生的健康成长具有更为直接和重要的意义。

第三，教师如何才能由演员变成导演或教练？课程是文化素质教育的重要渠道。给大学生上文化素质教育课，教师好像是个演员，在课堂上演讲，学生是听众，二者之间往往存在着主动与被动的巨大反差。即便教师表演得再好，得到了同学们的好评，但如何实现课程内容的内化，把课堂的教育教学变成大学生所特有的实践性活动，仍然是件值得探讨的事情。因此，文化素质教育的作用应当是让同学们成为演员或者运动员，教会他们自己去表演、去提高素养、去创造好的成绩，而教师的角色应当由演员向导演和教练转换。在文化素质教育的课堂或者活动中，教师不应当冲到第一线，而应当在第二线甚至第三线，让学生冲到第一线去实践、去学习、去探索，并从中获得进步。

第四，学校的各种教育资源如何在素质教育的统摄下更好整合？各个学校都有很多资源，分散在学校的各个方面，由各种职能部门管理，如何将它们汇聚起来作为一个有机系统投入到大学生文化素质教育，将各方面的力量汇聚成为一种合力，从不同方面推动文化素质教育的发展，这是当前特别值得研究也需要努力去做的事情。很多学校在这方面做出了积极的探索。这里的一个重要办学理念在于，素质教育是当前中国高等教育的战略性选择，文化素质教育作为素质教育的突破口，不仅是文化素质教育基地的事情，也是全校的事情，学校的各个职能部门都应当把文化素质教育作为自己的工作来抓紧抓好，使学校各方面的力量形成合力，促进大学生全面发展。

四、确立新时期文化素质教育的价值取向

新时代文化素质教育的价值取向在一定程度上决定着文化素质教育本身的发展方向，只有确立了科学的价值取向，才能保证文化素质教育沿着正确的方向前进。我们强调新时代文化素质教育的实践导向，就是要将文化素质教育融入大学生的学习与生活，转化为他们的自觉实践，同时要通过多种形式的文化素质教育活动，把大学生引导到火热的中国社会发展与建设实践，让他们在社会实践中发挥作用，实现价值，增长才干。为此，新时期文化素质教育应当也有必要在以下方面做出努力。

第一,坚持全员育人与全员自育相结合。谁是高校教育教学的主体?对此,高等教育界一直存在争论。有人主张教师是主体,也有人主张学生是主体,由此形成了教师主体论和学生主体论。在我们看来,教和学是一个过程的两个基本方面,教师作为教育者,是教育教学的主体,教师对整个教育教学过程起着引领、把关的主导作用,教师的主体性对教育教学的质量有着极为重要的作用;学生作为受教育者,他们是客体,但并不完全是被动的,因为他们同时也是学习、研究、思考的主体,掌握着学习的进度和质量,决定着学习的效果和水平。一个优秀的教学过程是教师的主体性和学生的主体性都很好发挥并有机结合的过程。没有教师主体性的发挥,则不可能按照预期的目标来培养人;没有学生主体性的发挥,则再好的教师和教育体系也无法有效地发挥作用。这就是教和学的辩证法,也是教育和自我教育的辩证法。在文化素质教育中也要特别注意处理好这两个主体之间的关系,让教师和学生都能够找到自己的定位。从学校管理的角度看,教师是主导的,优秀的教师应当能够在有限的时间和空间里最大限度地调动学生的学习积极性,使他们向着更加积极主动和健康的方向全面发展,以提升大学生的基本素养,实现对于大学生全面自由发展的有效引领,从而使大学期间的人生为未来人生积累更多的经验和财富,这就是我们说的全员育人指导下的全员自育。要达到这样的要求,对于教师的素质无疑提出了更高的要求。甚至可以说,强化素质教育,也在一定意义上意味着对全体教师文化素质的一种重塑,要求每一个人都不断提升自己的素质。从这样的意义上可以说,大学教师的教师资格不是一蹴而就、一劳永逸地获得的,而是需要不断充实和提升,不断考核和监督。

第二,坚持素质教育与专业教育相结合。在社会高度分工的条件下,一般来说,大学生最终要通过从事一定的专业工作或在一定的行业中服务于社会,所有的素质都要在专业性的工作中得到表现和应用,发挥出应有的作用。因此,素质不是脱离专业而存在的,文化素质教育是专业教育的补充。相应地,素质教育不可能脱离专业教育而孤立地存在,只能依托和贯穿于专业教育和专业学习之中。如果没有了专业,再好的素质也难以发挥作用。文化素质教育应当贯穿于专业教育之中,使专业知识与素养的训练变得更加扎实和丰富。这就要求专业教师具有更高的文化素养，使专业学习具有更加丰富的文化内涵，使专业训练具有更高的文化品位。

第三，坚持"教练式的教"与"学生自主性的练"相结合。文化素质教育不应当仅仅传授知识，更要求身体力行。因此，文化素质教育不能采取满堂灌式的教，它应该是教练式地教，激发和引导学生自主性地练；不仅在课堂上练，也在实践中练，让师生在生产和生活实践过程中实现良性和健康的互动，让学生在练习中体会到进步、成就与快乐。做一个好的教练对于教师提出了很高的要求，实践性的教学也对学生不断提高自我素养提出了要求，提供了空间和机会，有助于调动他们的学习积极性，激发他们的创造力。

第四，坚持规范式教育与个性化学习相结合。今天的中国高校总体上来说还是比较强调教育的整体性、规范性和统一性的，以便保证高等教育的基本质量，这是必要的。但如何在此前提下进一步加强多样化和个性化的教育，为学生的个性化发展提供必要条件，则尤为需要探讨。今天的中国高等教育由精英型走向了大众型，但这仅仅是从招生比例来说的，并不能成为降低高等教育质量的口实。从高等教育在中国教育体系中的地位来看，它仍然承担着培养高端人才的任务，并且仍然应当是精英教育，或者至少应当保持精英品格。精英教育的核心是个性化教育，让每个受教育者能够最大限度地发展自己的个性，文化素质教育也应当成为个性化教育的内在组成部分和重要途径。

在新时代拓展和深化大学生文化素质教育，既是时代的要求，也是未来的呼唤，它涉及中华民族高端人才的整体素养，影响着中华民族的未来复兴，同时，也是关系到中国高等教育未来发展前途命运的重大战略问题。强化大学生文化素质教育的实践导向，有助于把大学生的校园学习生活引导到社会实践的广阔天地，极大缩短校园与社会的心理和文化距离，使大学生个体能够更早更好地服务于和融入群体和社会文化体系，增长才干，提升境界，获得更加全面和健康的发展。也正是在这个过程中，我国高等教育才能够更好发挥其文化传承创新功能，为中华文化建设和中华民族的伟大复兴做出更加积极的贡献。

目 录
contents

1

大学与教育

DAXUE YU JIAOYU

教育与生活——关于"教育回归生活"的哲学思考

孟建伟　中国科学院大学人文学院教授

很高兴到华中科技大学再做一次演讲,这已经是第五次了。我今天讲的题目是《教育与生活——关于"教育回归生活"的哲学思考》。教育回归生活,是教育界一直在思考的问题。这个问题不是我提出来的,是整个教育界早就在讨论的问题。但是,一直以来,我们似乎还没有完全搞清楚教育为什么要回归生活,教育如何回归生活,教育回归生活的目的和意义是什么。弄清这些问题很重要,对我们今天的教育有着很强的现实意义。我想拿这个题目给同学们讲一讲。主要讲这样几个问题:第一,教育为何要回归生活;第二,教育回归生活的途径;第三,教育回归生活的目的和意义。

在进入主题之前,我跟大家谈谈一个比较现实的问题,那是一个重大的现实问题。我国的科学元老钱学森提出:为什么我们的学校总是培养不出杰出人才?我认为,杰出的创新人才是由多方面因素造就而成的,其中有一个问题可能同我们的教育和生活的脱节有很大的关系。所以,我将从这个角度来阐述教育和创新人才的关系,就是说,如果我们的教育老是面向书本,而不是面向生活,这样培养出来的孩子,他在很多方面可能会受到局限。教育的一个很重要的特点,就是应当同生活紧密地联系在一起。如果没有和生活紧密地联系在一起,那么,培养出来的孩子可能就是书呆子,只懂得理论推导,而且是空洞的理论推导,对实际一无所知。但是,如果我们有很丰富的生活体验和生活阅历,然后再去搞理论,那就完全不一样了。根据我的成长经历,我深深地体会到,生活体验和生活阅历对我们每个人来说的确是非常重要的。有人说,一个人要读两所大学,一所就是我们现在所读的大学,还有一所就是生活这所大学。关于生活这所大学,不管你现在愿意与否,将来你是必须经历的,是不能回避的。所以,我在想这样一个问题,就是说,如果生活这所大学你是必须读的,那我们今天的学校为什么不早早给孩子们这样一种生活教育。如果说我们的学生从小到大一步一步地脱离生活,一直读到博士,那读完以后要让他怎么回归生活?彻底脱离生活的人再回归生活难不难?很难。浪费不浪费?很浪费。所以,在我们的教育理念里面能不能将社会的生活和真正意义上的人生生活同我们的大学生活在某种意义上融合起来。这样一来,我们将来走向社会、回归生活的时候,就会少走一点弯路。这是我的一个想法。

当然,大家知道,生活的意义还不仅仅是你将来要回归生活的问题,还要回答一个创造力的问题。为什么有些人很有创造力,而有些人没有创造力?我觉得,这同人自身的人性发展密切相关。我们今天的教育非常讲究专业化,把某一个专业领域搞得很深很精,但是,如果你从数学到数学,再到数学,你将来一定能成为一个数学家吗?不一定。我们在座的华中科技大学的同学都在学某个专业,你说一个人一辈子就在这个专业里面从头到尾一下子干到底,就会有创造力吗?应该不会。人文教育最核心的问题实际上就是要培养我们一种完整而丰满的人性。这个完整而丰满的人性如果不具备的话,你的创造力有时候就会大打折扣。人的创造力是一个很奇怪的东西。有时候恰恰是非专业层面的东西,给了你一种完整而丰满的人性,而正是这种完整而丰满的人性激发了你的创造力。还有,人一辈子在钻研的时候,在做事业的时候,其实还需要好多好多专业以外的灵感。我发现,一个人专业搞得好或搞得不好,往往并不取决于专业本身,还取决于你对这个专业的兴趣和爱好。而每个人往往有某一根神经特别发达,比如说陈景润,那根神经在什么地方?数学。而杨丽萍,那根神经在什么地方?舞蹈。所以,我们的教育关键是怎么让我们千千万万的孩子找到那根最敏感的神经。这根神经不是一下子就可以找得到的,好多人一辈子都不知道这根神经在哪。有时候,我感觉到生活里面的智慧,生活体验非常重要。我研究了哲学

以后,发现其实最好玩的哲学是人生哲学。人生哲学的好处,就是一方面你在创造,一方面你在成长,一方面你还给千千万万的人带来人生智慧。

接下来,我给大家讲讲另外一个问题,即生活也是一所大学校。如果一个人光是从读书到读书,再到读书的话,你们还体会不出来,最后会变成怎样。但是,我们这代人有自己的体会。比如说张艺谋、冯小刚,这些人是靠什么走向成功的?最重要的一点就是生活。如果没有那种丰富的生活阅历,他们能拍出好电影吗?还有莫言,他的魔幻现实主义主要来自什么?来自生活。所以,生活确实是一所大学校。同学们可能会问:你举的例子都是有关文学艺术的,那科学有没有?我告诉同学们,其实科学里面一些伟大的创造有好多也来源于生活。搞激光照排的王选就解决了一个大问题,这个大问题来自生活,就是中国需要激光照排。激光照排出来了以后,带来了整个印刷业的革命。如果对生活不是那么敏锐、那么敏感的话,他能创造出这个吗?创造不出来。还有袁隆平,袁隆平的成就来自生活。在中国相关领域,还有谁比他的成就更大?他在很大程度上把粮食问题解决了,还有比粮食问题更大的问题吗?他解决的是直接同人民的生活密切相关的最深刻的问题。我给大家举这些例子就是为了说明,我们许多伟大的创造直接来自生活,而且一定要把重大的生活问题解决了,那才是伟大的。而要做到这一点,你必须对生活要有很深的理解。我觉得,我们今天有一个很重要的课题,就是怎么向生活学习。

第一点,教育为何要回归生活。关于教育和生活的关系问题不仅是一个重大的理论问题,而且是教育实践里面一个重大的现实问题。教育为何要回归生活?一言以蔽之,生活是教育的根和本。根和本,这是两个概念。

其一,生活是教育之根。教育像棵大树,这棵大树下面是许多许多根,根是什么?埋在底下的东西就是根。我们现在读书在读什么?好像是在读那棵大树的树干,甚至我们不读树干,只读这棵大树结的果。这个果是什么?就是知识。如果你光读知识,不读那个根,不读那个树,没有根,你后来会有发展、会有成长、会有创造吗?这个难度是很大的,因为我们把根丢了。所以,这是一个大问题。教育回归生活就是从树叶、树枝向树干、树根的回归,重新领悟根对树的意义和价值,这是我用很浅显直白的语言解说理论上的一个很深的问题。这就关系到我们为什么培养不出创新人才的一个大问题。就是说,如果你把这个根切断了,这就是应试教育。应试教育的本质是什么?就是我给你们知识,知识在哪里用?考试用。就是让我们的孩子不断填满知识,知识是唯一的东西,然后就是考试。由此问题出来了,这样的话我们的创造力很可能会缩减。为什么?那个活生生的根被切断了,就学那个果。所以,我觉得这个问题太大了。教育倾向于过早、过强、过度地将学生引入课堂、引入书本、引入名目繁多的考试,也过早、过强、过度地使人脱离自然、社会和活生生地生活。我认为,这是我们应试教育应该反思的问题,应试教育最大的问题就在这个地方。本来孩子们应该活生生地生活,你不能把他们在很小的时候就关起来,甚至是连根切断。这样一来,人的创造力在某种意义上不会随着知识的增长而增长,反而会受到压抑甚至扼杀。这往往是看不见的。

其二,生活是教育之本。本是什么意思呢?生活不仅是教育的根,而且是教育的本。根和本这两个字在字典上的意义差不多,本也有根的意思,但是还有事物之根本的含义。我是这样理解的:生活是教育之根是从认知论的角度讲的,生活是教育之本主要侧重于本体论、价值论,强调教育和生活的关系,生活是根本,教育是为生活服务的,可以说所有的教育的目的都是为了更好的生活。这一点我们有时候淡忘了。孩子们,我让你们刻苦学习,不断地努力学习,可是学习是为了什么?为了学习而学习?其实,学完了以后就是为了我们更好的生活。如果这个忘了,教育的本就忘了。在教育界,我还提出一个观点叫作"幸福教育",我认为,我们所有的教育到最后都要兑现到幸福教育。如果孩子们从小到大的学习是不幸福的,我认为这是一个很大的问题。人一辈子什么时候最好?那不就是 30 岁之前最好吗?! 而最好的年华居然是不幸福的,我觉得这个事情是非常值得反思的。还有一个更深层的问题,如果 30 岁之前是不幸福的,30 岁之后还会幸福吗? 难度更大,那个时候人逐渐老起来了,青春没了,激情也没了。所以,我认为我们的教育应该是为了更好的生活,不仅要在教育过程中给孩子们幸福,而且使他们将来也能幸福。因此,教育和生活的关系是一个很深的问题,当然,关于根和本这两个问题是紧密地联系在一起的。只有扎根于生活的教育,才会是一种健康的教育，才能更好地服务于生活，反之亦然。这就是教育和生活的关系。

第二点，教育回归生活的途径。这是我们一直没有搞清楚的问题。大家都说教育回归生活，但是怎么回归？我在理论上做了这么一个解读：教育脱离生活的直接原因应当归咎于脱离生活的知识教育和应试教育。我们今天实施的教育大部分可以说就是知识教育，即把知识几乎看作是教育的唯一内容。为什么应试教育去不掉？关键就是知识教育，因为要测验你知识有没有学到，唯一的途径也许就是考试。这就是教育脱离生活的一个关键原因，把同学们所要的东西都归结为知识了。那么，这种教育模式的根源是什么呢？就是狭隘的知识论的教育观。而狭隘的知识论的教育观的根源又是什么呢？可以追溯到狭隘的知识论的科学观。简单说来，就是把科学等同于知识，认为知识就是科学的一切，所以只要知识学到了，科学就完全学到了。这个观点影响极大，因为大家都知道，科学在整个社会里占有独特的地位，科学在整个教育体系中所占比重很大。如果科学观是知识论的话，那么，我们所有的教育也都会导向知识论，问题就在这个地方。如果把科学看作是一种纯粹的知识，是一个真的经验命题的体系，那么，我们只要把真的经验命题全都学到了，一切就都学到了。这样一来，我们就会重视科学的辩护和证实过程，而忽视科学的发现和创造过程，进而我们有可能只注重科学结果的辩护与证明，而不管其发现与创新。其实，科学最重要的恰恰是有什么发现，有什么创造。你说发现重要还是证明重要？肯定是发现重要。所以，我们今天一个最大的问题就在这里，关注的是静态的科学逻辑而不是萌动的科学思想，关注的是人所发现和创造的知识而不是发现和创造知识的人，关注的是人的认知经验而不是包括科学生活在内的整个人生的生活经验。这是我们教育领域，尤其是科学教育中存在的最大问题。

因此，要改变脱离生活的知识教育和应试教育，不仅要改变脱离生活的知识论的教育观，而且更要改变脱离生活的知识论的科学观和科学哲学。我是搞科学哲学研究的，但是我对西方的知识论的科学观和科学哲学有很强的反思。我认为，那种知识论的科学观和科学哲学有很大的问题，因为它把我们的科学教育纯粹归结为知识教育，这样一来，我们的创造力在某种程度上反而会下降。所以,要构建一种知识、文化、生命三者融为一体、以生活为根本的新型科学观和科学哲学,由此形成一种知识、文化、生命三者融为一体、以生活为根本的新型教育观,从而引导教育回归生活。这是我的理论上的一个思路,在此基础上将形成一种新的科学哲学,我在理论上把它叫作科学文化哲学。这种科学文化哲学把知识论、文化论和生活论三者结合起来,而且把它们建立在生活论的基础之上,形成一种新型的科学观。我认为,科学领域需要科学知识,还需要科学文化,更需要科学生活。把这三者结合起来,才是培养科学家的完整的观点。这种新型的科学观和科学哲学把知识论、文化论、生活论融为一体,并在这个基础上还将建立一种以生活论为基础的新型教育观。这条路里面蕴含着教育回归生活的途径,就是从知识教育回归文化教育,然后从文化教育回归生活教育。

首先,从知识教育回归文化教育是教育回归生活十分重要而关键的第一步。在我看来,科学不仅是一种知识,更是一种包括知识在内的文化。科学文化和科学知识有什么差别呢?科学文化是树,科学知识是果。我们学科学,首先是要把树学会,而不是说仅仅学会一个果。为什么?因为果是长不出果来的。如果有了树,有了文化之树以后,就会长出无数的果。因此,我认为要学习和理解科学,特别是对于有志于有所发现和创造的人来说,不仅要学习、理解科学知识,更要学习、理解孕育科学知识的整个文化。中国人有个词我觉得很值得研究,西方人叫作知识,我们叫作学问。你们说学问大还是知识大?我说学问大。学问是什么?学问包括知识在内所有需要探究的东西。知识人的特点往往是这样的:这点我知道,我背出来了,那点我知道,我也背出来了。但是,单纯的知识往往难以从无到有搞出创新的东西。然而,在新时代大家都知道,衡量一个人是否伟大的标准是什么?那就是创造。不是说世界上的知识我全都掌握了,那没用,你哪怕掌握得很少,你有一个东西是自己创造的,你就是伟大的。所以,从科学知识到科学文化的回归很重要。

第二步是从文化教育回归到生活教育。如果说科学知识是果,科学文化是树,那么,科学生活就是根。与科学文化相比,科学生活是一个更为广阔而深刻的概念。它涉及人,涉及整个生活,涉及生命本体,涉及科学文化

和科学创造所需要的所有元素,这就是科学生活。所有的创造来源于生活,这里的生活还包括人生观。你说从事科学需不需要人生观?恐怕没有人生观是不行的。如果光要知识不要人生观,到最后连怎么做人都不知道了。其实,做科学家从某种意义上说就是做一个从事科学的人。这要怎么做?那学问大了,无疑包括对人生的意义和价值的看法。如果你找不到搞科学对自己有何意义和价值的话,那么,这个科学之路是走不到头的,或许走到半路上你就不想搞了。这就是关于科学生活的问题,同生命是连在一起的。从某种意义上说,科学生活与科学文化的关系,同样是整体和部分的关系、孕育和被孕育的关系。真正意义上的科学教育应当是全面和完整的,不仅应当追求果的教育,而且需要关于树的教育和根的教育。这就是从知识教育到文化教育,再到生活教育的途径。

这里面有三重意义上的回归。一是关于认识论和方法论意义上的回归。过去我们读书,是从知识到知识,再到知识,这是个逻辑推导过程。现在我们希望的是,将知识回归到生活那里去,从生活那里找到知识之根。如果离开了生活,如果你把生活的根切断了,那么,你所学到的知识充其量只是死的知识,而不是活的知识。这是关于认识论和方法论的问题,你要接近生活和回归生活。二是关于价值论和本体论意义上的回归。就是要使你学到的知识在价值论和本体论层面找到意义。我学完这些知识以后对我有什么意义,对社会有什么意义?我要改变我的生活,改变人类的生活,提高人类的物质和精神生活水平。这就是关于价值论和本体论意义上的回归。三是关于认识论和方法论同价值论和本体论相结合意义上的回归。我认为,我们今天的绝大部分教育都是关于认识论和方法论意义上的教育,缺乏完整的关于价值论和本体论意义上的教育,尤其是缺乏完整的二者相结合意义上的教育。就是说,只知道我们要去读书,我们要拼命学习,努力学习,成为有用的人,但是有一点忘了,我学了以后对我个人有什么意义呢?其实,后者才是最重要的。如果学了以后对我没有意义的话,对我的生命没意义的话,那么,读书就会在很大程度上失去目标和动力。所以,我认为今天的教育要把真正意义上的创新教育和幸福教育结合起来,就是我在创造着,从而使我成为一个有用的人,但同时也使我成为一个幸福的人。

最后一点,讲讲教育回归生活的目的和意义。有人问,教育回归生活,怎么回归?回归到哪儿去?目前理论界还有不少争议,我谈谈个人的看法。怎么个回归法?目的在哪?

第一条,让教育回归深深扎根于现实的生活,从而从根本上改变教育脱离生活的境遇,重新找回生活之根本。这个现实的生活是由现实的人、现实的生活世界和现实的生活实践三者组成的,以现实的人为中心。知识教育和应试教育最大的缺陷就是和现实的生活严重脱节,使教育变得枯燥、空洞而抽象,变得非人性化,缺乏生机与活力。如果我们把生活和教育紧密结合起来,那么,我们就会感觉到自己就是时代的弄潮儿,我们就站在这个时代的前沿,我们扎根于现实的生活。所以,这个回归就是直接回归现实生活。这里也需要注意三个观念。一是关于人的观念。人是教育的中心和教育之本,无论是知识教育、文化教育还是生活教育都需围绕人而展开,并服务于人。二是关于生活世界的观念。现实的生活世界本身就是一所大学校,我们不要忘了这所大学校,要引导人们不仅以读书人的姿态读好课堂上的小课本,而且要以创造者的姿态读好自然、社会和人生这个大课本。三是关于生活实践的观念。科学生活需要丰富的观察和实践经验,艺术和哲学生活也需要丰富的观察和人生的体验。如果没有这些观察、体验和经验,显然难以做成大事,难以有所成就。

第二条,让教育的理想回归并融于生活的理想,从而使教育引领现实的生活和创造理想的生活。这个回归不是低层次的回归,生活的理想是崇高的。教育的理想要从生活的理想开始,我们不是盲目回归。如果说第一个回归即向现实生活回归是形而下的回归的话,那么,第二个回归是形而上的回归,是让教育的理想和生活的理想结合起来,融合在一起,是高层次的回归。生活的理想是什么?生活的理想就是对于生活中的人来说,自身能够得到全面发展,获得自由、解放和幸福;对于人所生活的世界来说,它是美好的,富足的,并且是和谐的;对于人的生活实践来说,它充满着创造性,并能够满足不断增长的物质生活和精神生活的需要。要注意,人的理想包括物质生活和精神生活两个层面,我们今天太强调形而下的东西,仿佛房子、金钱等物质方面的东西就是我们所需要的一切,但同时你要知道,其实人还有更高层次的追求，那就是精神世界的自由和解放。幸福包括两个方面：一是物质生活层面的幸福，这是形而下层面的幸福；二是精神生活层面的幸福，这是形而上层面的幸福。因此，我们的教育要回归到生活的理想，这个理想不仅是物质生活的理想，还包括精神生活的理想。我们读大学的意义在何处？从精神生活层面来说，我们有可能享受到没有读过大学的人永远也享受不了的精神生活。这样一来，我们还是要回归到这样的高度，让人获得全面的发展，获得自由、解放和幸福。教育的理想就是用完整而全面的教育培养完整而全面发展的人。不仅有知识，而且有文化，更重要的是还懂生活，会做人。有知识就一定有文化吗？不是。因为文化有其形而上层面，同我们心灵世界挨得最近的那个东西是文化的核心。就科学而论，有其形而下层面，比如实验、计算、推演，以及被我们成果化的东西；此外，科学还有形而上层面，那是科学的精神和灵魂。于是，这种回归不仅要强调知识教育的价值，而且要强调文化教育的价值，还要强调生活教育的价值。能不能给我们一个崭新的世界观、人生观和价值观，这是很重要的。

最后一条，就是让教育生活本身回归理想生活，并成为理想生活的典范。这是什么意思呢？就是对于我们今天的教育生活，不仅要把它变成一种理想的生活，而且要把这种生活变成理想生活的典范。我认为，我们今天的大学生活应该变成世界上最美好的生活，让社会上的人全都感到羡慕。为什么？你想，有多少人能够享有这样的生活？如果全世界的人都来读书，这个世界还能维持下去吗？维持不下去的。只有一小部分人才能坐在那儿过着学习生活，这种生活本来就是最理想的生活。如果这个生活你还觉得痛苦的话，那人生也许没有更好的生活了。所以，我觉得我们的教育要有这样的一个理想，怎么使我们的生活让全社会感到羡慕？这是我们今天要追求的回归，这个回归既是一条通往现实生活的道路，又是一条通往理想生活的道路。当然，更重要的是，要让我们今天的教育生活变成理想的生活。什么是理想的生活？就教育生活而论，就是理想的科学生活、理想的艺术生活、理想的哲学生活等等。但是，我们离这个目标还比较远。我们今天许多人没有把教育生活看成是一种生活，认为只是训练而已。被训练和过完善的教育生活是一回事吗？显然不是。训练往往是痛苦的、被动的，而生活应当是主动的、积极的,是从内心深处期盼的东西,两者完全不一样。如果我们的教育变成这样一种理想生活的话,不仅我们读书四年是很幸福的,而且将来的生活也可能会很幸福。我觉得教育要回归到理想的生活。这个理想的生活既有深刻的现实性,扎根于生活,又有崇高的理想性;既脚踏实地,又仰望星空。因此,大家不要把文化看成是可有可无的东西,文化是让你一辈子保持青春的东西,甚至是让你一辈子获得幸福的东西。这种回归不仅对教育的意义很大,而且对生活的意义很大。对教育来说,它提出了一种崭新的教育模式,就是回归理想的文化生活的模式。这是一种真正以人为本的教育模式,更是一种全方位培养创新人才的教育模式。让人们在理想的文化生活中,不仅获得理论知识,而且接受文化熏陶。更重要的是,学习和感悟到创造者不可多得的生活经验和生命体验,从而最大限度地获得全面发展,获得自由、解放和幸福。这就是一个完整的教育观。然后,对生活来说,它树立了一种理想生活的典范。这种理想生活是一种学习型的生活典范,更是一种创新型的生活典范。它将激励人们一辈子都在学习,都在努力,都在创造。所以,它的意义在于教育将不仅作为知识、文化和精神的载体推进生活,而且还将作为理想生活的典范引领生活。谢谢大家!

2013 年于华中科技大学演讲

董进诚根据录音整理

无知—有知—认知：
学术研究的返本归真

曹本冶　香港中文大学音乐系教授

很高兴来到这里，跟大家做交流。我的研究属于民族音乐学领域，学科的研究指向是文化中的音乐。今天的演讲，我想首先与你们分享一下我对自己作为一个学者，在学习过程中所经过的一些反省，然后以此切入，谈谈何谓民族音乐学及其任务。

民族音乐学和其他很多学科一样，都是在西方建立和形成的，学科发展过程中的一个阶段是在北美，如今被作为学科参照的重要模板。但也是在这个阶段，学科出现了一些偏差，这在国际学界已经有不少反省。

民族音乐学作为一个建立于西方文化基础上的学科，当我们希望将它引进中国之时就面临一个问题，就是如何将西方的概念、理论进行有效运用，为我们服务，这就是学科本土化的问题，也是我近十年来比较关注的问题。今天，我演讲的题目是《无知—有知—认知：学术研究的返本归真》，这是一个知识习得的觉悟过程。实际上我们做学术研究有一个危险，便是自以为搞学术是什么深奥高端的东西，这样会使我们钻进牛角尖，需要跳出来，以繁化简看待学术。

30多年前，北美学界的人文学科都一窝蜂地跟随社科学科的一些思潮，民族音乐学也一样，在研究中套用了很多如"结构主义"、"符号学"、"文化认同"、"传播学"等时髦的概念和理论。对此，当时北美民族音乐学的元老之一李斯特写了一篇文章，其中引用了13世纪哲学家贝肯所说的"阻挠人们获得真理的四个障碍（盲目跟随、喜新厌旧，受习俗或主流的摆布，修养和训练不足，不懂装懂、弄虚作假）"来警戒北美学界。李斯特批评当时的北美学界盲目跟随大潮流，喜新厌旧，觉得新的就是好的。李斯特指出，新的不一定就是好的，旧的也不一定就不再合时。人往往会受到大潮流的摆布而失去自己的定位。修炼不足的人会搞一些很玄乎的东西来遮掩自己的不足，比如发明一些"专用名词"，写一些人家看不懂的文章。当然，我们都知道，不懂装懂、故弄玄虚的人在任何地方、任何时代都有。在内地教学期间，经过与内地学界的近距离接触，我发现内地很多民族音乐学界的人也出现了贝肯和李斯特所说的一些病症。我觉得，任何学科最重要的不是它有多少专用名词或"新"概念理论，而是它是否有生命动力。那么，这个动力来自哪里？我认为学科的生命力来自学科有没有自我反省的能力。一个学科如果不能反省，就不会有新的理论和概念出来。一直受北美教育的我，年轻时很长一段时间都是听从北美的那一套在治学，可以说是处于一种"传声筒"的状态。人到中年，开始问自己究竟在干些什么。首先想的问题就是"我是谁"。有一个非常有意思的故事，是从佛教星云大师的一次开示听来的：话说有一天，一批人想过河，因人比较多而不能一起同时坐小船过去，要分批过。在大家把沙滩上的船向河里推的过程中，后一批在岸边等的人当中有一位书生，看到推船的过程中船压死了很多小虾之类的小动物，就问站在他身边的一位和尚，说："你看看，压死这么多小生命，是谁的罪过？"和尚不屑地看了书生一眼说："他们都没有罪，既不是船夫的罪过，也不是坐船人的罪过，要有罪过的话是你这个秀才，没事找事！"这个故事对我很有启发，确实，有时候我们做所谓的"研究"，用了一些什么主义的理论概念，一厢情愿地做了一番"阐释"，写了一篇多少万字的文章，以为这些是十分了不起的事情，但试问，我们提出的东西能被学界理解和认同吗？它对学界有什么意义和影响？

另外一个我问自己的问题是"我在做什么"。大家会说，那还不清楚，不是在做学问吗？那么，什么是"学问"？我认为"学问"，就是在"学"的过程中要学会不断地"发问"——对自己发问和向他人请教。我在国外就读的时候，教授们上课着重的是要学生不断地发问，在问题中去学习。我发现，国内音乐学院里的学生，包括研究生，上课时一般只是录音、摄像、做笔记，很少发问。在"问"的过程当中去学习是相当重要的。与学问密切相关的问题是"什么是学术"。"学术"只是知识的获得吗？我认为，学术是学习方法的一个过程。

再问"我在做什么"，就出现"我的研究对象是什么"这个问题了。有同学会说，你是搞民族音乐学的，研究对象当然是音乐。这自然不在话下，但是对于民族音乐学而言，在20世纪五六十年代，学界比较突出的关注是在文化语境中的音乐，即音乐不能脱离它的语境，是与文化上下文直接相关联的。这是学科很重要的一个着重点。当然，不能定死了对音乐的研究必须要将其与社会文化拉在一块，因为确实有不少音乐，在其本身文化中已经被视为一个可以脱离语境来欣赏的艺术品，它们不需要你知道语境也同样能够被接收和感受。但其他的很多音乐，其存在是与语境分不开的。比如，同一首音乐旋律，如果在民歌的语境中，它是民歌，在戏曲表演的场合则是戏曲，或者在宗教仪式中用到就变成了具有神圣性的仪式音乐。由此可见，语境使得这些音乐的属性发生了变化。学科研究的领域是"人"的音乐，具体一点就是"人是怎样制造和接收音乐的"，这是民族音乐学与其母学科音乐学的终极目标。

所有人文学科的终极指向都是对人的宏观认识。我们做学术的，追求的应当是真理。什么是真理？这里我又要用星云大师所说的话了。他说，真理具有普遍性、平等性、永恒性、本来性、超越性、可证性。因此，真理并没有几条。在我们的研究之中，真理也可以被视为真相。尼泊尔有一位诵经很好听的藏传佛教尼姑，她有一次在香港的一个佛教活动中讲了一个这样的故事：一个很有名的佛教师傅，有一天给他的徒弟一个枕头，说枕头里面装了一个小孩的尸体，作为徒弟的修炼，要徒弟当天晚上枕着这个枕头去睡觉。到了第二天早上，师父问徒弟昨晚是否睡得好，徒弟的回答是"不好"，因为枕着人的尸体无法入睡。于是师父给他换了一个说是装着小羊尸体的枕头，要徒弟枕着这个枕头睡。次日徒弟的回答是，睡得好多了。师父把枕头打开,里面是一块石头。师父说,昨天枕头里也是一块石头。从这个故事,我们可以悟到,我们的思想视野决定了我们对某一件事情的认知,同一件事情以不同的思想观感视之,会有截然不同的认知结果。换句话说,真相与我们脑袋里以为的"真相"是有差距的,很多时候我们脑袋里的"真相"并不是真相本身。比如做田野调查,虽然自以为做得非常严谨,任何数据都记录了下来,但是你根本不可能把真相全部记录下来,你看到的只是真相的一部分而已。

学术界在追求真理/真相的过程中,用了很多理论概念,但所有的这些只不过是一个从无知到有知的过程。从无知到有知的过程是对知识的积累,知识的积累最终是需要达到认知的,认知也可以说是一种觉悟。一味只是无限度地做知识的积累,只是一种没有终极目标的忙碌。所以,书看得多却不能开悟,是一种徒劳无功的忙碌。这整个开悟过程也可以说是从无到有,最后回到无的过程,最后的无是一个参透了一切,万法归宗、万法归一的无。如此的学术或学问就被"去神秘化"了,这是我追求的境界。我读博士时的辅导老师在北美民族音乐学领域非常有影响力,叫恩科蒂亚。我曾经问过他,我是半路出家进入理论性研究的,因为在本科时学的是钢琴表演,从硕士研究生阶段才开始修读音乐学,进入了学术的门槛。比较中国的很多音乐学同行,他们对于传统音乐的知识面很广,我什么时候才能追上去呢?他说,知识的积累并不是你的终极目标,你有一生去积累知识,但你现在更重要的是培养勘察与参透的能力。我十分赞同这个学术观点。

人是怎么制造和接收音乐的?以简单直接一点的思维看学术研究,其根本无非是对人类"思想-行为"的探究。行为作为思想的可视外壳,是很多学科由此切入并深入探究思想的途径。虽然不同学科有不同的研究对象,但其研究方法都是始发于对人的"思想-行为"的关注,包括民族音乐学。实际上对人的"思想-行为"的关注在哲学界很早就发生了。同时,我们必须清楚,我们现有对"思想"与"行为"关系的学术思维以行为的可观性为其先决条件,也就是说,行为的"可观"是在"观者"的"能观"的基础上建立的。不过,我们看不到的行为、听不到的声音是不是就不存在了?这个开放式问题是需要大家多多思考的。

"术"的习得，求的是方法学。关于去理论化的方法学，我有一个习得：一颗心、两张嘴、三只眼。"一颗心"指的是对于学科定位和学术道德的专一，这个定位是坚定不移的，不能盲目地跟随学术世界中的种种，去除浮躁、急功近利、不懂装懂和弄虚作假的恶习。"两张嘴"即是要拥有双语的能力，使得我们能够获取国际学界的精华用于自身的研究，与之平等沟通，获取我们在国际学界的话语权。"三只眼"，是在一般我们已经拥有的两只眼之外，培养第三只眼来辨别学术世界中的真伪。

回到民族音乐学，在座的学生中有不少是研究这个的，那么，在你的理解中觉得民族音乐学是什么？一个简明的解释是，民族音乐学是结合音乐本体结构分析和上下文语境的作为方法手段的音乐学学科。二战前，以欧洲为中心，称为比较音乐学，主要以宏观性的视野比较世界不同的音乐体系。20世纪50年代，改称民族音乐学，突出对文化中音乐的研究，希望获得"音乐是什么"的答案，在人的"思想-行为"框架中追寻"人是怎么制造和接收音乐的"。音乐的"思想-行为"是一个二元变量的结合，而行为则在音乐研究中分成行为的"社会化过程"和行为的"作为产品的音乐"。注意，这里的"人"，是音乐的过程和产品的"思想-行为"者，是由"个人"和"群体"组成的"人"。民族音乐学在北美的发展过程中，由于过多地受到人类学的影响，曾出现重群体、轻个人的偏执。对音乐社会化过程的关注，需要借鉴其他如人类学、社会学、语言学等学科作为辅助。但我们一定要记住，其他学科的理论与方法是为了它们自己学科的特定研究对象而设立的，具有针对性，不能随意套用。很多时候，我们看到一些研究，把其他学科的理论套在自己的研究里面，却在没有搞清楚理论的本意和原来的语境的情况之下随意套用。历史学、语言学、人类学都不是研究音乐的，当我们把它们用在音乐研究中的时候，应该清楚它们适合和不适合的地方在哪里，按照自己的研究对象和提出的问题进行修正使用。此外，其他学科内不同学派、不同时期的一些理论的侧重点是不一样，不能在自己的研究中混用。北美学界出现的把音乐研究的范畴向着音乐等同文化的方向作无限扩大，甚至把音乐和文化平置,舍音乐取语境为其研究的焦点,在理论方法学上平面地纳入其他学科的理论和概念,笼统称之为跨学科、全方位,导致学科研究对象模糊化,让民族音乐学淡化或者扭曲等困境,已经在我们的学界出现,但它们绝不是中国民族音乐学所要追求的。

民族音乐学源于西方,这一西方学科有它自己的脉络,这是它在自身文化社会生活中的一个产品。但这个产品脱离了语境而移到中国,而中国并没有同样的语境,如果直接使用会有问题。就像把性能很好的欧洲车拿到潮湿的香港地区来用,时常会出问题一样。所以民族音乐学作为别人在其他语境中制造出来的产品,若原封不动地将其拿过来使用就会出现问题,必须经历一个本土化的过程,这样,我们才可以脱离扮演西方"传声筒"的角色困境。

对文化中音乐的研究,我们以田野调查来观察、记录和分析局内人的音乐行为与思想,进而作音乐在文化中含义的阐释。其中的一个关键是局外研究者与局内音乐制造者和接收者的关系协调。局外与局内的关系是一个不平等的关系,本身存在着鸿沟。人类学对田野调查有很多概念理论和方法,但无论怎样华丽都走不出中国人早已知道的"处世之道",无非就是要以平等互谅、互敬互惠的心态和方式对待田野调查中的局内人。北美民族音乐学的一位重要先驱查尔斯·西格曾指出,音乐的存在具有两个时空。一个是"一般时空",就是我现在讲话时你们听到的声音,这是一般时空。但当你回去,把我讲的引述给别人听的时候,这是一个你的"语言描述的时空"。这两个时空是不一样的。所以,我们言谈中的"音乐",跟音乐本身,两者之间是具有一定差距的,不是同一个东西。无论你以为你的田野调查做得有多好,你看到的和记录的都是真相的一个侧面而已,永远不是真相本身。这是一个似乎没有办法解决的难题,却又是我们需要不断提醒自己和反省的问题。

最后是今天的小结。我们要坚守民族音乐学本身的学科属性,把学科的研究对象定位在音乐上,并以此学科身份认同与其他人文学科作区别,在研究中将音乐作为产品和社会化过程,在"思想-行为"的框架内展开对"文

化中音乐"的研究。对于"说音乐"的难度，我们应该有自知之明，所有我们对音乐的所说，只是"一般时空"中音乐的真相的一个方面。因此，对于真相的多面性和不可全知性，要做到谦虚和好自为之。

2013 年于华中科技大学演讲

马莹根据录音整理

批创思维的论证技巧

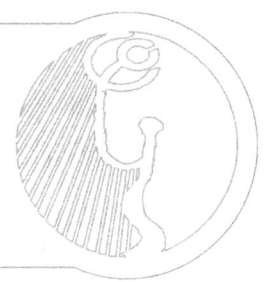

熊明辉　中山大学哲学系教授

今晚我主要想告诉大家如何论证。论证伴随我们每个人每天的生活，但是如何论证？有什么技巧？这是我今晚演讲的主题。如果把这个题目译成英文，就是"How to make your argument"，但其实还有另外一层含义，那就是"How to make your argumentation"，稍后我会告诉大家这两者的区别。

我的工作主要是和法学与哲学相关的，今晚的讲座内容主要涉及哲学、逻辑学领域。今晚我主要讲四个方面：其一，当前教育面临的问题；其二，批创思维是时代所需；其三，批创思维的国际动态；其四，批创论证的一般规则。

我们先来解读一下批创思维。批创思维的英文翻译是"critical and creative thinking"。这个英语短语直译成汉语其实应该是"批判性思维和创造性思维"，"批创思维"包含了这两方面的内容，所以也可叫作"批创思维"。

一、当前教育面临的问题

首先，我开始讲今晚的第一个问题：当前我国教育面临的困境是什么。有一份 2012 年的 SAT（即美国高考）分析报告，SAT 是美国杜克集团和华中师范大学合作的一个项目。SAT 的测试内容主要是批判性思维的技能，包括六种：分析、推断、解释、说明、自我调节和评价。分析报告显示，以这样

一个题目测试中国学生,结果是参加美国高等院校入学考试的中国高中生中只有7%达到了及格线1800分,而美国的优质大学普遍要求考生达到2000分,能达到这一要求的中国考生只占所有中国考生的2%。由此可见,中国的教育缺乏批判性思维。

2010年,在南京召开的中外大学校长论坛上,耶鲁大学校长对中国留学生的评价是"中国学生缺乏跨学科知识的广度和批判性思维"。在中国知网中,以"批判性思维"对论文标题进行检索,可以发现自1985年以来,相关论文只有1333篇。其中,1985—1999年发表的相关论文很少,只占总数的5%;2000年以后逐渐增加,2000—2006年发表的论文占22%;2007—2013年发表的971篇占了绝大部分。由此可见,我们现在越来越重视对批判性思维的研究。虽然批判性思维的研究现状并不乐观,但可以说是大势所趋。

我们再来看看创造性思维,在知网上用"创造性思维"对论文标题进行检索,其结果为21931篇。其中,第一篇论文诞生于1961年,1961—1999年的几十年间,发表的标题与"创造性思维"相关的论文的数量只占相关论文总数的9%,2000—2013年发表的论文数则占了91%。可见,进入21世纪后,我们对创造性思维可谓是高度重视。

我们将标题与"批判性思维"相关的论文和标题与"创造性思维"相关的论文作一对比,发现与"批判性思维"相关的1333篇论文只占两类论文总数的5.7%,而与"创造性思维"相关的21931篇论文却占了94.3%,由此我们可以得出这样的结论:"批判不足,创新有余"。这也印证了耶鲁大学校长对中国留学生的评价。我们进一步细看这些论文,还发现对创造性思维的关注主要是在中学教育中,高等教育对创造性思维强调得并不多。而批判性思维的现状很不乐观,其实它不应该是某一个专业研究的内容,而是各个学科门类都应该涉及的。

二、批创思维是时代所需

2001年,美国弗兰蒙特教育访华团团长在中美教育研讨会的主题报告中说:"批判性思维与创造性思维是推动知识社会前进的动力。"十八大报告中也提出要努力办好人民满意的教育,全面实施素质教育,深化教育领域综合改革,着力提高教育质量,培养学生社会责任感、创新精神和实践能力。这里没有讲"批判",但讲到了"创新"。

我国颁布了《国家中长期教育改革和发展规划纲要(2010—2020 年)》,提倡全面实施素质教育,实施"基础学科拔尖学生培养试验计划"和"卓越工程师、医师等人才教育培养计划",这两个计划都与批判性思维和创新性思维密切相关。最近召开的十八届三中全会通过了《中共中央关于全面深化改革若干重大问题的决定》,强调要特别培养学生的社会责任感、创新精神和实践能力,其实也是在沿用十八大的要求。温家宝同志曾说:"我在上大学的时候,最大的收获就是逻辑思维的训练,这使我至今仍受益匪浅。"中国逻辑与语言函授大学曾向温家宝同志提交一份报告,温家宝同志在上面做了批示:"逻辑思维是素质教育的重要组成部分,应当予以重视。"温家宝同志在 2012 年中国科学院和中国工程院两院院士大会上还提出,要提倡富有生气、不受约束、敢于发明和创造的学术自由。学术研究要鼓励争鸣,因为只有争鸣才能激发批判思维。批判思维是现代社会不可缺少的精神状态,是一种独立思考精神。

在国际上,1998 年,联合国教科文组织颁布了《面向 21 世纪高等教育宣言:观念与行动》,其中,第一条规定,要把批判性教育和独立态度视为高等教育培养、培训和从事研究的使命之一。第九条规定,革新教育方式,培养批判性思维与创造性思维。由此可以看出,无论国际还是国内,批创思维都是时代所需。

三、批创思维的国际动态

那么我们就会好奇,国际上到底都有哪些相关工作呢? 现在我介绍一下批判性思维的国际动态。

首先,看看美国。美国加州旧金山有一个批判性思维基金会,这个协会下设有很多机构,如高级思维培养中心、批判性思维卓越人才国家委员会等,他们出版著作、教材,制作视频,提供批判性思维的测试。其领军人物是Richard Paul。他们每年都要召开一次批判性教育与思维改革国际大会,截至目前已经召开了 33 届,第 34 届将于明年 7 月召开。这个协会的使命是

"打造一个批判思考的世界"。他们认为："在我们现在所面临的这个复杂社会里，把批判性思维的基础内在化是我们过上理想而有意义的生活的基本前提。"他们将提供很多的资源和机会来实现自己的使命，他们把智力培训看作一个终生的过程，认为我们必须不断通过开放的批判性思维训练来培养自己的智力。他们也把批判性思维视作我们找到问题的根源和合理解决方案的基本途径，"我们所做的每一件事情的质量，都是由我们的思维的质量来决定的"。我们由此可以体会到批判性思维的重要性。1949 年，美国成立了一个由从事论辩与公共辩护的教育家组成的专门组织——辩论者协会。这个协会所做的工作其实也是与批判性思维相关的，他们的任务主要是为教育者向市民传授价值技能和批判性思维提供服务。

其次，看看澳大利亚。澳大利亚有一个名叫 AusThink 的公司，它的广告语是"批判性思维的写作与决策工具"。公司总裁原是墨尔本大学的一个副教授，叫 Tim van Gelder，后来他对批判性思维产生了浓厚的兴趣，于是他辞去了墨尔本大学的副教授职位，在墨尔本市中心租了一层楼开了这家公司。他们研制出了两个软件，其目的就是要改进推理，为结构型思维的构建提供技巧，这对我们把握社会的复杂性是很有意义的。其中的一个软件主要用于实现教育目的，它关注的是封闭性问题，如"那是真的吗"、"这个有用吗"、"某人犯罪了吗"等。另一个软件用于商业决策，它关注的是开放性问题。

然后，我们再来看欧洲。欧洲国家中相关工作做得比较好的是荷兰，荷兰的阿姆斯特丹有一个国际论辩协会，他们的目的就是讨论论辩理论及其应用。论辩必然和批判性思维密切相关，很多从事批判性思维相关工作的人都加入了这个协会。

此外，在北美，除了美国外，加拿大也做了很多与批判性思维相关的工作。加拿大有一个安大烈论辩研究会，其发起人由于在批判性思维方面的卓越贡献，现已当选加拿大人文科学院院士。加拿大是批判性思维研究的重镇之一，加拿大几乎所有的大学都开设了批判性思维课程。加拿大还有一个非形式逻辑与批判性思维协会，其宗旨是推动非形式逻辑与批判性思维研究、教育和测试。加拿大哲学学会和美国哲学学会每年都会在安大略地区举办年会,为非形式逻辑批判性社会理论和论证理论方面的优秀论文颁奖。

四、批创论证的一般规则

下面,我们来讲今晚的重点问题——批创思维的规则及其论证技巧。在座的各位同学为了拿到学位都必须完成毕业论文,写论文的时候也要作论证,你要提出一个观点,甚至要呼吁采取某一种行动,目的不是自娱自乐,而是要说服你的目标听众,这就需要找到一个理由来支持你的观点。针对这样一个框架,我们在论证的时候就需要有一些规则。我们将要讨论这样一些规则:通则、例证、类比、权威、演绎和建构。

首先,来看一般规则。逻辑学家把观点、立场、看法等称作"结论",把理由叫作"前提"。逻辑学家所关心的是得出的结论是否可以接受,这又取决于前提是否可以接受。那么如果前提可以接受,结论就一定可以接受吗?不一定。逻辑学家还关心一个问题,那就是前提和结论之间的这个箭头是否可接受。

我们要进行论证,第一个规则是要能够识别出前提和结论。这方面的鼻祖是亚里士多德,亚里士多德的经典例句为:"凡人皆必死,苏格拉底是人,所以苏格拉底必死。"在此例中,哪些部分是前提,哪些部分是结论呢?这里有一个论证标志指示词"所以",其前的是前提,其后的是结论,这是很容易识别的。也就是说,我们在作论证的时候,必须清楚地知道哪些部分是前提,哪些部分是结论。亚里士多德的例子是自然语序,是我们习惯的。我们也可以将其表达成:"苏格拉底必死,因为凡人皆必死,且苏格拉底是人。"所以,我们要找到关键词来帮我们清楚地认识前提和结论。

在识别前提和结论之后,第二个规则是建构一个论证结构图。首先是简单结构,即一个前提支持一个结论;其次是收敛结构,即两个前提可以分别推导出结论;再一种是序列结构或者串线结构,即一个前提推导出一个结论,这个结论又同时作为前提推导出另一个结论;还有一种是组合结构或闭合结构,即两个前提共同推导出结论;另外一种是一个前提可以推导出多个不同的结论,其中可能出现极端情形,即推出两个完全相反的结论。这些是基本的论证结构图，我们可以据此构造更加复杂的论证结构。当我们作论证评价时，我们就要注意结构论证图中的基本前提是不是可接受，逐步进行推断，如果其中有任何一步不可接受，整个论证就不是好的论证。

第三个规则就是要从可信赖的前提开始。以美军攻打伊拉克为例，布什当年以萨达姆藏有生化武器为由攻击伊拉克，但是美国军队攻进伊拉克之后根本就没有找到任何的"大规模杀伤性武器"，这就说明布什不是从可信赖的前提开始的，所以他采取的行动有问题。

第四个规则是论证要简洁。还是看亚里士多德的例子："凡人皆必死，苏格拉底是人，所以苏格拉底必死。"在实际语言应用中，由于语言经济原则，不一定每一句话都要表达得很详细，所以我们只需要说："苏格拉底是人，苏格拉底必死。"这样就足以将意思表达出来了。所以论证要简洁，这样才符合语言的经济原则。

第五个规则是在论证中要避免加载语言。例如日本提出的"中国威胁论"，其论题表达是"如果中国崛起，同时大量扩充军备，必将威胁亚太地区乃至世界的和平"。我们该怎样来反驳这个论题呢？前件真、后件假的情况是不可能的，然而，用了"如果"这个词的时候，前件真、后件假的情况也是可能成立的。所以这里的"如果"其实是加载语言。再如布什在"9·11"事件之后对全世界所有国家说过的一句话："你们要么站在帝国主义一边，要么站在恐怖主义一边，要么站在我们这一边。"布什的意思是其他国家只要不站在美国的一边，就是美国的敌人，要受到美国的攻击。但其实我们可以既不站在美国的一边，也不站在恐怖主义和帝国主义一边，这里他也使用了加载语言。再看一个有趣的例子，一个人去考驾照，主考官问他："你看到一只狗和一个人在车前，你会轧狗还是轧人？"考生不假思索地说："当然是轧狗了。"主考官说："那你下次再来考吧。"考生很郁闷地说："我不轧狗难道轧人不成？"主考官说："你应该刹车。"这里，主考官用了加载语言引导考生跳入陷阱。

第六个规则是要使用具有一致性的术语。从事逻辑工作的人经常会举一个例子："中国人是勤劳勇敢的，我是中国人，我是勤劳勇敢的。"总觉得这句话有问题，但又不知道问题出在哪儿，其实问题就在于这里的两个"中国人"内涵是不一致的。再看另一个例子:"鲁迅的小说不是一天能读完的,《祝福》是鲁迅的小说,因此《祝福》不是一天能读完的。"这个结论显然是错的,问题就在于两个"小说"的实质概念是不同的。

第七个规则是坚持一词一义。例如:"男人和女人在情感上是不同的,性别上是不平等的,因此法律面前不应当人人平等。"这里的问题在于两个"平等"不是同一个意义。

这是我们的七条通则,所有的论证都应该遵循这样的规则。

接着来看例证,我们在论证的时候一般都要举一些例子来证明自己的观点,这就是例证,我们在例证过程中至少要给出两个例子。

我们看这样一个例子:"妇女是在斗争之后才有选举权的,因此所有妇女权利都是斗争的结果。"这句话中只举了一个权利作为例子,却得出"所有妇女权利都是斗争的结果",这个论证显然很弱。但是如果我们把它改成:"只有斗争之后才有了选举权,只有斗争之后才获得了上大学的权利,只有斗争之后才有了平等就业权……因此所有妇女权利都是斗争的结果。"这样的一个论证就强多了。可见我们要使用例子,而且例子要用得稍微多一点。

再来看这个论证,"我们单位每个人都支持英拉继续当泰国总理,所以明年英拉肯定能当泰国总理。"这个论证中"我们单位"和"伊拉继续当泰国总理"根本就没有关系,所以结论是错的。我们在论证中一定要选合适的、具有说服力的例子。

再如:"2012 年,我国的 GDP 超过日本,仅次于美国,所以我国已经成为世界上第二强国了。"我们看看人均 GDP 的数据就知道上述结论不成立。所以我们在论证中一定要选具有代表性的例子。

在进行例证的时候我们还要考虑到给出反例,不要单纯依靠大量的正例就认为自己的论证够强了,还要考虑有没有反例。例如:"伯罗奔尼撒战争是雅典人想控制希腊而引发的,拿破仑战争是因为拿破仑想控制欧洲而引发的,第二次世界大战是法西斯统治者想统治欧洲而引发的。因此,一般说来,所有战争都是由恐怖欲望所致。"听起来似乎有道理,但其实是有反例的,人民解放战争就不是由恐怖欲望导致的,所以我们还要注意举出反例来加强自己的论证。

　　论证中还有一种策略，叫类比，中国古代的人尤其喜欢用类比。类比是要求给出一个相关且熟悉的例子。辜鸿铭提出了一个经典的类比，即他的"茶壶论"："一个男的要娶多个妻子才合理，好比一个茶壶要有多个茶杯来配。"他将茶壶和丈夫类比，茶杯和妻子类比，以此来说明一夫多妻制的合理性。但是他去法国后，用这个类比很难说服法国人，于是他就用了另一个法国人相对更熟悉的类比，他说："你家有自行车是吧？有几辆自行车呢？"对方回答说："3辆。""那有多少个打气筒呢？""1个。""那不就对了吗？自行车好比妻子，打气筒就像是丈夫，一夫多妻才合理嘛。"但是他的这个理论遇到了陆小曼这个强劲的对手，以至于他无言以对了。陆小曼在和徐志摩结婚的时候对徐志摩约法三章，她说："你是我的老公，就好比是我的牙刷，牙刷是很私人的东西，不能我刷过了又给别人刷，别人刷过了又拿来给我刷，所以只能遵守一夫一妻。"同是用类比，最终陆小曼用"牙刷论"终结了辜鸿铭的"茶壶论"，用类比很多时候的确可以得到很好的论证效果。

　　再来看看权威，在论证过程中，我们很多时候要诉诸权威。权威论证的模式通常是"权威X说Y，因此Y是真的"。如现在的明星代言，大S经常代言化妆品，其实我们知道她的美貌很可能和她代言的产品根本就没有关系，商家也是在运用诉诸权威的方法，让我们广大消费者可以通过记住明星而记住他们的产品。

　　我们在论证中要善于运用权威资源，同时要注意运用适当的权威资源。在运用权威的时候还要注意寻找公平的权威资源，例如："德国人说他们的啤酒是世界上最好的啤酒，所以德国的啤酒是世界上最好的啤酒。"德国人当然会说自己的啤酒是最好的，这显然是不公平的。

　　另外我们还要注意交叉检查权威资源，但是人身攻击不能当作权威资源。

　　我们在论证的时候要找一些原因，找因果关系，把原因导致结果的过程解释出来。下面来看我改编的一个故事："一个人一天去一家餐馆点了一份清蒸武昌鱼，一瓶黄鹤楼，一盘花生，喝醉了才回去。第二天又去那家餐馆点了一份红烧野鸭，一瓶白云边，一盘花生，又喝醉了。第三天还是去同样的地方点了一份鱼糕丸子，一瓶稻花香，一盘花生，还是喝醉了。他就想自己三天以来点的都是不同的酒和菜,唯有花生是三天都点的,却连续三天都喝醉了,所以肯定是花生导致自己醉倒。"从归纳的角度来说,花生确实可能是原因,但事实上肯定是不成立的,这里导致他喝醉的原因是酒,虽然黄鹤楼、白云边、稻花香是不一样的品牌,但它们都是酒。

同时我们要注意,相关事件不一定就是原因。以我身边发生的一件事情为例,我一个朋友的太太视力下降,认为是假性近视,经过两年的治疗,不仅没有好转,反而还有加重的趋势。后来我就让她到中山大学来检查,因为中山大学的眼科是国内一流的,可能会帮她找到良方。于是我就给中山大学眼科中心的主任发了一封邮件,他就回复说先让她按流程去做一下检查,看看到底是怎么回事,最后再去找他。于是她就去检查了,是一个硕士生给她检查的,硕士生问她:"你的父母有假性近视吗?""没有。""那就不可能是假性近视。得做脑部 CT 检查一下,我们这里做脑部 CT 检查要预约十天,你可以去其他医院做一下脑部 CT 检查,看看是怎么回事。"检查的结果是垂体瘤,是由垂体瘤导致的视力下降。这里看起来视力下降和假性近视是相关的,但假性近视并不是原因,由此可见相关事件并不一定是原因。

我们找因果关系的时候还应注意,两个相关事件是可以互为因果的,即如果 A 与 B 相关,那么 A 可以是 B 的原因,B 也可以是 A 的原因。生产力和生产关系、国民素质与文明程度都是如此,两者互为因果。

此外,相关事件也可能有共同的原因,上述例子中,黄鹤楼、白云边、稻花香都是酒,这是它们会致醉的共同原因。找因果关系的时候,原因可能很复杂,例如很多人说:"从人行道过马路比从没有标识的街道过马路更危险。"为什么会有这样的说法呢?有的人说因为人行道给人造成了一种虚假的安全感,反而让人敢于冒险,从而导致交通事故。这是一种解释,但其实真正的原因可能更复杂。

寻找原因这一逻辑方式的创始人是弗朗西斯·培根,培根在其作品《论读书》中有这样的论述:"史鉴使人明智,诗歌使人巧慧,数学使人精细,博物使人深沉,伦理之学使人庄重,逻辑与修辞使人善辩。"也就是说,我们的逻辑、修辞与论证相关。弗朗西斯·培根首先提出了因果联系的三种方法,后来被完善成求同法、求异法、剩余法等。

接下来我们来看演绎，演绎在论证中是一种很规范的论证模式。例如陈韪与孔融的对白。孔融小时候很聪明，陈韪不以为然地说："小时了了，大未必佳。"孔融于是就回他说："想君小时，必当了了。"其中隐藏着一种论证，陈韪的论证是，如果小时了了，那么大未必佳。用的是充分条件假言推理的肯定前件式。

再如电视剧《铁齿铜牙纪晓岚》中的一个例子，一次乾隆问纪晓岚："何谓忠孝？"纪晓岚回答说："君要臣死，臣不得不死谓之忠；父要子亡，子不得不亡谓之孝。"乾隆就说："那好，朕要你去死。"纪晓岚说："谢主隆恩，臣遵旨。"乾隆接着问："你准备怎么个死法？"纪晓岚说："臣准备投河而死。""那你去死吧。""臣遵旨。"结果纪晓岚去玩了几天，回来后乾隆问他："你不是要去死吗？怎么又回来了？"纪晓岚说："皇上，我走到河边上，就要准备投河的时候，屈原从河里出来了，对我说：'晓岚啊晓岚，你此举大错也，我当年投河而死是因为国君昏庸，你现在若要投河，先去问问当今皇帝是否昏君再来不迟。'所以若陛下是个昏君，我早已投河而死，如今我回来了，可见陛下并非昏君。"于是纪晓岚命也保住了，马屁也拍了。这里他其实是用了一个分离论证，这也是我们在论证中经常采用的模式。

再来看另一种模式，例如："如果你研究他文化，你就会知道人类习俗的多样性；如果你知道人类习俗的多样性，你就会质疑自己的习俗。因此，如果你研究他文化，你就会质疑自己的习俗。"这种模式叫作"假言三段论"，也是很常用的。

此外还有一种模式——选言三段论，我们以阿凡提的故事为例来讲一讲。一次阿凡提跟皇帝一起洗澡，皇帝就问阿凡提："你觉得我死后是会进天堂还是下地狱？"阿凡提说："陛下，您死后会下地狱。"皇帝就不高兴了，说："凭我的高贵命，怎么可能死后会下地狱呢？""是的，陛下。凭您的命运，您是该进天堂，但是很多该上天堂的人都被你杀了，到你死的时候天堂已经人满为患了，你就只能去地狱了。"这里阿凡提其实是用了一个选言三段论，即"人死后或者进天堂或者下地狱，陛下你不能上天堂，所以就只能下地狱"。其实这也是他的一种论证策略，告诉皇帝不要滥杀无辜。

再来看看两难推理，两难推理也叫两难论证。讲两难推理之前我们不妨先看一段视频(播放视频)。在这段视频中,提出了一个"先杀猪还是先杀驴"的问题,两难论证就表现在若是回答"先杀猪",那么驴也是这么想的;若是回答"先杀驴",那么猪也是这么想的。也就是说,回答问题的人的思维要么和猪的思维一样,要么和驴的思维一样,用两难论证达到幽默效果。

此外还有反证法,也叫规避法,我们要证明 P,就去假设它的对立面非P 是真的,推出 Q 这个荒谬的假命题,从而得出 P 是真的。还是以上面讲过的阿凡提的故事为例,"人死后或者上天堂或者下地狱,你不能上天堂,所以就只能下地狱了"。这里其实就用到了反证法。

上面所讲的论证,主体都是一个孤独的思考者,所以它们都只是 argument,还没有达到 argumentation。在汉语中,讲到论证的时候可以说论证、论辩、辩论,对应的英文单词分别是 argument、argumentation、debate,其实这样的对应并不严格。我们翻翻词典或者做一点相关的学科研究便可以知道,"论证"既可以指"argument",也可以指"argumentation"。所以其实"论证"有广、狭两义,狭义的就是指"argument",广义的就还包括了"论辩"。我们要从一个孤独的思考者转变为论辩,结论就不止一个了,几个结论之间是不一致甚至矛盾的。一个人提出自己的观点并给出一个论证,另一个人提出自己的不同观点并给出相应的论证,这个过程就从 argument 转变成了 argumentation。

argumentation 是多主体的,至少要有两个主体,这就涉及建构论证的问题。第一,要找出争议事项各方的论证,找出各方的不同观点;第二,要质疑和辩护每一个论证的前提,修正和重新思考论证;第三,给出自己的主张和提议,并充分发展自己的论证;第四,要充分考虑可能的异议,充分考虑可替代的主张和异议。在这些基础之上,我们要完成写作,写作时要紧扣大纲,一次只给出一个论点,要用论证来支持自己的主张,同时要注意简洁清晰,不要主张过多,这样才能有一个好的论证。在论证的过程中,我们会不可避免地遇到一些定义,概念不清晰的时候要下定义,但是不能用定义取代论证。现在有很多软件来帮大家分析、论证、评价,我们也做了一个软件,名字叫"论证图式",感兴趣的同学可以去中山大学逻辑研究中心的主页上下载,会为大家作论证提供便利。

我们今晚讲了 30 条论证规则，另外还有 3 条问题规则，5 条主张规则，6 条写作规则，3 条定义规则，总共有 47 条规则，这 47 条规则可以帮助我们做出很好的论证，这样的工作其实就是批判性思维要做的工作。西方还有一种非形式逻辑，批判性思维强调的是技能，而非形式逻辑强调的是理论，用批判性思维和非形式逻辑可以打破人们的逻辑防御，所以理性思考的技能也很重要。

2013 年于华中科技大学演讲

田小桐根据录音整理

大学生与大学精神

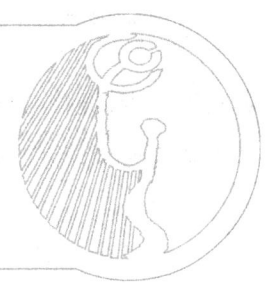

李培根　　中国工程院院士、华中科技大学教授

　　进了大学，要读懂大学是一件不容易的事情，有的同学即使毕业了，也未必读懂了大学。想要读懂大学，我觉得有一个东西是要知道的，那就是"大学精神"。谈论大学精神者虽多，但对于什么是大学精神却没有一个准确的定义，仍旧是众说纷纭。今天我会引用一些别人的说法，当然更多的是谈我自己对大学精神的理解，更重要的是希望同学们通过大学精神去内化自我，使自己在未来能够更好地成长。

　　德国的高等教育一度是世界高等教育的中心，洪堡对德国高等教育的发展起到了巨大的作用。洪堡讲："自由是必需的，宁静是有益的；大学全部的外在组织即以这两点为依据。就整体而言，国家绝不能要求大学直接地、完全地为国家服务，而应该确信，只要大学达到了自己的最终目的，同时也就实现了，而且是在最高层次上实现了国家的目标。"简单来讲，就是国家不能把大学当工具。大哲学家、存在主义重要代表人物雅斯贝斯说："大学必须有知识上自由的交流。"在大学里，学术传承、科学与学术研究、创造性文化生活三要素应当统一。大学自主和学术自由是大学生命的首要原则，大学的内在精神是以每个研究者及学者所表现出来的哲思活动为标志的。

　　蔡元培说："此思想自由之通则，而大学之所以为大也。"他的办学理念应该说对北大乃至整个中国高等教育都影响巨大。哈佛校长福斯特讲："大学的本质是对过去和未来负有独一无二的责任，而不是完全或哪怕是主要

对当下负责。"这句话恰恰像是说给中国大学听的,我们的大学好像是对当下负责。所谓的"对过去负责"是指对过去要有记忆,"对未来负责"是引领。浙大前校长竺可桢认为,大学犹如海上之灯塔,是社会之光,不应随波逐流。中山大学学者任建涛讲,大学精神"具有相对于政治组织而言的自由性,相对于组织化社会的自我确认特性而言的批判性,相对于重视功利性的社会习性而言的创造性与传授知识的超脱性,相对于社会分工的专门定势而言的包容性"。这从不同角度说明了大学的特点。山东大学前校长、知名法学家、现中央综治委办公室副主任徐显明讲:"在这里,他们共同探求未知,探究学术,追求真理,这就是大学的生活方式,也是大学精神一个很重要的内涵。"对于如何践行大学精神,他觉得应该不以未来的就业为目的,不以培养党政干部为追求,不以培养亿万富翁为目标,不以专业作为知识标准。他还讲道:"大学精神的内涵可以发生变化,精神和使命也可以因不同国家的民族和文化差异而有所不同,但高雅和世俗这一分水岭始终存在。"也就是说,大学和社会有一个高雅和世俗的分水岭,他将之理解为真理、自由、独立、民主、自治、创新。现任四川大学校长谢和平说,大学的文化具有鲜明的特征——追求真理,追求理想和人生抱负,崇尚学术,严谨求是,具有强烈的批判精神。"尽管大学文化具有多方面的特质,但其核心和灵魂只有一个,即大学精神。如果说上述五个方面的品质主要表达的是大学文化的共性,那么大学精神这个概念更多的则是在诠释一所大学的个性。"

有人将永恒的道德精神、自觉的学术精神、敏锐的时代精神理解为大学精神的三种表现。清华大学刘瑜教授讲:"大学精神的本质,并不是为了让我们变得深奥,而恰恰是恢复人类的天真。天真的人,才会无穷无尽地追问关于这个世界的道理。大学要造就的,正是达尔文的天真,爱因斯坦的天真,黑格尔的天真,顾准的天真。也就是那些'成熟的人'不屑一顾的'呆子气'。"还有人讲,大学精神包括自由独立精神、兼容并包精神、与时俱进精神、创新创造精神、批判精神等等。提及大学精神的观点很多,人们似乎对它缺乏一种共识。那么,我想先说明的是大学精神不是什么。在我看来,大学精神不是校训,也不是办学理念,也不是校园文化,也不是精神风貌。谈到校训,譬如说剑桥大学的"求知学习的理想之地",哈佛大学的"让真理与你为友"，斯坦福大学的"愿学术自由之风劲吹"，早稻田大学的"学术独立，培养模范公民"，澳大利亚国立大学的"重要的是弄清事物的本质"。校训只能在一定程度上体现大学精神，而不能完整地体现大学精神。

什么是大学精神？我的理解为：大学精神是大学作为独立于其他社会机构而应有的内在价值观和使命感。假使用八个字概括大学精神的主要内涵，应该是"独立、自由、求是、责任"。再简洁一些，"自由、责任"四个字足矣。因为有自由，会使人独立，会有求是精神，缺乏自由精神的人很难说是自由的。似乎可以更简略地只用一个字——人。

我理解的大学精神有三种取向，首先是价值取向，"独立、自由、求是、责任"体现生命价值。我觉得最重要的是一个人存在的意义、生存的价值，也体现了文化价值、学术价值。其次是责任取向，大学本身应该承载什么样的社会责任，大学生又该承载什么样的社会责任。一方面，大学要服务社会，另一方面，大学也要引领社会。大学不仅仅是社会的风向标，还应该是照亮社会前进路途的灯塔，要在很多方面起引领作用，这是大学的责任所在。最后是行动取向，我们讲的大学自治、大学要有独立精神正基于此。

大学精神的特点是什么？谢和平校长认为大学精神是个性，我恰恰认为大学精神基本上是共性，大学文化则可以表现个性。精神是文化里的一部分，文化还包含学校里的习惯以及一些物质的成分，比如说雕塑、建筑，这些都是文化的一部分。大学精神的内核基本上是不变的、保守的，外延是开放的、与时俱进的。

我个人认为，大学精神的本质是人道、地道、天道。《易经》有"三才之道"的说法，借用这一观点，可以说大学精神的本质是向学生和社会传递、弘扬并揭示人道、地道与天道。

说到人道，在我看来，马克思主义中充满着人道主义，遗憾的是很多人似乎遗忘了马克思主义中人道主义的一面。《共产党宣言》中说，每个人的自由发展是一切人自由发展的条件。研究马克思主义的哲学家弗洛姆认为，应当还原一个人本主义的马克思。法国著名哲学家利奥塔分析洪堡大学时，认为洪堡大学的核心是一种精神，费希特把这种精神称为"生命"，就是把科学原则、伦理思想和道德目标融为一体。利奥塔讲德国大学的原则

是把知识、社会和国家的发展建立在实现主体的"生命"这一基础上。此外，大学还应当强调人格教育，让学生充分感知生命价值、人的意义、人的尊严。当前社会上的道德危机从事实上反映了大学中人格教育的缺陷，这应该引起我们的高度重视。长期以来，我们对教育的理解仍旧停留在工具意义上，应当有更高层次的追求，即让学生自由发展，这才是真正从人的意义上理解教育。

地道也就是责任。大学应当承担一定的社会责任，大学生也该有强烈的社会责任感。现在有很多学生对当前的社会现实、社会问题表现冷淡，不太"接地气"。美国当代教育家克尔的大学观认为：一方面，作为社会发展的一种工具，现代大学有责任参与社会问题的解决；另一方面，致力于知识探索，把那些自己能够做好而别的社会机构不能做好的社会责任承担起来。

再就是对天道的解读。我认为天道至少包括两方面的含义：一是天下之道，中国文化中讲的"天下"有社会、世界、国家的意思；二是自然环境，如今强调的环境保护、生态文明也是一种世界观、价值观。钱穆认为，中华文化对世界最大的贡献，就是天人的思想；庄子认为："天地与我并生，而万物与我为一。"孟子认为："不违农时，谷不可胜食也；数罟不入洿池，鱼鳖不可胜食也；斧斤以时入山林，材木不可胜用也。"恩格斯认为，我们统治自然界，决不像征服者统治异族人那样，决不是像站在自然界之外的人似的——相反地，我们连同我们的肉、血和头脑都是属于自然界和存在于自然界之中的……我们对自然界的全部支配力量就在于我们比其他一切生物强，能够认识和正确运用自然规律。

下面讨论大学精神的外化，我们讲"独立"应该外化成大学自治。早期大学主要处理同教会神权的关系，即排除教会对大学独立和学术地位的干扰。进入当代后，大学所处理的主要是与政府及市场等各个方面的关系。当然，正是在政府的支持下，许多大学得以快速发展，但并不意味着我们在市场和政府面前放弃了独立性。"谁来教"，"教什么"，"如何教"，"谁来学"，诸如此类的具体问题应当由大学自己拿定主意。

自由可以外化为学术自由、自由表达。除此之外，我觉得还应该关注学生的心灵自由，让学生自由发展。我认为，我们教育的宗旨最重要的一点就是让学生自由发展。首先是人的自由发展。马克思在《共产党宣言》中说，每个人的自由发展是一切人自由发展的条件。所以，自由一定要外化成我们的办学理念，外化成我们的办学宗旨，就是要让学生自由发展。"求是"即"学术自由、坚持真理"。20世纪五六十年代，美国一名联邦大法官谈论大学问题时有一段话："在一个大学中，知识就是它自身的目的，而不只是达到目的的手段。如果学校变成教会、国家或任何局部利益的附属部分，大学将不再对自己的本质保持忠诚。大学是为自己的研究精神所塑造的，大学的任务在于提供一个最有利于思维实验和创造的环境，这就可以达成大学的四项基本的自由。""责任"则首先外化成"培养人"，让大学生能更好地自由发展、更好地成就自己。其次是社会服务的责任。再就是引领，科学发现、技术创新都是引领的表现。但我们似乎忽视了一点，我们怎样去引领社会进步、思想进步，今天的大学在这方面发挥的作用相当有限。

当然，大学精神可以外化成办学理念。以我校为例，办学理念是"育人为本、创新是魂、责任以行"，大学的使命是传播、扩展、保存、转移知识。我们提倡以学生为中心的教育，希望学生具有质疑、批判精神，让学生自由发展。

第一部分讲了大学精神的外化，对它有了一定程度的认识，然而更为重要的是内化自我，使自身更好地成长。福泽谕吉和张之洞都写有《劝学篇》。福泽谕吉讲"人能独立，国家就能独立"，他抨击"国恩"这一说法，认为"固然人民能够安居乐业是仰仗政府的法律保护，但是制定法律、保护人民本来是政府应尽的职责，不能叫恩惠"。张之洞的基本观点则是"人人与国为体"、"中学为体，西学为用"，他认可西方在工业技术上的先进性，呼吁"同心"、"教中"、"明纲"。而福泽谕吉将国家与民众的关系定格为一种互为依存的双向联系，他心中的国民文明为"智力充沛，有独立自主精神，在人与人的关系上是平等的"。文明的真谛在于使天赋的身心、才能得以充分发挥。他深受西方启蒙思想家的影响，强调个人独立和人的解放。他同时也强调责任，认为人人不分贵贱上下，都应该把国家兴亡的责任承担在自己肩上，也不分智愚明昧，都应该尽国民应尽的义务。张之洞则要求民众同心，认为"今日时局，惟以激发忠爱、讲求富强，尊朝廷、卫社稷为第一义"。在《劝学篇·明纲》中，他巧妙地将儒家理念、宗法制度与民族意识相联系。比较张之洞和福泽谕吉的观点，我们就能明了日本在现代化道路上快速前进的原因。有学者评论说张之洞和福泽谕吉完全不在一个精神层面上，张之洞提倡的"忠君"、"固守三纲五常"正是福泽谕吉批判的迂腐和谬论，福泽谕吉提倡的"平等"、"民权"、"独立"、"自由"、"文明"正是张之洞批判的异端邪说。花这么长的时间对二者进行比较，是希望同学们能认识到"独立"二字的内涵，实现自我精神独立。

孔子讲"古之学者为己，今之学者为人"，他不赞成为人之学，提倡为己之学，这并不是自私，而是不断完善自我，更好地成为自己。孔子的为己之学闪耀着人性的光辉，和马克思关于人的自由发展的观点有相通之处。所以在理解大学精神时，不妨试想一下，我们的学习究竟是为了什么？自由发展、更好地成为自己才是最重要的。教育的最高境界不是知识的抵达，而应是心灵的抵达。具体来讲，就是要完善自己的人格，真正获得心灵自由。康德是启蒙运动的重要人物之一，他认为："除了自由而外并不需要任何别的东西，而且还确乎是一切可以称之为自由的东西之中最无害的东西，那就是在一切事情上都有公开运用自己理性的自由。"我们当然不能抛弃中国传统文化，而应当思考如何融合作为传统文化核心的礼和主要源自西方的理性。我校哲学系教授邓晓芒在《启蒙的进化》中讲："中国当代仍然迫切需要启蒙，其对象就是中国传统文化中那些蒙人的东西，应该用理性之光驱散之。"说到西方理性的内涵，邓晓芒指出其中最根本的两大原则：一个是逻各斯原则，表现为逻辑的规范性；另一个是努斯原则，表现为自由意志的超越性。这两者尤其努斯原则是我们文化中欠缺的部分，逻各斯原则我们以前较为欠缺，现在随着科学发展和社会进步，我们对其的关注度也在提升。

马克思·韦伯提出价值理性和工具理性的概念。价值理性，也称实质性理性，即有意识地对一个特定行为的固有价值的纯粹信仰，不管是否取得成就。工具理性，也称为功效理性或者效率理性，即通过实践的途径确认工具的有用性，从而追求事物的最大功效。价值理性和工具理性应当得到很好的统一，我们现在更多强调价值理性，工具理性稍显欠缺。罗尔斯谈公共理性，"在贵族政体和独裁政体中，人们是通过统治者来考虑社会善良。这种理性就是非公共理性。在民主国家中,公共理性是公民的特征,其目标是公共善良。当有理性的公民考虑公共善良时,这种理性就是公共理性。"公共理性以自己和对方包括所有人都能接受的规则和前提来协商,提倡以对方能够接受的理由进行说服的互惠构想。他说:"在现在这个充满冲突和矛盾的世界中间,公民简单地说出自己有说服力的论据是不足够的,必须要找出其他人也能够共享的理由,即'重叠共识'。"大学生应该有意识地培养自己的公共理性,不要遇事就情绪高涨。卡尔·雅斯贝斯谈教育的意义时说道:"教师们在缺乏任何统一的教育思想的情况下强化着自身的努力,论教育的新书层出不穷,教学技巧持续补充。今天,单个的教师比以往任何时候都更是一个自我牺牲的人,但是由于缺乏一个整体的支撑,他实际上仍是软弱无力的。而且,我们的善所独具的特征似乎是,具有实质内容的教育正在瓦解而变成无休止的教学法实验,这个教育的解体所形成的是种种无关宗旨的可能性。一种尝试迅速地为另一种尝试所取代。教育的内容、目标和方法不时地被改变。"也就是说,许多教师所进行的不过是失去灵魂的改革。真正的教育改革,应当始终铭记其灵魂——人,思考如何有利于学生的自由发展。如果脱离这一点,单是做一些技巧上的改变,实际上是相当软弱无力的。

我想,心灵自由是需要心灵开放的,需要自觉。受教育绝不仅仅在课堂上,也在日常生活中,在许多平凡人那里。心灵开放者还善于质疑和批判,说到质疑和批判精神,马克斯·韦伯认为,现代化的核心是理性。学者何爱国认为,西方的理性主义以"入世而不属世"为特征,与现实世界保持着一种高度紧张的征服和对抗关系,即"理性的征服"。这实际上是批判精神。东方的理性主义,比如儒教,特点是"入世而属世",即"理性地适应"现实世界。心灵开放首先要对自己开放,要懂得自己生存的价值、存在的意义,再就是对他人开放。哲学家马丁·布伯在《我与你》中将人与人的关系分为两种,一种是"我与你",一种是"我与他"。他赞成"我与你"的关系,不赞成"我与他"的关系。"我与他"的关系是当我带着预期和目的去和一个对象建立关系时,这个关系即是"我与他"的关系。不管那预期或目的看起来是多么美好,这都是"我与他"的关系,因这个人没被我当作和我一样的存在看待,他

在我面前沦为我实现预期和目的的工具。"我与你"的关系则意味着将他人看作和我自己一样的神性的存在。

还有做学问时的质疑精神，胡适说："为人贵不疑，于有疑处不疑；为学贵有疑，于不疑处有疑。"心灵还要对社会开放，要关注社会的重大问题，比尔·盖茨就号召大学生要关注社会的重大问题。他在哈佛大学毕业典礼上的演讲中说："哈佛大学是否鼓励他的老师去研究解决世界上最严重的不平等？哈佛学生是否从全球的那些极端的贫穷中学到了什么？"这个社会既存在黑暗面，也有光明面。许多人缺乏批判精神而只看一面，这类人在长远发展中会遇到许多障碍。心灵也要对教育开放，学校是一个框架，让学生自由发展并不意味着毫无约束。如何在教育的框架中寻求更大的自由，这是一个善于学习者应当重点领悟的。哲学家赫舍尔在《人是谁》中讲到人的"非终极性"，即人始终是未完成的、未定型的、未达到终点的，总是处于一个开放的、充满可能性的、向着未来的过程中。梁启超在《少年中国说》中写道："使举国之少年而果为少年也，则吾中国为未来之国，其进步未可量也。使举国之少年而亦为老大也，则吾中国为过去之国，其渐亡可翘足而待也。"这意味着我们要面向未来，不能只骄傲于过去悠久辉煌的历史。心灵自由还需要我们善于拥有美的体验。社会有美的一面，也不免有丑恶的一面，但在学习和生活中，要善于获得美的体验。

借用萧伯纳的话说，大学代表着未来和过去，代表着没有投票权的后代和未曾拥有过的传统。大学代表着伟大的、永久的抽象而非权宜之计；代表着逐渐的消化吸收而非暴饮暴食；代表着完整的知识、人性和从商业化中拯救出的工业，从专门化中拯救出的科学。大学代表着热战中被忘却的东西，代表着匆忙的日常生活中被放到一边的东西，代表着我们应该而没有思考的目标，代表着我们不愿面对的现实和我们缺乏勇气去提出的问题。这是对大学精神的一个很好的诠释。

罗德斯在《创造未来：美国大学的作用》中说："在一个充斥着犬儒主义和怀疑主义的年代，大学必须高扬启蒙主义的大旗。在一个家庭分裂、信仰萎缩和道德衰败的社会里，我们的国家极力希望一个新的社会模型的建立，它拥有知识和善良、批判和关爱、怀疑和坚定。这将极大满足我们这个已经支离破碎的社会的需要,也是我们内心深处的渴望。""大学是人类社会的产物,也就分享着人类社会的缺陷,像懒惰、妒忌、怨恨和玩忽职守等。但可以这样宣称,大学尽管有各种各样的缺点,如果将来要解决我们的社会问题和重新挖掘出社会需要的内在品质,大学将是至关重要的。"

　　最后,我希望同学们在几年的大学生活中,尽可能地去找到自己的心,就是那一颗独立、自由、求是、责任的心。你们可以在贫穷人那里找到它,可以在国家和人类社会的重大问题那里找到它,可以在未来的发展中找到它,可以在理性中找到它,在被忘却的东西中找到它,在漫不经心的地方找到它。要找到的那颗心不在游戏中,不在虚拟世界中,不在放任中,不在自己的功利中,也不在权威的说教中。

2014 年华中科技大学演讲
梁青根据录音整理

中国教育与世界的差距

石毓智　新加坡国立大学教授

大家好!

这是我第三次站在这个讲台上,第一次谈的是"儒家文化与我们今天的教育",第二次是"为什么中国出不了大师?——探讨钱学森之问",今天和大家交流的话题是"中国教育与世界的差距"。

今天要讲的这个话题和上次我讲过的话题都是我整体构想中的两个子课题。我是研究汉语语言学的,根据这几年以来的经历和认识,我对自己的学术有了一个定位——反思我们的传统,吸收西方的科学精神,让我们以不同的眼光看世界,从而达到提升我们的民族文化、使我们的国家走向富强的目的。社会主义核心价值观的前两个字就是"富强",光富不强是不行的,那么"强"体现在什么地方呢?体现在人才和教育方面。所以我也做了一些相关的研究,总共出了八本书,从文化、教育、科技、思维、历史等多个方面来考察中华文明所处的地位及其具有的特征对我国科技创新的影响,我今天要讲的这个话题就是我研究的一个核心课题。我们国家的发展和民族的前途与创造力息息相关,我们日常生活中所用的手机、电脑等高科技产品充分体现了创造力的重要作用,但这些东西几乎没有一样是我们中国人发明的,可见我们的创造力亟待提高。

前段时间,国家广电总局向老年人推广了一批书,其中有 20 本人文方面的书,我的《纵横中国梦——一个学者的独特视野》一书被选入其中。我觉得要实现我们的中国梦,最关键的因素是教育和人才,因此我写了这本书。我们要实现美好理想,就要有一个雄厚的基础,即教育和人才。

近来,国内的一些大学纷纷提出要建设世界一流大学,华科也是其中之一,相对来说我们还比较谦虚,目标是 2030 年建成。而清华提出的建成世界上一流大学的时间是 2011 年,北大是 2015 年,浙大是 2017 年,复旦是 2020 年。我觉得很纳闷,他们竟然把时间定得这么具体,难道清华大学在 2011 年有什么重大事件发生吗?为什么会定在这一年实现从国内一流大学到世界一流大学的跨越?建设世界一流大学似乎成了一种潮流,从中我们似乎可以看到中国人一直存在着一种"大跃进"式的思维,就像当年提出的"超英赶美"、"人有多大胆、地有多大产"这样的口号一样,这种"大跃进"式的思维反映了我们存在的一些问题。首先是不了解自己。上周五我在提出 2011 年建成世界一流大学的清华大学演讲,讲的也是今天这个话题,我就问清华的学生:"你们认为自己的学校现在是世界一流大学吗?"没有一个人给我正面回答,摇头的人倒是很多。按照他们提出的口号,建成世界一流大学已经三年了,但是实际情况并不是那样的。说明他们并不了解自己,同时也不了解别人,不了解教育发展的规律。如果我说,到 2015 年,我要成为世界一流学者,一定会让人觉得匪夷所思。多所大学纷纷提出"建设世界一流大学"的口号,可能只是学校的相关负责人向上级领导表明决心的一种方式,他们想让领导看到自己的昂扬斗志和责任感。若真的要建成世界一流大学,我们还有很多工作要做。

怎样的大学才算是世界一流大学呢?有很多不同的标准。如果从数量来看,我国很多高校都可以算世界一流大学了,华科当然也是其中之一。在校学生人数够多,办学规模够大,发表论文的数量也够多。但如果从质量来看,世界一流大学要有顶尖的人才、顶尖的科研成果,这方面我们的高校现在做得还很不够。大家觉得华中科技大学、加利福尼亚大学、斯坦福大学这三所大学里有世界一流大学吗?哪些是呢?我估计大多数同学会觉得斯坦福大学是世界一流大学,其他两所算不上。我们来看一组数据——在职教师获得诺贝尔奖的数据。加利福尼亚大学圣地亚哥校区有 17 人获诺贝尔奖,加利福尼亚大学圣巴巴拉分校有 6 人获诺贝尔奖。或许同学们觉得加利福尼亚大学不怎么样，但他们的顶尖人也是很多的。我们知道有很多不同的大学排名，排名的标准不同，结果就会天差地别。英国大学的排名会考虑学校的经费、学生的国际背景和老师的文化背景等非学生因素，如果以这种方式排名，新加坡国立大学常常进入世界前三十名，北大、清华大概在七八十名。我自己定的标准是把非学生因素全部排除，我们只看学术。世界上有三百所大学和科研机构的工作人员已经获得了诺贝尔奖这样的世界顶级奖项，但是我们没有这样的人才，所以如果从纯学术的角度来看，我们华人世界的所有大学都只能排在世界前300名之后，包括新加坡国立大学。

为了探索中国教育与世界的差距有多大，我做了几项工作。其中投入精力最多的是"解剖"我的母校斯坦福大学。20世纪90年代，我在斯坦福大学读博士，后来又利用2010—2011年学术休假的机会再一次回到那里。在学术休假期间，我对斯坦福大学开展了全面的考察，也是为了解决温家宝同志当时很关心的一个问题——"为什么中国出不了大师？"我将那段时间的收获写成了《为什么中国出不了大师：探讨钱学森之问》一书。要回答这个问题，首先必须要知道大师是怎么产生的，这个问题的答案也只能在世界顶尖级大学才能看到。除了斯坦福大学，我还去过8个世界排名前十的大学，除了牛津大学以外。同时我也去过美国、加拿大、日本、德国、法国等国家的其他各种级别的大学，除去知名大学之外的二流、三流的大学，从而考察这些国家的整体教育发展情况。而且我还利用讲专业课的机会去遍了中国所有的六七十所重要大学，有的还去了多次。我去这些学校不仅是为了交流，也是为了学习。我接触到很多人，既有领导，又有年轻的朋友，我和他们谈话以了解各个大学的状况。我目前的相关阶段性成果主要体现在两本书中。其一是《为什么中国出不了大师：探讨钱学森之问》。其二是《为什么中国出不了乔布斯》。乔布斯被奥巴马看作当今世界杰出的发明家，他通过科技改变了世界，所以我选择他作为窗口来看美国的家庭、教育、企业管理、政企关系、科技环境、科技生态等，这些就是这本书的主要内容。

在这一系列的探索之后，我给世界一流大学定下了几个标准。

第一，在校的科研人员中至少有10人是诺贝尔奖获得者。这一点反映的是教师的素质。现在全世界有三十多所大学可以达到这个标准，最多的是哈佛大学,达到了 60 多人,其次是斯坦福大学,有 37 人。

第二,学校的毕业生中至少有 10 人是诺贝尔奖获得者。毕业生包括本科生和研究生,两者之间更看重研究生,研究生比本科生更能代表学校的科研水平。这一点反映的是学生的素质。现在世界上可以达到这个标准的高校也有 30 多所,同样是哈佛大学位列第一,有 69 人,剑桥大学则有 65 人。

第三,拥有世界级的大师。可能有同学会说,上面所说的诺贝尔奖获得者难道不是世界级的大师吗?我这里所说的世界级的大师是一个较为宽泛的概念,诺贝尔奖里的和平奖、文学奖等是没有什么科技含金量的,我这里讲的主要是排除掉和平奖和文学奖以后的科技和教育方面的奖项,包括物理奖、化学奖、生理奖或医学奖、经济学奖。还有很多学科没有世界顶级大奖,但同样有世界级的大师,有些大师对人类文明的贡献甚至超过了诺贝尔奖获得者。诺贝尔奖着重强调获奖者在某一点上的贡献,但是在面上的影响可能并不是很大,不及一些学科创始人。比如信息论的创始人香农,我们现在的舆论媒体信息产业都离不开香农的发明。所以我们要看一所大学里有没有这样的大师,有没有一位老师开创了一个学科,成为学科创始人。我这里有一个数据,统计了世界上十个重要学科的极具影响力人物各 100 人。观察他们的分布情况可以得知拥有大师最多的是哈佛大学,有 81 位;其次是斯坦福大学,36 位;接着是伯克利大学。这个排名反映了教师队伍的素质,在亚洲有两所大学分别有两位学者进入这个统计表,分别是东京大学和新加坡国立大学。但新加坡国立大学的两位都是高薪从英国聘来的,其中一位曾是新加坡国立大学的副校长,我曾经就中西教育差别等问题采访过他。所以人才的来源也是必须加以考虑的。

第四,拥有改变世界的科研成果。考察学校的科研成果是否改变了普通人的思维方式、看世界的角度以及生活方式。以斯坦福大学为例,斯坦福大学的一位心理学教授在 20 世纪 20 年代提出了"智商"的概念,这个概念影响了我们对人的认知能力,影响了教育心理学的发展,给我们提供了一种认识自我的方法。斯坦福大学的心理学系在美国乃至全世界都一直位列第一,产生了许多风云人物,不仅影响了心理学界,更影响了全世界的教育界和文化界。除了心理学系,斯坦福大学的计算机系也是一直排名第一的,它

的研究成果如搜索引擎等极大地影响了我们的生活方式。由此可以看出，"世界一流大学"不是一个空荡荡的声誉，不是一个很抽象的概念，而是实实在在可以把握的东西，存在于我们每一个人的身边。

第五，在校教师写出影响世界的科普著作。有人觉得科普是小儿科，只有不从事科研的人才从事科普工作。这是一个偏见，真正影响世界的科普著作都是大科学家写出来的，如霍金的《时间简史》。只有大科学家才能高屋建瓴、深入浅出地将深奥的道理用生动浅显的语言表达出来。一个大学是否有可以写出风靡世界的科普著作的教授，这也可以反映其教学水准的高低。在华科上学期间，我喜欢数学，买了不少数学方面的书籍，其中之一是《数学与猜想》，是斯坦福大学的波利亚教授写的，他写了很多风靡世界的数学方面的科普著作，同时他也是数学大家。

以上五点是从宏观来讲的，下面我们来看一些细节。我通过一些图片来跟大家讲一下中西教育在管理方面的差异。

大家来看看这张图片上的椅子，看它有什么特殊之处。这把椅子是我在斯坦福大学看见的。在学术休假期间，我修了斯坦福大学的一些和我自己的专业无关的课程，其中之一是《数论》，这门课是在斯坦福大学统计学系大楼的某个教室上的。当时坐下来就觉得那把椅子有点不太对，坐着很别扭，后来才恍然大悟这个椅子是专门为左撇子设计的。这个小细节透露出斯坦福大学在管理上为学生考虑之周到，体现出其人性化的管理理念。我在华科上过课也教过书，在新加坡等地教过书，却从来没看到过一把专门为左撇子设计的椅子。人类总会有一定数量的左撇子，这是很正常的现象。美国大学生的左撇子比例远比中国大学生高，美国前总统克林顿就是左撇子。为什么美国有那么多左撇子而我们中国的左撇子却很少呢？这是因为我们的左撇子从小就被纠正过来了，根本不允许其存在。而美国则是尊重左撇子，天生是怎样就怎样，不去人为地干涉，这反映了美国教育对个性的尊重。如果我们中国哪所大学也出现了这样为左撇子设计的椅子，那就非常了不起，说明其人性化管理已经达到了很高的水平。

再来谈一下关于残疾人教育的问题。我们的大学校园里几乎是没有残疾人的。我曾经有一个有残疾的同学，他学习成绩很好，但到高中的时候就被迫中断学习了。因为高中的学校距他家很远，交通问题没法解决，学校也没有条件给他提供上门授课，所以他只能放弃学习。在残疾人里，尤以盲人接受教育的难度最大，华科今天可能有个别残疾人学生，但里面没有盲人学生。然而西方的情况不同，大家看这张照片，这是斯坦福大学的一个盲人学生毕业时与她的导盲犬的合影。我在斯坦福大学上课的时候也亲眼见过一个盲人男生在导盲犬的帮助下找上课的教室，这该有多么艰难，但是斯坦福大学有条件让盲人学生顺利完成学业。我刚到美国的时候，在加利福尼亚大学的圣巴巴拉分校还遇到过一个盲人博士生，他读完博士后还顺利找到了工作。我有一次开会的时候曾请一个著名的美国教授来讲学，他从美国辗转来到中国，我怎么都想不到他竟然是一个盲人。这些人都让我很震撼，在美国，即使是盲人，也可以顺利完成学业，读完本科、硕士、博士，甚至还可以留校任教。霍金也是残疾人，他全身瘫痪，话都说不了，却成为举世闻名的大科学家。这就反映出美国的教育系统对智慧的尊重，即使你是残疾人，只要你有智慧，都能得到充分的受教育的机会。无论是教室、图书馆还是实验室，只要正常人可以到的，残疾人就可以到。所有的设施都设有残疾人专用的部分，为了少数的残疾人可以完成学业，学校愿意投入资金。我们国内大学几乎没有对残疾人的照顾，在这一点上和西方形成天壤之别。

再来看这张照片，这张照片是我 2011 年 7 月在斯坦福大学照的，当时学校已经放假了，我当天晚上 6 点多去学校，发现从草坪到图书馆、教学楼的犄角旮旯，所到之处，所有的学生都在安安静静地看书、做作业，没有见到一个打闹的学生，没有见到一对亲热的情侣。我在华科上学的时候，青年园附近一直是"风花雪月"之地，鲜有学生能静下来看书学习。当然中国也不乏勤奋的学生，但总体来讲，中国学生学习的风气比西方要差一些。

这张图片显示的是斯坦福大学图书馆门口的石碑，一共有 8 块石碑，代表世界上主要的 8 种文字系统，当然也包括我们的汉字。从中我们可以看出他们宽阔的胸怀，所谓"海纳百川，有容乃大"，世界一流大学必然要有可以容纳世界文化的胸怀。我去清华大学的时候就只看到了汉字，他们的校训"自强不息，厚德载物"八个字只用汉字写了出来，没有代表其他民族文化的文字。这么一对比我们就可以看出差异来，我们的大学应该是允许所有文化存在的地方,世界一流大学必然要有开阔的心胸,可以容纳一切,而不是仅仅强调自己的文化。

还有建筑,世界前十的大学我去过九所,那些大学的建筑真是美得不可思议。很多建筑的美不是投入大量资金就可以实现的,必须要有创造力和人文意识。在我看来,无论是一个国家还是一所大学,其水准完全可以通过其建筑的水准反映出来。我迄今为止见过的最美丽壮观的一处建筑是剑桥大学的教堂,哈佛大学的教堂也很美。剑桥、哈佛、牛津这些世界顶级大学每天都吸引着络绎不绝的游客前去观看,我在斯坦福大学上学的时候每天都会看到城墙外有成千上万来自世界各地的游人。我的一个朋友说我们国内大学的硬件已经赶上世界一流了,他所说的硬件主要是指仪器,但是我觉得"大学的硬件"应该是广义的,建筑自然也应该包括在内,而这正是我们很多国内高校的不足之处。

我们中国人有很强烈的诺贝尔奖情结,我想其中可能有两个因素。其一是我们的经济发展了,我们的文化、体育等各方面都有了很大的进步,我们在奥运会上所得的金牌总数可以排到世界前三。可是在高科技领域的顶级世界大奖,我们迄今还是一片空白。其二是与我们有着复杂的历史关系的邻国日本,迄今为止已经培养出了 20 多名诺贝尔奖获得者,这对我们来说也是一个刺激。每年的诺贝尔奖得主揭晓之前,我们的新闻热点都是对华人得诺贝尔奖的预测,去年就有人预测说袁隆平会得诺贝尔奖,他被提名诺贝尔和平奖。然而袁隆平被提名的是诺贝尔和平奖,这本身就是一个值得我们深思的问题。袁隆平完全有资格去竞争诺贝尔生物学奖,可是他被提名为诺贝尔和平奖,这大概是从他的科研成果解决了中国人的吃饭问题,从而为社会稳定做出了贡献这个角度来考虑的。我也认同这一点,如果从这个角度来考虑,他确实完全有资格获得诺贝尔和平奖。但是为什么他不能去竞争诺贝尔生物学奖呢?这就反映出我们的科技水平和世界上其他某些国家相比还很不够,还有巨大的发展空间。

斯坦福大学在 2012 年之后的 3 年里,一共产生了 5 名诺贝尔奖得主,我在去年写了一篇叫《为什么斯坦福大学能在两年出四个诺贝尔奖》的博文,之后没几天,我们人文学院的院长何锡章老师就跟我说他转发了我的文章,何老师说他一看是我们的校友,是我们中文系的毕业生写的,就立刻转发了。我这才知道这篇文章在网上广泛传播,后来也发表在了北大创新网上,很多人都看到了,产生了不小的影响。为什么斯坦福大学能在两年出四个诺贝尔奖获得者呢?可归纳为以下几点。

第一是前沿。学校从本科阶段就开始要求学生站在学科前沿思考问题。以化学系为例,化学系每年会举办一次会议,请来 10 个诺贝尔化学奖获得者,让他们讲讲这个学科的前沿问题,并展望学科在未来 10 年或者 20 年里的发展。这样让学生有和世界顶级大师见面交流的机会,有利于培养学生的自信心,让学生有信心去争取诺贝尔奖;同时,更重要的是让学生可以站在前沿思考学科问题,一旦有所收获,就有获奖的契机。

第二是专注。我在生物学系做过一个调查,我曾去过他们的一个食堂,去听在那里吃饭的人谈的都是什么话题,因为一个人在吃饭的时候谈论的话题应该是他最关注的问题。结果吃惊地发现他们都是同一个课题的合作者一起来吃饭,吃饭时交流的都是与课题相关的学术问题,几乎没有天气、体育等方面的闲谈。足见他们对课题的专注,可以说是整颗心都被科研课题占据了。

第三是激情。我在斯坦福大学时曾参加过一个叫作复杂系统理论的研究小组,这个小组是生物学系的教授和博士生发起的,全校约有 60 人参加,参加者来自数学、语言学、心理学等很多不同的专业。复杂系统理论现在还不是一个成熟的学科,尚在萌芽阶段。复杂系统理论研究涉及生物界、社会界乃至我们人类自身,这些无不是复杂系统,复杂系统理论研究的就是各个复杂系统的共性。所以他们觉得这会是一个对未来有巨大影响的大学科,就组建了这个研究小组。这个研究小组的参与者没有任何物质报酬,他们完全是在强烈的兴趣引领下走到一起共同研究的,为了一个爱好而定期开展会议,进行交流讨论,新的学科在这种氛围中呼之欲出。斯坦福大学还有很多这样由不同专业的学生出于共同的兴趣爱好而自发形成的交流、学习、研究小组,其中有一个与《论语》相关,我还曾经给他们做过一个报告,他们会定期召开会议,认真研读《论语》。从这些兴趣小组中,足见他们燎原之火般的科研激情。

第四是全面。无论是一个国家还是一所大学，但凡是多次获得诺贝尔奖的，其获得的奖项大都囊括了化学、物理、生物等多个领域，日本也是这样。科学本身就是一个生态系统，各个学科之间本身是有密切联系的，缺少了任何一环都难以有所成就，必须各方面都顾及才能保证长期的繁荣。

今年又发生了一件与我密切相关的事——加利福尼亚大学圣巴巴拉分校的一个日裔物理学家获得了诺贝尔物理学奖。他是由圣巴巴拉分校的一位副校长、研究生院院长亲自到日本特聘过去的，而这位副校长是我在圣巴巴拉分校工作时的老师。当年他和我聊天时说他刚从日本回来，他发现日本一个学者的研究成果很可能获得诺贝尔物理学奖。我当时觉得他是在说大话，他和我一样是研究语言学的，怎么会了解物理学界的情况。但是他还是坚持把那位学者聘过去了。十多年以后的今天，那位学者最终果然获得了诺贝尔奖，我这才觉得我的老师的眼光果然不一般。在过去的十年里，加利福尼亚大学圣巴巴拉分校这所至今仅有 60 年历史的年轻大学共有 6 人获得过诺贝尔奖，都是物理学奖、化学奖和生物学奖这样的科技含量很高的奖项。所以一个大学是否能获得诺贝尔奖与历史长短并无必然联系，圣巴巴拉分校的成功说明领导的眼光也很重要。大学领导首先要能判断谁的研究成果是最尖端的，其次要提供条件把这样的人才吸引过来，而且还要有耐心。我的老师把日本学者特聘过去后过了十几年才终于获奖了，如果急功近利，等不下去，就可能把学者逼走了，所以耐心也是很重要的。除此之外，还要有安静的校园环境。无论是斯坦福大学还是圣巴巴拉分校都是很安静的，只有修道院似的学校才能出思想家，才能让人静下心来思考学术问题。

留学是不是就可以消除中国教育与世界的差距呢？恐怕没有那么简单。我们的思维习惯深受生活环境和文化传统的影响，如果我们认识不到自身存在的问题，留学并不能从根本上消除差距。在美国的各大高校，我看到中国的留学生，其中也有在美国长大的华裔，他们的思辨能力和欧洲留学生有很大的差别。最大的差别体现在发展新学科的能力方面。世界上现在有成百上千的分支学科，没有一个是中国留学生或者华裔创立的。西方人的思维方式有一个特点，他们善于从一点出发，再逐步系统化，最终发展成为一个新的学科。我们中国人为什么不能创立一个学科呢？原因就在于我们从小接受的教育。我们的传统教育强调最多的学者是孔子、孟子、老子，他们主要传播伦理道德，与科学思维没太大关系，更没有建立起系统、科学的思维。而西方学生受希腊文化的影响，他们的教育中强调的学者是亚里士多德、柏拉图、欧几里得等，其中欧几里得的《几何原本》堪称人类历史上迄今为止最完整、最完美的公理化系统。所以西方学生从小就深受科学思维的影响。我学的是语言学，语言学界的所有系统理论都是西方学者发明创立的，我们语言学界的华人学者远远多于西方学者，但所做的研究工作无一例外都是引进和印证西方人提出的理论，我想其他学科的情况也是大抵如此。为什么会出现这样的现象，我觉得和我们的民族传统、思维习惯以及我们从小接受的教育密切相关，这绝不是出国留学就可以解决的。为此我写了《中国人的逻辑》一书，反思我们的思维习惯、思维特征和我们的文明之间的关系。

我觉得影响一个国家教育发展的有哲学传统、思维方式、社会环境、群众基础等几个因素。我这里着重讲一下群众基础对教育发展的影响。这里有一张图片，是爱因斯坦 20 世纪 20 年代访问日本时的照片。日本是唯一一个曾请爱因斯坦前去访问讲学的亚洲国家。爱因斯坦当时住在东京的一家宾馆里，某天早上起床开窗时看到窗外大街上站着成千上万的日本人，他们为一早上能见他一面在大街上等了一夜，由此我们可以看出日本民众和政府对科学的热爱。爱因斯坦在东京大学讲学，日本民众纷纷买票前去聆听，他主讲的内容是相对论，考虑到冗长而深奥的理论会让听众感到反感，就省略了一些内容，将 4 个小时的内容压缩成三个半小时。结果这一举动让主持人和观众很不满意，埋怨他没讲完整，说他是在偷工减料。从这件事中我们可以看出日本民众强烈的科学热情，这让爱因斯坦深受感动，所以爱因斯坦一直以来对日本人评价很高。试想，假设在今天，如果一个像爱因斯坦这样的科学家来到北京或者武汉，我们中国民众会有那么高的热情吗？我对此深表怀疑。日本在 1949 年诞生了第一个诺贝尔奖得主，之后又有多个日本学者获得诺贝尔奖，这和日本举国上下高涨的科学热情是分不开的。一个国家的高端人才与该国大众的价值观密切相关，大众的价值观会引导年轻人的价值选择。社会风尚决定人才走向，巴西人对足球的热爱培养出了众多的足球明星，中国唐代对诗歌的崇尚孕育出了众多大诗人。由此可见高端人才的培养绝不仅仅是大学的责任，也不仅仅是政府的责任，还必须依靠社会氛围。

我们的大学纷纷提出要建成世界一流大学，这不应该只是一个肤浅的口号。知不足，然后能自强。所以我们的教育要进步，就必须面对现实，正视我们的教育与世界的差距。

谢谢大家！

2014 年于华中科技大学演讲

陈俞蓉根据录音整理

哲学与科学

当下的形势与社会建设

陆学艺　中国社会科学院研究员

　　我今天准备讲四个问题:第一个问题是当前中国的经济形势和社会形势;第二个问题是为什么要选择社会建设作为当前的战略重点;第三个问题是社会建设到底建设什么;第四个问题是社会建设可以分为几个阶段。这是同学们要认识的几个问题。

　　下面我讲第一个问题:当前中国的经济和社会形势。先讲经济形势。大家看报、听广播都知道中国的经济形势这 30 年来一直是很好的,呈平稳趋势,快速增长。这 30 年来基本实现了从贫穷国家到经济现代化国家的转变,经济总量在 2010 年已经超过日本,成为世界第二大经济体。而且 2010 年的人均 GDP 是 4400 美元,在 2011 年已经超过了 5000 美元,我国已经进入上中等收入国家行列。世界银行 2010 年的标准是人均 GDP 低于 1006 美元的叫低收入国家;1007 到 3975 美元之间的叫下中等收入国家;3976 到 12275 美元之间的叫上中等收入国家。根据国际货币基金组织 2011 年的测算,如果按照购买力平价计算,到 2016 年我国的 GDP 总量将和美国差不多;如果按货币计算,到 2025 年左右,我国的 GDP 总量会赶上甚至超过美国。尽管总量超过,但是我们的人口比美国高四倍,所以我们的人均 GDP 还只是美国的四分之一。如果继续保持现在的经济增长速度,在 2050 年左右,我们的人均 GDP 可能会赶上美国。社科院估计,我国在经济上至少 20 年保持 8％ 左右的增速是没有问题的。总体来说,我国的经济发展速度超出了所有人的预料,这是好的一面。但是还有另一面,即社会矛盾凸显。这个也是超出我们预料的,当我们搞经济建设的时候,认为只要把经济搞上去了,什么问题就都解决了,没想到经济真搞上去了,蛋糕做大了,现在的一些问题比那个时候还严重。我认为这些问题可归纳为以下几点。第一点是社会分配不公,贫富差距拉大。我国在2000年已经提出来了要遏制贫富差距拉大,但是到现在还在扩大。社会分配不公,简单来说就是我们把蛋糕做大了,这个蛋糕比我们想象的还要大,但是分蛋糕的规矩到现在还没定好,而且切蛋糕的人也做不到公正,切得偏了,该给的没有给到,不该给的给了。正因为有这种分配不公,就引起了一系列的矛盾。第二点是民生事业、社会事业建设滞后,公共服务不到位。就是说我们人均GDP到了5000美元的时候,我们的社会事业、公共服务,比如说我们的教育,我们的医疗,我们的社会保障尚未完善。我们把相当一部分力量都搞到经济建设上面去了,投入到学校、医院的钱不够,所以现在看病难,上学难,养老难,住房难,等等。第三点就是现在社会各阶层关系紧张,没有安排好。城乡关系、劳资关系、官民关系,这个问题比较大。正因为这些关系没有处理好,所以城乡矛盾、劳资矛盾、官民矛盾凸显。第四点是伦理道德滑坡,诚信缺失。现在假冒伪劣产品太多,买东西都靠不住。中国原来是礼仪之邦,现在这个问题却很突出。第五点是社会治安,刑事犯罪、群体事件、大案要案频发。第六点是资源、环境问题严重。总体来说,我们的经济形势有好的一面,但是我们现在社会问题、社会矛盾、社会冲突凸显,经济这条腿是长的,但是社会这条腿是短的。

那么怎么来看待这些问题,怎么来理解这些问题?现在中国好的一面是很多的,但是问题的一面也很多,那么面对这种情况该怎么办?你们可以看到,报纸上现在有两种说法,一种是中国必须进行政治体制改革,要搞政治建设;另外一种是现在搞政治体制改革不行,适合搞社会建设,搞社会体制改革。那么我根据国家这几年的文件,这几年的会议,给大家做一个介绍,谈谈为什么现在要选择社会建设。根据我研究中央2000年以来的文件、领导人的讲话和媒体披露的有关方面具体报道,我想可以给大家回顾一下。第一点就是2002年十六大提出全面建设小康社会。2002年的时候我们已经实现了人均 1000 美元的目标,按邓小平同志于 20 世纪 80 年代提的 20 年翻两番,达到人均 1000 美元,实现小康,按理说到 2002 年开十六大的时候这个目标就已经实现了。但是中央对这件事情分析得比较具体,2002 年开十六大时提出来我们已经实现了小康,但是这个小康是低水平的,是不全面的,而且是很不平衡的。所以又提出还要经过 18 年,到 2020 年实现全面小康。我觉得这是比较合适的,就是说我们要按照以前来的话我们已经越过低收入国家了,已经实现小康了,我们当时完全可以说小康社会实现了。但中央对当时的形势分析是比较清醒的,而且提出来还要经过 18 年,到 2020 年实现全面小康,经济要继续发展,民主要更加健全,科技要更加繁荣,社会要更加和谐,人民的生活要更加殷实。和谐社会并不是 2004 年提出的,2002 年就提出了社会要更加和谐。我国的可持续发展是 2003 年提出的,当年出现了一些经济社会不协调问题,所以 2003 年党的三中全会提出要实现五个协调,要实现以人为本、全面协调、可持续发展的科学发展观,也是要解决前面讲的经济社会不协调的问题。到了 2004 年,正式提出构建社会主义和谐社会,而且要通过社会建设和社会管理来实现。所以改革开放以来,有了和谐社会这个思想,可以说是第三个理论上的突破。第一个是党的十二大提出的社会主义初级阶段,第二个是党的十五大提出的要建设社会主义市场经济,第三个是建立社会主义和谐社会。社会建设这个词,是一个新名词,它在 2004 年以前不叫社会建设,叫社会发展。到了 2006 年十六届六中全会的时候,专门为构建社会主义和谐社会这些重大问题做出了重要的决定,其中有一句话就是说,今后我们建设社会主义现代化,要在以经济建设为中心的背景下,把构建社会主义和谐社会放到特别重要的位置。从 2006 年以后,关于社会建设,关于构建社会主义和谐社会在全国推开了。党的十七大对社会建设做了一个强调,而且把原来建设社会主义三位一体的格局加进了社会建设,原来是三大建设,即经济建设、政治建设、文化建设,现在变成经济建设、政治建设、文化建设、社会建设。所以从这一点上说,党的十七大的这个决定标志着中国已经进入了以社会建设为重点的新阶段。

为什么要这么选择? 为什么不选择把政治体制改革放到前面而是把社

会体制改革、社会建设放到重要的地位？党的十七大已经给出了一个说法，我从理论上来解释为什么要这么做，我认为有三个方面的原因。第一，这是转变经济方式的一种需要，是为了扩大内需。我们讲转变经济发展方式已经讲了若干年，扩大内需也讲了好多年，但是老扩不上去，很大的原因就是光从经济这方面来调整是不够的，还必须结合社会方面的建设，比如说对科学、教育、医疗、社会事业等方面的投入，这是一种。另外，为什么群众手里不是没有钱，而是都存在银行了，为什么不敢花？有两大原因：一是我国的社会保障体系还没建好；二是教育系统、医疗系统还没相应建起来。社会事业、民生事业还没建设好，如果都建起来了，再加上我们国家对社会建设的投入够了，那么这些问题都会得到解决。第二，这也是解决社会问题和社会矛盾的需要。现在已经产生了这么多社会问题、社会矛盾，很多都是因为这个难、那个难引起的，所以现在如果把社会建设各个方面搞好了，好多问题就容易解决了。第三，这也是提升我国综合国力的需要。我国现在硬实力应该是不错了，我国的 GDP 已经位居世界第二，但是我国在科学、教育等方面还有很大的发展空间。我国现在是制造业大国、农业大国，但是我国还不是工业强国、农业强国，包括国防也是这样。我国的科学技术和软实力还需要提升。

现在我讲第三个问题，社会建设是什么，建什么？它的主要内涵是什么？社会建设，简单地说，就是建设社会现代化。改革开放 30 多年来，我们把经济现代化建起来了，现在我们面前的主要任务是进行经济现代化，把经济现代化作为基础是很重要的。但是，一个现代化国家，光有经济现代化还不够，还必须进行社会现代化、政治现代化、文化现代化。所以我提倡建设一个新的"四化"，80 年代的"四化"是农业现代化、工业现代化、科技现代化、国防现代化，现在看来这四个现代化实际上是经济现代化，只强调经济现代化出了很多问题，那么解决这些问题就要通过社会现代化来解决。社会现代化，具体来说，不是有些人说的搞社会建设就是搞社会管理，社会建设就是科、教、文、卫、体事业的建设。我认为至少要包括这八个方面才能实现社会现代化：发展民生事业，推动社会事业发展，促进城乡社区建设，大力培育社会组织，建立诚信体系，完善社会规范，加强社会管理，培育和壮大中产阶层。

社会建设将来怎么进行？我认为有三个阶段。第一个阶段，也就是我们现在正在做的，就是改善民生，加强社会保障，把社会事业建设起来，把科、教、文、卫、体搞好，同时要进行社会管理。如果说我国花五年，十二五期间能把这两件事做好，同时把社会管理搞得好一点、有秩序一点，那么我觉得社会建设就会有一个好的开局。第二阶段的关键，就是十八大以后，新一代的领导班子应该进行社会体制的改革和户口体制的改革，工资制度的改革、医疗制度的改革以及社会保障的改革也要跟上去。我认为社会体制改革是攸关国家前途和命运的大事。这个时间是在十三五、十四五之间，如果这一关过了，我想第三阶段就好了。紧接着到 2040 年以后，我们达到中等发达国家水平，人均 GDP 可能达到 20000 美元以上，然后社会体制完善了，社会建设就可以进行，社会管理也搞好了，也就可以实现经济现代化、社会现代化了，同时政治体制改革可以相应地进行了。我觉得下一步主要就是要搞社会建设，大致经过这么三个阶段后，市场、政府、社会三足鼎立的社会就会实现了。当然这三个阶段是一种理论上的划分，实际上会交叉进行。从 2010 年开始社会建设，社会管理已在全国铺开，各地都在进行，所以我试想一下，大致相当于 20 世纪 80 年代的经济建设那样，可以预见，会产生一部分像当年的珠江模式、温州模式、苏南模式之类的社会体制改革模式，社会建设的模式也会产生。

2012 年于华中科技大学演讲

董进诚根据录音整理

徐光启:科学、文化与宗教

李天纲　复旦大学哲学学院教授

　　我是复旦大学宗教学系的老师,平时涉及文、史、哲,都是人文的内容。今天到充满理工科气息的华中科技大学来做讲座,应该讲一点跟科学有关的事情,就想到了徐光启。去年,我和现在已经逝世的导师朱维铮先生编写了《徐光启全集》。作为中国近代史上一个重要的人物,徐光启的事迹还没完全被认识到,今天在华科讲作为一个科学家的徐光启就非常有意思。在历史上,中国科学院副院长竺可桢先生比我更认真地研究了徐光启的科学,他提出:徐光启是中国的"弗朗西斯·培根"。弗朗西斯·培根是英国近代科学的奠基人,他引领了十七世纪之后英国的实验科学思想,那么徐光启也就是当时中国科学的奠基人。竺可桢认为徐光启是中国当时科学的先驱,他的思想和学问一点也不比弗朗西斯·培根差,是一个非常重要的人物。由此,引起了我的一个想法:徐光启作为一个科学家的地位,一直是明确的,后面还有一些其他的身份,比如政治家、思想家、翻译家等,这些都有谈论。但是,他还有一个身份,也是最重要的身份,还没有被真正认识到,那就是他是一位宗教家。徐光启是中国第一代天主教徒,但是我们在那么多年里都忽视他。说他是科学家,就不能说他是天主教徒;说他是天主教徒,就不能说他是宗教家,因为宗教家跟科学家两个身份是冲突的。所以,我想通过一个人物来讲科学和宗教的关系,还有中国和世界其他民族、其他文化的关系。在编写了《徐光启全集》之后,我认为徐光启的作用和地位还没有被全面地认识清楚，所以今天很高兴在华科的人文讲座上来谈这样一个主题。

我从一个问题引出今天的主题。二三十年前，大家开始讨论一个"李约瑟问题"：中国近代的社会科学为什么落后于西方？问题是怎么形成的？这个问题是中国人心头的一个痛楚、一块疮疤。到今天都在焦虑，什么时候在自然科学领域得到诺贝尔奖？研究中国科学技术史的英国学者李约瑟认为：中国的科学技术在徐光启之前是不落后的，他写了十几卷《中国科学技术史》，论证了中国古代的科学技术一点也不落后，曾经领先于世界，有时候，有的地方比印度、阿拉伯民族更早、更好，更不用说比最晚发展起来的欧洲。李约瑟问：在二三千年前，中国为什么就有发达的科学技术，到十七世纪以后却停滞了？我们都知道中国有四大发明——造纸术、印刷术、指南针、火药。但是"四大发明"是欧洲人"发现"的，并不是中国人命名的。传教士告诉欧洲人，中国有四大发明，中国古代史书中根本不在乎这四大发明，欧洲人才觉得了不起，因为他们正在发展科学技术，就会对中国古代在这方面的成就特别敏感。到十六世纪中期，欧洲才由古登堡发明了印刷术，纸张和火药的使用不是很久，指南针是在哥伦布大航海以后才重新使用的。所以，四大发明的含义是欧洲人告诉中国人："你们有四大发明，比我们更早。"今天，我们在不自信的时候往往会说我们祖先和祖上很发达，有"四大发明"。

中国人在两千多年前就很发达，为什么十六世纪以后变得落后了？四大发明被李约瑟详细考证，并作为一个定案：中国确实发达了二三千年。李约瑟问题提出来之后，人们从哲学、文化、思维习惯等多方面提供了这个问题的答案，比如说中国人只善于文科思考，如仁、义、礼、智、信、三纲五常等关于道德、伦理的一套东西。还有，中国人的诗词、歌赋、文章写得很好，像唐诗、宋词这样优美而富有内涵的东西很领先，中国的人文学和文学很好，但是不善于做逻辑思考，这是不是原因？还有人说，中国人的理论思维还好，工艺、技术也很发达，理论和工艺的结合却不好。从事理论的儒生和从事工艺的匠人不会合作，也就是说儒家传统看不起工匠技艺，因此不能发展出现代科学技术。现在是理工科看不起文科，过去可是儒生看不起手工艺人。古代把从事工科的人看成是工匠，只是一个干活的，不像阿基米德、牛顿那样把工匠的活抽象成一个逻辑的、形而上学的,用数学方式审视和思考出来的整个世界的根本关系,这种"形上学"(Metaphysics)的习惯,我们一直没有。这里的"形上学"和我们平时所讲的"形而上学"不是一个意思,我们把"形而上学"当作教条主义,这是两个意思。很多西方学者,主要是著名的哲学家黑格尔,他认为中国之所以没有发展起近代科学,是因为中国人没有逻各斯,不会把具体的事情抽象成一个普遍的原理,就像知道一个东西加上另一个东西就是两个东西,但是不知道 1+1=2 这个原理。中国人不会逻辑思维,不会做"形上学"的思考,没有逻各斯。对李约瑟问题的回答大部分都是从这个角度出发的,那么中国究竟是不是这样?没有逻各斯,没有"形上学"思维?从来不讲逻辑?不知道你们的回答是怎么样的,但是我们上一代的学者大部分的回答都是说:"是的,就是这样!"

最近有了另一个说法,这是法国有一个很有名的后现代学者德里达提出的,他觉得中国人没有逻各斯是好事情。他认为,黑格尔总提逻各斯,西方人却被逻各斯害苦了,逼得大家成为一种动物,每件事情都要按部就班地进行,使得西方人很刻板。中国人没有逻各斯是一件好事情,中国人就很灵活,擅长用不同的方法灵活处理事情,所以没有逻各斯是好事情。当然,他也认为中国人是没有逻各斯的。

另一个问题是"钱学森之问",钱学森的问题和李约瑟的问题有所不同,是最近几年流行的。其实,中国人的思维方式,或者结合了西方思维方式的中国思维方式也是可以让人做出成就的。对钱学森来说,他的同辈如杨振宁、李政道拿诺贝尔奖,从杨振宁、李政道之后,海外华人科学家多次拿到诺贝尔物理奖、化学奖等,所以中国人并不笨,中国人不是没有逻辑能力,其传统文化和思维方式未必就是发展理工科的一个阻碍。但是,我觉得钱学森的问题有点复杂。他说,民国时期还可以,杨振宁等这些人都不是在 1949年后内地的教育体系内培养起来的,全部都是民国时期在西南联大以及我国台湾地区、香港地区各大学培养起来的。温家宝见钱学森,钱学森用这个问题考总理,而他暗藏的答案很明显:1949 年之后的教育体系恐怕是有问题。这个问题不是我们的传统不行,不是我们近两千年的传统不行,不是近五百年的传统不够,也不是民国战乱时期就科学停滞。事实上,我们的教育体系可能有问题。这是钱学森之问的潜台词。这个问题提醒我们不要做文化决定论，不要做传统决定论，不要认为传统文化甚至宗教如佛教、道教等是个包袱。举个例子，元代著名的地理学家朱思本绘制了《山海舆图》，"百里为方"，用了比例方法，李约瑟认为这比欧洲十六世纪以前的地图更加精确，但他本人是一个生活在江西龙虎山上的道士。所以，对传统不能一概而论，要做具体的分析。

虽然我不是杨振宁的学生和朋友，但我有几次机会和他谈论这个问题。2002年，在香港地区的一次学术讨论会上，杨振宁做了名为"温和的革命家"的主题演讲，将自己对传统文化的态度和物理方面的主张称为"温和的革命"。这个称呼来源于香港中文大学中国文化研究所所长陈方正，陈方正称杨振宁是"温和的革命家"。正巧我在研究徐光启，就问杨振宁："中国传统文化是否给你们这一代人精神上的鼓励、启示或者是潜在的影响，能够正面地帮助您取得后来的科学成就？"我把意思说清楚了，这个"传统"并不是笼统的"文化"，而是指清代发展的"汉学"，包括了数学、天文、历法等学问，也就是徐光启、利玛窦在明末发展起来的"利徐之学"。对此，杨振宁的态度是否定的，他认为中国传统文化对中国科学没有好处，清代的数学和二十世纪的中国科学无关！中国人在物理、化学、数学上取得的成就是从西方引进的。他持的是一个"全盘西化"的观点，在这里，他确实是一个"革命家"，却不是很"温和"，持的是一个与自身科学传统截然斩断的决绝态度。

我觉得，杨振宁可能不太了解徐光启，未必完全清楚徐光启在翻译《几何原本》过程中中国传统文化起了很重要的作用。经过徐光启、利玛窦等人复兴的数学、天文、历法知识，固然是翻译了欧洲十六世纪科学技术突飞猛进的成果，但是也复活了中国汉代的同类知识，如《九章》、《算经》等等。通向现代数学的路径，既可以有欧洲数学的"微积分"方法，也可以有中国汉学的"割圆术"方法。如果没有明末已经复兴起来的"汉学"，如果当时的数学领域是一片荒芜，那么徐光启、利玛窦翻译《几何原本》、《泰西水法》就会很困难。我们看到，欧洲传教士在缺乏数学传统的地方，如非洲、美洲、太平洋岛国和东南亚等地，就没有很好地传播现代科学、技术，那些地方至今还是很落后。徐光启之后的清代学者借用欧洲科学技术将中国两千年的科学技术复原了。利玛窦认为中国的道德伦理学说比欧洲先进,汉族人的手工艺也很发达,数学、天文学则是欧洲发达。但是,到了清代,乾嘉学者刻苦钻研、奋起直追,清代的科学技术虽然没有同时期的西方进步得那样快,但较唐、宋、元、明时期有了很大进步。如果徐光启、利玛窦开创的科学互译、文化交流和宗教对话的局面发展下去,中国近代的科学技术是可以和西方成就一起进步的。比如,清代学者李锐发展的割圆术,它比起西方的微积分并不逊色;康熙皇帝的数学造诣,比路易十四、彼得大帝的水平还要高一些。到了清末,海宁学者李善兰从乾嘉学派那里继承数学知识,并没有拜欧洲人为师,直接就和传教士伟烈亚力一起翻译了《几何原本》的后半部。很可惜,虽然明末清初的天文学、数学等在"西学"的刺激下,比起汉代术数有很大的发展,其他方面的条件却不支持中国的科技发展。清朝赶走了传教士,唯一的科学交流渠道就中断了。江南的书院,比如钱大昕的苏州紫阳书院已经开始传授自然科学,但朝廷的科举制仍然不改变"四书五经"的教科书体系,考试、录取和任官制度也不朝着现代方向改革,这样的社会环境如何能够赶超"西学"?所以,中国近代科学技术落后的原因,是综合性的、社会性的,当然和传统文化也有关系,但不是任何简单的原因(比如说中国人不懂逻各斯)能够解释的。杨振宁先生是物理学家,不太了解中国社会历史的综合情况,他的结论肯定忽视了一些方面,从这点说科学家也是有缺陷的。

我们再来看明代的大科学家徐光启,他的生卒年是 1562 年至 1633 年。1633 年离明朝灭亡和清朝入关只有十一年,徐光启是为了挽救明朝命运而不懈努力的最后一位学者,他这位"医国手"去世后,明朝就不可救药了。徐光启字子先,号玄扈,天主教圣名保禄,谥文定。大明南直隶松江府上海县(今上海市)人,葬于上海徐家汇,是崇祯朝的文渊阁大学士。崇祯皇帝在煤山上吊之前颁布的《崇祯历法》,正是 1633 年之前徐光启、汤若望等人修订的。同时,徐光启还为崇祯训练了一支新式部队,相对冷兵器,其先进程度相当于今天的导弹、太空部队,即从澳门引进了世界上最先进的大炮,成立了专门抗清的神机营。这是徐光启去世之前做的两件事情,这两件事情很有可能挽救明朝的命运。宗教信仰上,很多人都认为历法的混乱是亡朝的征兆,一部好的历法可以厘定当时混乱的形态,稳定人心,重建信心,挽救明

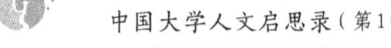
朝的命运。徐光启和他的学生们训练的神机营,在抗击清军入侵时打过大胜仗,传说用从澳门引进的红夷大炮轰死了努尔哈赤。这两件事很关键,而徐光启就是负责人和总指挥,他去世后就失去了挽救明朝灭亡的机会。作为一名天主教徒,徐光启在中国天主教内部被誉为"三柱石"(另外两个人是杭州的李之藻、杨廷筠)。今天我们可以暂时不讲他的宗教身份,他是中西文化交流的第一人。徐光启通过中西文化交流,引进西方的文化和科学技术,然后重塑中国古代的科学技术,形成我们中国人近现代的科学技术。针对近代史学者范文澜说林则徐是"睁眼看世界的第一人",我和我的老师朱维铮先生都认为不对。徐光启对当时欧洲的了解,对西方科学技术的掌握,要远远超过林则徐。我认为,中国的近代史,并不是在鸦片战争之后开始的,而是在鸦片战争之前的徐光启时代,或者说明清交替之际的十七世纪中期就开始了。鸦片战争是近代的结果,而不是近代的开端。林则徐比徐光启差多了,他是被英、法的"坚船利炮"逼着才学习西方,并不主动。他除了去澳门收集情报之外,并没跟外国人有那么密切的接触和交流。徐光启则不同,他所处的时代中国很多方面不比欧洲差,他入教也不是为了得到好处,完全是因为信仰。他和欧洲神父交流,很多都是著名学者:利玛窦是十六世纪重要的数学家、天文学家;邓玉函是罗马科学院的院士,和伽利略是同事和朋友。他们促膝交谈,一字一字地翻译和考察,把"西学"知识接到"汉学"上面去。很多人设想,如果清朝皇帝、儒家学者,还有其他工匠人士都一起来从事中西文化交流,改变中国人忽视科学技术的传统体制,后来的鸦片战争就可能会避免。即使爆发贸易战争,情况也会大不相同,不会像十九世纪后期的情况那么糟糕。

今天的徐家汇是上海的繁华地带,它得名于徐光启家族聚居地,徐光启的墓地就在这里。徐光启对中国乃至世界都有很深的影响。但是,徐光启并不完全被人所知,徐光启作为一个天主教徒的身份,还是没有被认识清楚。我用亲身经历说明徐光启的身份是如何逐渐被人们所认识的。上海市文管会前会长、上海市文化局前局长方行曾经给我们上课,他说,1980年,当上海市要修复徐光启墓地(现为光启公园)时请了复旦大学老校长、著名数学家苏步青题"徐光启墓"。苏步青并不知道徐光启的学问也是几何学,他的题字承认了徐光启的科学家身份。到了 1983 年,方行为徐光启筑像,请了时任全国人大常委会副委员长、历史学家周谷城题字,这就承认了徐光启的政治家的地位。2003 年,我邀请著名学者王元化先生为徐光启纪念馆题字,并由徐家汇区文化局将墓碑前的十字架也修复了,说明了社会上也认同徐光启是一个天主教徒。对此,当时也有一部分人持反对意见,认为不应该在科学家墓前竖立十字架,在他们的意识中,宗教基本上等同于迷信,所以他们不赞同在徐光启墓前竖立十字架。也就是说,徐光启作为一个科学家是被认可的,但是作为一个宗教家是有疑问的。提出疑问的人应该知道,在徐光启所处的时代,理性和信仰并不总是冲突的,中国的科学和西方的宗教在明代末年尤其没有冲突的必要,相反倒是有互相交流、促进的作用。

　　我认为,徐光启有四个重要的贡献从明末一直影响到今天。一是徐光启推动了中国的农业革命,他将南方水稻引入北方,在天津栽种,并将其经验写入《农政全书》。同时,他还引种了番薯(也叫山芋、红薯)并上了一道《甘薯疏》,推广番薯,解决民生问题。明代万历年间的人口大约是五千万,明清之际战乱频繁,人口减少,但是到乾隆年间,中国人口数量翻了三四倍,达到了三亿。很多学者认为徐光启引种的番薯对这个"人口爆炸"起了重要的作用。过去是北方人往南方迁徙,可是学会栽种番薯的南方人反过来往北面的山区里迁徙,其中有福建人、浙江人迁到江西、安徽的。清代爆炸式人口增长的原因之一就是由于番薯可以养活更多的人口。二是军事革命。徐光启引进了澳门研制的世界上最先进的火炮,装备了神机营,打了不少胜仗。可惜崇祯昏聩,误杀了徐光启的学生孙元化,部队溃散,明朝就没得救了。三是历法革命。徐光启编写了《崇祯新历》,崇祯却迟迟不敢启用,直到明朝快要灭亡时才颁布。而清军一入关进京,就满城寻找帮助徐光启修历的汤若望,他向清朝献上《崇祯新历》(《西洋新法历书》),马上刊刻,成为清朝使用的历书,从 1644 年一直沿用到现在。徐光启、汤若望改变了十二个时辰的计时方法,按照罗马的格里高利历法将一整天划成了 24 个"小时辰",即"小时"。另外,徐光启将十二时辰的一百刻改用西方的九十六刻,这在当时引起了极大的争议,却改变和影响了我们现在的生活。四是天文学的进步。在中国,编著天文学和测量是联系在一起的。徐光启从小就认真

学习中国传统的数理化、天文学等。据查证，他在上海的金山卫学里开始学测量。卫学是部队学校，需要学一些天文、地理、几何知识，养成了徐光启一生对军事的兴趣。1603 年以后，他开始系统接触西方的天文学、地理学、数学，将它们融会贯通，接到中国学术上来。当时的中国与世界同步，1609 年伽利略发明了天文望远镜目镜，十年之后就传到了中国。据考证，徐光启确实使用了望远镜，所以中国科学院上海天文台于 2009 年在徐家汇开会纪念伽利略发明天文望远镜 400 周年。1607 年，徐光启和利玛窦还翻译了克莱乌斯新整理的《几何原本》，这是文艺复兴运动的最新成果。"几何"（Geometry）的译法，来自上海话对"Geo"的音译。徐光启参照汉代的勾股理论，确定了"点"、"线"、"面"等的译法。他用的方法跟欧洲文艺复兴的方法一样，一方面重塑中国古代（"汉学"）传统，另一方面引进西方学术。意大利的文艺复兴是重建希腊、罗马学术体系，翻译希伯来文、阿拉伯文的经典，方向不同，但方法一致。徐光启和他的伙伴利玛窦一起将欧洲文艺复兴带到了中国，我称之为"双重的文艺复兴"（Double Renaissance）。

在《农政全书》中，收入了徐光启、熊三拔翻译的《泰西水法》。一般来说，学者只说这是"水利之书"，讲水利工程。其实，这本书是从神学、哲学开始的，先讲天地、自然，风雨、雷电，然后才讲河道、灌溉。徐光启、毕方济翻译的《灵言蠡勺》则更多讲述宗教，因为他们介绍了亚里士多德的《论灵魂》。《论灵魂》是亚里士多德的重要著作，讨论人的灵魂问题，是中世纪哲学的根基。哲学界原以为这本书是在 1930 年才有人开始阅读、翻译的，其实早在三四百年前徐光启就翻译了。另外，亚里士多德的《尼科马克伦理学》、《形而上学》、《宇宙论》也都在明末就翻译出来了，明末的江南儒家天主教徒真的不落后，不保守，勇于学习，善于吸收，和后来学者估计的完全不一样。

明清历史上的很多问题需要重新研究，我们对中国古代科学技术的研究、叙述都做得太简单。1614 年，利玛窦的学生金尼阁从欧洲将七千部十六世纪以前的拉丁文著作带往中国，称为"西书七千部"。这个图书馆的规模相当庞大，1814 年《美国独立宣言》主要起草人杰斐逊把自己收藏的 6000多册图书捐赠给国会图书馆，当时号称是北美最大的藏书家，"西书七千部"比他早了约 200 年。如果用"西书七千部"，为明末清初的"中国文艺复兴"

做底子,按徐光启的设想,对它们进行"翻译、会通、超胜",那么中国科学以及中国文化后来的命运应该会大不同吧?正是在"西书七千部"的同一条船上,罗马科学院院士邓玉函也来了。邓玉函是伽利略的好朋友,也是已经成名的科学家。因为研究天文学,邓玉函对伽利略和哥白尼的学说都很了解。为了到中国进行天文观察,他还带来了望远镜,跨过广大的经度,来东方测量星象和地理。明末清初中西文化交流,中国科学复兴的种种迹象说明当时的学术已经进入了人类进步的大趋势,明清儒家士大夫的"汉学"已经进入世界学术之林。

明末以徐光启为代表的江南士大夫是很开放的,他们有自信心,有责任感,也完全有知识能力、经济实力,与传教士带来的西方文化做交流真的是游刃有余。徐光启虽然不懂拉丁文,但通过耶稣会士可以了解世界,他的主要方法是引进、翻译和复古、创新,从中国古代和欧洲民族汲取思想精华,恢复前人的优秀学术,再加以发展和创新。这个"不薄今人爱古人"的思路是值得肯定的。另外,他还提出天文历法应该学习西方,创新方法就是"欲求超胜,必须会通;会通之前,先须翻译"。这条创新原理,今天也是放之世界而皆准,非常管用。"超胜"是指超越古人、洋人的旧学问,也就是"创新"。但是,超越之前要先把古人、洋人已有的知识融会贯通,此为会通。会通当然是一件很麻烦的事情,比如说,西方讲几何,中国讲勾股,中间有相通的东西,我们要把这中间的同与不同都说清楚,融汇在一起加以比较,找到精神上、原理上的统一性,就叫会通。为此,又要进行艰苦的翻译,要对古人、洋人讲的和自己掌握的知识加以比较。翻译、会通和超胜,这是文化创新的三步规律,这种规律今天仍然有效,就是知识对话和交流的积极作用。翻译并不是跟着别人亦步亦趋,不是盲目崇拜、全盘西化。徐光启是实事求是的,西方文化适用的,便是好的,就翻译、会通,不存在面子的问题。

徐光启同时代前后的李之藻、杨廷筠、徐霞客、宋应星,都是这样处理的,客观地研究西学,理解透了再决定是否要将其采纳到自己的知识体系中。徐光启的做法被证明是很成功的。也有一些人犯了一点错误,如宋应星的《天工开物》很不错,但他在另一本书《谈天》中犯了一个错误,他坚持"天圆地方"的观点,不相信地球是圆的。可喜的是明朝末年以徐光启为代表的一批人有了科学精神，并持续到清朝乾隆、嘉庆年间从事考据的学者身上，他们就是乾嘉学派。乾嘉学派中的一部分人可以被称为科学家、数学家。他们不单单读四书五经，还找到了数学。梅文鼎、江永、阮元、钱大昕、戴震、李锐都是很好的数学家，他们在《左传》中找天文学的记载，考证中国古代天象，发掘汉代以后的数学。阮元为此还编辑了一本《畴人传》，把中外历代科学家都收罗进去。所以，中国的科学技术研究在徐光启所处的年代已经开始，并不像人们所说的儒家士大夫只懂文科不懂理科，中国人是一个没有科学传统的民族。

徐光启这种思维方法和文艺复兴很像，把中国古代和西方好的东西拿过来认认真真地做学问。现在的学术环境与氛围不是这样的，但是不能说古人没有做过。所以，"钱学森之问"是有道理的，以前是认认真真做学问，现在一些人是马马虎虎做学问，做项目就是交差。虽然中国的科学技术有问题，但有些东西还是可以用的，只要保留好的，改掉不合时宜的就好。西方原先采用以地心说为基础的第谷宇宙体系，虽然哥白尼已经提出日心说，但并没有变成以日心说为基础的律法，所以徐光启就没有翻译和介绍。直到乾隆年间，钱大昕研究《乾坤体义》，才介绍了哥白尼的学说。嘉庆年间编《畴人传》，收录了一大批如亚里士多德、阿奎那、伽利略、牛顿等欧洲科学家、哲学家、神学家。引进欧洲科学并没有否定中国的科学技术传统，相反触发了新的思想活力。徐光启是中国第一批皈依天主教的人，其家人和家族也随他入教。徐光启给我们的启示是，人既可以是儒家学者，也可以是天主教徒，两种身份并不冲突，而是跨文化的双重身份。另外，徐光启还主张"东海西海，心同理同"。徐光启家族和利玛窦家族的后人在2007年相聚在徐家汇，纪念《几何原本》翻译400年。1915年，由徐家汇耶稣会孤儿院画师创作并送去巴拿马参赛的四幅画——徐光启、利玛窦、南怀仁、汤若望的画像，是中西文化融合的象征。南怀仁和汤若望是康熙皇帝的工程师，参与了大量工程，后来的耶稣会士还参与建造了圆明园。所以，我认为中国和世界是可以融合的，是可以在一起发展的。中国和西方的宗教是可以对话的，中国和世界的学者是可以合作的。现在有些人认为，中国和西方就是不一样的，常常是会起冲突的，我们是黑头发、黄皮肤，流的血液也不一样，"非我族类,其心必异",这是种族主义的言论,是不正确的。另外,科学和宗教并不是对立的,它们可以好好相处。有些信仰确实是迷信,比如生病不吃药、画符作医疗、跳神驱魔鬼等,但是宗教并不是这些,在宗教里面也包含着一些科学的因素。我的最后结论为:文科、理科都是不可或缺的,文科生也应该如徐光启那样,有严谨的科学逻辑、科学精神;理科生也可以像徐光启那样,有儒学和人文造诣,有社会责任感。总之,中国人既学得好文科,也学得好理科,我们不是缺少哪一种传统,而是要把好的传统发扬光大。我的看法就是这样的,谢谢大家!

2013 年于华中科技大学演讲

马莹根据录音整理

中庸、中和、诚与生态文明

钱耕森　安徽大学哲学系教授

我先来讲一下题目的后半段——生态文明。对于生态文明,大家都很了解,让我们一起来探讨。

今天的武汉雾霾很严重,合肥市跟你们在一个纬度上,也是雾霾很大。过去我们这里的天气还是很好的,现在却如此糟糕,这就是一个生态问题。

今年北京、天津、石家庄一带的空气污染非常严重,引起了国人的高度重视。前不久召开的党的十八大就明确指出要开始建设生态文明新时期。很多媒体报道北京雾霾严重,雾霾确实是客观存在的,它很容易引起呼吸道疾病,会引发很多病症。有统计数据显示,现在肺病的发病率呈上升趋势。习主席常常讲中华民族伟大复兴的中国梦,中国梦主要包括两方面内容:一是到中国共产党成立100年时全面建成小康社会;二是到新中国成立100周年时建成富强、文明、民主、和谐的社会主义现代化国家。党的十八大提出我们要同时开始建设生态文明新时期,所以我国现在要完成两个历史时期的任务:一个是工业化时期,也就是工业文明建设;另一个是生态文明建设新时期,这个是很不容易的。

一、和生学:传统中庸与现代生态文明的和谐发展

生态文明建设是一个庞大的系统工程,包括方方面面。从传统文化等方面来讲,全世界研究生态最好的是中国道教,有很多很好的理念和思想。

但我今天不讲这个,我今天主要讲儒家的思想。

中庸似乎越看越糊涂,"中"和"庸"两个字合在一起,是从孔子开始的。他曾说"中庸之为德也"。虽然孔子没有给出具体的定义,但定义的内涵是有的。他的学生子贡问:我的同学子章和子夏,哪个好一些?哪个差一些?孔子回答说:子章什么事情都做过了,子夏在我看来做什么事情都做得不够。可是子贡的脑子还没有转过来,他认为老师这样讲的意思是子章比子夏好,结果老师又给了一个答案:过犹不及。过是一种说法,不及是没有达到,这两个表现确实不一样,但是孔子用辩证法思想来看,认为这两个人本质上是一回事。过也不好,不及也不好,那什么是好的呢?中庸。所以孔子虽然没有给中庸下定义,但是内涵已经说得很清楚了,恰到好处才是最好的道德,也是理想人格的一种表现。

程颐也谈到中庸,他在传承孔子中庸思想的同时也对它进行了发展,他为"中庸"下了定义,即"不偏之谓中,不易之为庸"。不论你是否同意这个观点,他都是第一个下定义的人。他更大的贡献是什么呢?是下面这句话:"中者,天下之正道;庸者,天下之定理。"中庸的发展把中和庸的作用、地位、性格、价值明确地讲出来了。朱熹这样讲中庸:"中者,不偏不倚、无过不及之名;庸,平常也。"朱熹继承了孔子和程颐的观点,同时也有所发展,他认为中庸固然内容价值很高,但实际上也很平常,伟大体现在平凡之中,平凡之中孕育着伟大。

孔子把中庸定义为"德",从道德来讲就是至德;程颐说天下是正道不是邪道,天下是定理不是一般的道理,具有必然性,非这样不可;朱熹就把它通俗化了,变成了平常的道理。他们的说法虽然不同,但实质上是相通的。所谓中庸,就是不过不及、不偏不倚。

接下来是我自己的创新:中庸就是对待事物两端,或者事物定义的双方,不要过,也不要不及;既不要偏于过,也不要偏于不及,要持中,实际上就是公平地对待双方。双方应该摆在很平衡的位置,不应该抬高一个,压下一个。所谓平衡,就是要和谐地对待它。平衡一定和谐,和谐是不过不及,保持中正。能不能把中庸转化为平衡、平等、公平、和谐?现在中央提倡建设和谐社会、和谐世界,和谐文化被提到日程上来了。我认为这就是和生学。

从理论上讲，和生学与建构生态和谐、事态和谐、心态和谐都有联系，并且跟联合国的主旨完全是一致的。联合国的主旨是二战后几百多个国家在一起商讨的结果，是全世界全人类智慧的结晶，其实就是四个字——"和平发展"。和平就是和，发展就是生，所以我这个观点是以生为目的、为价值、为追求，生生不息，日新月异，与时俱进。但是怎么才能够生生不息、日新月异呢？不是靠斗争，拼命把人家打倒，而是靠和平。和不只是为了和，还为生，为发展。西周末年，周幽王有一个大臣叫史波，他说："以他平他谓之和。"平，就是平衡，与不过不及是一样的。史波第一个对"和"下了定义，比老子、孔子还要早。和包括多元，多元要想和谐相处只有平衡才能做到。所以经过后来的转换，我给和下这样的定义：所谓中庸之道就是平衡之道，所谓平衡之道就是和谐之道，而今是常道。

二、生态平衡需符合中庸之道

生态平衡是指生态系统中的生物与环境之间，以及生物各个种群之间在一定时间内，通过能量流动、物质循环和信息传递，使得彼此之间达到高度协调统一的一种状态。生物只有在生态保持平衡与和谐的环境中才可以生存、繁衍、可持续化发展，否则就是不可持续发展，没有前途，是短命的。而生态平衡是生物维持正常生长发育的根本条件，也是基本条件。当前，全球环境面临巨大挑战，环保部负责人说现在的真实情况要更严重。英国王储查尔斯经常参与国际公益活动，他说，除非人类自己能够遏制消费，遏制现在的气候变化，否则人类面临灭绝不是危言耸听。大家一定要爱护地球，因为这是我们共同的家园。生态平衡的问题是生态的关键问题，比如说麻雀，最近《南方周末》上一整版都在谈论这件事情。麻雀是生态中的一个环节，它吃害虫，同时也被它的天敌猛禽所吃，这就是相生相克，也是我们说的互相帮助，既要享受权利也要履行义务，不能只享受权利却不履行义务。麻雀和天敌，以及被它吃的害虫，三者之间也是平衡的。但是人类做了一件非常愚蠢的事情，就是打麻雀，拿着自己的洗脸盆拼命地敲，麻雀听到响声就在树上待不住了，到处飞，但是不管飞到哪里我们都敲得很响，所以很多麻雀就被活活累死了。还有人在麻雀飞到的地方摆满它爱吃的东西，但在食物中下了药,那段时间死了两亿多只麻雀。一些有良心的知识分子就提出给麻雀平反,呼吁大家保护麻雀。如果我们能够以中庸之道去对待麻雀的话,就不会发生这样的事情。

消费确实能够刺激生产,但是太过分的消费,太夸张的消费,太挥霍的消费,对生产的发展是不利的,因为会破坏自然界的。但有些人会追问,如果有人就是喜欢吃鱼翅,价钱再贵他也买着吃,你鼓励买卖的话就会有伤害,所以没有需求就没有买卖,也就不会有伤害。消费确实能够刺激生产,但是太过分、太夸张、太挥霍的消费,对生产的发展是不利的,因为它是破坏自然界的。最好的做法是本着正常的需要去消费,不要浪费,这也正是儒家所提倡的。有人举例说,西方文明曾经致力于用自然科学造福人民,但是如今的他们却主张研究如何防止自然科学给人类带来的危害。如果西方人当时采用中庸之道,珍惜自然,就不会出现现在的局面,那自然也就不会采取这样的报复行为。

程颐认为,任何一件事从头到尾都应该是中庸的,而不应该是半吊子中庸。有人说矫枉过正,矫枉怎么能过正呢?矫枉已经很智慧了,再过正就很混乱了。大家一再强调创新,可是创新过头后还要不要继续做下去?对于很多常规的东西还是要遵守,不要打乱常规,既要善于创新,又要善于守常。

三、生态文明要有"和"与"诚"的支撑

中和这个概念处于中庸第一章。喜怒哀乐是人的感情,每个人都有。但是,没有表达出来就叫中,表达出来以后,该喜的喜,该怒的怒,该悲伤的悲伤,这叫作和。符合节奏、礼法、道德,这是和。中就是天下之大本,最大的根本就是中,定义四通八达的道,就是和。正因为它是大本,是大道,因而能够做到中和,天地都能够定义,万物能够生生不息。王阳明讲良知是天生就有的,一个人做事要凭良心,也就是说,你不能够有歪门邪道的思想,不能心里诡计多端,这是真善美,也就是中。表达出来合情、合理、合法、合乎真善美就叫善,叫和,未表现出来的真善美叫本真、本善、本美。

朱熹有一个学生说,恰好就是无过无不及,其中最重要的就是诚。和生万物的理念可以追溯到史波,他讲的是"同则不及",即相同的东西经过简单

的重复、简单的增加、简单的制作是没有前途的。比如有一种声音很好听，但你会一直听下去吗？即使是听帕瓦罗蒂的演唱，听多了也会腻烦。现在我们讲和文化，政治上要和谐、生态上要和谐、经济上要和谐、文化上要和谐、人与人之间的关系要和谐。这个和是从哪来的呢？从思想史上来讲，和来源于音乐。无论是中国还是希腊，都是这样。人类对和的认识首先是从音乐开始的，所以任何学习音乐的人都学习一门课叫和声学。不学习和声学的人，很难演奏出优美的音乐和唱出动听的歌曲。可见中庸的这种学说，陈诚的"持中即所谓和"的说法，以及史波"和"的学说，就打通了，因此我把它概括为和生学。中和对生态文明的影响，就是我们要树立生态意识，要有法的意识，还要有理财意识。生和死、生态和死态都是相对的，我们不应该热爱死态，追求死态，而应该追求生态，寻找出路，生生不息。先贤曾问整个宇宙是什么。自然科学告诉我们是宇宙大爆炸形成的；也有人说宇宙是从无到有；还有人说宇宙是上帝七天之内造出来的，众说纷纭。中国的传统思想是如何回答的？宇宙就是大化而成。化是变化，但这个变化不是小变化，也不是一般的变化，而是很大的变化。自然界也好，人类社会也好，地球上的每一样东西，无时无刻不在发生着变化，而今变化已经很大。天之大德就是生。中国的辩证法思想自古以来就非常丰富，所以我们经常讲与时俱进是有着非常深厚的历史根源的。

近年来我国经济迅速发展，我国成为世界第二大经济体，同时也带来了很严重的生态问题。比如煤炭问题。污染空气的原因主要有三个：一个是汽车尾气，一个是到处施工产生的扬尘，还有一个就是煤炭的因素。今年6月份北京、天津、石家庄出现了非常严重的空气污染问题，这引起了国家的重视，我们组织包括北京大学、清华大学、美国麻省理工学院、以色列的一所大学，提供了死亡率或者感染率方面的相关数据，得出一个结论：淮河以北的人的寿命比淮河以南的人的寿命短五年半。因为国家有这样一个规定"淮河以北可以燃煤"，但现在这个规定已经取消了，淮河以北再冷也不能燃烧煤炭。还有燃油的问题，我看了一些材料，我国无论是大城市还是小城市，燃油标准都是比较低的，这样污染源造成的环境污染就很重，要是像欧洲工业发达国家那样，把燃油标准提高，把劣质油提炼成精纯油的话，成本就高了。恶劣的生态环境对人的健康影响很大，而良好的生态环境才是人和社会可持续发展的根本基础，所以我们要强化生态环保意识。

只有实现中华民族伟大复兴的中国梦，才能对内构建和谐社会，对外构建和谐世界。对内建设美丽的中国，实现中华民族的可持续发展，给子孙后代留下天蓝地绿的生态面貌；对外我们更加主张人类只有一个地球，各国共处一个世界，构建和谐世界也是各国人民的共同愿望。以前中国的大小河流有五万多条，现在很多都干掉了，我们在报纸上还能够看到很多地方围湖垦田，把湖填平盖房子这样的事情。北方比较干旱，他们就拼命地开采地下水，据说北京市 17 米以下还有地下水，17 米以上都干枯了。

中庸和中和是有区别的。中庸的庸，庄子解释为用不用。朱熹讲中和，中为道之体，和为道之用，他也把和与中联系在一起。《论语》里面讲"礼之用，和为贵"，中庸的庸也是用，那么中和岂不是中庸了吗？所以中庸与中和二者之间是有内在联系的，是互补的、相得益彰的。还要讲诚，诚的本意就是信，就是真心真意，就是做人要老实，说话要老实，做事要老实，对待其他人、其他事也都要老实。天道是诚，人道是天道的诚，诚的地位是很高的。做任何买卖没有顾客都是不行的，而且顾客越多越好，商人为了吸引更多的顾客，提出"顾客就是上帝"这样的口号，在基督教中上帝是神圣不可侵犯的，把顾客叫作上帝，可见把顾客的地位抬得很高。中国怎么讲呢？诚道天下开。我是武汉地区的，但不止是湖北的，也不止是中南的，而是全中国、全社会、全世界、全人类的。所以有一句话叫"不诚无我"，讲得很有道理。比如说，你认为这个同学怎么样？当提到这个事情的时候别人都说："唉，别提了，他这个人不老实。"那么很多人听到就会心里想着要离这个人远一点，那么这个人做生意就很难成功，所以诚很重要。诚是我们生态的底气，举两个例子。我国环保部（以前叫环保局），第一任领导曲格平干了十年，他有一篇文章，是《南方周末》2013 年 6 月 6 日发布的，标题好极了：四十年环保路，"天道曲如弓"。曲格平回忆中国 40 年来环保事业走过的道路时，就讲天道、地道、人道。人道是以天道为标准的，天道曲如弓，像弓一样弯弯曲曲，说明问题很大，大到什么程度呢？有一些人、一些地方，对消除环境污染、保护生态环境极不负责，虚报，谎报，造假，玩数字游戏。在利益面前，道德遭

到了践踏，这就是不诚无我。不诚，无生态。所以，不诚实的话就消除不了生态环境污染；诚实的话，一定可以占天地之话语，达到天人合一，这样才能把环境治理好，才能有蓝天白云、绿水青草。万万不能谎报，污染有多大就报多大，能治理到什么程度就治理到什么程度，往最好的方面去做最大的努力。

儒家所提倡的中庸、中和、诚，都是很高的智慧，对于我们大力推进生态文明建设，努力走向生态文明新时代，是有很大帮助的，可以更好地完成新的历史使命。

2013 年于华中科技大学演讲

陈俞蓉根据录音整理

围城内的暴力

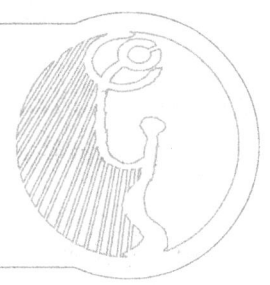

佟　新　北京大学社会学系教授

今天非常高兴来到这里演讲。对我来说这是一个命题作文,因为人文基地的老师希望我讲这个问题。虽然我认为这个适合于更成年的人,但防患于未然也是好的。家庭暴力并不是单向的而是双向的社会事实,这是一个很实际的问题。今天我们反思家庭暴力,更广义的是反思暴力,这是一个更宽泛的话题,因为它无处不在。

一、无处不在的暴力

所谓暴力,就是用个人意志强迫另一个人去实现他想实现的事情。暴力是不是无处不在? 在我们的身边,暴力是无所不在的。就家庭暴力而言,是发生在家庭内部,是由具有婚姻关系、收养关系、血缘关系且生活在一起的人之间发生的殴打、捆绑、禁闭、残害等行为,主要涉及从精神、身体、性三个主要方面。我们每个人都有可能会面对这个困境。

家庭暴力总体而言比较普遍,但由于调查取样的不同,人们对家庭暴力的定义也就不同。比如说,你认为抽一巴掌算暴力吗? 对冷暴力的定义争论就更大。两个人发生矛盾说我不理你了,一周不说话,造成了一方精神的高度紧张,总有一方是处在优势地位。基本上,对肢体暴力的定义没有争论,对冷暴力和精神暴力就很难定义,要根据当事人的精神状况。以肢体暴力为标准,大约 20% 的夫妻之间曾经发生过暴力问题。最近也有新的数据，约 24.82% 的夫妻间发生过暴力。

1994 年，世界妇女大会在中国召开，当时我们做的研究就是家庭暴力。我做了 40 个访谈，其中有博士生、副局级的领导干部，他们并没有因为学历和身份的差异而减少暴力，我们会以为暴力是低等级的，但事实并非如此。40 个人中只有大约 10 个人遭受的暴力是公开的，大部分处在隐蔽状态。我们的生活中有一些暗面，大多数时候暴力是发生在窗帘后面。我们相信的常常是美好的事情，因为总是看到光鲜的一面，所以当有的人遇到阴暗面就会瞬间崩溃。加拿大有一个宣传片：光鲜亮丽的都市白领下班回家，窗帘被拉上，随后传来了类似殴打和哭泣的声音。宣传语为："如果你听到这样的声音，怀疑发生了家庭暴力，一个公民应该有责任去报警。"窗帘被拉上的一瞬间，背后发生的事情难以想象。研究发现，那些被打的女人或是男人最大的心理感受不是生理上的疼痛而是羞耻感，因为这种感觉让她（他）难以启齿，进一步加剧了这类事情的隐蔽性。

二、暴力产生的原因

我做研究比较关心的有两个问题：一个是家庭暴力，另一个是性暴力。"李天一事件"中的女受害人被污名化了，大家都在说，为什么晚上十点钟了一个女孩子还和男生在外面。难道这样她就应该被强奸？在性犯罪相关的问题上，受害者被污名化是很严重的。还有就是我们现在经常遇到的性骚扰问题。隐藏的意识形态是受害者是有罪的，很多人会说是不是你穿得太暴露了，所以受害者似乎不能将自己的遭遇公之于众。

我们要把窗帘打开看看那背后究竟是什么，有很多东西要拿到桌面上来讨论。如今，点开各种网站，性的话题无处不在，但我们对自己在性关系中的责任并不明确。有教授正在做一个课题：我们经常看到广告"无痛人工流产"，医学院的同学应该知道，这个世界上有无痛人流吗？这种宣传造成了很严重的后果：男孩子觉得可以不用避孕套，认为大不了花点钱你去做个人流还不痛呢。我们从小学到大学，缺少一个完整的、在性关系中双方责任的教育。人们应当知道，有关意外怀孕对女生身体的伤害是什么，有关避孕对男女双方的好处是什么。在社会上，医院居然可以如此轻易地做人工流产手术,这其实是社会问题。揭开这些问题背后的危机是我们的责任。

研究表明,几乎80％的家暴受害女性不会提出离婚,她们的做法往往是,让对方承认错误,让对方保证此后再也不打老婆,然后选择隐忍和原谅。疯狂英语创始人李阳的夫人提出离婚并成功了,她是一个勇敢的人。但绝大多数人都是选择了忍受。但忍受的结果非常糟糕,忍受的选择使得这些问题不能够被揭示出来,每次被揭示的问题都是一个契机,让我们思考这是为什么。医学方面有很多相关的理论,有一些研究者认为这些施暴者有病,属人格障碍或者是抑郁症、狂躁症或精神分裂;还有人认为有的女性情绪不稳定,如更年期综合征等等。

我基本上认同后一种理论,认为叠加因素可能更重要一点,即便是精神上有障碍,比如说失业的人酗酒后打老婆,我想问,这是不是一个权力关系不平等的产物? 我认为是因为双方权力关系不平等。很简单,此人知道自己面前的这个人和自己有亲密的关系,即便自己打了她,她也不会告自己。什么叫他可以打? 这个权力关系背后是一个私人财产的占有关系,你是我的物品,我对你有操控权,我可以这样做,我知道打了你大不了向你下跪道歉。

这是由一系列的社会文化、性别关系和劳动分工关系决定的,这三个因素是我研究中特别强调的。如果要研究性别不平等,一定和这三个因素的共同叠加作用有关。一个男人为什么觉得可以打老婆? 男性在内心中认为,我是养家糊口的人,我供给了你的生活。在性别文化中一般会期待两种,在性别文化中是二元对立的,这是讲性别文化里面的核心问题。一般认为男性气质是男性要负责、要坚强,而更重要的是非女性化。我们定义一个女性,认为她要温柔,要能照顾别人,而更重要的是非男性化。这个定义充满了矛盾和张力,和我们的生活事实不符但又迫使我们去遵循它。就像刚才讲的,一个男性失业后充满了挫败感,因为社会要求男人去养家糊口,这就是你的责任。相比之下,女性失业后的挫败感就没有这么强。男性找不到社会支持,就会转嫁这种挫败感。当代法国著名社会学家布迪厄的著作《男性统治》,主要讲男性统治为什么是可以存在的,而且男性统治充满暴力。布迪厄最重要的研究是对中产阶级的再生产的研究。我们相信,随着社会的发展,不平等会越来越少但仍旧存在。他特别关注到大学如何建立区隔,把人变得具有贵族气质。这里讲的建构主义理论,是讲一个人的出身与阶级、一个人与城乡的历史关系、是男人还是女人、是有社会地位的人还是没有社会地位的人,这些所有的因素叠加在一起影响着我们的生活。

家庭暴力其实不仅仅是一个简单的性别之间的关系,它折射出来的是社会里面阶层、城乡之间的权力不平等,人们对于不平等的反抗、不满以及种种的愤怒,可能会转嫁给家庭暴力。《中国式离婚》充分反映了中国城乡结合后存在的问题。比如一个农村男人娶了城市小姐,他的愤怒可能表现为家庭暴力,更有可能演化为对那个阶层的敌意。在做调查时发现,很多打工妹出来打工但回家乡嫁人,假如她的老公没有出门她们就很容易成为家暴的对象,她的老公、婆婆似乎对她出门打过工很不满,总会找出各种理由想要控制她。这就和男性气质、城乡不平等有关,认为你以为你去了大城市、开阔了眼界就很了不起了吗？这就是城乡之间的不平等。在很多情况下这些遭受暴力的打工妹会跑出去,因为她出门了知道自己可以再到大城市里找一份工作养活自己。传统女性身上的那份顺从就会消散,挑战男性权威。这些东西都是相辅相成的。所以才会有布迪厄在《男性统治》里面特别讨论到的,男性气质里面有一个因素叫非理性化,非理性化的因素决定了这些男人一旦他们发现自己以前没有意识到的软弱的时候,他们会无比愤怒。他们为了战胜自己的软弱,从而将内心的愤怒转嫁给对方。

所以在座的每一个男生,你们内心要有一个承诺,不能打女人。其实不仅仅是承诺,你们要知道一个事实,那就是那些打女人的男人是最软弱的,他们需要的是真实地表达自己,即便有愤怒,把愤怒的根源表达出来寻求爱人的支持和理解。比如说你失业了或者单位上提拔了一个人,你认为怎么也该轮到你升职了,当你带着愤怒回到家里,这种愤怒就成了你日常生活的导火索。传统的性别气质文化真的很糟糕,它不允许男性失败。男性无法释放就只能在最亲密的人面前发泄。我从1994年开始做性别研究,发现在私人领域里有一套性别秩序,有一个情境让人难以置信,院里的大妈、大婶劝架是把夫妻两个人拉开分别劝慰。那个女性说了一句话"他打就打了,为什么打那么重",让我非常吃惊而且难忘。我不明白,为什么两个相爱的人之间会有暴力,直到我之后工作有了自己的家庭生活。家庭生活就是最本质的两性生活,为什么在最亲密的关系中会有暴力？情和爱成为一个遮羞布,就像家长打小孩往往有冠冕堂皇的理由:我打你是为你好。这就是为什么亲密关系里面会产生对身体的、对精神的占有,就像我有权力打你。

所以当有这样的一种关系的时候,我觉得核心就是在私人领域,那个窗帘背后有一套我们内心默认的性别秩序,这套性别秩序是我们特别应该挑战的。反对暴力的根本目的是反对已有的性别秩序。就像我的学生,一个男生和她相爱了七年,男朋友觉得你不和我结婚我就有权杀你,我杀你是为民除害。同时我接到了一个女生的信,一个女生非常珍惜自己的贞操,在男友的再三要求下发生了关系,谁知道这个男生在两个星期后就消失了,连分手都没说。她当时觉得非常痛苦,如此珍惜自己,"我不是一个随便的人,我真的以为我们是相爱的,所以我们才在一起,但是他却当作一个游戏一样完全结束了"。她觉得不仅仅是通过这种关系看到自己守卫贞操的问题,而且觉得自己为什么这样没有识别人的能力。最后她就觉得人生完了。在信的结尾,她说:"老师,我不想活了,我想自杀。"我依然会回到情感世界里的性别秩序中,一个女人首先要跟一个男人分手,在前一个故事里面,我的很多男学生说很理解那个要杀人的男生,因为女生首先说分手,对于男生来讲是一件很丢脸的事情。如果女生首先说分手,男生会觉得丢面子;反过来,男生把女生甩掉了,女生的选择可能是自杀。所以当我们对性别问题想不明白的时候,就把两个性别颠倒一下,我们就会知道是有性别秩序的,而这样的性别秩序常常对我们来说还不敏感。说到贞操问题就关系到性关系的本质。今天的社会已经不仅仅是开放的问题,有些东西是没有边界的,但是性关系的本质其实充斥着一种强烈的控制关系。当社会依然强调一个女性的贞操的话,去强调处女情结的话,通过处女情结,男人就可以控制女人。女人的性不是自己的,而是未来的丈夫的。所以女权主义解放运动有一个重要的目标,就是把性还给女性,不仅仅是强调性的自由,而是女人有自己的性权力。所以在这个问题上,它的主要目标是摆脱男人对女人的统治。

当社会还在强调贞操的时候,才会有那些接触到的案例,有女孩为了摆脱性骚扰或者强奸而跳楼自杀,还有学生说死了也好,不然怎么活。我就一直在想,为什么没有一门课告诉我们生命远比性更重要。性别研究最根本的是挑战长期的男性统治,性文化不断地产生不平等,这些东西和暴力是密切相关的。我1994年的相关研究让人觉得很悲哀,很多女性不离婚就是自己没办法独立生活,觉得自己还是孩子的妈妈,看在孩子的分上他总不会打得太重,离了婚再找一个的状态可能更悲惨,不如跟着孩子他爸。很多社会不平等就转移到我们的家庭生活中。的确,我们的社会变化太快,很多人产生不适应和心理疾病、失败感,这又和大男子主义性别气质、生活经验叠加而产生了暴力。

三、直面家庭暴力

有很多人讲,现在社会是不是家庭暴力在增加？1994年,我在四川的一个农村做调研的时候,我问村子里的一个妇女,了解到打女人的事情十分普遍。所以至少20世纪90年代初是这样,不知道今天是否有变化。我们如何去理解家庭暴力？家庭暴力是不是把人打得残疾了才叫家庭暴力？这里有一个程度之分。在中国长期以来的男权社会中,家庭暴力是一直存在的,那我们能说家庭暴力是逐渐增多的吗？事实上我们不知道家庭暴力在10年前、20年前是怎样的,只是我们今天对这个问题的认识和关注以及普及程度在增加,对家庭暴力的定义也不一样了,这是一个变化的过程。我觉得乡村里面会减缓,城市也只能说公开程度会增加,而不意味着以前没有。今天又有更多的受害者站出来,寻求帮助,把曾经认为很羞耻的事情公开。我觉得这是一种进步,是社会宣传的作用。"打老婆"这个词在中国是一直有的,但家庭暴力这个概念是20世纪90年代才引进的。世界妇女大会有一个危机管理中心,认为家庭暴力应该由社会来加以干预。当发生强奸案,不仅会有警察来询问案子,还会有相关的社会工作者进行心理辅导。面对家庭暴力,我们都希望事情能向好的方向发展,最终目标是建立平等和谐的夫妻关系。谈恋爱也是如此。北京市有一个家庭暴力网络,在北京的大学中有一个论题:在恋爱中遇到暴力应该怎么办？这是一个摆在我们面前的课题,你可能不会遇到,但你的朋友遇到了怎么办？这在大学生当中引发了比较大的讨论。

当然,家庭暴力有严重的社会后果,它影响着人的尊严和身心健康,特别是在有子女的家庭中,对子女的影响非常大。最开始的那个案例中,男生是清华的博士生,女生是北大的博士生。男生一直监视这个女生:你今天和谁吃饭了,和谁看电影去了。他自己认为这就是表达爱情。这个男生到后来逐渐发展成为,一旦几个小时女生没有联系他,就会询问她。信任的建立很重要,相互之间留有一点空间更重要。这个故事发展到后来双方就开始撒谎,女生明明和同学出去吃饭,却撒谎说自己在图书馆,没想到过几天就被发现了。男生在愤怒的时候说不过女生,就只能动手。他以为住嘴了这件事就解决了,所以演变为有了第一次就会有第二次、第三次,女生就觉得自己颜面扫地,然后就开始寻求帮助。男生在进行心理咨询时说从小就看到爸爸打妈妈,就觉得暴力是解决问题的一种方式。除此之外还有一些细小的原因,比如很多女性都不会沟通。所以曾经有一个学者做过研究,认为暴力发生的导火索是女人爱唠叨。他的结论是,在有暴力的家庭里面,80%是由于女人的唠叨,这是一个比较严谨的社会学研究,但是报纸却给他转述为女人挨打,80%是因为她们爱唠叨,后来被各大报纸转载得面目全非,把责任都推给了女人。但其实不是,是因为双方都不会沟通,尤其是上述的男生模仿父亲打母亲的做法,以此作为解决问题的一个方法,他会觉得这没什么大不了。所以家庭暴力的确会在子女教育上得到延续。

当然,家庭暴力对子女会有特别大的伤害,尤其是一些敏感的小孩,他不认为夫妻之间的矛盾是两个大人的事情,他可能会认为是自己的问题,是因为自己没有做好弄得父母吵架。曾经有一个案例,家庭暴力导致孩子直接打110。现在法律规定,一旦有家庭暴力的报警则必须出警。但的确存在着很多看法,把家庭暴力视为私人的事情,警察不宜干预。刚才的案例中,家里的丈夫是一个高官,警察来了就说你们有两个选择,一是做笔录你直接签字,这个男人的档案里就会留下一笔;另一个是直接把这个男人带走。女人心软,认为这是私事说算了,谁知过了一个星期暴力又发生了,女人终于决定离婚。从法律角度出发,因家庭暴力离婚在财产分割上对男性带有惩罚性,这个时候这个男人就不承认自己有过家庭暴力,而警察因为出警违规,没有做记录,选择和这个女人协商,也不承认有过家庭暴力这回事,后来不得不求助于法律部门，如何证明家庭暴力是真的发生过，这就非常难。

还有一个问题是常常被人忽略的，那就是过度反抗引发的被害者的犯罪。女性犯罪里有两项犯罪内容很高，一是女性重婚罪，二是女性杀人犯罪。在一定意义上，我将其称为激情犯罪。有很多因家庭暴力引发的犯罪是在女性法律维权中最具有挑战性的东西，因为很多女性长期遭受家庭暴力，没地方躲也无处诉说，而丈夫以恐吓来威胁她们不许离婚。这样长期忍受暴力又不能离婚，最终导致她们产生犯罪行为，杀死丈夫。这样的案例判决很重，有40个相关案例，女性因为暴力犯罪向法律维权，法律上认为如果有预谋就会判得比较重，一般都会有死缓，但这些女性长期处于弱者地位，大多数情况下都是有预谋的，所以最后判决很重。一个和谐社会首先是要有和谐的家庭关系，和谐的家庭关系最主要的是和谐的夫妻关系。很多时候这些女性都是有心理问题的，但社会并没有提供相应的社会援助，告诉这些人你们需要治疗。包含精神上出现问题，比如偏执恶性循环最后导致杀人犯罪。

这应该怎么办呢？在很大程度上，医院、社会工作者、公共部门要提供心理干预，无论是对施暴者，还是受害者，都要有心理干预。我国某些地方尝试建立家庭暴力庇护所，但是很难。家庭暴力之后警方出警了，然后就走了，那么之后女性应该怎么办？在西方的一些经验里，特别是在暴力频发的时候要给女性受害者一个更安全的地方，让双方都冷静下来。我曾经在丹麦参观过一个庇护所，它位于一个居民区，这些庇护所建得十分隐蔽，防止这些女性再次受到伤害。在北京曾经由社区建立庇护所，但不久受到了巨大的挑战，比如经费来源，目前为止政府在这一块还没有福利。甚至真的有人找上门，附近小区的居民认为他们的安全也受到了威胁。在法律上，这个机构也受到质疑，它们没有权力把别人的老婆藏起来，所以庇护所后来没有持续下去。在西方，为施暴者建立学习小组，以小组的形式给施暴者提供教育，使其谈出问题和焦虑，包括施暴者和受暴者坐在一起谈论他们的婚姻出现了什么问题，如果两人还愿意在一起生活就在一起，但是要守法；问题特别严重的，两人可以离婚。在美国，法律规定，施暴者不得接近受暴者，如果接近,受暴者是可以报警的,警察有权拘留。但在我国是没有相关法律法规的,就像之前提及的案例,警察说了一句:"他不是还没有杀人吗?"也就是,如果那个男人没有杀人就不能抓他,只有被害者被杀了才可以抓他吗?实际上他已经发了威胁短信。我说可不可以找到他的家人,把他送到精神病院做一些基本检查。他说法律不允许,不能强制性地去做精神鉴定,所以没有办法。社会工作者们其实在一定程度上是希望通过心理的、家人的、社会团体的支持来帮助解决这些问题。所以在一定意义上,我有点把他们当作病人看,也就是这些施暴者本身也是需要帮助的人。

当然,从公共领域来讲,我们面临的问题是,当目睹家庭暴力的时候,公民有没有责任去报警?我们会不会依然把别人家的事情看成是私人的事情,与我无关?这里面存在着一个很重要的问题就是,公共权力在多大程度上能干预私人生活?事实上在今天,公共权力对私人生活干预得太多了。因为房子的问题,出现了一个特别令人寒心的现象,那就是离婚率的增高。在城市改造里面有一个房屋补偿问题,讲一个我身边的案例,在房屋拆迁登记的最后一天,夫妻两个离婚了,孩子判给了父亲。本来是两居室的补偿变成两居室和一居室,这是中国人发展出的私人领域的关系抵御公共领域对生活的干预。中国人的智慧用在这儿令人难过,我们的公共政策如此侵入我们的生活。所以我们应该反思,国家为什么不能在反家庭暴力的实践中发挥更重要的作用?所以我们要通过一些事情做宣传,反对家庭暴力。另外就是警察的干预制度。如今警察接到家庭暴力需要出警,这已经往前迈了一步。当然完善一个制度是非常难的。家庭暴力在今天起诉非常难,一旦你去告你的丈夫有家庭暴力,运用刑法意味着妻子要把丈夫送到监狱里去。有一位女性遭受了家庭暴力,夫妻两人都是高级知识分子,因为家庭琐碎的事情吵架,丈夫用辞典把女人鼻梁打断了,女人愤怒得不行。找了司法鉴定,轻微伤害的标准是:伤口十厘米以上,拆线之后五厘米以上。一厘米都不能差,否则就不能算轻微伤害。这个女人就很气愤,说中国的法律为什么如此官僚化?五厘米和四厘米在实质上有差别吗?难道不都是家庭暴力的结果吗?

在中国,有一个运动叫白丝带运动,鼓励男性加入各种消除对妇女暴力的行列当中,所以每年都有戴白丝带的活动来反对家庭暴力。另外,到了2001年,也就是十多年前,有十多个省市出台了地方性的干预和防治家庭暴力的法规、政策,新婚姻法也明确反对家庭暴力。当然,我今天讲的暴力主要是夫妻间的暴力,其实家庭暴力还包含成年的父母打未成年的孩子,以及成年的父母打老年的父母。这两类暴力都存在,而得到的重视不够。关于家长打孩子的问题,在西方特别敏感。我有个同事在美国,由于孩子不听话,便打了孩子一顿,小孩说你再打我,我就报警。他的爸爸说:"你报警行,来警察了就把你带走,带到别人家里让别人做你爸,愿不愿意?"小孩子想了想说:"算了,还是你做我爸。"这就是讲美国法律有一套过度干预,有人讲美国的做法有点过度。这个问题讲起来很复杂,数学研究中有两种理论,一种理论是跟踪性研究,认为小时候遭受过家庭暴力的人,在中国的家庭挨过打的孩子,不是说很严重致残的暴力,尤其是男孩,回忆起来他会认为自己当年确实是很调皮,父母当年是真的很在意他,所以中国文化也不能简单地套用西方的东西。当然家庭暴力,特别是源于夫妻感情不和的暴力,孩子是特别无辜的。因为心情不好随手打孩子一顿,孩子受到的心理伤害会更大。但无论怎样,即便孩子犯错,我们也能找到更好的教育孩子的方法。另外,在刚才讲到的白丝带运动中,也有一些民间组织自发产生,包括男性的经验小组,来宣读反对针对妇女的暴力、促进性别平等的倡议书,甚至签下自己的名字,表示绝不参与对妇女的施暴,不对针对妇女的暴力保持沉默,见到这样的暴力要站出来,这些都是积极的。从长远来看,我相信这一代会好得多,这一代独生子女家庭的孩子都是独立成长的,权利意识随着社会的发展会越来越受到重视,当我们重视自己的权利时,也会更重视他人的权利,这是相互的。谢谢!

2013 年于华中科技大学演讲
周小香根据录音整理

3D 打印未来

史玉升　华中科技大学教授

大家好,我先放一个视频,让大家简单了解一下 3D 打印技术的工作原理。这个视频有 50 分钟,我先给大家播放前面 20 分钟的内容。当时叫 3D 打印,老百姓听不懂,所以拍摄的时候就叫作立体打印,原理是一样的。

实际上,人类的发展是离不开制造的,人们身上穿的衣服是纺织制造的,手上拿的手机,坐的板凳,都是制造的。自从人类诞生以来都是离不开制造的,早在石器时代,人们就开始把石头做成武器、器具。最早的一种制造技术就是等材制造,就是材料不增加也不减少。最典型的例子就是铸造技术。甲骨文中记载有铸造的相关内容,所以铸造已经有几千年的历史了。等材制造发展了几千年的历史。还有剪裁制造,是用刀具切削。就是我要加工一个杯子,先搞一块金属,把不需要的剪掉。等材制造,就是把模具灌进去,就像做点心。剪裁制造有几百年的历史,相对等材制造,它还很年轻。还有一种叫增材制造,它只有二十几年的历史,更加年轻。增材制造采用的材料是以材料的形态来划分的。大家看到刚才那个视频,那个博士是学控制的,3D 打印是复合技术,所以我们团队各种工科人才都有。再说片材,就像一张一张纸。还有液材,比方说喝的水,炒菜的油。还有丝材,就像面条一样。3D 打印技术在学术上叫增材制造,最早叫快速成型,后来叫增材制造,但怕老百姓听不懂,就取名 3D 打印。后来可能还有其他的制造方法,就等着大家去发现了。这个原理,我们就不说了,它是一层一层长出来的,就像植物生长。为什么能够做成复杂的呢？因为它把所有复杂的东西都做成二维的了。

下面我讲一下 3D 打印技术的意义。

首先，3D 打印技术为社会制造提供创新的原动力。我们国家现在提倡创新驱动发展。各个地方拼劳动力、拼资源的污染型工业不可能长期发展下去，要靠创新。创新的原动力体现在哪些方面？第一是要扩展产品创新的空间。传统的机械设计是面向工艺的设计，现在是面向产品性能的设计。原来设计一个东西要先考虑制造工艺能不能做出来，做不出来设计了也没用。现在设计人员不再受传统工艺和设计资源的约束，专注于产品形态的创意和功能的创新，设计即生产，设计即产品。刚才看到一个球，三个小时就做出来了，过去的工艺要做一两年。时间即生命，时间非常宝贵。在设计上可以采用最优的结构设计，有了 3D 打印技术，我们就不用考虑后面的加工问题。这项技术，可以极大地减少产品研发的成本，缩短创新研发的周期。我举个例子，拿右边的这个图来说，做一个发动机杠杆要用砂型制造，也就是模具。砂型制造做一个需要花三四十万元，用五个月时间。做完砂型模具之后再拿去生产制造，如果制造出来之后发动机不运行，这个模具就不能使用，又要花三四十万元折腾半年。如果采用 3D 打印技术，一个星期就能搞定，这就是创新。研发成本降低，研发周期也缩短了。

其次，3D 打印技术可以提高社会工艺制造能力。一方面，可简化产品制造流程，提升产品的质量和性能。过去造一架飞机需要四万五千个零部件，这些零部件越多，中间需要加连接和配合，连接处越多就越不安全，而且重量也会增加。采用 3D 打印技术，很多零部件就组合在一起整体打造了。3D 打印技术一个很重要的优点就是可以整体制造，整体制造就少了连接，重量减少，可靠性就增加了。所以叫简化产品制造，可提升产品的质量和性能。另一方面，能够制造靠传统工艺无法加工的零部件，极大地增加了工艺的可实现性。大家知道航空航天技术是为减轻一克而奋斗，如果你以后在航空航天业工作，能减轻一克就是功臣。3D 打印技术做成网状的东西，节省材料，减轻重量，意义非常大。这是传统工艺没有办法实现的。还有一个方面,就是实现了难加工材料的可加工性,提高了工艺能力。有的东西没法加工可能就放弃了,采用 3D 打印技术可以实现。此外,还体现为社会制造的绿色可持续发展,制造的过程应是低碳环保的。现在我们的制造业污染十分严重。3D 打印技术可以实现绿色可持续发展,这是一个很重要的技术。它可以促进绿色制造模式的形成。现在,我们的制造业存在各种声音污染、粉尘污染等等,我们采用新技术,例如这个像冰箱一样的装备,大家可以在里面安静地工作。刚才我们看到粉末制造,是为了拍摄需要,所以把门打开了,平常门是关着的。所以就减轻了污染,它是绿色的。另外,绿色制造模式是把很多东西都制作成网状。采用这种技术,材料的使用量可减少 70%。钛合金是非常贵重的材料,我们小时候觉得中国历史悠久、地大物博,但这不能永久持续下去,我国的石油 60% 从国外进口,很多矿产资源贫乏,你现在挖了子孙后代就没有了。我们要节省材料,材料怎么来的? 首先你要地质勘探,然后从里面采矿、冶炼,这个过程产生的污染也是非常严重的。我们采用 3D 打印技术,减少材料的使用,也就减少了空气污染。这种网状结构靠传统工艺是没法制造的。甚至人造的骨头也可以做成网状的,这个腿断了要装一个上去,两边的重量差不多。3D 打印技术可以通过对孔的大小的调整,来控制重量。甚至牙齿、自行车都可以做成网状,外面看上去是实心的,实际是网状的,很轻,它的强度也不会差。这种工艺的实现就是轻量化,少用材料,重量也就变轻,燃油消耗也少了,污染也会变少,从而实现绿色可持续发展。

其次,3D 打印技术可以催生新的社会制造模式。改革传统的制造模式,形成新的体系。比如发动机,要先找一个发动机工厂,然后用汽车、火车、飞机等交通工具把它运到某个地方。现代物流模式也改变了。如果 3D 打印技术发展,就可能没有物流这种东西,传送的是数据,我在网上看到哪个东西好,你把数据告诉我,我在家里自己打印出来。如果你设计能力强,你可以自己设计打印出来。将来人人是制造者,人人是设计者,人人是创造者。后面我会展开来讲,它会变更传统的制造模式。将来是社会化零散的制造,不是一个大的流水线制造。这体现了个性化、高水平的制造模式,就

是说通过 3D 打印，可以按需制造，实现私人定制。之前，学校派了新闻系的一个研究生来采访我。我让他畅想一下未来的生活。他说将来要出国，想穿着自己打印出来的衣服，开着自己打印的汽车，到美国去坐上自己打印的飞机，如果某天出了车祸腿折了，可以到医院把自己的数据调出来，打印一条腿装上去。我想，不愧是学文科的同学，思维就是开阔，令人佩服。我告诉他畅想的这些东西，有些现在就可以实现，有些要等到将来才能实现。现在你的牙齿、骨头都可以打印。

后面我给大家讲故事，我的故事非常多。3D 打印技术就是按需而制，根据自己的需要来制造。现在武汉市改委交给我一个任务，他们年底要办一个时装节，要我打印一套衣服。制作衣服要有数据，可以找武汉纺织大学的同学来设计，这对服装设计的促进作用也是很大的。我们前面可以看到，粉状、液状、丝状的物体，都可以用到。眼镜、珠宝全都可以用上。武汉纺织大学不是有模特班吗？表现好的话可以到巴黎时装周去，这就是按需制造，因人制造。以后的时尚，只要把你的数据输进去，你穿什么衣服，带什么包，显得你有气质，都可以模拟。

最后，3D 打印技术可以催生专业化的创新服务模式。将来你可以自己下载数据打印所需要的东西。从上述几点可以看出，3D 打印技术意义非常重大，它是革命性的重要技术。我们来看看当前国内外的政策。国外是 20 世纪 80 年代末 90 年代初开始提出 3D 打印技术，我校从 1991 年就开始研究了。它不是全新的技术，为什么这两年又热起来了呢？因为今年 2 月份奥巴马讲了一句话，美国打算在 3D 打印技术方面增加支出，推动人工智能、机器人技术的发展，在未来 20 年，打算在制造业上超越中国。现在中国是制造业的老大。美国不是要超越中国的低成本污染型产业，而是要超越高新制造业。现在珠江三角洲只是来料加工，拼的是劳动力资源。一部苹果手机卖五千多块钱，富士康加工，中国人才挣几块钱，核心技术在美国手中。美国过去是不怎么重视制造业的。欧洲金融危机中，德国是非常稳定的，为什么稳定呢？因为德国有实体经济，制造业非常稳定。美国不断创新，但它的制造业在外面，所以对它的打击也很大。一个国家的实体经济是不能少的,虚拟经济不可能长久,因此要回归制造业。

2012 年 7 月,美国《外交政策》杂志提到,3D 打印技术会让传统的制造业迅速衰落。2012 年 8 月,美国建立由政府和私营企业共同投资的 3D 打印技术研究所,已经投入 4000 多万美元建立 3D 打印中心。美国 3D 打印技术有三家上市公司。它每年要投入一千万美元以上的研发经费,还涉及一系列的知识产权。2012 年 4 月 21 日英国《工业》杂志认为,3D 打印技术是第三次工业革命。我认为,假如第三次工业革命到来的话,3D 打印技术只是其中一个关键技术。《工业》杂志认为,3D 打印技术可以打印任何东西,不管是单件产品还是批量化生产,机器的设置成本是不变的,就像 2D 打印机,打印一个字母和打印很多字母成本是不变的。这是国外的看法,我们来说说中国的看法。中国政府组织的多次 3D 打印技术研讨会,我都有参加。现在江苏、浙江、上海 3D 打印技术都很受重视,谁都想研究 3D 打印技术。去年我被邀请去上海,上海经济发达,是国际化大都市。现在打印工业的零部件北京、武汉已经做得很好了,所以我建议他们打印人体的零部件,为人类做出贡献,经济效益也非常可观。另外,社会效益也非常好。打印人体零部件非常需要资金,只有上海有这个实力,其他地方可能并没有。2012 年底,我们启动了一个 3D 打印的咨询项目,提交了三份报告。第一个是出版一本科普图书,叫《3D 打印未来》。这本书很畅销,四千本,一下子就脱销了。第二个是技术。第三个是给中央提的建议。这个建议已经提交到中央了,就是关于中国如何发展 3D 打印技术。武汉也非常重视,要建立 3D 打印园。习近平主席也非常重视,他在武汉专门考察了 3D 打印技术,在与他交流的过程中,我觉得他对这项技术非常了解。在年初的政协会议上,他说 3D 打印技术已经从研发走向产业应用,可以预见,随着 3D 打印技术规模增大,产业链都在面临深度调整。虽然人们对第三次工业革命还有不同的看法,但恰好说明人们正在探讨世界科技文明发展趋势,以求抢占先机。国内外的情况就给大家简单介绍到这里。

下面说几个 3D 打印方面典型的案例。第一,在工业上的应用。3D 打印技术并不是将传统的等材工艺和减材工艺抛弃掉,而是进行很好的补充,和传统的铸造工艺相结合。第二，制造模具可以用 3D 打印技术。过去冷却模具很麻烦，用传统的方法，模具的冷却效果并不太好，3D 打印技术可以很简单，缺陷由 60% 降至零。其他和传统工艺结合起来的我就不讲了。像飞机的零部件我们都可以打印，飞机的有些电控系统是不能打印的。医疗上面用的牙齿，现在 3D 打印技术就可以打印，我们先用钛合金和钴铬合金，然后在外面做一层烤瓷。但是现在我们可以直接用高强度的陶瓷将牙齿打印出来。牙齿是个性化的，每个人的牙齿都是不一样，就像指纹一样，每个人都不同，所以这是很复杂的。现在人们研究直接打印细胞。我们现在和英国合作打印的骨头是可以流血的，能变成人身体的一部分。另外，与文化创意结合起来，可以设计一条龙。传统的技术不能把鳞甲、纹路制造出来，需要人工雕刻，但是我们可以打印出来。现在我们和英国合作，打印巧克力。以后将和浙江一个做食品的公司商量，打印蛋糕。香港地区有人来找我，想找一个打印房子的 3D 打印机，先打印房子的零部件，比如那个墙可以里面做成网状的，做一个隔音防火墙，这是靠传统技术没办法制造出来的。

另外，3D 打印带来制造行业的新模式。第一个例子如下。有一家公司 2007 年创立于荷兰，总部在美国纽约皇后区，通过 Facebook 接受顾客的各种三维设计方案，并在 4 天内完成产品的打印生产，然后寄送给客户，并为商家提供平台来销售自己设计生产的产品，已经打印了一百多万件产品。另一家公司于 2009 年成立于美国纽约，至今已获得近亿美元的风险投资，公司负责人只有 25 岁。公司通过 Facebook 等社交媒体，接受公众的产品设计思路，并由公司注册用户进行评估、投票，每周推荐一个产品，进行 3D 打印生产，参与生产设计和修正过程的纵包人员可分享 30% 的营业额。公司还进一步将纵包产品的改进过程转化为公共社会媒体的相关内容，从而创造性地拓宽了销售市场。目前，该公司每年只生产 60 种产品，单件产品提交的费用由原来的 99 美元降到 10 美元，公司注册用户以每月 20% 的速度增长。通过这两个公司，我们可以了解到生产模式发生了变化，变成了社会化制造，人人都是设计者，人人都是生产者，网友参与个性化设计。

再看我们学校研究的 3D 打印技术,给大家汇报一下我们的进展,第一个是我们研究的液体材料,不光要研究这样的液体材料,而且要用这样的液体材料打印东西,比如说珠宝、戒指。第二个是我们采用片材,比如说纸张,现在发展到了塑料,我们也要研究这样的材料。我们在同济医院给人做核磁共振,把数据调出来,就可以打印脑袋。另外一个我们主攻的 3D 技术就是粉末材料,一种是金属的,另一种是非金属的。我们现在研究的很多东西,有和房子一样大的,也有很小的东西,当然价格也不等。将 3D 打印与传统方法结合,我们承担欧美项目,生产发动机的关键零件,然后再和传统铸造结合做出复杂零件。六个缸的柴油发动机,他们把图形发过来,我们就能打印出来。过去要用小半年的时间,花三四百万元,我们现在只收几万元,一个星期就能做出来。与铸造相结合的是做陶瓷,做艺术品。除了做沙子、塑料、陶瓷,做金属设备也是可以的。3D 打印机可以打印出很多金属,比如钛。西安交大买了一台 3D 打印机专门用于做人的骨头,这是我们做的牙齿,用模具都可以做出来。我们写了很多书,还有系列教材。

3D 打印技术将来的发展会非常快,其实 4D 的概念也出来了,就是加一个时间轴,会随着时间的变化而变化。将来发展到 5D 就是有生命的,带有生命这一个轴,将来你们可以创造 6D。随着生物材料的发展,我们可以打印出皮肤这种材料来治疗皮肤烧伤。将来的发展不光是技术这一块,还要跟企业、金融相结合,有资金的投入资金,有技术的研究技术。3D 打印技术的发展,可以改变世界多个行业。第一个是医疗行业,现在的硬组织没有什么问题了,关键是软组织,医疗领域将来是大有可为的。第二个是科学研究,恐龙化石到底是什么样子的,我可以打印出来让你看看。第三个是文物保护,陕西的兵马俑可以拿到我们这里打印出来,仿制文物。我们可以高仿文物,到世界各地展示。我们也可以修复文物,打印一块装上去。现在打印建筑模型也没有问题,已经有人研究用 3D 打印技术打印房子了,不光是在地球上打印房子,还要到月球上打印房子。此外,还可以打印食品,把营养配好,自己打印。也可以打印饰品,现在武汉纺织大学设计的饰品就蛮漂亮的。对于太空打印制造,也已经开始研究了,准备把 3D 打印发展到太空。

地面上的零件带不上去,那么可以在太空中进行打印,但要克服失重的问题。将来在外星球上打印房子,如在月球上打印房子,月球上的房子应该要抵御射线,并且提供良好的隔热效果。3D打印技术可以做成蜂窝罩,形成一个个可充气的半球形顶罩。3D技术不但可以打印房子,还可以打印工具,这就是下一步的发展。当然,也可以深海打印,船在大海上漂几个月零件坏了怎么办? 可以在船上进行3D打印。通过生物打印技术可以打印人体的零部件,这就是未来。

2013年于华中科技大学演讲

田小桐根据录音整理

环境美学是什么？

陈望衡　武汉大学哲学系教授

　　环境美学是一门新兴的学科。前几年，我有一本环境美学方面的著作要评奖，但是找不到对应的学科，最后归到了环境艺术中。其实，美学和艺术相差很远，环境美学这个学科虽然产生的时间不长，但在国际上的影响力正在日益扩大。它不仅给美学和哲学带来了革命，甚至在某种意义上，给我们当代的环境建设和环境保护带来了新的理念。所以，这个学科从它一产生就受到了不同寻常的关注。国际上很知名的大学像哈佛、斯坦福、伯克利，它们都开设有环境美学课；再比如我国中央的一些高层人物，对这个学科也很重视；还有一些省市请我去做环境美学的演讲；甚至有些城市把我的理论当作它们十二五规划的指导思想。

　　那么，环境美学这个学科是怎么来的呢？有人把它追溯到景观学、景观美学、自然学上。但是它真正的来源不是这些，而是环境哲学和环境伦理学，它直接从这两个学科派生而出。所以，它不是景观学，也不是自然学。传统哲学研究的是人的哲学，是以人为主的，但是在 20 世纪，环境哲学横空出世；传统伦理学研究的是人的伦理，是以人为主的，但是在 20 世纪，环境伦理学横空出世。去年我访问了环境伦理学之父罗尔斯顿，和他讨论了一个很有趣的问题，我说人类对老虎、狮子、藏羚羊也要讲伦理道德吗？我们的人道主义难道要扩充到动物身上去吗？他说答案是肯定的，因为我们是动物。我们人是万物的灵长，应该心胸广阔，所以我们必须照顾它们。所以说这个学科的源头要追溯到环境伦理学和环境哲学，我写了一本书就叫《环境伦理学》，有兴趣的同学可以看一看。

同时我也翻译了世界上很多有名的环境美学专著，在这个过程中，我发现这个学科远未成熟，根本没有建立起体系，所谓的专著，其实就是一些论文的汇编。2003年的时候，我招录了第一批环境美学的博士，在刚招进来的时候我都不知道要怎么教他们，第一次上课我根本上不了。于是我就把国外的书搬进来，带着大家一起翻译一起讨论，第二年我就可以上课也可以写书了。

第一，我要讲一讲环境的概念。

在西方，对环境概念的理解主要有两种观点。第一种认为环境就是人周围的物理世界。这是一种传统的西方观点，认为人和自然是对立的，即自然是自然，人是人。第二种看法是美国学者提出的，认为环境和人是密不可分的，这有点儿接近中国古代哲学的天人合一思想，但是讲到具体问题的时候就没有天人合一的味道了。比如讲到人每天都要呼吸空气，空气就是环境，所以我们离不开环境，我们从环境中吸取空气又吐到环境中去。

在中国，环境这个概念最早可以追溯到宋代。《新唐书·太宗诸子传·曹王明传》里面有一句话叫作"江南环境为盗区"，江南一带是强盗出没的地方，"环境"就是指这一带，这种说法一直延续到了清代。清代编了很多地理志，里边的"环境"意思也是这一带或者某个地方。这个"环境"显然是取于自然地理的含义，和我们现在的意思不一样。

那么，我们古代讲环境有哪些概念呢？我最近写了一篇文章，谈到了关于中国古代环境的两个概念——天地和自然。其实古代有四种方式表达环境，第一个是天地，第二个是自然，第三个是山水，第四个是风水（也叫地理或堪舆）。

这四个概念都是用来讲环境的，用天地这个概念来讲环境最早出现在《周易》里，《周易》中开头的两个卦——乾卦和坤卦，也就是指天和地，所以说《周易》的环境概念是很强的。用天地这个词来讲环境概念的时候，它主要强调的是环境的神圣性和无限性，天是没有顶的，地是没有底的。

第二个概念就是自然。老子讲道法自然，这个自然实际上讲的不是一个东西,而是一种性质,就是自然而然的这种性质。一个东西,自然而然地生长,它就具有自然性。比如说这棵小树,你不要管它,让它自然而然地长大,那么这棵树就是自然的。一个人让他自然而然地长大,他就是放松的,是自由的,该上学的时候上学,该谈恋爱的时候恋爱,该结婚的时候结婚,那么这个人的成长就具有自然性。这个东西用在环境上来讲指的是环境的本然性,比如春夏秋冬的交替。这个规律是客观的,这些客观性、本然性就是环境,它不以人的主观意志为转移。

第三个概念是最妙的,就是山水。山水也是讲环境的,但是用山水这个词的时候,就带有审美的意味。用山和水这么一对具体的事物来代表自然环境的美,这是中华民族的一个独特创造。我们中华民族的语言是很富有美学意味的,是用感性的、审美的词汇来表达一个概念,往往带有很浓厚的感情色彩或者审美意味。山水这个词就是一个例子,它很像我们现在所说的景观。

第四个概念就是风水。风水一般用在两个地方。第一个就是选地,不是选阴宅就是选阳宅,选阴宅是死人住,选阳宅是活人住。所以说风水和人们的生活密切相关,涉及人们的居住环境。风水这个概念强调的是环境的心理性和象征性,就比如左青龙、右白虎、南朱雀、北玄武,青龙不是一个真的青龙,白虎也不是一个真的白虎,而是一种象征,是人内心的象征,是你心里的一种感受,你觉得它是青龙,它就是青龙。当然这种心理性是一个民族的心理性,不是你个人的心理性,它反映了我们民族的一种生活习惯。天地和自然强调的是环境的客观性,山水和风水强调的是环境的主观性或者是亲人性,山水更多地强调它的审美性,而风水更多地强调它的功利性。

古代没有环境这个概念,到近代才有了这个概念,也就是白话文流行以后才有了这个概念。我举两个例子。一个是鲁迅的《孤独者》中有"后来的坏,如你平日所攻击的坏,那是环境教坏的",环境影响了人,与今天所说的环境很像。毛泽东在《星星之火,可以燎原》中是这样说的:"它在中国的环境里不仅是具备了发展的可能性,简直是具备了发展的必然性,这在五卅运动及其以后的大革命运动已经得到了充分的证明。"这就是毛泽东所说的环境。但是你们注意到了吗,不管是鲁迅所说的环境还是毛泽东所说的环境,他们所强调的都是社会环境、人文环境。但是，我们现在所讲的环境美学、环境哲学里的环境主要是指自然环境，当然这种自然环境有两种，一种是原生态的自然环境，另一种是人工化的自然环境。我们现在所处的基本是人工化的自然环境，我们讲环境出问题了，主要是指自然环境出问题了。中央提出了生态文明建设，还提出了社会建设，生态文明和社会文明是并立的，也就是说生态文明和社会文明是两码事。不要把生态文明当作是社会文明，现在都认为自然的和谐被破坏了，于是要建立生态文明，这是人们过度的理解，是不正确的。

讲到环境美学中的环境，我们要特别强调这个环境是人的环境，没有人就没有环境，没有环境就没有人。如果你要把两者区分一下的话，环境是人的本体，人是环境的产物、是环境的经理。具体来讲环境和人具有一定的分割性，但是更具有紧密的一体性和相互生存性，环境生人，人也能生环境。我们每天都在创造环境，这个创造可能是良性的创造，也有可能是恶性的创造，不是在创造一个美好的环境就是在破坏一个美好的环境。我来之前看了电视，世界卫生组织统计这几年由于环境破坏问题所造成的直接死亡人数是七百多万。我们也知道河北和北京地区的雾霾引起了人们的恐慌。

第二，我要讲一讲环境美学的基本问题。环境美学的基本问题是人与自然的关系问题。自然对于人有两种意义，一是资源意义，二是家园意义。资源是掠夺对象，而家园是保护对象、建设对象，环境就其本意来讲是人的家园。人的生存与发展既不能没有资源也不能没有家园，资源和家园都很重要，它们有时候可以分开有时候又分不开，有时候既是资源又是家园。比如山西那个地方，地的下面是煤，人们盖房子盖在煤上面，房子是我的家园，但我又生活在煤上面，房子下面的煤就是我的资源。在资源和家园不发生矛盾的情况下，资源是可以被开采的，家园也是可以被保护的。但是当问题严重的时候，两个东西只能保一个，也就是绿水青山和金山银山的取舍关系。我的观点是先保住绿水青山，再去考虑金山银山，先把家园保住，再去赚钱。

这就牵扯到了一个很大的问题，我们在处理人与自然的关系问题上到底以什么为本呢？以自然为本或者以生态为本都是不行的，那样的话你们现在就不会坐在这里听我讲课了,现在这里应该是森林才对。应该是以人为本,以人的根本利益和长远利益为本,根本利益和长远利益有助于人类的总体生存和发展。为了人类总体的生存和发展,某一部分人是要做出牺牲和让步的。

这里又涉及了一个问题,即生态和文明的关系。生态和文明的问题在近二三十年里讨论得比较激烈,在此之前生态问题是有的,只是不严重,不需要人们去注意它,现在因为它不好了人们才注意它。现在生态和文明已经到了严重冲突的地步,在这种情况下,只有两种办法可做,一种是文明退让,牺牲某些非根本性的利益,但是这个办法是消极的;积极的办法是文明与生态共生,既是生态的,又是文明的,生态与文明共赢的结果就是生态文明。我们从来都认为文明是好东西,但是我们现在发现文明也未必是好东西,它也会破坏生态。古人砍一棵树也是对生态的破坏,但那种破坏是微不足道的,不会造成什么严重的后果,但现在不行了,文明的巨大发展造成了生态的巨大破坏。这是我讲到的生态文明的基本使命。

第三,我要讲一讲环境美学的主题。环境是我们的家园,环境美学的主题是建设家园。第一,环境是生命之本,这是从哲学意义上来说的,环境是人的生命之源,人是环境的产物。第二,环境是我们的居住之所,环境是我们的家。有人说,环境还是我们的生命之本,因为它不仅能为我们提供住的,也能为我们提供吃的、喝的、用的。但我讲的是狭义的,环境只为我们提供家园,只给我们提供住的地方,这是很重要的,居无定所就没有家,居有定所才有家。古人最早是打猎的,那时是到处游荡的,但后来从事农业以后人类就需要居住下来。

所以从某种意义上来讲,有了农业才能谈环境美学。我现在讨论的家园不是广义的,是以居住为中心的。以居住为中心的生活,在我看来有三个层次。第一是宜居,是就生存的可能性即自然环境而言,重在生态;就社会环境而言,重在人际关系的良性、有序。第二是利居,是就利益的发展性而言,首先是经济利益,当然,不止是经济利益。第三是乐居,是就生活的品位和质量而言。在这三个层次中,最高级的就是乐居,乐居之乐,不是一般的快乐,也不是指娱乐,而是指幸福。幸福不是幸福感,而是兼顾物质与精神,

而且物质处在基础层面。概而言之，乐居有四个看重：第一，看重文化生活；第二，看重精神享受；第三，看重个人自由创造空间；第四，看重审美品位。宜居是乐居的基础，利居是乐居的必要条件。但是，乐居与宜居、利居不存在正比例的关系，不是说越宜居的城市越乐居，或者说越利居的城市越乐居。乐居有其自身的相对独立的标准，不是宜居和利居发展到极致就可以自然达到的。宜居、利居、乐居均是就环境的生活意义而言的，因此，生活是环境美学的主题。

第四，我要讲一讲环境美学的审美问题。环境美学的审美方式，可以分为两种：一种可称之为赏，即旅游，类似于欣赏艺术美和自然美；另一种可称之为居，这种审美当然也有赏，但根本的欣赏是居，也就是生活。我们可以去欣赏一些奇，但我们的家是不能奇的。我们生活的家最重要的就是两个字——平宜。由于环境的主题是生活，所以居的审美方式才是主要的。加拿大学者艾伦·卡尔松将环境审美模式进行梳理，概括出对象模式、景观模式、自然环境模式、参与模式、神秘模式、唤醒模式等十种模式，唯独没有生活模式，说明西方学者心目中的环境美学其实也还是自然美学，他们仍然只是将环境看作欣赏对象，与欣赏艺术没有本质的差别。

第五，我要讲一讲对景观概念的理解。环境和景观是两个不同的概念，环境是科学概念，景观是美学概念，环境美学的使命就是把环境编进景观。景观是观出来的，是眼睛看出来的。一幅自然的风景在你眼睛（实际上是情感）的作用下，就变成了一种景观。它要将人的情感投射进去，让对象发生一种质的变化，没有情感是不能成为景观的。景观的目的不是欣赏，而是按照人的目的塑造一个景观，当然也要按照美的规律，否则创造出来的也许就不是景观了。

第六，我要讲一讲环境美学视界的自然美。人看自然，不可能不持自己的立场，因此，所有进入人类生活的自然均是人的自然。人的立场，按人的需要，可分成若干种，于是，自然也因人看自然的不同立场，呈现出不同面目。科学的立场是尽量将自然客体化，将自然与人分开。科学家眼中的自然是某种科学理论的符号，以改造自然为目的的生产活动是建立在这种立场之上的。艺术的立场是尽量将自然主观化，将自然与人融汇起来。艺术家眼中的自然是人类情感的符号。环境的立场是将自然尽量地主体化。主观化与主体化是不同的。主体化在某种意义上包含主观化,但主体化中的"体"不只是精神性的,而且具有物质性。人为主体,将环境主体化,即将环境也看成主体,将环境也看成人。作为主体的环境是人的生命之本、居住之所。环境的正能量要肯定,支持人的生命要肯定,适宜于人的居住要肯定。

自然是环境的基础,作为环境基础的自然既然在环境视域下是和人一样的主体,它就必然具有亲人性。亲人性,从本质上来说,是指自然适合于人的生存,适合于人居住的属性。人性是复杂的,它的本质是生命。人的生命大体上可以分为三个层面:动物性、文明性和神性。相应地,作为人的另一体的环境,其亲人性也可以分为这样三个层次:本然性的自然(原始——动物性)、可然性的自然(文明——人)、应然性的自然(神性——生态)。本然性的自然与可然性的自然具有某种对立性,应然性的自然具有对这两种自然的超越性。作为环境基础的自然,它的神性在于它的不可知性和对人的绝对的控制性。自然虽然是可知的,但人永远只能知道它的某些部分,不可全知、彻知。自然虽然可以是亲人的,但不独具亲人性,它有自身的目的性或无目的性。这种目的性或无目的性不都是亲人的。因此,自然对人既是可爱可亲的,也是可敬可惧的。人对自然的认识和改造永远只能限制在可然性的程度上,人永远不可能认识到自然的应然性即它的必然性。工业社会以来的高科技发展,让自然的许多魅力没有了,但自然的魅力是不可穷尽的。所以,自然去魅的结果,是生态平衡遭受严重破坏,人遭受到自然的严重报复,可以说是两败俱伤。

第七,我要谈谈城市化问题。人类的生活环境经历过三个阶段:自然、乡村、城市。史前人类主要生活在自然之中,进入文明社会后主要生活在乡村,其后逐渐走向城市。乡村环境是农业文明的产物,城市环境是工业文明的产物,城市化具有某种必然性。但是,现代社会又在向后工业社会过渡,后工业社会的潮流在某种意义上却又是反城市化的。工业社会为什么需要发展城市?因为工业社会的本质是追求高额的经济利益,为了经济利益的最大化,它需要集中物力、智力,将各种从事生产的工厂、从事商贸的公司集中在城市。在工业社会,乡村成为城市的掠夺对象,乡村衰败了。后工业社

会还需要这样的城市吗？后工业社会最大的特点是信息化。互联网是信息社会的突出标志。既然人们获得信息资源如此便捷，那么为了信息获得需要，生产机构、商贸机构是不是要集中在一起就变得不那么重要了。更重要的是，后工业社会是一个富裕社会。人们的追求出现一个重要特点即追求生活品位。有品位的生活一方面体现在精神追求上，另一方面还体现在追求自然的居住环境上。

人们普遍希望居住在美丽的大自然之中。当然，这种美丽的大自然是生态与文明共生的大自然，既能满足人对自然的需求，又能满足人对文明的需要。这种兼具生态与文明两性的生活环境从某种意义上讲是乡村。乡村不仅有更接近原生态的自然，还有人工的自然——农作物。居住在乡村，可以适当从事一些农业劳动，这对人的身心发展极为有利。城市化不是将城市建得越来越大，相反，它是城市的解构或瘦身，城市的许多机构要搬出城市，搬到乡村或者大自然中去。美国许多大公司不在大城市，而在乡村。城市化一方面是城市解构或者说瘦身，另一方面，又是将自然"请进"城市，诸如垒山、凿水、植树、养鸟、驯兽等。在合适的地方，还可以开辟农田，种庄稼。只要是文明的、有序的、与城市融为一体的，都可以在城市占有一席之地。对于农村来说，城乡一体化主要是将文明的生活方式建立起来，而不是将农村建成一座小城市。

最后，我要讲一讲环境建设和环境保护问题。几乎所有的建设都是工程，工程是有它自身的功利要求的。比如，水电工程中的大坝是为了蓄水，高速公路是为了让车流顺畅。凡工程都要追求高功利，这是无疑的。但是，高功利的追求有可能带来环境的破坏。工程带来的环境破坏可以分成三类：一是有害物质的产生；二是生态平衡的破坏；三是景观的破坏。前两种破坏已经为人们所注意，第三种破坏似乎还没有受到人们的重视。景观的破坏可被叫作视觉污染或视觉伤害，这种情况在市政工程中比较普遍。如高架路，城市原本没有为高架路腾出地方，现在因为交通紧张，凭空在狭窄的街道上建起高架路，使行人和街道两旁的住户都感到极大的不舒服。城市工程当然需要建，但应当在设计上较多地考虑到工程的审美功能，力求将工程建设成景观。工程能不能建设成景观，涉及诸多问题，首要的是观念上对功能与审美关系的理解。功能与审美可以构成一定的冲突,也可以实现统一,即既是功能的,又是审美的,功能即审美。这种优秀的市政工程也是存在的。关于环境保护,有科学技术上的保护,也有观念上的保护。目前许多科学技术上的保护没有用上去,主要是观念不到位。观念达到什么层次,保护就达到什么层次。

下面我讲讲环境保护。环境保护既有观念上的保护,也有科学技术上的保护。我特别强调观念上的保护,观念不到位,则技术也不到位,观念不到位,有技术也没用。环境保护有一个将保护提升到美学高度的问题也就是美学观念。美国有一个环境工程师叫约翰松,他在全世界建了很多污水处理厂,建立了很多环境保护工厂,但是他将每一所处理厂都建成了世界上独一无二的景观场所。这就是将环境保护工程同时也建设成环境美化工程——景观工程。那种为保护而保护的工作是消极的保护,以美学作指导的保护则是积极的保护。美学的保护不只是外观上的,它在本质上首先应是生态的,当然也必须是科学的。但光有这些还不够,它还应该是有文化的,有品位的,可以欣赏、品味的。但我们目前还停留在消极的保护层面,能够完成所要求的指标就行了,至于想要做成一个美学工程现在还远远达不到。我们的环境建设、环境保护在中国还处在一个很低的阶段,远远达不到环境美学的高度,如果你们有兴趣了解的话,有机会就出国,到美国、到欧洲、到日本去看看。

环境美学是一门应用性非常强的学科,是一门很有前途的学科,它在当今社会上的实际影响,将有力地推动生态文明与美丽中国的建设。今天我利用这个机会,将这个学科的方方面面都给大家做了介绍,考虑到大家的专业问题,我今天所讲的大家也都能理解。最后,谢谢大家!

2014 年于华中科技大学演讲
朱梦珍根据录音整理

性善论的一个维度

陈嘉映　首都师范大学哲学系教授

自古以来,人们都有性善论与性恶论之说。在中国比较典型的是,孟子持性善论,荀子持性恶论。今天,我并不是要全面地讲性善论和性恶论,而是从其中的一个维度来讲。

性善论中一个比较典型的问题就是:人在一生中,会经历和看到很多恶的东西,那么,这些东西是从哪里来的? 相反,性恶论中的一个典型问题是:你在生活中见到的善的东西是从哪里来的? 如果你持的是性善论,那么恶从哪里来? 一个常见的回答就是:我们家的孩子是好的,都是社会把他带坏的。但是从全社会的角度来看,如果家家的孩子都是好的,那么为什么社会会变成坏的。性恶论有相反的问题。当今有一种说法是:人的本性都是自私的。还有生物学上的证据,有一个叫作道金斯的生物学家写过一本名为《自私的基因》的书。如果大家都自私和性恶的话,那么,为什么会有善的行为出现? 这个成为当代"性恶论"中的一个问题,道金斯本人,还有其他很多生物学家、生物社会学家以及哲学家都在想办法去解决这些问题。

如果性善论和性恶论都有这样的困难,那么我们可不可以提出这样一个折中的说法:性有善有恶。也有很多哲学家持这个观点,或者持相近的观点:性无善无恶。

一、孟子与告子的性善恶之辨

在中国提出"性无善无恶论"最早的是告子。他的学说,主要是从《孟子》这本书中摘录出来的，里面有一篇是《孟子·告子上》篇。在本篇中，告子说，性就像一汪水，你要是在东边把口掘开，水就向东边流；你要是在西边掘开一个口，水就向西边流。他用这个比喻说明，性无所谓善恶，就像水无所谓东西方向一样，要看实际情况和具体环境。孟子就反驳他："人性之善也，犹水之就下也。人无有不善，水无有不下。"这是一个非常有名的争论，告子用了一个比喻，孟子也用了一个比喻，就事实来说，这两个比喻都是对的，却得出相反的结论。既然这两个比喻所依赖的都是事实，但是用来说明的道理，哪个是对的呢？

我们可以看到，两人各自用到了一对反义词。告子用的是"东西"，孟子用的是"上下"。反义词，是语言中一个特别重要的工具，不用反义词，几乎就不能开口说话。它在哲学中也是非常重要的。比如说"一分为二"，就是两个相反的东西；对立统一，把两个相反的东西统一起来。有很多哲学家讨论反义词的内容，在中国，《老子》里面充满了关于反义词的辩证，有无相生，难易相成，长短相形，高下相倾；在西方，我们必须讲到黑格尔，他的《逻辑学》由一系列对立概念"螺旋上升"构成，从有开始，从有到无，从无进展到变异。变异对于有无来说是高阶的统一，但是也有它自己的反义词，就是恒定、限定等。反义概念结构在哲学里讨论得很多，但在我看来，还是有不少内容有待进一步挖掘。

今天，我们从对反义结构的分析来进一步谈论性善论和性恶论。让我们从左和右这对反义词开始，左右相对，这是以说话人为中心的，在他的左边就是左，在他的右边就是右。孟子和告子在争论善恶论的时候，两个人用的比喻一个是上下，一个是东西。东和西像左和右一样，有一个假设的中间点，以这个中间点为参照，这边为东，另外一边为西。上下是以什么为参照？比如说我们住宿舍，住上下铺，上下铺不是以不上不下的中间点为参照的，上下是以地面为参照的。上下还有另一种参照的办法，以人体的构造为参照，头在上面，脚在下面。这可以说是间接地以地面为参照。我们在大地上的时候，说到上下，意思挺清楚，你住上铺，你的铺位在我的上面。但是我们想象一下，到了太空里，比如说两个宇航员，所谓星际漫步，宇航员出了船舱，这个时候说谁在谁上面就不那么清楚了。从前有人反对我们住在一个球形的星体上的说法，他们说，这个星体那一边的人岂不是每天要倒立着过日子了。是啊，是中国人头脚倒置还是美国人头脚倒置？总之，我们平常都是以自己脚下所踩的这片大地为参照来谈论上下的。有一个大地的平面，使上下这两个词能够具有意义的条件，我把它称作语义条件。假设有一种一开始就浮游在太空里的生物，这种生物发明出一种语言，这种语言就没有上下这两个词，也就是说，任何一个词，都是在一定的条件下有意义，一旦离开了这个条件，就没有意义了。一旦失去了语义条件，那我们把什么定义为上，把什么定义为下，就变成任意的了。

反义词的结构粗看起来都差不多，看起来都是对称结构，其实还是有一些区别。例如真假，它们不是平等对称的，而是假的东西依赖于真的东西。比如说，说假话，它依赖于有人说真话，依赖于大多数人大多数时候说的是真话，因为他说假话是想让你相信他说的是真话，如果天下从来没有真话，那就没有人编假话了。同样，如果没有真钞，就没人制造假钞了。真假并不完全平等对称，一者依赖另一者。

再说输赢，我们下一盘棋，有输有赢，我赢了就是你输了，我输了就是你赢了。但是在另外一个意义上，赢和输不是对称的，在什么意义上呢？即使我的围棋不如你，我输了，但是双方都想赢。如果不是两个人都想赢棋，下棋这种活动就不可能存在。如果我的目标是输棋，下一次估计你再也不会找我下棋。这里不是在讲输赢的心理学，我讲的是输赢的概念结构。

回到东西和上下。告子和孟子争论性善还是无善无恶的时候，两人所用的比喻看起来是半斤八两，不过是两个人为自己的论点各取所需。但是你深入去想他们所用的比喻，你会发现，他们的深度是不一样的，一个用的是东西这个词，东西是平等对称的；一个用的是上下这个比喻，上下这个比喻并不是完全对称的。那么我们就要更进一步地问一问：当孟子用了上下的比喻来讲善恶的时候，善恶是不是不对称的？

常识告诉我们，有的人性善一点，有的人性恶一点。看起来，"性有善有恶论"是最接近常识的。这样想的时候，就不大理解像孟子和荀子那样干吗非要讲性善还是性恶。但是在我们的常识下面还有更深的东西。人都是自私的吗？当然，人有其自私的一面，也有其无私的一面，这么讲是最正确的，但是另一个方面，这样也等于什么都没说，只不过把我们已经知道的常识重复了一遍。自私和无私不只是两个分立的方面，我们还想知道它们是怎么联系在一起，怎么纠缠在一起的。为了知道这些，就必须向更深处的"根系"去追问。

讲"性无恶无善论"的人，讲"性有善有恶论"的人，会用东西来做比喻，因为他们把善恶看成平等相对的东西。孟子用上下来比喻善恶的时候，他已经提示了，善恶并不是平等对称的。哪种主张是正确的呢？我倾向于说，这里的问题不在于哪种主张是正确的，哪种主张是错误的。他们两个的区别不在于孟子对，告子错，而在于孟子更深一层。反义词是对称的，用不着什么眼力，人人都能看到，但是有些反义词有不对称的一面，却不是人人都能看到的。告子和孟子的争论，与其说是对错之争，不如说是深浅之辨。性有善有恶论，它即使对，也没有告诉我们平常人什么新东西，孟子的主张则开启了某种视野，使我们能够看到平时看不到的东西，启发我们看到问题的更深的方面。哲学中的很多争论，更重要的不是对错之争，而是深浅之辨。

善和恶不是完全对称的，这一点从前也有人指出来过。例如明末清初的王船山就指出过这一点。近世的梁漱溟也看到了这一点，他说："恶是善的负面，不但不是本性，并且不算是倾向，因为倾向是积极的，而恶是消极的，所以恶不能算是一种倾向。如果动是一种倾向，那不动就不算是倾向，积极是一个人要怎样怎样，而消极是一个人不要怎样怎样。也就是说，消极没有'要'，故恶没有'自己'，是善的缺乏，故善恶非对待之物也。"这段话中涉及很多方面的问题，其中关键的一点指出，善与恶并不是完全对待的，也就是说，不是完全对称的。就像在真假这组概念里真是主导的，在输赢这组概念里赢是主导的，在善恶这组概念里善是主导的。但同时，如影随形，有赢就有输，有真就有假，同样，有善就会有恶。在这个意义上，恶是善的缺乏，善的背离，是从向善的天性的堕落。有善始有恶，有善必有恶。动物无所谓善，于是也说不上恶。

顺便可以说到，同样的问题在基督教里也有很多讨论。上帝是善的，全善的，但是他造出这个世界好像谁也不觉得是全善的。全善的造物主造出的世界里怎么会有恶，或者说，恶究竟是从哪里来的，这是神学家一直面对的严肃的挑战。一种回应是：善是恶的缺乏。梁漱溟的思路看来跟这个思路相当接近。

二、善与恶的参照

梁漱溟又谈到一个观点：善恶的评价是完全主观的。这是个你经常能够听到的说法。哪些粒子带电，哪些粒子不带电，大家都不争论，因为那是客观的。但是讲到善恶，很难听到大家关于何者为善、何者为恶有完全相同的主张，于是，很多人就认为"善恶都只是主观的评价"。但是我不同意这样的主张，我同意不同意无关紧要，要点在于，这一主张跟"善不与恶做对"相矛盾。我觉得梁漱溟有这样的一种眼力，看到了善恶不是完全对称的，但他对这一点的考虑似乎还不够深入，如果够深入他就不会说善恶是完全主观的评价。因为"善恶是主观的"又回过头来把善恶看成是左右那样的对照，以处在左右中间的我做参照，所以它们是完全相对的。

我们说到，上下是以大地为参照的，那么善恶是以什么为参照的？善恶的参照要比上下的参照复杂得多，但沿着"上下"这条思路来想，为善恶提供参照的是相对稳定的伦理生活，善恶并不只是纯粹主观的评价。

然而，我们一定要有个参照系吗？我们以大地为参照系，于是有上下。那么我们能不能超出上下呢？能。我们飞上太空，我们脱离了大地，就不再有上下了，我们就"超出上下"了。人类如今事实上已经飞上了太空。其实，早在人类飞上太空之前，人类已经能够凭借思想飞上太空了，比如说屈原在《天问》里就提及"上下未形"的茫茫空间。

实际上，善恶只是主观的评价这个主张本来就跟这种无所谓上下的"牛顿空间"相连。有一个叫柯瓦雷的科学史家有一本书，叫《从封闭世界到无限宇宙》，其内容大概是说，希腊人的空间观念跟我们今天的空间观念不同，在希腊人的宇宙里，地球是中心，以地球为坐标，空间天然是有高有低有上有下的，近代科学兴起以后，从哥白尼到牛顿，这种宇宙观被颠覆了，一个有内在秩序的世界崩溃了，取而代之的是无所谓上下高低的空洞的空间。与之相仿，我们本来生活在一个相对稳定的伦理系统之中，近代以来，各种相对稳定的伦理生活系统开始动荡，如果说得严重一点儿，传统的伦理生活开始崩塌。我们本来借以确定善恶的参照系没有了，于是善恶就越来越像是纯粹的主观评价。但是也不妨说，如果善恶只是主观评价，其实等于说没有善恶这回事。所以，还不如像尼采说的那样，我们干脆超出善恶之外。"现代性"在很大程度上是要把一切传统都摆脱掉，海德格尔说，把我们从大地上连根拔起。一开始，人们更多感到的是一种解放感，地心引力一直是一种束缚。后来，当我们的航天器当真摆脱了地心引力，进入了无限空间，人们又被一种虚无感包围了，生活的意义成了现代人的核心焦虑。

三、善好乃万物所向

孟子用水总是往低处流来说明上下不像东西那样是平等对称的。但是，为什么善是上，恶是下？或者这么问：为什么水就下而性就上？水就下，是我们可以看得到的事实，性就上，也是我们看得到的事实吗？让我们回到刚才说到的一个例子，赢棋输棋，输和赢哪个是上？我们的直觉为：赢是上。总赢棋的那个是上手，总输棋的那个是下手。输和赢不是完全对称的，只有你想赢棋，你一着一着的棋才被组织起来，才形成一个整体，才使每一步棋成为有意义的、可理解的。只有向上的努力才赋予行为以意义。从善如登，从恶如崩。登，需要你做出努力；崩，不是你做来的。用梁溯溟的话说，崩，不是他要，而是他放弃了要。不是他"要"崩溃，崩溃是他放弃了努力造成的一个状态。因此，"向善"赋予生活以意义，而"向恶"不可能赋予生活以意义。主张"性有善有恶论"的扬雄说过一句话："修其善则为善人，修其恶则为恶人。"表面一看也挺对，但仔细一想，这话是不通的，因为只有善是可修的，恶呢？不是修为。我们说的修为，修的是善，恶是对善的放弃，是修为的缺失，"修恶"这个话并不成立。所以，梁漱溟说："恶是一种懒惰。"

西方第一部伦理学的作者亚里士多德有个基本的论断：善好乃万物之所向。亚里士多德最喜欢用的一个例子是橡树的种子，它有一个倾向，有一个本性，那就是长成一棵橡树。这个本性可以在其生长过程中被摧折，被阻碍，但是由这个本性去发展，它最终要长成一棵橡树。每种事物都有它的所向，这种所向就是善。善好就是万物完成其本性。只有要赢棋才使得一盘棋有意义，只有要把一件事做好才使得我们的行动有意义。如果我们把人生作为一个整体，那么，人性就在于要把自己的人生过好。

但我就不能成心把事情做坏吗？你说赢棋才是目标，我就不能成心想输棋吗？例如，我陪领导下棋，我要让他高兴，以后提拔我，我成心输给他。把输棋当作目标，跟无心恋战随便乱下不一样，你随便乱下就不是一盘棋，而输棋需要一定的技巧。输棋的确可以是一个目标，这个目标不是赢棋，却是为了赢得领导的好感，这个时候，你仍然是以赢为目标，把下棋作为一种手段。一旦我发现你这个目标，我就能够理解你输棋，而且还能理解好多其他的东西。我成心输棋，暗含我能够赢他，如果你赢不了他，就谈不上你"成心"输棋。有些人反对主流，宁愿生活在边缘，你们吃海参、鲍鱼，他就在小酒馆喝酒，你看他很落魄，他自己觉得比你强多了，他有一种自信，这种自信就来自我想挣钱就能挣到，只是我不稀罕那东西。这当然也是有风险的，你一开始有个对抗主流的目标，你为此需要付出比追求主流目标更大的努力，但后来你也可能渐渐失去任何目标，你可能弄假成真了，放弃了任何努力，你的边缘生活不再是一个目标，成了破罐子破摔。

苏格拉底说："无人有意为恶。"很多人不同意。但从我们今天所讲的，我觉得这话是成立的。当然，有的人知恶为恶，有的人破罐子破摔，但知恶为恶、破罐子破摔都跟"有意为恶"是不一样的。我知道这样不好，但是看着白花花的银子就忍不住，那是因为他的贪婪心压过了他的审慎心，在这个意义上，他"知恶为恶"，但不是"为恶而恶"。

我们解释了善好乃万物之所向。不过，这里还是有一个困难。小橡树的善好是长成大橡树，善好在于完成你自己，每个人都完成自我，达到善好。然而，你的目标可能不是我的目标，你的自我完善还可能妨碍甚至消灭我的自我完善。比如豹子抓一只小鹿，让自己和自己的小豹子好好吃一顿，是豹子的善好。它总能抓到小鹿，那么就完成了它的本性，也让他的小豹子有机会完成它的本性。但是对于小鹿来说，那不是它的本性，它的本性是长成一只大鹿，而不是被一只豹子吃掉。橡树的本性是长成一棵大的橡树，这个例子单独说起来很有启发，实际的生活世界却比那复杂得多。因为不同的存在、不同的目标有可能互相矛盾、互相妨碍，甚至有此无彼。这个问题对于亚里士多德或者孟子来说，不像我们今天看起来那么严重，原因是亚里士多德和孟子大致相信一种总体的善,大致说是宇宙目的论,整个宇宙和整个世界的发展有一个总体的目的。善好是万物之所向,这个话在亚里士多德那里可以有两层理解。你既可以在个体的意义上理解,长成一棵大橡树是小橡树的善好,你也可以在总体意义上理解,就是把万物看作一个整体,善好是总体之所向。如果真有这么一个总体的世界目的,有些事情虽然是恶事,它们就不是那样刺眼,因为归根结底整个社会、整个世界在向一个总的善发展。问题是经过科学革命以及其他近代转变,我们今天大多数人已经不再相信一种宇宙总体论,因此,猎豹之善好跟麋鹿之善好之间的矛盾就变得更加尖锐。

我就讲到这里。我今天讲的只是性善论的一个维度,我认为这个维度能够帮助我们更好地理解性善论,更好地思考善恶问题,但是我并没有打算为何为善恶提供一揽子的回答,还有很多问题需要思考,还需要尝试找到一些关键点和关键线索来向那些问题索求答案。

2014 年于华中科技大学演讲

马莹根据录音整理

中国与世界

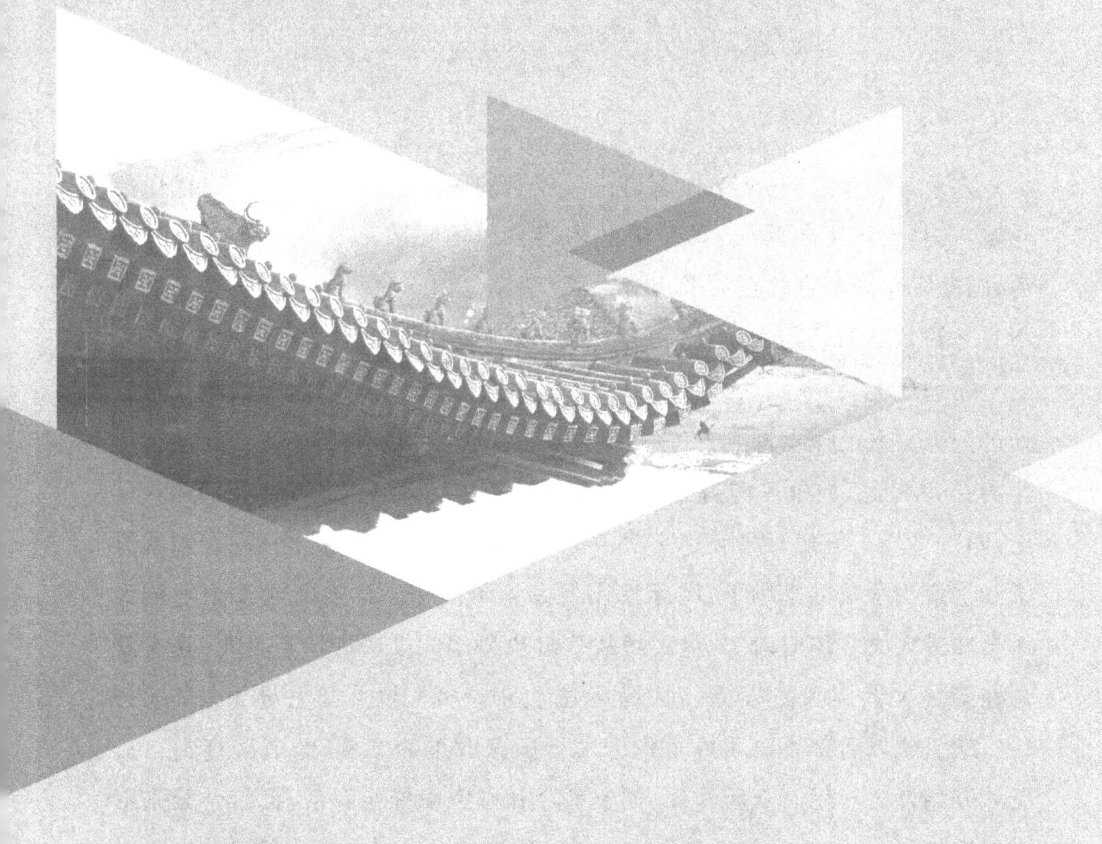

第二次世界大战后的国际秩序

徐 蓝 首都师范大学历史学院教授

大家好！今天，我来给大家讲讲二战后的国际秩序，这既是近现代史的问题，也是当代史的问题，我要讲的内容会跟国际政治有些关系。大家知道，国务院总理李克强在波茨坦讲到了"秩序"这个问题。其实，国际秩序并不只是钓鱼岛的问题。现在，我给大家介绍一下二战之后的国际秩序。

在此之前，我要给大家讲一下什么是国际秩序。其实，国际秩序就是指处理国家关系的基本准则和基本行为规范。但是，这种准则和规范是有变化的。19 世纪，战争可能就是一种解决国家之间矛盾的准则。到了 20 世纪，两次世界大战之后又有了一次冷战。但是两次世界大战之后，人们就有了和平解决争端的准则了，国际秩序便发生了变化。学过国际政治史的人就会知道人类在何时对 19 世纪用战争解决争端的方法进行了改变，其实就是在第一次世界大战以后。从国际法上讲，1928 年美国倡导了《非战公约》，就是说以后都不要用战争作为实行国家政策的工具，但是这直到二战后才开始发挥作用。众所周知，国家秩序和国家格局相联系，我们今天先不讲国家格局，先来看国际秩序。在欧洲，重视的是一战。一战从 1914 年爆发，明年刚好是它的一百周年纪念日，欧洲学术界要连续五年纪念一战。而中国不怎么提一战，很大一部分原因是因为当时我们对一战的重视程度不够。我们知道，中国人对一战的贡献很大，我们是以工代战，就涉及中国劳工。现在对中国劳工的研究成为国际史的内容。

其实,二战也是特别重要的,它大大加速了欧洲作为世界中心地位的衰落。因为 19 世纪的中心就是欧洲,资本主义大大发展,全世界扩充殖民地,那是一个高歌猛进的年代。一战以后,欧洲在世界上还是有很大的影响。但是在二战以后,欧洲彻底衰落,今天的欧盟算得上是凤凰涅槃。二战时期欧洲分裂了,形成了两大集团,与此同时美苏崛起。这些国家不是围绕在美国周围,就是围绕在苏联周围,形成了一个新的格局(两极格局)。说到第二次世界大战对国际秩序的影响,其实很重要的原因是一战及一战之后这段时间欧洲力量仍保持相对平衡状态,美国只是相对介入。一战时,还是以欧洲的军事力量来维持世界整体秩序,那时世界秩序的代表是国际联盟,中国当时也是国际联盟的成员。国际联盟代表了一战后的国际秩序,可是到了二战的时候,国际联盟名存实亡。二战之后成立了联合国,从 20 世纪中期以后,人们对联合国持一个比较肯定的态度。联合国有 5 个常任理事国,这 5 个常任理事国是二战时出现的,联合国的运作以及它的宪章代表了二战后的国际秩序。在二战后出现了布雷顿森林体系,这是二战以后建立的国际经济秩序。我今天的讲座主要讲两个问题,第一是讲以联合国为代表的战后国际政治秩序,第二是讲以布雷顿森林体系为代表的战后国际经济秩序。

　　首先,我们讲的是以联合国为代表的战后国际政治秩序。大家知道,联合国是在战争中产生的,新的国际秩序是在二战中孕育的。第二次世界大战,中国较早加入了抗战当中。我们现在的二战研究不是从 1939 年开始,而是从 1937 年开始,应当把中国放在反法西斯战争当中。珍珠港事件还没有发生的时候,美国和英国就签署了《大西洋宪章》。1941 年 8 月是欧洲战场非常紧张的时候,而美国还没有卷入战争,珍珠港事件发生在 1941 年 12月,但实际上美国和英国已经结成了盟国,所以美国是不宣而战。罗斯福和丘吉尔在炮火连天中进行了会晤,签署了《大西洋宪章》。当时,美国虽然没有宣布进入战争,但是明确要在战后建立一个普遍安全制度,到 1942 年签署了《联合国家宣言》。一战的国际联盟和二战后的联合国是不同的。国际联盟代表一战后的旧的国际秩序,其实它留下很多东西,比如它的主要机构有代表大会、行政院、常设秘书处等。一战后,世界呼唤和平,不希望再有战争,国际联盟在这样的情况下成立。国际联盟的宗旨是增进国际合作、保持和平安全。国际联盟还有决策机制,它采用的是全体一致原则,不管是在行政院还是在国际联盟大会,所有的决策都要全体一致通过。全体一致通过就等于全体一致不通过,因为只要有一个国家否决,这个事情就办不成了。国际联盟的盟约有 26 条,还规定了国家之间的关系处理原则,包括要裁减军备,国联的这个要求就是一场闹剧。《凡尔赛条约》当年把德国搞得特别惨,基本上只剩警察部队,所以希特勒上台后要求所有国家都裁军,但是法国因维护自身安全而不裁,使得裁军原则无法实施。但是它起码是一条原则,还有其他原则就是相互尊重、保持领土完整,这些是美国在《九国公约》里面提到的。《九国公约》里面提到要保持和维护中国的领土完整。这是在一战时就有的要尊重主权领土完整、行政独立、预防侵略,争端要提交仲裁,还有制裁,只是没有详细的措施,但是它有这个理念。还有实行公开外交,这是威尔逊提出来的。一战之后,美国认为欧洲秘密外交过多,战争胜利之后要兑现承诺,容易产生利益纠葛,美国主张公开外交,凡是违背国际联盟的盟约的条例都不要,所有公约要上交国际联盟批准存档,这是国际联盟的职责。另外,对于殖民地,实行委任统治,完全改变殖民面貌。当时有三种殖民统治:第一种是认为国家已经发展得可以了,帮助其独立,比如阿拉伯国家;第二种是国家尚不能自行进行有效管理,帮助其管理一部分,慢慢使其独立;第三种是国家太过落后,根本不是现代国家,无法进行管理,就由国际联盟进行委任管理。这种制度有进步也有问题。

国际联盟是有进步性的,因为它是世界上第一个由主权国家组成的国际组织。随着 19 世纪资本主义的发展,全球化趋势出现,在一些行业出现了国际组织,比如万国邮政联盟。但它是行业间的,不是政府间的,第一个政府间的国际组织是国际联盟。它是一战以后的一个发展,也是全球一体化的发展。所以我觉得国际联盟具有进步性,比如它和平解决国际争端问题的理念是要肯定的,促进国际合作、维护世界合作和安全也是它希望的,还有国际组织的运作方式,国际劳工组织、国际卫生组织,这些在联合国里面也有,它的那套运行经验值得借鉴。另外,它促进人权保障及社会福利的发展、改善劳工条件,这是很大的进步。但是国际联盟也有缺陷。它的机制有缺陷,比如裁军没有具体措施,重要的缺陷是形成决议的全体一致性原则。没有集中,只是一个国家一票来形成决议,就形不成决议,特别是在制裁侵略方面形不成决议,这就是国联的机制缺陷。全体一致原则是普遍否决权,每个成员都有权否决,没有办法真正制裁侵略,这是机制问题。其实还有公开外交,我们说它是对世界舆论的欺骗也不过分。秘密外交是有的,所谓的公开外交,只是骗骗舆论而已。还有就是委任统治,尽管有进步,但是它没有完全改变殖民统治。另外,国际联盟有组织缺陷,它不是普遍的、权威的。国际联盟的政治实践失去了它的基本宗旨,面对强国,它就变得软弱了。第二次世界大战爆发,国际联盟名存实亡。1946 年,联合国成立,国际联盟最后开会承认它的失败,然后把它所有的财产和文档等交给了联合国。当时参与缔造国际联盟的一个英国政治家叫塞西尔,在成立联合国的时候,他又是一个参与者。他当时有一句名言:"国际联盟死了,联合国万岁。"所以,联合国是继国际联盟之后产生的,但联合国不是在国际联盟的基础上直接形成的。联合国和国际联盟有本质的区别,联合国也不是对国际联盟的简单继承。我这里要引用两句话,一句是国际联盟的秘书华尔托斯说的,"联合国的成立就使国际联盟的存亡史一目了然"。就是说联合国要吸取经验教训,避免像国际联盟一样失败。另一句是国际关系史专家诺斯埃奇说的,"虽然没有详细考察国际联盟的历史,但是在联合国的组成当中,国际联盟的缺点必须得到克服"。

二战之后建立了联合国,联合国的建立经历了很曲折的路,中国在当中做了很多贡献。我觉得中国在《联合国宪章》里面最主要的贡献就是,要考虑小国、弱国的利益。但是,中国毕竟是二战中打出了一个"中国",就是说中国成为一个名义上的大国的地位是在二战中建立的。中国作为常任理事国,后来法国也成为常任理事国,形成 5 个常任理事国。联合国有 6 大组织:代表大会、安全理事会、常设秘书处、经济和社会理事会(与国联不同的新组织)、托管理事会、国际法院。还有其他有联系的机构,有 16 个就是它的成员,比如国际劳工组织、联合国教科文组织、世界卫生组织、国际货币基金组织、世界银行、万国邮政联盟等。还有两个组织和联合国有密切关系,一个是国际原子能组织,另一个就是现在的 WTO(世界贸易组织,原来叫关贸总协定），它们不是联合国的组织，却与联合国有密切联系。《联合国宪章》开头写道，联合国的成立是为了使后代免遭今代两次苦不堪言之战祸。就是说这一代人经历了两次战争，不能让后代再遭受战祸。联合国的宗旨是维护世界和平，所以联合国有安全理事会，它主张维护世界和平，尊重基本的人权和自决原则。人有生存权、发展权。自决原则就是民族自决，就是自己要决定自己的命运。再者就是要加强合作，促进全球经济、政治的发展，这是联合国的宗旨。会员应该遵循的原则是，首先各国主权平等，尊重主权和领土的完整，互不干涉内政，这是联合国的一个原则。所以《开罗宣言》要把台湾、澎湖列岛还给中国，这是国际秩序，《波茨坦宣言》又重申了这一决定。尊重领土完整是二战之后的一个国际秩序，还有和平解决国际争端，不得使用威胁或者武力，这个就是国际社会规定的。由安全理事会来判断是不是侵略，这就与国际联盟不一样了，虽然国际联盟的行政院也可做出判断，但是现在由安全理事会来判断对世界的和平是否存在威胁和破坏。它如果判断确实存在着对和平的威胁和破坏，那么它做出决议来予以制裁。联合国形成决策机制采用的是大国一致原则。什么叫大国一致原则？大国一致原则又叫一票否决权。现在看联合国的运行机制，安理会原来有5个常任理事国、6个非常任理事国，一共是11个国家，后来安理会扩大到5个常任理事国和10个非常任理事国，一共15个国家。什么叫大国一致，就是在重大问题上必须经5个大国一致通过。在重大问题的决议上要有三分之二的赞成票，这5个大国一致同意，决议才能生效。刚刚讲到殖民地托管制，目的就是对托管地实行民族自决、民族独立。联合国的这些制度和原则，比国际联盟有很大的进步。联合国在国际法上也有很重要的意义。我们先看《联合国宪章》，它是国际法的重要文献。中国一般有天然屏障，西边有高原，东边有海洋河流，就是北边弱一些，建立了长城，疆域是活动的。但是从国际法上来说，民族国家出现后就需要规范边界。《联合国宪章》就是其重要文件，它针对二次世界大战造成的灾难，避免对后世的人类再次造成灾难。还有一个问题就是设立经济和社会理事会，它把处理经济发展问题和防止战争放在一起，有很深的战略思考。穷则思变，只有解决经济问题，才能使这个世界更和谐。所以，上述问题说明联合国呼唤和平、寻求共同发展的意愿。《联合国宪章》强调会员的普遍性和广泛性,这是国际政治的民主化,就是大小国家都在联合国。因为联合国是一个屋顶式的结构,最高的权力机构是安全理事会,下面是还有好多组织,这些组织是按照会员国的一定比例协调管理的。安全理事会是一个人数较少的决策机构,但联合国大会是一个有很多国家参与的国际会议,每个国家都有发言权,这是联合国的多边外交,体现出国际民主化进程。另外,联合国在处理侵略问题上有比较周密的应对机制。我们刚刚讲过一些,比如大国一致原则就是考虑大国的利益,大国拥有一定的责任,要有相应的付出。《联合国宪章》有一百多条,制裁侵略措施是很详细的,比国际联盟的二十六条多得多。还有实行制裁,实行民族自决,尊重人权。联合国的尊重人权实际上是尊重人的生存权和发展权,民族自决就是要消灭殖民地,这些是符合时代潮流的。19 世纪是一个殖民帝国时代,20 世纪是一个门户开放时代,殖民地是不能存在的。从实践方面讲,联合国为维护世界和平做出了重要贡献,但是它也犯过错误,比如冷战时期它成为美苏斗争的平台。大国一致原则使得大国之间不进行战争,基本上维持了战后的和平。在解决地区冲突方面,联合国也有很大的作用。另外,联合国在军备控制、裁军方面都做了不少工作。解决地方冲突是联合国做出的重要贡献,另外还有铲除殖民主义。从新航路开辟,西方用 4 个世纪建成的殖民体系,到 20 世纪全部根除。联合国有一个目标就是进入 21 世纪不再有殖民统治,它实现了。整个世界殖民体系瓦解,建立民族独立国家,实行民族自决,就是 20 世纪最重要的进步,这个跟联合国有很大的关系。联合国尽其所能,用会费或其他收入资助落后地区,实施人道主义援助、健康医疗帮助,它花了很多钱,采取了很多措施,贷款或赠款给特别需要发展的地区。1997 年联合国提出"可持续发展"理念,对发展中国家有直接的指导意义,主张人要和自然协调发展。联合国推出了 500 多个国际条约,从核不扩散到人权,从和平进行外层空间开发到海底开发,保护知识产权,保护生态环境,等等,规范着人类的行为。

接着,我再讲一下联合国的改革问题。联合国在二战时建立,带有那个时代的优点和缺点。人们期待联合国好好维护和平、促进社会发展,建立公正合理的新秩序。但是人们认为现在的联合国做得还不够,希望它进行改革。联合国作为全球最大的主权国家间的组织，它依然是无法替代的。另外，追求和平、共同发展是人类的普遍愿望。冷战结束以后，提出了联合国改革的问题，实际上也是国际秩序发展的问题。联合国有两大问题急需改革。一是结构臃肿，要进行机构改革，这跟众多第三世界国家有关。二是安理会改革，有些国家希望加入常任理事国。德国、日本、巴西、印度等都想加入常任理事国，这是特别难的事情，几年之内无法改动太多。同时，联合国面临新挑战，比如国际恐怖威胁、疾病流行、环境问题等等，这些都需要联合国来应对。另外还有一种倾向是绕开联合国，比如美国。在二战后的这样一个环境当中，联合国需要不断改革，使其自身更加完善，使国际关系走向体制化。我们总结联合国带来的国际政治秩序，主要体现在以下方面：不同国家的和平共处原则，对侵略的制裁原则，大国一致原则，殖民地托管原则，局部冲突的维和原则，核裁军原则，可持续发展原则。二战之后，联合国所做出的贡献表明国际秩序是有序发展的而不是无序的，也表明了人类在朝文明、进步的方向发展。

下面给大家讲讲布雷顿森林体系所代表的战后国际经济秩序。第一次世界大战之后没有建立有效的经济秩序，国际经济秩序很混乱。第二次世界大战使国际经济秩序一片混乱，人们取得了共识，认为保护主义和孤立主义不可行，经济的发展需要各国之间相互合作，而且认识到只有经济发展了，和平才有保证。二战后期，英美为了恢复战后经济发展，从三个方面重建国际经济秩序，包括金融的稳定、投资的有序，还有打开贸易大门，使贸易自由化，不能高筑关税壁垒。在金融方面重建国际货币制度，现在采用的汇率就是浮动汇率，还有对外投资、贸易自由化。布雷顿森林体系有"三驾马车"：国际货币基金组织，世界银行，关贸总协定。国际货币基金组织通过稳定汇率，避免货币贬值，影响商品流出，其主要作用是稳定金融秩序，适当融资。其运行机制是"双挂钩"，即美元和黄金挂钩，各国货币和美元挂钩。其中，有一个加权投票，即按照投资率拥有相应投票权，其实是被美国所掌握的。还有，贷款国和借款国的份额相一致，即投资越多贷款越多，这显然对发达国家有利。另外，世界银行主要为发展中国家的基础设施提供资金支持。虽然它们是作为联合国的组织，但又是相对独立的机构。关贸总协定就是相互减税，打开各国的门户，使得贸易自由化。但它不是一个国际组织，当时只是一个准国际组织。布雷顿森林体系的运行促进了世界经济发展，在它运行的二十多年里，整个西方国家和第三世界国家的经济增长是非常迅速的。同时它带动了国际投资，开始是美国对西欧的投资，从60年代开始向发展中国家投资。20世纪40年代至70年代，布雷顿森林体系对世界经济产生了重要影响，促进了经济发展，也造就了浮动汇率。在经济发展中，西欧和日本都得到发展，而美国经济相对落后。到尼克松的时候，美国放弃"美元与黄金挂钩"，形成浮动汇率。到1978年，国际货币基金组织实行浮动利率，牙买加体系取代布雷顿森林体系。但是布雷顿森林体系里面的三个组织依然存在。国际货币基金组织就是一个消防部队，用于经济方面的救济。它也有缺陷，比如要求贷款国和借款国的份额相一致，贷款有政治条件，以发达国家的标准来衡量。关贸总协定对于贸易自由化有很大的好处，但它也有局限性，只是对商品的减税，不包括全球化中出现的其他问题，如服务业、理财、旅游等方面，不适应全球化的发展，后来被WTO所取代。WTO从1995年开始运行，与关贸总协定有一年的重合期，以后独立发展。WTO的原则很重要，其中有一点是对发展中国家的保护性原则。还有一个好处就是有一个解决争端的小组，产生矛盾之后可以在小组内裁决，如果仍不满意，还有专家小组再进行裁决，所有国家都要遵守裁决结果。还有贸易要透明，有助于推动贸易自由化。这三大组织是维持世界经济秩序的三大支柱，对世界经济一体化有很大的推动作用，但必须承认它们是由西方国家主导的。在全球化中，需要这些高于国家的组织协调全球的发展。所以我觉得要正确认识问题，全球化时代大家是相互依存的，这些全球化组织承担了很多，但仍需要改革。我们看以三大组织为代表的投票原则、贷款原则、公平竞争原则、关税保护原则，还有对发展中国家的差别对待，可知这些国际组织是由西方大国主导。发展中国家要有包容、开放的胸怀，要先进入，服从规则，然后改变规则。

联合国和世界三大经济组织仍然是支撑世界的主要支柱，但是我们也要清醒地认识到，其中仍有霸权和不平等。发展依然任重而道远，改变这种不公正、不均衡是一个长期任务，我们要有理想，但也不是马上就能改变。

改变现有的国际政治秩序，使之变得更加合理，需要世界各国的共同努力。就讲到这吧，谢谢大家！

2013 年于华中科技大学演讲

马莹根据录音整理

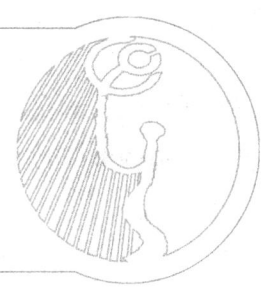

五次中日战争对两国关系的影响

冯　玮　复旦大学历史系教授

欢迎大家来听我的演讲。希望通过我的分析，能让我们弄清中国和日本在历史上较主要的几个转折点，比如五次中日战争对中日两国关系的影响，从而了解战争产生的原因和结果是什么。我希望通过这一个半小时的演讲让大家对中日关系中几个较重要的转折点有概括性的认识。

一、日本概述

首先我们要了解日本的行政区划和地理。日本现在实行都道府县制度，一都——东京都；一道——北海道；二府——京都府、大阪府。京都府下面有京都市，大阪府下面有大阪市等。四十三个县各有县府所在地，有的县府的名称和首府的名称是一样的，比如说奈良县、奈良市，福冈县、福冈市。有些是不同的，大家所熟悉的神奈川县，它的首府是横滨市，宫城县的首府是仙台市。日本有三条海峡。中国海峡，隔着这个海峡那边就是俄罗斯；津轻海峡，在太平洋西北部，位于日本本州与北海道岛之间；还有对马海峡。日本这种独特的地理特征决定了它的扩张性。

如今的日本是列岛，但在当年并非如此，它和大陆是连在一起的。最初的日本列岛横卧在海底，大约在距今一万年前，地球上出现了造山运动，地壳隆起，随后就出现了日本列岛。有一种说法，中国和日本是同文同种，有一本书叫《同文同种骗局》就是批判这种同文同种的观念。对日本来说，这是它对外侵略的幌子，但从科学来说，中国和日本确实是同文同种。首先，谈谈如何理解同种。大约三万年前，东南亚气候湿润、资源丰富，人口繁殖过快，环境难以容纳，有一批人就开始北上，其中一支进入日本开始了绳纹时期，还有一支进入中国大陆。在东京大学附近有一个地方名叫弥生，那边原来是一个射击场，后来有一位考古学家在那里发现了一块陶器，经过考古研究，认定那是在绳纹时期之后存在的一个时期——弥生时期。如果说绳纹时期主要是在一万年之前到公元前三世纪，那么弥生时期主要是在公元前三世纪到公元三世纪。到公元前三世纪左右，有大量的大陆人不断向日本列岛迁移，就形成了弥生时期。二十世纪末，日本东京大学安田团队（其中有历史学家、考古学家等）对日本十一个县的七百多具男性尸体和五百多具女性尸体进行 DNA 测定掌纹、指纹鉴定以后，断定日本有两重人种结构：一个是东南亚人种，另一个就是东北亚人种。本州岛的西南地区和九州岛的东北地区主要分布的是东北亚人；其他地方东南亚人的特征比较明显。我们在看日本动漫的时候可以发现两种长相，一种具有鲜明的东南亚人风情，有的则和蒙古人神似。由此我们可以说现代日本人中有相当一部分是和中国人同种的。

那么如何理解同文呢？首先我们要了解日本在远古时期是只有语言没有文字的。日本的典籍《古语拾遗》记载："上古之世，未有文字，贵贱老少，口口相传，前言往行，存而不忘。"先有语言再有文字的现象在中国的少数民族中也很常见。说到此处，我们有必要了解日本的文字是如何形成的。现在学术界还没有定论，但一个基本的共识为：日本的文字是南面的波利西亚语与北面的阿尔泰语两种文字交汇而成的。现代世界上的语言分为四种：屈折语、黏着语、复综语和孤立语。屈折语以印欧语系为代表，同学们掌握的英语就属于屈折语，通过词尾的变化来改变意思，加"ed"就变成过去时，加"ing"就变成现在时。黏着语比如中国新疆的维吾尔语，日语和韩语也都属于黏着语。日语和韩语的语法基本上是相似的，相似度高达 96%，所以相互之间学习起来很方便。黏着语的最大特征就是动词后置，但并不是说动词后置都属于黏着语。比如说"我是男人"不能说"男人是我"。我们在看抗日剧的时候能听到典型的日本式的中文，比如说："你的什么的干活。"干活作为动词就放在最后。复综语使用得较少,在很多情况下都不放在语言分类之中,主要存在于印第安语和爱斯基摩语中。其最大的特征是动宾一体,在中文中动词"吃"可以单独使用,在复综语中必须说"吃饭""吃肉"。还有一个是孤立语,以汉藏语系中的汉语为代表,它的词是一个个孤立的,很难单独解释。还有一个特点是它的读和写是分离的,因此汉语的同音字很多。

研究语言文字的权威人士指出,在世界上只改变语言的书写方式而不改变语言本质的语言只有汉语。汉语从甲骨文发展到现在,有六种造字方式,即象形、会意、指事、形声、转注、假借。汉字的基本含义是没有变化的,只是书写方式发生改变,如魏体、唐楷、宋体的变化。因此有西方学者指出,虽然中国经历了多次改朝换代,但基本文化的根基没有发生变化,而是一以贯之,因此中国文化才具有生生不息的生命力。因此我们可以看出,日本人虽然在相貌上和中国人神似,但在文化基因上有很大的不同。有一本书叫《菊与刀》,它的作者鲁思·本尼迪克特提出我们要用日本人的眼光看日本。日本文字的第一个阶段是在中国的魏晋南北朝时期用不确定的汉字为日语注音,但是中文中同音字很多。第二个阶段使用相对确定的中国汉字注音,产生了所谓的万叶假名,"yi"就用汉字"依"注音。第三个阶段是简化汉字楷书形成片假名。学日语的时候我们知道"依"字简化为一个单人旁亻读作"依"。随后是简化汉字的草书形成平假名。现在汉字文化圈比如越南也使用汉字,但它是一般含义、一般注音。后来法国人侵越南后基本上消灭了当地的汉字,现在流行的是拉丁文。

除了语言文字,日本还有一个鲜明的特点:长期的对外扩张。日本本土最开始有几百个国家,后来出现了一个中心。关于中心所在地引起了一场争论,这场争论也被称为东大和京大之争。东京大学认为是在九州,京都大学认为是在京都地区。根据考古鉴定,最终认定大和国的中心建在京畿地区,也就是奈良地区。在七世纪中叶主要是在这些地区,到九世纪还主要集中在九州西南部和本州岛东部地区,现在的日本东北部和南部还不属于它。日本当时的行政区划是"五畿七道","五畿"亦称"畿内",指山城、大和、河内、和泉、摄津"五国";"七道"即东海、东山、北陆、山阳、山阴、南海和西海。

到明治初年增加了现在的北海道，按照地理方位命名。日本的领土格局就此基本确立。

除了统一战争，日本获取领土的另一个方式就是武力扩张，首先的目标就是朝鲜半岛，按照日本学者山室信一的说法，朝鲜半岛就像一把匕首直指日本。所以占领朝鲜半岛是日本在第二次世界大战之前很早就有的野心。一方面，朝鲜离日本很近；另一方面，从地缘政治来说，美国耶鲁大学著名学者斯匹克曼的"边缘政治理论"认为朝鲜半岛是典型的边缘地带，是海外势力进攻大陆的滩涂阵地，也是大陆的第一道防线。围绕朝鲜半岛的争夺在二十世纪七十年代停止。朴正熙在《我们伟大的国家》中提出朝鲜半岛的历史就是地缘政治挑战的历史。金大中在《建设和平民族》中也写到，朝鲜半岛很难主宰自己的命运，总是被周边大国操控。

二、五次中日战争

中国和日本的第一场战争——白江之战，就是围绕朝鲜半岛展开的。大约公元前663年，当时朝鲜半岛分为百济、新罗和高句丽，高句丽与日本关系较近而新罗与唐朝交好，双方在白江口发生了战争。唐朝通过这场战争获得了东亚霸主的地位。之后从公元669—733年，日本开始大量向中国派出遣唐使。所谓的汉字文化圈是由四个重要元素构成：汉字、儒教、佛教和法律政治制度。日本学者认为日本在七八世纪的快速发展是建立在这些遣唐使的努力之上的，我们必须对这些人的波及效应给予充分的认识。这些人从中国吸收了大量文化，包括佛教、儒教、律法等等。当时遣唐使是很危险的职业，但可以免除税负。遣唐使为什么会有这么大的冲击呢？这里有两个人物十分重要，即晁恒（或名阿倍仲麻吕）和日本大臣吉备真备（平假名主要就是由他创制）。日本停止派出遣唐使是由于当时中国社会发生了巨大变化，755年发生的安史之乱是唐朝社会的转折点，也可以说是中国历史由盛到衰的转折点，自此之后社会弊端日益显露，宦官专权，藩镇割据。菅原道真在894年上书请求停止派出遣唐使，他认为当时的中国已经不值得日本学习。菅原道真在日本的地位很高，类似中国的孔子。"离家三四月，落泪百千行；万事皆如梦，时时仰彼苍。"他创作的这首诗看上去并不怎么样,但确有其巧妙之处。

此后,中日之间的政治联系逐渐松弛但经济联系加强。中、日、韩之间形成了一个环流贸易圈,对文化器物的传播影响很大。日本文部省专门设立了研究宋代中国宁波和日本九州之间的贸易往来的项目,投入数亿日元资金。但这个贸易圈由于缺乏政治权利保证,经济联系出现了不少问题。由此爆发了第二次中日之间的战争——忽必烈征伐。1274—1281年,在日军的顽强抵抗和恶劣天气的双重影响之下,元军失败。日本人认为是上天降下"神风"保佑,因此在第二次世界大战期间发动了"神风特工作战",期望上天再次垂青。后来,日本拍摄了《永远的临时战斗机》这部片子,从艺术角度来看拍得很震撼。按照本尼迪克特的说法,日本的战争片是最好的反战宣传片,因为它绝不渲染战争如何必要和胜利后的狂喜。影片中24名军校尚未毕业的学生飞行员首先组成了特攻队。日本第一航空舰队司令大西泷治郎询问上尉关行男,是否愿意带领此种史无前例的神风特攻队。据闻当时23岁、刚刚结婚才4个月的关行男闭起了双眼,低下头沉思了十多秒,才说出:"请让我去带领他们。"世界上第一个神风特攻队小组于是产生。关行男成为这一小组第二十四名队员,他在自杀式的攻击中阵亡。他们在战前高呼:"效忠天皇,宁为玉碎不为瓦全,生为皇军,死为战神。"《昭和时代不可忘记的人》一书中记载,日本军官美荣在大本营公开表示反对:"我不能下达让士兵去送死的命令。"大西泷治郎长叹说:"再没有比这场战争更残酷的了。"其后,他把认为可以保留的精锐部队都交给美荣带领。日本天皇宣布停战之后,大西泷治郎切腹自杀,他认为自己下达的神风特攻的命令让大约四千名年轻的生命白白丧失而且无益于战局。日本的作战方略是先进攻,让你知道我的厉害,然后我们再坐下来慢慢谈,卢沟桥事变、珍珠港事件等都是如此。在神风特攻队行动之时,日本根本没有想要翻盘,当时经过中途岛海战、马里亚纳海战,日本的海军所剩无几,它只是想表示:"我要改变战争常规(消灭对方,保存自己),和你决一死战、同归于尽。"

元朝和日本断绝了邦交,到明成祖朱棣时期又和日本恢复邦交。明朝建立的东亚体系主要就是册封体制和朝贡贸易。明成祖册封日本国国王,日本国也乐于接受,但在日本国内是没有什么影响力的。事实上当时周边国家真正朝贡给中国的东西很少，洪武十六年（1383 年），明政府实施了勘合制度。勘合一式两份，一半为勘合，一半为底簿，这是朝贡贸易的许可证。当时明廷做成日字号勘合一百道、本字号勘合一百道、日字号勘合底簿两扇、本字号勘合底簿两扇。这一体制形成之后很快遇到很大的麻烦，按照《明史》的说法："大抵真倭十之三，从倭者十之七"。真正的倭寇只是一小部分，其中最主要的还是中国人，对中日海上贸易产生了巨大的影响。与此同时，应仁之乱（1467 年至 1477 年）是日本室町时代的足利义政在任期内的一次内乱，是日本历史的一个转折点。如果你想要了解今天的日本，必不可少的是了解本次内乱之后的日本历史。应仁之乱促使将军与守护大名的没落，守护大名们转化为战国大名，到室町时代日本步入战乱期，时人称为战国时代。残存下来的庄园制度等旧制度开始迅速崩坏，持新的价值观的势力开始登场。国家的"国"这个概念就是这时产生的，结果形成战国时代。其中有几个关键人物，如织田信长、武田信玄等。战国最后由织田信长完成统一，铸造"天下布武"的印章，寓意用"武家的政权来支配天下"，用武力完成统一。但在统一的过程中发生了内变——本能寺之变，他被下属明智光秀刺杀。

丰臣秀吉继承了织田信长"天下布武"的策略。如果说织田信长主要是完成了对内的统一，丰臣秀吉则是开始了对外扩张的步伐，发动了第三次战争。公元 1592 年，丰臣秀吉悍然下令发动侵朝战争，一打就是 7 年，日本称之为"文禄庆长之役"，中国称之为"万历朝鲜战争"，朝鲜称之为"壬辰卫国战争"。这场战争最后也是以日本失败而告终。关于这场战争的起因，以往的研究认为是丰臣秀吉因三岁的儿子死掉而痛愤不已。而现在普遍认为他是要"假道路"，也就是借道朝鲜进攻中国。但日军在朝鲜犯下了滔天罪行，据记载："日军士兵肆意砍杀，被绑在竹竿上的尸首腐烂发臭，父母哭儿子，儿子寻父母，其惨状前所未有；城内不分男女皆被残杀抛尸"，最后以割下的鼻子的数量统计的死亡人数达一万八千三百五十个，所以朝鲜人痛恨日本人。1598 年进攻朝鲜失败，丰臣秀吉留下一首诗："吾似朝霞降人世，来去匆匆瞬即逝。大阪巍巍气势盛，亦如梦中虚幻姿。"而后病逝。在此后的几百年内，中日维持了和平。

1894 年 7 月 25 日（农历甲午年六月二十三日），日本不宣而战，在朝鲜丰岛海面袭击了北洋水师的战舰"济远"、"广乙"。8 月 1 日，中日双方正式宣战，甲午战争是中国人的耻辱。在日本的福冈县，有一个建筑叫定远馆，是用定远号的残骸制作而成的纪念馆，以此炫耀日本的胜利。我们在很多情况下都是谈甲午战争对中国的影响，只有一篇文章谈及了甲午战争对日本的影响。甲午战争之后，俄、德、法三国干涉让日本归还辽东半岛，这对日本的刺激很大，因为在此之前，日本始终围绕着两条路线——是发展军力还是予民休息而犹豫不决，本次事件之后，日本国内决定增强兵力，一致对外。此外，还有文化方面的影响。语言学家王力说过，现代汉语中的很多外来词不是中国人自己创立的，而是采用日本人的语言。比如"革命"这个词是在《易经》中就有的。民国时期，孙中山顺手买了一份报纸，只见一条醒目的新闻赫然映入眼帘："革命党领袖孙逸仙抵达日本……"孙中山突然感觉到，称"革命"比他原来用的"发难"、"起事"等更能反映出他所探索的"振兴中华"的道路。"革命党"的称呼，显然也比"会党""会员"更鲜明、更有意义。于是他对同行的同志们说："'革命'两字出自《易经》'汤武革命，顺乎天而应乎人'一语，意义甚佳，吾党以后即称为'革命党'可也。""革命尚未成功，同志仍需努力"中的"革命"一词也是取自这里。另外，像"文明"、"名词"等都来自日语。福泽谕吉有两个重要思想对日本产生了划时代的意义：一是"脱亚入欧"，他还撰写了《脱亚入欧论》小册子；二是官不与民争，如果政府和民间在同一行业竞争，弊端极大。所以日本在改革之后，政府将很多大型企业廉价卖给民间企业，造就了日本著名的四大企业，这和中国的思想有很大的不同。洋务运动之所以失败，就是官商合办、官商一体，这一弊端直到今天还没有被完全消除掉。甲午海战的失败与其说是败给了日本的海军还不如说是清军军械局的捣乱。甲午战争之前是日本向中国学习，包括很多西方文化典籍都是先翻译成汉语再传播到日本，在此之后就是中国向日本学习。清朝派遣了大量留学生到日本学习，这些留学生得到了日本的大力支持。日本在甲午战争之后想要当东亚的盟主，那么它是否具有这个实力？甲午战争后清政府需向日本赔款两亿三千万两白银，这是个什么概念，相当于当时日本政府五年的财政收入。

需要和可能相结合，导致日本不断地对外扩张。甲午战争后，日本军费增加一倍，进行了产业结构的调整，优先发展重工业。日本把将对外扩张和掠夺作为发展本国资本主义经济的捷径。事实上，日本政府除将巨额战争赔款用于扩充军事、划归皇家财产等之外，还主要用于发展工业，尤其是军事工业，这为促进日本近代工业的发展起到了重要的作用。

随后，日本不断试图占领朝鲜，但是俄国不愿意，双方在中国东北也存在势力争夺。和谈不成便开战，日军采用丁字战法获得胜利。日本海海战是世界历史上战损比最小的战争，日本获得了朝鲜半岛，把俄国势力完全赶出朝鲜。接着，日本开始修建南满铁路，为了保护这条铁路，成立了南满铁路守备军，就是后来赫赫有名的关东军。抗日战争的战火就是从南满铁路蔓延开来的。关于抗日战争的第一点，就是如何认识九一八事变？日本要占领满洲有长期国策，也是日本明治天皇未竟的事业。日本侵略中国是必然的，但入侵发生在1931年9月18日是偶然的。日本参谋本部在1931年有一个政策叫"昭和六年（1931年）度形势判断"，主要内容是准备分三个阶段占领东北：第一阶段，在东北建立一个新的亲日政权以代替张学良；第二阶段，使这一政权从中国分裂出来成为一个独立国家；第三阶段，武力占领，使之成为日本的领土。但是日本关东军公开发文表示反对，认为日本政府总是实行这种隐忍政策、渐进主义，到现在一无所获。关东军要求一步到位进行军事占领，炸毁了柳条湖铁路反诬是中国军队破坏。因此抗战应该从1931年开始计算，东北也是中国领土不可分割的一部分。

关东军作战主任参谋石原莞尔提出利用满蒙的四个依据：解决"昭和恐慌"引起的经济危机；获得资源和原料产地；作为防苏的基地；为一定要爆发的美日战争做好准备。当时石原莞尔就已经认识到日本和美国必有一战，东西两个不同的文明必然发生一场决战，这就是他提出的"世界最终决战论"。原本预计9月28日在东北起事，但参谋本部派了作战部次长建川美次来视察关东军，就提前10天挑起了战争。而此时的张学良正在北京城听梅兰芳的京剧，下令东北军不许开枪以免挑起更大的事端。由于受到国际势力的约束，日本一贯采用的是走一步看一步的战略，此次"九一八事变"中，英国等国际势力并未介入。英国认为与其让本地军阀占领东北还不如让日本占领,最起码还有谈判的可能性;美国出现了判断失误,认为苏联不可能袖手旁观。日本在东北步步逼近,国际联盟要求日本退回去,松冈洋右在国际联盟发表了著名演讲《十字架上的日本》,宣布日本退出国际联盟。日本有很多学者认为这是二战开始的标志,因为这次事件破坏了一战之后确立的秩序。

之后,蒋介石对共产党进行第六次围剿,命令张学良、阎锡山在三个月内消灭共产党。红军开始了二万五千里长征,爬雪山过草地,保存有生力量。其间,红军发表了著名的"八一宣言",即 1935 年 8 月 1 日《为抗日救亡告全国人民书》。1937 年 7 月 7 日,卢沟桥事变发生,全面抗战拉开帷幕。卢沟桥事变之前,日本判断中国根本不堪一击,但事实并非如此。再来说卢沟桥事变,关于卢沟桥事变的真实情况直到现在还是一个谜,中日双方究竟是谁先开的枪还没有决断。1945 年 8 月 6 日,此时的日本已经丧失了力量,失败成为必然,但是仍然负隅顽抗,为了速战速决,减少盟军伤亡,美国对日投放了原子弹。原子弹落在广岛的一家医院,战后,附近建设了广岛和平公园。日本把原子弹的伤害分为四个层次:在光辐射几千度高温下直接死亡;受到冲击波严重伤害;在一个星期之内进入一公里辐射区的;胎内受辐射影响。1945 年 8 月 8 日,苏联外交人民委员部部长莫洛托夫接见日本大使佐藤,向日本政府递交《苏联对日本宣布进入战争状态宣言》,紧接着苏联红军横扫日本关东军,把他们全部押到西伯利亚服苦役。因此也有史学家认为是苏联对日宣战而不是美国投入原子弹迫使日本投降。日本当时其实也在研制原子弹,已经在理论上取得突破。但主要是耗电量太大,预计会耗去日本全国 10% 的电量;同时日本认为在二战中不会使用到原子弹,由于各种原因,使得日本的原子弹研发滞后于美国。如今,我们明显看得出美日关系较近,但双方都不会忘记自己的民族仇恨。日本偷袭美国的珍珠港,以及美国在日本的广岛、长崎投下原子弹,对双方都是历史的重创。

战后远东国际军事法庭在东京审判中绞死了七个二战战犯:东条英机、广田弦毅、土肥原贤二、板垣征四郎、木村兵太郎、松井石根、武藤章。这次审判采用的是事后法,规定为反人类罪、反和平罪。日本国内同样也对战争进行过反思,认为由于美国使用原子弹,苏联背弃《互不侵犯条约》,以及日本资源不足，所以日本不可能不败。实际上中国在本次战争中确实产生了不可忽略的作用。据日本统计，1937—1945 年间，日军战死 185 万人，在中国（不包括东北），共战死 40.46 万人，占日军死亡人数的 22%。

我的讲座就到这里，谢谢大家。

2014 年于华中科技大学的演讲

龚颖迪根据录音整理

俄罗斯与美国：
世纪大国的再碰撞

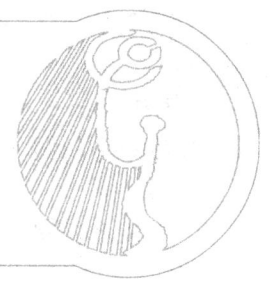

刘　军　华东师范大学教授

　　我今天要讲的题目是《俄罗斯与美国：世纪大国的再碰撞》。我们今天讲两个行为体：一个俄罗斯，一个美国。两个关键词：一个"世纪大国"，一个"再"。这也就意味着过去它们之间的碰撞、斗争，今天还在延续。

　　今天我要讲四部分的内容：第一部分，为什么要研究俄美关系，作为中国人的我们为什么要研究俄罗斯和美国以及它们的关系，这是我要谈的第一个问题；第二个问题是俄罗斯和美国的关系，它的发展运行的逻辑和一般的规律。大家在电视、网络等媒体上看到很多事情，一会儿军舰对峙，一会儿相互警告，一会儿赶走外交官，一会儿间谍事件等热闹非凡。那么，在这些事件的背后，有没有这两个大国之间关系的一般的运行逻辑和发展规律呢，这是我要讲的第二部分。第三部分我想讲的就是冷战以后俄美关系的焦点，以及俄罗斯的四大误判。我们讲俄美关系，1991 年冷战结束之前叫苏美关系，1991 年以后叫俄美关系，那么冷战之后，俄罗斯和美国分歧的焦点到底在什么地方呢？最后一个部分就是，我们知道普京——俄罗斯的总统，他是一个强人，并在俄罗斯非常受欢迎。尽管他现在六十多岁了，但仍有一种说法是女孩子要嫁人就要嫁普京这样的人。同时我们知道，俄罗斯的总统任期过去是四年，但 2008 年普京的小兄弟——梅德韦杰夫上台的时候，我想肯定也是普京本人的意思，把总统任期从 4 年改为 6 年，目的是什么呢？就是为了普京再度回来，再回来的时候多干几年，而且他可以干两届，也就是 12 年。未来 12 年的俄美关系的主要态势是什么，这也就是我要讲的最后一个问题。

一、为什么要研究俄美关系？

我要讲的第一部分是为什么要研究俄美关系，主要从三点来讲，第一点是中国外交的基本布局；第二点是中国崛起所带来的挑战；第三点是中俄美三边关系的互动。

第一，中国外交的基本布局。

从中国外交的基本布局来看，有这么几句话：大国是关键，周边是首要，发展中国家是基础。大国，过去的苏联，现在的俄罗斯都是大国，美国也是大国。而且有人说现在的国际政治基本就是大国政治，小国谁在乎？像缅甸这样的小国家，在国际舞台上没有发言权。所以说，我们首先要抓大国，大国是关键。那么周边是首要。俄罗斯是我们的周边，俄罗斯也是个大国，所以俄罗斯很重要，中国和俄罗斯的关系很重要。有人说，美国是大国，但不是我们的周边。美国尽管不是周边，但是美国人全球无处不在，就像有人说，到处都是中国人，到处都是中国的影子。而美国是冷战之后唯一的超级大国，虽然现在也是江河日下、力不从心了，但是它仍然是综合实力最强大的。所以，它是大国，同时，我觉得它也可以算是我们的准周边。日本、韩国、泰国、菲律宾、澳大利亚等都是美国的盟友，这些国家在中国周边，所以美国可以通过这些盟友来给中国施加影响、施加压力。而且美国现在有一个大的战略。过去，在美国人看来亚太地区不重要，更为重要的是欧洲-大西洋地区，为什么？因为它以前的对手——苏联在欧洲-大西洋地区。现在美国的战略，从欧洲-大西洋转至亚太，叫作亚太再平衡。平衡谁呢？当然是平衡中国。从这个意义上来讲，美国是大国，也是在中国的周边发挥影响。所以，无论是从大国来讲，还是从周边来讲，我们都要关注俄罗斯、关注美国。最近习近平主席上台以后，中国的外交发生了很大的变化，出现了一些新的提法。比方说，我们要建立新型的大国关系，我们要和周边建立共同体。最近，李克强在博鳌亚洲论坛上说到三个共同体，即我们亚洲要建三个共同体：命运共同体、利益共同体、责任共同体。从中国外交的基本布局来看,我们要抓大国,我们要抓周边,那么俄罗斯既是大国,也是周边;美国当然是大国,同时也在中国的周边发生极大的影响,因此从这个意义上来讲我们要研究俄罗斯和美国。

第二,我们为什么要研究俄罗斯和美国,我的看法是这是中国的崛起所带来的挑战。

中国目前处于什么样的世界地位,从内部来看是低估了中国的实力,而从外部来看是高估了中国的实力。一个比较客观的评价,中国目前的国际地位是:大而不强,将强未强。国际社会高估了中国的实力,如中国"威胁"论。美国人写的一本书——《全球趋势 2030》认为,2030 年中国的 GDP 总量会超过美国,成为世界最大的经济体,所以说中国的崛起是一种世界性的影响。这对于俄罗斯、美国和中国的周边来说,都是具有相当大的影响。那么整个国际社会担心的是什么呢?担心的是中国经济实力的增长。中国力量在上升,中国在成长,中国即将成为世界的老大。当然,大家也许会知道,中国的人均 GDP 的排位是相当低的,但西方不看的,我们不看平均 GDP,我们不做除法,我们只做乘法。这么大一个块头,这么大一个分量,使得整个国际社会对中国的疑虑、忧虑、担忧都在上升,所以我们不得不考虑大国之间的关系。

第三,从中俄美三边关系的互动来看,我觉得也很有意思。

我们知道冷战时期,有一个中美苏组成的大三角,中国人跟美国人说我们要联合起来对付北边的北极熊,双方联合起来对付第三方,这是我们冷战时期的一个框架。那么冷战以后我们不讲三角关系,我们讲三边关系。今天的三边关系也是挺有意思的,中国外交怎么样在中俄美三边关系的互动中做到游刃有余?目前的一种情况是,中国和俄罗斯关系很好,是很铁的兄弟,不仅仅是冷战时期的兄弟关系,今天的中俄两国之间是战略伙伴关系。中俄之间关系很好,目前是中俄双方联合起来抵抗西方、挫败西方的阴谋,但中俄关系本身呢?俄国人本身是不是也希望中国足够强大呢?我看也不一定,也就是说中俄关系、俄美关系最理想的三边关系是良性互动,下限就是平行,不要互相干扰。我们是发展中俄关系,但是我们对美国也很重要,中国外交长期以来有一个说法就是中国跟美国的外交是重中之重。中俄关系是最好的一对双边关系,中美关系是最重要的一对双边关系。这就是说,我们在发展中俄关系的时候,中美关系也要平行发展,不要因为我们和俄罗斯靠得很近,中美关系就受到影响。而且在三边关系的互动中,这个也很敏感。比如普京说,我们不要追求世界领袖的地位,让中美两国去争吧。大家可以意会得到,怎样在三边关系中确保中国国家利益的最大化,确保中国外交的顺利。我们不仅要关注中美关系,同时也要关注俄美关系。俄美关系发展得怎么样?我们是不是希望它们打起来,还是我们希望它们有着非常甜蜜、非常密切的状况?这都是三边关系需要考虑的问题。所以我要讲的第一个问题就是说为什么要研究俄罗斯和美国的关系。

二、俄美关系发展运行的逻辑和一般规律

第二个部分是俄美关系发展运行的逻辑和一般规律。我想从四点来讲,第一点是俄罗斯与西方的关系;第二点是俄罗斯和美国国内政治传统的对比;第三点是二十世纪以来的俄罗斯和美国;第四点是俄美关系的常态,它的常态化的模式是什么。

第一,俄罗斯与西方的关系。

什么是西方?我们说美国在十九世纪末二十世纪初登上世界舞台之前,西方的重心是欧洲。二十世纪开始,西方的重心转到了美国。我们将俄罗斯与欧洲和美国的关系统称为俄罗斯与西方的关系。在俄罗斯的发展过程当中,它与西方的关系是恩恩怨怨、分分合合,剪不断,理还乱。我们知道俄罗斯从地理位置上看,横跨欧洲和亚洲,它的大部分面积是在亚洲,但它的政治中心、经济中心、文化中心都在欧洲,从这个意义上讲,俄罗斯一向强调自己是一个欧洲国家,但从地理意义上来讲它也是一个亚洲国家。从历史上来看,俄罗斯与西方关系非常密切。从彼得大帝开始,俄罗斯就开始学习西方的技术和制度。彼得大帝亲自化装成一个普通人,到欧洲去游历。俄罗斯与西方的关系也是这样,一方面它需要西方,另一方面它也反对西方。彼得大帝这话说得很精辟:"我们需要欧洲,我们也要反对它。"所以从俄罗斯这个国家来看,什么是俄罗斯?它的民族性格,精髓在什么地方?怎么来看懂俄罗斯?怎样来观察俄罗斯?所以有人说,俄罗斯不在东方也不

在西方,既不是东方,也不是西方,俄罗斯甚至不是人类大家庭的成员,它的存在只是为人类提供某种教训。很多人都说用理性没法理解俄罗斯,用一般的标准也无法衡量俄罗斯,在俄罗斯那里存在的只有信仰。所以大家如果看看俄罗斯的历史,俄罗斯与西方的发展史,可以看到很鲜明的特点,就是一方面俄罗斯人需要西方,俄罗斯人要向西方学习,俄罗斯人拥抱西方;另一方面俄罗斯人逃离西方、排斥西方,这是一种非常鲜明的二分法。

第二,从俄罗斯和美国国内政治的传统来看,这两个国家完全不一样。

大家可能会说,冷战以后不是一样了吗?冷战结束以后俄罗斯的政治制度、经济制度都是参照美国的模式设立的,这就是所谓的华盛顿共识。美国人在冷战之后为俄罗斯人提供了药方,比方说政治制度要向西方靠齐,俄罗斯人也是这样做的。但是这两个国家完全不一样。尽管冷战以后,俄罗斯的政治制度、经济制度发生了根本变化,向西方靠拢,但是很快,它的威权主义便重新回归。所以你今天要问俄罗斯人,谁是最理想的领袖呢?得到的答案是伊凡雷帝。我们知道,伊凡雷帝是俄罗斯历史上非常有名的沙皇,主张实行集权制度、威权制度。所以说俄罗斯的政治制度、经济制度尽管在向西方靠拢,但其国内的传统还是威权制度、集体主义。所以有很多人说俄罗斯人喜欢生活在集体主义的温暖的怀抱当中。俄罗斯和美国两个国家的政治传统完全不一样,相互不理解。

第三点,从二十世纪以来的发展历程看,可以非常鲜明地看出美国和俄罗斯之间是一种阶段性的、不稳定的、时好时坏的关系。

我们知道十月革命,1917年以后,美国总统威尔逊说:"我们要和共产主义赛跑,世界着火了。"从1917年到1933年,我们称之为第一次冷战时期,美国人完全不理会苏联人,西方国家集体对苏联进行制裁,一直到1933年才开始承认苏联。到1945年,第二次世界大战期间西方与苏联结成同盟,但是很短暂,接下来就是真正的冷战,从1945年到1991年,长达近半个世纪。所以说,二十世纪的大部分时间,苏联和美国都处在冷战状态,结成同盟的时间很短。

1991年以后就分得很细了,一开始俄罗斯热烈拥抱美国,我们称之为俄美蜜月时期。叶利钦访问美国,他对美国有一种热爱。从1991年到

1994 年，这是双方关系的蜜月时期，俄罗斯人热烈拥抱美国。但是好景不长，从 1994 年开始，一个关键性的问题，就是北大西洋公约组织（北约）向俄罗斯的边界移动，北约东扩提上了议事日程，俄罗斯很不高兴。俄罗斯这个国家有天生的不安全感，它很大，但它主要是平原，一马平川。蒙古统治它 250 年，为什么呢？游牧民族骑马一路打过去，俄罗斯人是挡不住的。西方的殖民者容易过来，东方的游牧民族也容易过来，所以俄罗斯国内存在着天生的不安全感。我们知道北约是冷战的产物，冷战期间就是北约和华约的对峙。但是冷战结束之前，华约退出历史舞台，它不存在了。俄罗斯人说华约不存在，北约为什么还要存在呢？西方国家说，北约还是要存在的。而且在戈尔巴乔夫后期，西方国家的领导人有一个承诺：北约不会向东扩展。戈尔巴乔夫同意，你既然承诺北约不向东扩展，那我同意德国统一。没有戈尔巴乔夫的首肯，德国是很难统一的。所以从这个意义上来讲，直到今天，俄罗斯人还认为西方国家违背了自己的承诺。后来北约第一轮扩大，第二轮扩大，波罗的海国家、中东欧国家、波兰、匈牙利、捷克、罗马尼亚、保加利亚，一直到苏联时期的加盟共和国，如今到了乌克兰。所以说俄罗斯人很不高兴的是 1994 年北约的扩大提上了议事日程，导致蜜月时期的终结。1994 年到 1999 年，俄美之间的关系变得冷淡。1999 年发生科索沃战争，俄罗斯和美国自冷战结束后第一次双方关系陷入冰点。所以大家看，首先是蜜月时期，然后是冷淡时期，最后双方关系陷入冰点。

1999 年，俄罗斯国内还发生了一件事情，叶利钦因喝酒身体不行了。叶利钦到美国访问喝得酩酊大醉，所以你今天一问美国人，对叶利钦最深的印象是什么，答案是他酒喝得太多，什么病都有。所以到 1999 年，叶利钦选中了普京，普京当时 50 岁不到，意气风发。在此之前，叶利钦选了一轮又一轮，都不满意，最后选中了普京，送给普京一句话："珍惜俄罗斯。"从 2000 年开始，普京正式成为俄罗斯的总统。2001 年的"9·11"事件对美国人的心理而言是一个极大的创伤。我在纽约问当地的警察，世贸大楼在哪？他脸色阴沉，基本上不会理你。"9·11"事件对美国人来说，是心灵的极大创伤，美国人第一次在美国本土遭到袭击。"9·11"事件对美国人来说是痛苦的事情，但对普京来说是一个机会。当时小布什在佛罗里达州跟小学生在交流,这时候"9·11"事件发生了。普京第一个打电话到白宫,表示慰问。后来小布什退休后在他的书里面提到这一点,说俄罗斯总统普京第一个打电话来。当时小布什还不敢回到华盛顿,在外面停顿了一晚上才回到华盛顿,害怕还有什么新的攻击。小布什还在书里提到,他回来以后一个个回电话,普京是第一个给他打电话的,但小布什没有第一个给普京回电话,他第一个打给布莱尔——英美盟友。也就是说,"9·11"事件对普京来说是一个机会,普京抓住机会想突破与美国的关系。

大家都知道美国这个国家,任何一个国家都不能忽视它,作为冷战以后唯一的不可缺少的超级大国。一开始普京并不是说我不喜欢你,我不愿意跟你发展关系。普京这个人非常务实,他极力想抓住机会缓和与美国的关系。确实也有短暂的几年,小布什和普京的来往非常密切。小布什说,我一看普京的眼睛,我知道这个人不错,我好像看到了他的灵魂。你邀请我来这做客,我邀请你到那做客,非常密切,那几年前前后后两个人见了四十几次,但是这些都没用。美国人一方面对普京说要和俄罗斯搞好关系,但另一方面是导弹问题,退出反导条约问题,以及北约的扩大再次被提上日程。后来普京在 2007 年发飙了,在慕尼黑会议上开始批评美国人,批评得非常厉害,点名批评。这就是关系从好到不好,从蜜月到变坏的一个过程。2008 年,俄罗斯国内发生了一个很大的变化,那就是新总统梅德韦杰夫上台了。大学教授出身的梅德韦杰夫,喜欢谈自由主义,好像很开放,很被美国人看重。所以 2009 年的时候,所谓俄美关系重启,当然也签署了条约即限制进攻性战略核武器的条约。但是到 2012 年,普京又做回总统。有人说,一个从来没有离开过的人回来了,因为即使是梅德韦杰夫当政时期,也是普京在背后掌控全局。所以大家可以看到这么一个过程,分分合合、好好坏坏,阶段性、不稳定性,非对称性,这是俄美关系的常态。

俄罗斯人要求的是什么?俄罗斯人最大的一个愿望就是美国人要平等地对待自己,俄罗斯也是一个大国。叶利钦当年说:"你别忘了俄罗斯也是一个核大国。"而克林顿说:"我不在乎。"俄罗斯人期望获得美国人的平等对待和尊重,但美国人往往不这么看。你是我在冷战对抗过程中的失败者,我不可能尊重你。所以说一个是实力衰弱的、分裂的国家,另一个是冷战以后唯一的超级大国,双方实力不匹配,而且双方之间没什么需求。俄罗斯和美国之间的关系同中国和美国不一样,中美之间的需求太多了,经济上的往来,把两个国家紧紧地联系在一起。美国的一个教授说,没有什么中国,没有什么美国,China-America,合并了一个新的单词——Chimerica——没有中国,没有美国,只有一个中美国。经济上的相互依赖,将中美两国牢牢地连在一起。俄罗斯和美国不一样,双方基本没有什么贸易往来,俄罗斯人有的,美国人不需要;美国人有的,俄罗斯人也不需要,比如俄罗斯人有高精尖的武器,美国人不需要。从这个意义上来讲,没有任何纽带把两个国家联系在一起,唯一的纽带就是核武器,你有核武器,我有核武器,只有唯一的这个纽带把大家联系在一起坐下来讨论,我们是不是要削减一点;也只有这唯一的纽带让俄罗斯人感到,我才是你平等的对手,除此以外,什么都没有。这是我所提炼出的俄美关系的一种常态,就是一种阶段性的、非对称性的、不稳定性的关系。

三、俄美分歧的焦点和俄罗斯的四大误判

第三个部分就是冷战以后俄美之间分歧的焦点,以及俄罗斯的四大误判。

冷战以后,俄美之间的分歧有哪些焦点问题呢?我刚刚提到的北约问题是最早的导致俄美之间出现矛盾的一个问题;除了北约问题外,还有一个后苏联空间问题。俄罗斯是一个领土型的帝国,它非常重视空间安全。也就是从这个角度出发,它非常在意冷战时期的军事对手,反对北约东扩。过去的苏联一分为十五,原来的苏联的加盟共和国,中亚国家、乌克兰、白俄罗斯、格鲁吉亚等统称为后苏联空间。俄罗斯现在的一个想法就是,尽管苏联解体了,但是俄罗斯在后苏联空间的影响力还是要保持,后苏联空间在政治上、经济上、军事上对俄罗斯来说都是很重要的,它不允许有哪个国家插手后苏联空间的事务,包括中亚地区。俄罗斯把后苏联空间视为其核心利益、特殊利益。它并不认为乌克兰是外国,也并不认为白俄罗斯是外国。所以我们看如今的乌克兰问题,为什么俄罗斯这么强硬,从这一点也可以看得出来,因为这是发生在后苏联空间的问题,这是涉及俄罗斯的核心利益的问

题,所以它不会让步。

再来看北约问题。刚才我已经提到了北约问题,北约是冷战时期的军事组织。北约东扩在俄罗斯人看来是威胁了俄罗斯的国家安全,到今天,俄罗斯的民调还显示,差不多60%的俄罗斯人把北约视为一个侵略性的军事集团。今天对俄罗斯最大的威胁就是北约的威胁,来自美国的危险。所以普京有一句话,决不允许北约在我们的世代家园上指手画脚,世代家园也就是后苏联空间。北约在冷战结束前有 12 个国家,现在扩展到 28 个国家。现在问题的焦点就在于北约想吸收乌克兰,想吸收格鲁吉亚,但这是俄罗斯坚决反对的。波罗的海国家当年也是叶利钦画了一条红线,这个红线你不能进来,但西方还是突破了波罗的海国家,逼近了乌克兰。所以在最近涉及的北约扩大问题,北约想吸收乌克兰,想吸收格鲁吉亚,受到俄罗斯的坚决反对,这样才有了 2008 年俄罗斯和格鲁吉亚的战争,才有了今天的乌克兰危机。2008 年我们在开奥运会时,开得好好的,我们希望天下一片太平,谁知道俄罗斯和格鲁吉亚打起来了,就在开幕式的当天。所以不管是 2008 年俄罗斯和格鲁吉亚的战争,还是今天的乌克兰危机,问题的核心都在于后苏联空间问题,都在于俄罗斯和西方对这块地方的争夺问题,西方想在这个地方插上一脚,俄罗斯坚决反对。这就是今天格鲁吉亚及俄罗斯的矛盾的焦点所在。2008 年的格鲁吉亚战争及今天的乌克兰危机之后,大家都在说新冷战。是不是新冷战,我觉得还值得商榷,但不管怎样,俄罗斯和美国围绕着后苏联空间的争斗非常激烈。对俄罗斯来说,后苏联空间涉及它的核心利益。乌克兰的地理位置非常重要,布热津斯基说,没有乌克兰,俄罗斯就不能成为一个帝国。乌克兰是俄罗斯这个国家诞生的起点,刚开始时没有莫斯科,只有基辅,所以乌克兰对于俄罗斯来说非常重要。不管是 2008 年的格鲁吉亚战争还是今天的乌克兰危机都反映了俄罗斯和西方对后苏联空间的争夺。2008 年的格鲁吉亚战争打了 5 天,所以又称五日战争。

大家都知道克里米亚公投,克里米亚为什么要回到俄罗斯呢?克里米亚本来就是俄罗斯的一部分。俄罗斯在历史上是一个内陆国家。彼得大帝说,俄罗斯需要的是水域。黑海的海水对于俄罗斯人来说可以用黄金来衡量。所以俄国人在历史上南征北战,南边和土耳其打仗,北边和瑞典打仗。

和土耳其打仗是要拿到黑海，和瑞典人打仗是要拿到波罗的海，要打开一扇面向欧洲的窗户，因为没有出海口，你就永远出不去。克里米亚这个地方，是当年俄罗斯从土耳其那抢过来的。俄罗斯要向南走，走向印度洋，必须要通过黑海，但是当年赫鲁晓夫将克里米亚作为礼物送给乌克兰了。这一次俄罗斯人把它拿回来了。这个地方有它的特殊性，60％以上的人都是俄罗斯人，都想回到俄罗斯的怀抱。还有经济上的问题，俄罗斯这几年经济好转了，有石油，有天然气，可以卖很多钱，退休金发得出来，社会福利也比较好，比乌克兰好多了。乌克兰尽管在所谓的西方的革命的推动下，表面上更加民主，更加讲人权，但是老百姓的生活一塌糊涂。所以乌克兰人一对比，我们要是回到俄罗斯，退休金就可以发，当然愿意回去。所以这次克里米亚独立对于俄罗斯人来说是一个机会。但是谁也没有想到普京那么快就做出反应，第一天全民公投，第三天普京签署命令说同意。谁都没有想到，一个主权国家的一块地就这样被拿走了。这是二十一世纪的今天，不是十九世纪，所以美国人说十九世纪的故事在二十一世纪重演了。我们知道在十八世纪和十九世纪，我抢到就是我的，但今天不一样。但是普京不管那么多，拿回来再说。所以从这个意义上来说，他在俄罗斯会青史留名的。不管国际上怎么骂他，在俄罗斯人看来，他就是民族英雄，所以他的国民支持率又上升了。

克里米亚问题涉及俄罗斯的核心利益，涉及后苏联空间。克里米亚事件发生之后，美国人很不高兴，欧洲人也不高兴，说我要制裁你，怎么制裁呢？资产冻结，八国峰会你也不要来了，但普京是无所谓的。美国人的态度，在言语上很厉害，什么你要当心，你要付出代价，俄罗人根本就毫不在乎。普京这个人真的非常实在，尽管把克里米亚拿了回来，但他还是不想让乌克兰垮掉。最近他给乌克兰的邻国以及欧洲的一些大国等十八个国家的领导人写信，说我们要坐下来开会，我们要讨论一下，我们要保证乌克兰这个国家经济的正常运转。然后美国人做出反应，说这封信怎么样，普京又把美国嘲笑了一番，说你怎么看别人的信呢，我这封信不是给你的。这么多年来，普京对美国人不断讽刺挖苦，美国人你搞什么搞，回去把你的肥胖病养好。总而言之，西方对俄罗斯的制裁，连美国人自己也说没什么很大的作用。

最近两天说,黑海上俄国人的飞机贴着美国人的军舰在飞,不会有很大的问题。因为从2008年的格鲁吉亚战争来看,俄罗斯和美国在军事上的对抗叫得比今天还凶,美国人投入的军事力量更多,但是没有任何问题,俄罗斯人还是达到了自己的目的,格鲁吉亚的南奥塞梯和阿布哈兹还是独立了,格鲁吉亚人干瞪眼,美国人也是干瞪眼。所以今天在乌克兰问题上,俄罗斯也不会和西方打起来。欧洲在这个问题上也是左右为难,一方面欧洲人很气愤;另一方面,欧洲也不得不依靠俄罗斯,欧洲人需要的天然气,25%以上来自俄罗斯。你要考虑这一点,大冬天没有天然气怎么办,而且俄罗斯人是干过这个事情的。我记得是2007年还是2008年的冬天,乌克兰不听话,俄罗斯就把天然气断了,所以基本上制裁没什么很大的效果。这是我本人在上海的一些媒体上对乌克兰问题的一些分析。

但无论如何,我的一个基本的判断就是俄罗斯拿到了克里米亚,但会在相当长的时间内失去乌克兰。因为就目前来看,现在乌克兰的几名总统候选人都是亲西方的。我们可以想象一下,如果乌克兰总统选举如期举行的话,如果东部问题能够解决好的话,新成立的乌克兰政府的外交政策肯定是亲西方的。

除了北约问题,后苏联空间的问题,还有其他一些问题。比如去年闹得很凶的斯诺登问题,斯诺登先跑到香港,然后又跑到俄罗斯,没有国家敢接收,只有俄罗斯敢接收。这件事情让美国人很不高兴。奥巴马总统原计划要对俄罗斯进行国事访问,因为这个事吹了,俄罗斯人都不怕得罪美国。刚才讲的就是俄罗斯和美国冷战以后分歧的焦点问题。

在我看来,在冷战以后,俄罗斯存在着四大误判,就是俄罗斯和美国想法不一样。

在俄罗斯看来,尽管苏联解体了,俄国有困难,但俄罗斯在冷战之后还是一个大国,不仅是名义上的大国,而且是事实上的大国。俄罗斯人长期以来具有帝国的心态,大国的意识总是扔不掉,即使在最困难的时期,他仍然把自己视为一个大国。但是美国人不这么看,在美国人看来,俄罗斯已经是一个二流国家,谈不上什么大国,我不可能给你平等的对待,不可能尊重你。

这就是俄罗斯的第一大误判。

第二大误判就是冷战刚结束的时候,叶利钦满怀希望,以为美国会给俄罗斯提供援助,因为俄罗斯经济改革的方案是美国给的,但美国人口惠而实不至,雷声大而雨点小,没提供任何援助。所以对于这一点俄罗斯人感到是受骗了。

第三点是对冷战的一种误判。俄罗斯人说没有俄罗斯你们能够结束冷战吗?没有俄罗斯德国能够统一吗?俄罗斯为整个人类社会做出了贡献,从这个意义上来讲,我们不是冷战的失败者,我们是胜利者。美国人不这么看,你们就是失败者,在和美国的对抗中,你们失败了,你们解体了。所以双方想不到一块来。

第四点就是俄罗斯人曾经非常天真地认为俄罗斯国内政治、经济体制的转型可以很好地融入西方社会。但是后来的实践证明,俄罗斯的政治体制、经济体制即使发生变化了,美国人也不认同它,也不会接受它。双方想不到一块去,自然而然导致双方之间的矛盾。

四、俄美关系的主要态势

最后谈谈未来6～12年俄美关系的主要态势。

我觉得一个很大的可能性是12年,前提普京身体好,不发生任何意外。我的一个基本的判断就是普京可以从2012年干到2018年,再从2018年干到2024年。我们知道普京在1999年是代总理,2000年成为总统后,他上台的第一年有这么一句话:"给我20年,还你一个强大的俄罗斯。"如果他真的干到2024年,那就是干了二十几年。他说的没错,他要干二十几年,是相当长的。

那么未来的俄罗斯对美国的政策的主要态势是什么。普京2012年刚上台之前,国际社会有个总体的判断就是,普京有反美的态度,反美的言论,但是不一定会有反美的政策。我刚说过这个人非常务实,他是个大国主义者,他心中装着的都是俄罗斯的利益。所以只要有任何的可能性,他还是会想方设法地与西方妥协。所以说,他有反美的态度、言论,但不一定有反美的政策,因为长期性的反美政策对俄罗斯的国家利益是不利的;另外,俄美关系将进入一个停滞、冷淡的观望期,但并不排除重启的可能。现在的情况越来越糟了。也许奥巴马之后,美国的新领导人对俄态度会有所改善,但是现在还说不清楚。一些对话机制也不存在了,俄罗斯本来今年说在索契开八国峰会的,因为乌克兰问题这么一闹,西方国家说我不来了,普京说不来就不来了,无所谓。八国集团是一个对话的平台,现在这个平台也没有了。并且这个事情还没完,还不知道未来会怎么发展下去。普京绝不是拿到了克里米亚就完了,普京还有一个更大的目标,就是要把乌克兰留在后苏联空间的范围内。因为在历史上,冷战结束以后,乌克兰总统一会是亲西方的,一会是亲俄罗斯的,俄罗斯和西方就这样抢来抢去。有人问我,乌克兰会不会分裂,如果你从克里米亚被拉走的意义上来讲,它是分裂的。但是整个乌克兰东部是不会走的,这两天还在打,乌克兰说反恐,但整个乌克兰东部应该不会有这么大动作。普京下一步的目标是想办法和西方讨价还价,尽量让新成立的乌克兰的领导人亲俄罗斯,即使不是亲俄罗斯的,至少要保持中立。从这个意义上来讲,俄罗斯和西方在乌克兰问题上还会有新的动作、新的对抗,俄美关系好不起来。普京有很多反美的话,讽刺的话,如:"狼要吃谁,不需要他人来指手画脚。"普京从 2000 年上台以来,用中国人的话来讲就是看透了美国人。如果他曾经抱有幻想,要和美国人发展关系,那么到今天,就真的是看透了。他有这么一句话:"无论我们做什么,无论我们做还是不做,美国人都要找我们的麻烦。"

十几年来普京的心路历程,一路走过来,他觉得美国人靠不住,俄美两国不可能建立真正的互信关系。尽管他曾经说要试图与西方缓和关系,但屡遭背叛,受尽耻辱。中俄关系今天走得很近,有一个外在的推动力是因为俄罗斯和西方搞不好关系,所以他需要借助外力。从中国的角度来讲也是这样,中国的周边形势那么严峻,东海、南海一圈下来都搞不好。但是我们西北部边疆一片稳定,形势一片大好。为什么?因为我们有俄罗斯,因为我们有上海合作组织。稳定的俄罗斯对中国来说就是稳定的半边天。从这个意义上来讲,我们希望俄美关系能斗,但斗到什么程度呢?这也是一个度的问题,最好是中俄美三边关系能良性互动。刚刚回到美国的前任驻俄罗斯大使,也是个苏联问题专家。他一到俄罗斯就感到非常吃惊,怎么有这么多的反美主义者。所以美国人说："拿好你的枪。"俄罗斯弥漫着一股强烈的反美主义。

（视频语音：俄罗斯总统普京10号致信从俄罗斯购买天然气的德国、法国等18个欧洲国家的领导人，呼吁就乌克兰天然气债务问题等举行紧急磋商。随后美国就指责俄罗斯将能源作为工具来打压乌克兰。对此，据俄罗斯网站说，普京说他的信并不是给美国看的，他告诫美方，阅读他人的信件很不好。针对俄罗斯就乌克兰天然气债务问题致信欧洲国家领导人一事，美国国务院发言人普萨基日前表示，目前，乌克兰天然气的价格没有按照市场规律运作，而且远高于欧洲多国交付的价格，俄罗斯是在利用能源问题打压乌克兰。对此，普京说，他此前呼吁召开紧急磋商的信件是发给欧洲多国领导人的，并不是美国，美国这种阅读他人信件的行为实在是很奇怪。普京还说，众所周知，美国长期以来存在监控行为，现在又出现了偷窥他们信件的行为。10号，普京致信从俄罗斯购买天然气的18国领导人，呼吁就稳定乌克兰经济和天然气工业问题举行紧急磋商。在信中，普京说目前对欧洲供给天然气的问题，不是在于俄罗斯，而是在于乌克兰能否保证天然气过境，他强调俄方不能独自承担压力，必须同欧洲方面一道尽快找到扶持乌克兰经济的办法，避免影响欧洲天然气工业。）

在2012年普京第三任总统刚刚启动的时候，我就在考虑一个问题：俄美关系能不能重启？当时没有乌克兰问题。乌克兰问题是从2013年底，因为乌克兰前总统签署了联系国协定，引发大规模的示威游行。前段时间有个乌克兰学生过来说要到我们学校来念书，我说你先把这个事情来跟我讲一讲。他来自乌克兰西部，乌克兰的西部和东部是完全不一样的，西部是亲西方的，东部是亲俄罗斯的，所以他强烈要求回归欧洲。乌克兰总统说签订联系国协定，大家都反对，然后上街，但上街游行应该是西方有些国家在幕后操纵。据我们得到的消息，大巴士每天把人从宾馆拖到独立广场，然后一般的人一天是10美元，中层干部一天是50美元、100美元，等等。所以这件事背后还是有西方组织在运作，否则大家怎么会这么有干劲。总而言之，乌克兰西部、东部不一样，西部强烈要求回归欧洲。未来乌克兰还是会成为俄罗斯和西方之间争夺的前沿阵地。普京绝不甘心只是拿到克里米亚，他还要乌克兰回到后苏联空间的怀抱；但是西方也不会听任普京为所欲为，而且从一个现实角度来考虑，新的乌克兰总统大选会把这个国家暂时带向西方。不过，暂时带向西方没关系，因为从历史上来看，从冷战以后俄罗斯和西方的博弈来看，乌克兰一会是亲西方的，一会是亲俄罗斯的，所以普京并不着急。即使这次乌克兰选举使国家暂时走向了西方，但我相信普京未来还会有机会，他手上还是有牌的，比如天然气就是一张牌。所以这件事情还会继续发展下去。

我当时曾考虑一个问题：俄美关系会不会重启？我们知道 2009 年，俄美关系有一个重启，大家都很兴奋，两个大国的领导人坐下来了，在一起吃汉堡，而且态度不算冷淡，关系很好。普京回归以后，会不会有个重启呢？而且当时普京有一篇文章，说俄罗斯准备使俄美关系进一步发展，认为值得突破，前提是平等、互相尊重。所以我在 2012 年有一个判断：俄美关系有可能重启，但问题是什么时候，以一种什么样的方式。从目前来看，乌克兰问题出来以后，我觉得这个问题暂时告一段落，因为还有待观察。

2014 年于华中科技大学演讲
马莹根据录音整理

面向二十一世纪的中国文化形象与文化符号的思考

郝　正　吉林大学教授

各位老师,各位同学,大家晚上好。很荣幸受华中科技大学的邀请,来和大家一起学习交流。今天,我想围绕面向 21 世纪的中国文化形象和大家交流。

首先,我们一起来简单看看文化的概念。我们要研究文化,什么是文化呢?文化,英文是 culture,词根是 cult,含义是工作、开垦、开发、开放等。空地开垦成农田,这叫作开发、开放,开发的过程就是文化。汉语中,"文化"的概念取自《易传》中的"关乎人文,以化成天下",从这句话中取"文化"二字,来翻译西方的 culture。目前所流行的定义,是英国人类学家爱德华·泰勒在 1871 年提出的。他将文化定义为"包括知识、信仰、艺术、法律、道德、风俗以及作为一个社会成员所获得的能力与习惯的复杂整体"。对于爱德华·泰勒的这句话,我们可以分为三个部分。第一个部分,文化是一个复杂的整体,而不是单一的。文化是一个复杂的整体,是因为文化是人的主观活动和客观活动集合而成的,它既不是纯粹的主观活动,也不是纯粹的客观活动。纯粹的客观活动属于自然,而纯粹的主观活动和自然没有直接关系,是一些观念。而文化既有观念的部分也有实物的部分,所以称它为复杂的整体。第二个部分是文化的范围,包括知识、信仰、艺术、法律、道德、风俗,都是人们思想活动的心态。第三个部分是作为一个社会成员所获得的能力与习惯,文化的载体是人,它是通过人的行为表现出来的。

我们接着看文化到底是什么。首先我们要从文化与自然的关系来进行判断，文化与自然相对应，凡是自然的事物都不是文化。河流山川、天空星辰这些都是自然的，不是文化的。自然在汉语里的意思是使自然之，而文化不是自己使自己成为这样，是人的活动使它成为这样，这种非自然的状态是人类活动所产生的，所以文化是人类活动的产物。比如我们教室里的桌子椅子，都是用木头做的，木头来自树，而树并不是自己变成桌子、椅子，还是要由人来改造。

接着，我们还要从文化与文明的关系来理解文化。什么是文明？文明是 civilization，它的词根是 civi，是城市、市民的含义，古罗马人认为只有成为城市状态才称之为文明。而 lization 的含义是"……化"，所以 civilization 也被称为城市化。为什么城市化就是文明？因为文明使人远离自然。如果我们是在乡村生活，我们和土地打交道，而城市把人和土地隔开，城市完全是一个人工化的环境，正如目前我们完全在一个人工化的环境里活动。我们每个人都经过了装饰，我们穿的各种服装，我们坐的桌椅，我们脚下踩的建筑材料，都将我们和自然隔开了。人和人的关系也一样，乡村的关系以血缘关系为基础，同姓的人居住在一起。而在城市中，在我们这个教室中，一般来说大家都是没有血缘关系的，大家是因为职业和学习聚到了一起，你们要听课，我要讲课，所以我们建立了联系。血缘关系是自然联系，父母、子女的关系是不可逆的，而师生关系是可以改变的，所以这是不一样的。从这方面来说，文明是指人的进步状态，相对的是野蛮。原始状态下，人类完全是按照自然的规律去生活的。而文明是人类历史进步的一个阶段，告别了原始状态，那就是文明。一般来说，我们区分原始状态和文明，第一个标志是文字，没文字就没有历史，只是传说。我们五千年的文明之所以能传承，靠的不是记忆，而是文字。人脑不是电脑，维吾尔族、蒙古族等，他们没有姓只有名。原因是他们是游牧民族，没有文字，他们每个人要记七代祖先的名字，七代以内都是自己的祖先，所以这些民族的人的名字，没有姓只有名，而且他们的名字都很长。第二个标志是青铜器、金属工具。第三个标志是建立了国家或城市。目前我们说中华文明史，从考古学角度来说最初是商。

文明的三大标志,例如文字,夏朝还没有找到,而商朝的文字已经在考古学中出现。希望考古学中尽快发现夏朝的文字,这样我们国家的文明史就能提前一些了。

我们前面所说的文化和自然的关系,文化是人改造自然的产物。而文明与野蛮相对,是人类进步的阶段和标志,是人所特有的活动方式。有个段子是这样说的,在市场上你不穿衣服是流氓,在澡堂里你不穿衣服是浴客,在画室里你不穿衣服是模特,在客厅里你不穿衣服是祖宗。这个段子其实讲的就是文明问题,人和动物不一样,动物是不穿衣服的,而人穿衣服是一个特有的方式,与动物不一样。衣服已经成为我们生活中的一部分,出门都打扮得整整齐齐的,这是修饰。全世界各族人民的文明不一样,服装不同,造成的生活方式也不同,所以才丰富多彩。例如广西地区的瑶族,穿花裤子用花裤腰,穿白裤子用白裤腰,穿蓝裤子用蓝裤腰,他们内部怎么区别呢?用一条裤子就可以把他们区别开来。所以文明是人的进步状态,是超越了野蛮时代的一个阶段。

接下来,我们从物质文化和精神文化来界定我们的文化和文明。物质文化就是人创造的物质成果,精神文化就是人创造的精神成果。精神成果的主要内容有三大部分:观念、规则和符号。符号就是有意义的标记,主要利于人的认识和理解。我们所说的符号,主要就是语言和文字。没有符号,人的活动成果不能以固定的形式来呈现。比如我们生活中经常听到有人说:"这个问题我早就想明白了,就是说不明白。"其实说不明白就是想不明白,你不能把你的思想符号化,你的思想在工作中找不到一个恰当的符号来表达。我们生活中经常使用文化,我们看着一个人,说这个人很有文化;还有很多如文化部门;我们的老师讲课,东方文化、西方文化;还有学历史的经常所说的文化。这些文化都是一样的吗? 这些都不是一回事。那这该怎么办呢?用概念、符号来表达所说的文化是什么。还有没有文字的民族,它的文化保存下来的概率微乎其微。我们交流靠什么? 靠符号。56 个民族凝聚在一起,和符号有关,也就是和中国的汉字有关。汉字使用的象形文字给我们带来了很大的麻烦,最大的麻烦就是识读记忆非常复杂。所以学汉语是一件非常痛苦的事情,几乎没有什么可以一以贯之的规律,所以千万不能望文生义。汉语有个好处,都是方块字,古代教的都是孔夫子,造成共同文化。也许你的话说得有差别,但讲得差不多,行为方式、思维方式差不多,这叫文化认同,而文化认同靠共同符号。

规则就是指习俗、道德、法律等等。这些是社会上人为制定的各种规则、制度。你不遵守,群体惩罚你,这就形成集体的一致性,也就形成普遍的社会习俗、共同道德、共同法律等等,从而产生了群体的共性,所以一种文化成熟了,有它成熟的规则。比如,中国采取道德的方法,主要靠孔夫子的仁、义、礼、智、信。中国人的行为规则以群体主义为主,西方则通过基督教匡正人的基本行为。规则反应的是什么?规则反映的是观念。而观念是哲学、宗教、教育、科学等以观念题材表现出来的文化成果,就是人们的认识水平。任何文化的内核都是观念。比如我们常说中国文化、西方文化,差别在基本文化的观念上。世界上的几大文化的差别也在基本观念上,如西方文化是基督教的观念,主要强调灵魂和肉体的关系,认为人活着,肉体对灵魂起遮蔽作用,最后人要得救,需要把灵魂弄出来,所拯救的是灵魂。而印度人持的是现世和来世的观念,他们认为,现世是假的,来世是真的,他们对现世不那么执着,认为这辈子活不好,来世再活。中国人认为活的就是现世,要踏踏实实做人,尊重炎黄二帝,成年后的首要责任是成家生孩子,之后就是家庭伦理,等等,中国文化的中心就是家。所以我们看到这些文化的区别,都是核心观念的区别。现在我们可以看出,我国的发展存在一些缺点,一些激进的知识分子喜欢拿西方作为参考,但参照就是参照,要想从根本上把中国人变成西方人,是很难实现的,因为基本的文化观念不一样。一个人要不承认自己的祖先,就是欺师灭祖,在中国人的文化里,这是很可怕的。西方人和我们就很不一样,我们中国人常常认为父母对儿女有恩,但是西方人把这个看得不是很重要,我们常说生命是爹妈给的,而《圣经》则强调生命是上帝赐予的,爹妈就只是工具,是上帝创造生命的工具,没有否认他们所做的贡献,但并非绝对的,而中国人就认为是绝对的。西方人认为是你赐予我生命,你有功,但是未经过我的同意就把我带到这个世界上,你也有责任。西方之所以能建立严密的社会体系、法治社会，是因为他们的文化，而我们的文化总是让大家觉得我们的社会法治不彻底，是因为我们的文化的"根"是属于崇拜祖先的文化，传统文化中有家法大于国法的毛病。但这一"毛病"也有它的好处，就是亲和力强，重视群体。

说到这，我讲讲中国文化观念的特点。从文字上看出来了，我说我们是炎帝的后代，炎帝姓姜，而藏族的祖先姓羌，放羊的男子就是羌，放羊的女子就是姜，羌和姜是一家。姜子牙就是羌族的首领，支持了周文王。为什么这么讲，是因为我们汉族的源头就是羌。留在山上放羊的就是羌，在山下种地的就是姜，为何？是因为汉藏通婚，羌的女子要嫁给山下的姬姓部落，就是黄帝部落，所以齐国的女子都姓姜，鲁国的女子都姓姬。你们在看春秋的时候就能明白，他们都是通婚部落，姜羌一体，后来一起东征，落脚到中原慢慢强大起来。而留在山上放羊的形成了藏，文化也就慢慢地分开了。所以中国文化在源头上和西方不一样，西方各种文化混搭，你中有我、我中有你，后来通过宗教划分了国家，慢慢形成了民族意识。而中国的民族意识相对来说形成得较早，始于春秋时代。所以不能简单地将西方文化搬到中国来，中国的法治就要走中国特色的道路。

接下来谈谈文化符号和文化自觉的问题。文化具有物质和精神的双重性质，精神文化的主要内容是符号、规则和观念。符号是高度浓缩的文化标志，是具有某种代表意义的标志。精神文化一般是用符号来表达的，文化的各种特点都得转化为符号，然后才能保存、理解、传播和发展。所以文化的形成过程，实际上就是一个符号化的过程。德国哲学家卡西尔，他得出的最后结论是人是符号，人的所有活动本质上都是符号化。

接下来我们看看文化符号的形成，一种文化定型的过程也是一种文化的表征形象逐渐形成的过程。文化符号的形成是个自然历史过程，文化是人们有意识创造的，一种文化现象上升为和抽象化为一种文化特有的表征符号，却是一个民族在长期的历史发展变革中经过有意识无意识的不断选择、淘汰，最终得以定型的。文化是人们有意识地形成的。一些文化情形可以有意识地判定一些符号是我们这个文化的核心符号，这就变成我们的表征和象征。而是否能真正变成我们这个群体普遍接受的文化符号、文化象征、文化代表,要靠漫长的历史选择来决定,不以人的意志为转移。提出一个概念,不会马上成为一个符号,符号需要经过很长的历史过程筛选、沉淀下来。比如春秋诸子百家提出那么多观点,各种各样。孔子讲"仁",老子讲"道",墨子讲"兼爱"。春秋诸子百家的观点是不一样的,但最后沉淀下来的就是两个人——孔子和老子。用张载的话来说就是:"达则兼济天下,穷则独善其身。"兼济天下就是儒家,独善其身就是道家。经过了两千年的历史的选择,中国人到现在的选择还是这样的基本框架。在西方,基督教最初只是流行在犹太人中的小宗教,在《圣经》中,传说耶稣是犹太人,多次受到罗马人的镇压,耶稣本人被钉死在十字架上。直到公元313年,罗马帝国才颁布米兰敕令,最终承认基督教的合法性。所以基督教经历了三百多年被奴役、被迫害的历史,最后变成合法的宗教,此后,基督教才成为西方文化的表征性的符号。

在中国,春秋时期,孔子在鲁国不受待见,所以周游列国,之后便是四处碰壁,有时饭都吃不上。到西汉时期,汉武帝接受了董仲舒的主张,"罢黜百家,独尊儒术",于是儒家思想成为主导。这些都有一个转换的过程。所以文化符号的形成是由不自觉到自觉的发展过程。又如中国的战神就经历了一个选择的过程,最初是蚩尤,然后是姜子牙,后来是关羽。在春秋时期,人们崇拜的战神是蚩尤,传说蚩尤创造了基础兵器,蚩尤带领十个兄弟能征善战,所以被称为战神,也是兵器之神。到了汉代,战神成了姜子牙,唐代造凌烟阁、武神庙,所崇拜的首先也是姜子牙。但是在封神演义中,姜子牙被神化、妖化了。姜子牙身上的许多东西其实不符合儒家的符号,姜子牙主要是聪明和多智谋,儒家符号主要不在于聪明而在于品德。所以到了宋明理学,人们对道德完善的追求变高了,战神变成了关羽。原因是关羽身上集中了儒家的忠、义、智、仁、勇等品德。忠,关羽始终忠于汉,降汉不降曹。义,桃园三结义,无论遇到什么险境,始终保刘备。曹操的实力要比刘备强,但关羽就是不降于曹,有机会就去投刘备。智,关羽和张飞比,张飞粗糙一点,关羽足智多谋,水淹七军。仁,关羽爱民如子,在千里走单骑的时候,两个嫂嫂

在身边，一直秋毫不犯，品德高尚。勇，《三国演义》中，关羽斩颜良诛文丑，过五关斩六将，英勇善战。这一切都属于中国的武德，关羽成为战神，成为中国军人的形象。由此可见，战神的演变经历了一个过程，所有的符号都有一个形成过程。第一，不是人为性的；第二，符号发生着变化，不是一成不变的。

接下来，我们看看文化符号的功能。功能是什么？首先文化符号一经形成，标志着文化的核心价值观。文化没有形成核心符号的话，就说明它没有核心观念。世界几大文化，分类的方法不一样。一位德国学者把全球文化分成七大文化，他认为七大文化中有四种文化相对成熟，有三种文化不够成熟。成熟与不成熟的区分标志是核心符号。中国文化、印度文化、阿拉伯文化、西方文化，这四种文化是相对比较成熟的。成熟的原因是它们有核心符号，比如说，西方文化的核心观念是基督教，阿拉伯文化的核心符号是伊斯兰教，印度文化的核心符号是印度教，中国文化的核心符号是儒家思想，然后四种核心观念就形成核心符号。还有三种文化是非洲文化、澳洲文化、印第安文化，它们不成熟的原因是没有核心符号。它们内部分成很多小的部落和部族，每个部落和部族所信奉的东西不一样，没有形成一个哲学或宗教上的、成熟的、系统的理论体系，没有核心文化符号，所以它们的文化的全球影响力很低。文化符号是众多历史进程中最具有代表性的文化，而其体现出来的是其背后的一个民族的历史特质。孔子只是春秋时期的诸子百家之一，但他的思想逐渐被认同，上升为具有代表性和标志性的思想，所以孔子就是一个重要的文化符号。孔子所主张的重家族的群体主义、重伦理的道德主义、重亲和的民族主义，最终成为中华民族的精神支柱，被传统社会普遍认同，也为中华民族的发展形成了共同的心理基础。中国的群体主义观念根深蒂固，原因是我们的文化符号形成的基础是家族文化。什么叫儒家思想？其核心就是家族文化，它的基础就是家，家就是一个群体。所以到目前为止，中国文化的基本特征还是以家族为主。儒家文化的所有的核心概念都是家庭伦理的扩大。中国有句话说："四海之内皆兄弟。"社会关系基本是用亲属关系来形容的，叫作：情同手足。关系好的朋友，叫情同手足。

打虎亲兄弟,上阵父子兵。官做好了那就是父母官,老百姓就是衣食父母,皇帝叫天子,互为亲属关系。关系好了都是用亲属关系来形容。朋友处好了就叫兄弟,中国叫江湖。什么叫江湖?江湖就是义气,义气就是不求同生但求同死,虽然不同姓,但后天的情谊胜过了血缘,这是中国文化。

文化符号有助于促进对文化自身特征的文化自觉过程,它也是文化自觉和自省的重要标志。我们自我认同的文化符号会导致文化上的自觉,一种文化要是催生不出核心的文化符号,就没有自觉意识,就不知道自己有什么特点。举个例子,我们现在就处于这个阶段。改革开放后的中国在经济上取得了很大的成就,但上网后你会看到现在社会互相不认同。为什么社会互相不认同?是因为大家缺乏对改革开放后的中国文化的反思过程。一方面,从创造的角度讲,我们是否拿出大家共同接受的基本文化成果,最后上升为文化符号?这个过程没有完成,才30多年,还没有沉淀出来。反过来说,由于没有这个东西,大家就互相不能接受,不能认同。一种文化的内部有不同的意见是正常的,但是这么多群体互相不能认同,这种文化就很危险,那就说明缺乏文化自觉的过程。改革开放后,各种观点浮现造成了多元化,多元化是好事儿,但是各种观点都不赞同、不融合。所以文化符号就是文化自觉的符号化,凡是没有符号的文化现象,都是偶然的、分散的表象化,不能产生文化的一致性。

文化符号是文化群体共同认可的文化标志,是文化共同意志的标志,人们可以在文化符号中找到现实中的自我和想象中的自我。一个民族两个形象,一个是现实中的自我,另一个是想象中的自我。我们现在的毛病是太重视现实中的自我,没有想象中的自我。现在,我们认为不追求虚的东西了,忽略了文化的作用。我们现在这样,那将来是什么样呢?将来靠什么支撑,将来靠现在支撑不了。我想问问大家,我们想象中的自我是谁?想象中的民族是什么样的?我之前讲过理想的问题,理想的特点就在于未实现性,实现的东西就不是理想。真正的理想不是拿来实现的,是信念。我不是说大家现在要重新来研究共产主义。当年共产主义出现的时候很多知识分子追捧它,是因为它好,没有压迫和剥削。而当时的社会状况就是很多人受压迫

和剥削，所以当时许多青年知识分子认为只有把它实现了，人类才能够实现大同，人类才能解放自己。但是它真的能实现么？这不重要，重要的是追求一个好东西，这个目标成为我灵魂、思想、生命的寄托。我为它死，也是值得的。而现在富起来了，为它死是不可能的。穷一点也能活，富人能活，穷人也能活。解决不了想象中的自我的问题，所以在文化中看，我们的这种心态所缺的东西比较明显。毛泽东为什么能成功，是因为他用想象中的自我，征服了当时的社会中的青年人和普通民众。

文化符号有助于文化的继承和传播。文化符号是浓缩的和抽象化的人们的活动成果，它解决的是承传问题。教育是什么活动？是传承文化符号的活动。在生活中，父母、老师为了你们排除了许多危险，这就是教育的好处，有了教育，人就能继承和传递我们的成果。所以动物的活动永远都是零起点，人的活动是高起点。人的活动用马克思的话说是，人们创造自己的历史，但是这种创造不是没有前提的，每一代人都是在进一步的生产方式的前提下开始自己创造历史的过程。这就是一种传承过程，你没有办法选择，前人给你留下的东西就是你活动的起点。在这个理论上，人的每一代比前一代站在更高的起点上。历史为什么是进步的？根源就在这里。我们过去老是说，历史进步是因为生产力，生产关系，矛盾运动，那是从经济的角度来说的。如果从文化上看，就是传承的关系。传承造成了文化的积累，文化的积累造成了我们活动的起点越来越高，人类的活动效率也越来越高，因此人类的历史是进步的。所以，教育就是在传承文化符号。我们的语言文字、国旗国徽、英雄人物、神话故事、唐诗宋词、礼仪道德都是符号化了的成果。这种符号化的结果就是一个民族的文化不但承传下来，还发扬光大。我们为什么是中国人？你只要小学、中学不断背唐诗，你就是中国人，因为你的境界、意境、用词、用语已经深受中国传统文化的影响。我们不是客观地观察自然事物，杜甫说："感时花溅泪，恨别鸟惊心。"看的是景，想的是人。"国破山河在，城春草木深"，想的是"悲天悯人"的事。我们在这种文化的熏陶中长大，想把个人和家国完全分开，这是做不到的。它不是持一个纯自然主义的立场去观察，这就是中国文化的一个显著特征。

　　我们了解了文化符号的重要性及功能，接下来谈谈中国文化符号传承的矛盾问题。当代中国文化在传承的过程中遇到了一系列挑战，首先是全球化、信息化的挑战。中华文化历史悠久，从不缺乏文化符号，但是当今世界正处在大变革、大发展、大调整时期，世界多极化，经济全球化，单一民族文化和传统结构已经被打破，文化发展进入了多样化并存的竞争的时代，各种思想文化的交流与交锋日益频繁。我们现在上网就可以看到，我提醒大家，我认为现在网络上发的一些文章可能是有组织的，这些文章"逢中必败"，是中国的都是错的，告诉你一些所谓的真相，你受的教育都是错的，炎黄是不真实的，岳飞和秦桧的关系是颠倒的，等等。大家不要被这类文章误导。新中国其实正处于巅峰时期，而且越来越强大。也存在一些问题需要改进，这些代表什么呢？代表多样化。多样化的时代带来一些新问题。

　　文化符号的传承出现了问题，出现了多元文化的矛盾。我们面对的是，当代文化早已不是铁板一块了，是四种文化交互融合、碰撞冲突的矛盾体。哪四种文化？古代的传统文化，现代的革命文化，当代改革开放创造的新文化，外来的西方文化。这四种文化的体系是不同的。传统文化是儒家思想，目前主要影响的是道德伦理、日常生活，发展的态势逐渐弱化。这是现代化进程导致的。首先，传统文化是农业文化，孔子讲的"君子喻于义，小人喻于利"，是儒家文化的基本精神。进入市场经济，儒家文化与现实不相适合。当然，很多学者努力证明儒家文化能适应市场经济，例证就是新儒学，就是日本、韩国、东南亚四小龙，儒家文化圈。但是不能回避一个基本问题，儒家的文化是重义轻利的。儒家文化强调"和"而不是"竞争"，它和市场经济还是有所差别的。随着市场经济的泛化，在中国，社会达尔文主义的影响正在逐渐超过传统儒家文化的影响。什么是社会达尔文主义呢？片面地理解竞争，认为竞争就是一切，市场就是竞争，竞争就是淘汰弱者，所以叫作"物竞天择，适者生存"。一些单位提出的口号，也很具有社会达尔文主义精神。例如："减员增效，不养闲人。"而儒家讲的不是这个精神，"四海之内皆兄弟"，"老吾老以及人之老，幼吾幼以及人之幼"。如今的社会受社会达尔文主义的影响比较大。儒家文化的传承弱化的另一个原因，举个例子，独生子女政策的崛起实际上是使儒家文化的社会基础渐渐弱化，现代化的过程实际上就是儒家文化的社会基础弱化的过程。新中国成立的基础是土改，土改连带着产生了一个社会学的后果，改变了传统中国的基层社会结构，由以家庭为单位变成以社会组织为单位。原来的中国社会叫作"皇权不下县"，乡绅、家族的族长结合在一起就治理了县以下的中国社会。中华文明历经五千年，但是中国社会的基层治理方式一直没有变。土地改革之后，我国实行了严格的计划生育制度，进一步把家庭缩小为核心家庭，复合家庭基本消失。复合家庭是父母和子女还有祖辈生活在一起，这在城市里基本上不存在了。对独生子女来说，没有兄弟姐妹，忠孝节义之类的事儿基本上在家庭范围内不存在了。那么儒家的整个社会基础基本上就结束了。

接下来谈谈革命文化，它的标志就是毛泽东思想。毛泽东思想是以理想主义、积极主义、英雄主义为代表。它的影响范围主要在政治和道德领域。改革开放后，党中央提出要建设中国特色社会主义，中国特色社会主义包括社会主义核心价值观。市场经济，发展是硬道理。"自力更生，艰苦奋斗"这是延安精神。

外来文化主要是西方文化，其影响范围是全方位的，并逐渐强化。实际上，我们现在的大学教育是西方化的。我们要建设中国特色的社会主义，但我们的教育是西方化，可想而知现在的青年知识分子的一些基本倾向，教育非常重要，但是这是不可逆的。

接下来谈谈全球文化符号的比较。现在已进入全球化时代，中国社会正在转型，当然我们现在也遇到了严峻的挑战，这些挑战同样体现在中国文化上。据网上所载，美国《新闻周刊》根据美国、英国、加拿大等国的投票，评选出进入 21 世纪以来最具影响力的十二大文化国家和这些国家最有代表性的二十个文化符号。美国的二十个文化符号包括百老汇、华尔街、麦当劳、可口可乐、好莱坞、NBA、希尔顿、万宝路、爵士乐等等，其中好莱坞等十项属于二十世纪出现和产生影响的，更新率达到百分之五十，可见美国文化的创造力很强。英国文化的二十个符号包括英语、白金汉宫、大英博物馆、巨石阵、哈利波特、劳斯莱斯、丘吉尔、BBC、贝克汉姆等等，其中甲壳虫乐队等六项属于二十世纪出现和产生影响,更新率达到百分之三十。日本的二十个符号包括菊与刀、天皇、富士山、樱花、日本沐浴、新干线、法隆寺、空手道、和服、索尼、新干线文化等等,其中索尼等三项属于二十世纪出现和产生的影响,更新率达到百分之十五。中国的二十个文化符号包括孔子、道教、孙子兵法、针灸、中国烹饪、毛主席、中国功夫、京剧、少林寺、孙悟空、天坛等等,其中除了毛主席以外,都属于传统文化,更新率为百分之五,也就是说我们自二十世纪以来文化的创造力很弱。韩国人发表了一篇文章——《中国需要标志性的文化符号》,起因是鸟叔一曲《江南 style》在 2012 年火遍了全球,成为韩国的文化符号。但是中国的文化符号如孔子、瓷器等有些过时了,中国需要在传统的基础上创造出能代表现代中国的文化符号。

接下来谈谈当代中国文化符号发展的矛盾。对于这些文化符号是否代表中国传统文化,我们先不评论。五四运动以来,提出两个口号——"科学"和"民主",这两个口号是西方的,这对于我们创新中国文化只起了一个借鉴的方法和作用。新中国成立以后,革命文化成为主流,我们的文化创新也有文化符号的痕迹和更替,例如毛泽东思想、解放军、雷锋、焦裕禄、大庆精神等成为新时代的文化符号。改革开放以后,革命文化逐渐淡出,新文化成为主体,其基础是市场经济和全球化。两者在本质上是一致的,交融的市场经济,全球化的母体,就是西方文化。我们新创造的东西到头来还是源于西方文化。我们现在能拿出些什么,只靠皮毛是得不到什么的。如果说我们的改革开放三十年取得了辉煌的经济成就,在文化上就不会这么简单了。一是文化符号的产生需要一定的积累;二是西方文化解决不了中国文化崛起与发展的问题。所以我的结论是,我们依靠市场经济和全球化实现了经济崛起,如果用同样的方式发展文化,结果必然是西胜中衰。经济成为中国的文化符号,这样的崛起在文化上基本属于自杀,经济是强大了,但中国文化却缺乏创造力。这就是中国文化在现代化进程中的特殊矛盾,也是三十年来文化符号中亟待解决的问题,它是个相对论。

最后讲一讲当地中国文化符号创造与更新。第一,要增强全民族的文化创造活力,要处理好文化和政治的关系,努力摆脱政治实用主义的消极影

响。文化和政治不一样，政治是走进现实的，而文化是超现实的。第二，要处理好文化和经济的关系，要努力摆脱经济孤立的影响。我们现在的文化创造受到经济孤立的影响比较大，我们常常说："文化搭台，经济唱戏。"把文化作为经济的手段。第三，要处理好多元文化之间的关系，努力摆脱文化虚无主义的影响。我们现在受文化受虚无主义的影响太大了，尤其在网络上。我建议青年朋友们，看完网上的文章都记得反思一下。我们应该把当代文化多元板块之间的互动看成一个多层次融合的过程，加强文化共性的沟通和融合，提倡文化个性的相对独立存在和丰富多彩，用现代化和市场经济进行文化的创新和改造，这就是我们的目标，就像费孝通先生所说的，我们的追求是各美其美，美美与共，美人之美，天下大同。这就是当代中国文化发展的重要任务。

2014 年于华中科技大学演讲

田小桐根据录音整理

东西文化与思维差异

卢秋田　中国驻德国首任大使

今天的主题主要从四个方面来讲。第一,为什么要重视跨文化交流?为什么要重视东西方文化的差异?其重要性在哪里?第二,要讲一下思维方式的定义。第三,要讲一下思维方式的特点。第四,要讲东西方文化存在的四个差异。因为学校建立了德国中心,所以我想特别讲一下德国人的思维。人们经常说德国人思维严谨,那么他们的严谨表现在哪里?他们严谨的内涵是什么?

我最不喜欢套话、空话,最欣赏短话、真话和实话。我在当大使的时候,我们有十几个参赞,我曾对他们说,如果你们要去大学讲话,一定要做到以下三点:一是要有信息量;二是如果信息量不够,就要有很清晰的逻辑;三是如果信息量和逻辑都不够,那就必须要讲得生动。

首先讲跨文化交流的重要性。为什么要了解中西方文化差异的重要性?理论上说有三点。一是时代的需要,因为我们已经进入了一个政治多极化、经济全球化、社会信息化、文化多元化的时代。这个时代国家与国家、民族与民族之间的交流无论是深度还是广度都达到了历史上前所未有的程度。二是我们国家发展的需要。我们很多的企业要走出去,中华文明也要走出去。大家可能也在报纸上注意到了,习主席在联合教科文组织上讲过中华文明和世界文明怎么携起手来为人类的精神家园创造一个强大的动力和引领的作用。所以我们经济和文化要走出去的这种发展需要更迫切地需要我们了解外部世界是怎么想的，他们为什么有这种思维方式。三是人际交流的需要。有时候看起来我们听得懂外语，但是并不意味着能进行深入沟通，甚至有时候我们会感觉很好，但实际上产生了误解，只是因为你们不够熟，而他没有告诉你。

举两个我们平时用到的例子，谈谈在翻译上遇到的困难。比如一位重要领导到德国访问时说："我们一回生，两回熟，三回是缘分。"我们的翻译能把"一回生，两回熟"勉强翻译出来，但对"缘分"的翻译不恰当。在德国翻译过来的话听起来是"一回生，两回熟，三回是命中注定。""缘分"这个词在英文、德文、法文里面都没有，只有日文和韩文中有。听不懂的话还怎么交流呢？关于这一点，中央领导给了我任务："卢大使，你想办法让德国人把'缘分'这个词听懂。"当时黄梅四祖庙的净慧和尚是中国佛教协会的副主席，他是学过哲学的，我特别过去请教他。我说我现在遇到一些困惑，"缘分"这个词究竟怎么翻译才能让欧洲人听得懂？净慧法师告诉我说："很简单，你就和欧洲人讲，缘分是人与人之间在一定情况下的因果关系。"我说："法师，因果如果翻译成外文的话，他们还是不懂的。因为中国的因果有前世和今生，很复杂。德国人是讲究哲学的民族，所以能不能用哲学的语言解释一下缘分是怎么回事？"大师想了一下说，"你不是给德国人讲哲学么，你就说，缘分是人与人之间在一定情况下的必然性和偶然性的统一。"我说这个的确是哲学的语言，你能不能再举个例子使这个偶然性和必然性的统一使人听起来像是个缘分。他说："卢大使你有没有主持过婚礼？"我说我当过婚礼的证婚人。"那当证婚人有时需不需要发言？"我说会啊。"那你就这样讲：这位美女，这位帅哥，你们的相逢相遇和相识可能是偶然的，但是你们的结合由许许多多的共同点组成，相互欣赏对方，爱护对方，相互有共同的追求，共同的爱好，有许多地方合得来，这些共同点和你们相遇相识的偶然性，就是必然性和偶然性的统一，使你们步入婚姻的殿堂。"我用这个例子和德国人讲了，他们说："啊，这个偶然性和这个必然性是统一的，这是一种缘分。"我说对，因为再深的解释可能我也不会了，因为中国还有有缘无分呢！这就是一种从翻译来谈文化沟通的例子。

前不久我参加了一个谈判，中方发言人说：我给你讲这些并不是忽悠。

"忽悠"这个词该怎么翻译？德国、英国都没有这个词。我就说翻译这个"忽悠"需要三个德文词加在一起才行，有三层意思：第一层就是北京人所说的，卖什么吆喝什么，是一种推广和广告，这种是可以考虑接受也可以合作的。第二层意思是夸大，这就需要当心了，三分的东西夸大成七八分。"忽悠"的最坏的一个层次就是欺骗。这样一个词，问一个对德国比较熟悉的人，他就很难翻译到位。所以在这种交流中，我们的思维没有问题，是在语言的选择上有问题。

我当外交官的时候，给人做翻译。一次去医院看病人，大使说："小卢，我这个地方酸。"我说："大使，我学过的字典里边有疼、有肿、有胀，没有'酸'这个词。"然后他就说外国人难道就不酸么？我说这个词不好翻译，总不能翻译成醋吧？他说我们都是人，怎么就不能有酸呢？还有一次也是看病，他说："小卢，我今天上火了。"我说翻译成感冒行不行？他说我只是上火还没有严重到感冒的地步。这种故事太多了。我主要是想说人和人之间的沟通，有很多在语言上碰到了问题。但是，我对中西方文化的重要性的认识是从一次外交事件上的非常大的刺激得来的，让我觉得一定要去研究。

我在荷兰时，荷兰的首相夫妇第一次来中国访问。因为我学过荷兰文，外交部就让我全程陪同。第一站到了北京，安排首相夫人去参观第五幼儿园，原定的参观时间是一个小时。但是她过了 5 分钟就要走，我说："夫人，您这样走了不太礼貌，是不是因为您的身体不舒服？"她说不是。我就问那怎么就五分钟就要走了，还什么都没有看。她说："卢先生，等到了宾馆我再告诉您。我对这个幼儿园已经感觉非常糟糕了。"到了宾馆我就问她说："夫人，今天您这个情况是非常意外的，大家都不能理解，而且就外交礼仪来说，您今天这样是不太礼貌的。"她说理由很简单："今天下着毛毛细雨，为什么你们让孩子们在幼儿园门口排队，拿着鲜花，说'欢迎，欢迎，热烈欢迎'，不需要这样的。进去以后来到第一个教室，几乎每个孩子都安安静静地坐着，端端正正，鸦雀无声，我就不能再参观下去，我心里非常难受。"我说为什么？她说："过去听说中国从小孩开始，就进行正式化的训练，我就看到了端端正正、鸦雀无声的孩子，这还是幼儿园么？我看不下去了。"我说："夫人，为了做到今天的端端正正、鸦雀无声，你知道幼儿园的院长和老师们做了一个多月的工作：'孩子们，贵宾要来了，你们要听话，不要吵，不要闹，要好好地坐着。'才达到今天你看到的效果。反过来，如果我们的总理到荷兰参观会是什么样的？"她说："第一，我们不会和孩子们讲是谁要过来，什么人来都可以，不需要准备，幼儿园平时什么样就是什么样。第二，你在幼儿园里看到的将是：这里在唱歌，那里在跳舞，孩子看见外国人可能会给你做个鬼脸或者和你拉拉手，天真活泼，热热闹闹，这就叫幼儿园。"这带给我很大的刺激，为什么我们觉得是一种礼貌而外国人心里就觉得难受呢？这是一种什么样的思维逻辑？为什么和我们有那么大的不同？

这个故事还没有完。首相夫妇到了西安，看了兵马俑，然后省长有一个欢迎宴会的讲话。他前面讲了很多，但是最后三句话，首相听不懂了。首相说："卢先生，可能是翻译有错吧？"我说就是这样的。省长讲的第一句话是"女士们、贵宾们，今天是一个非常好的日子"。第二句话是"今天没什么菜"。第三句话是"菜也不好，请多多包涵"。首相说："今天没什么菜，但是桌子上已经摆上了十个凉菜，我看了看菜单，里面点心加汤还有十道，加在一起有二十道，怎么能叫作没有菜呢？你知道英国的伊丽莎白女王到荷兰访问，我们只有三道菜。这么多菜为什么要叫作没有菜呢？使我更加不能理解的是主人自己说菜不好，那为什么不把好的菜给我们呢？"为什么我们这种谦虚的表达会让对方感到是一种虚伪？这种思维方式难道不值得思考么？所以这一事件使我感觉到我们是不是在交往背后有一种思维方式要挖掘，使之不致妨碍我们的交往。

我对于思维方式的定义主要有两点：第一，思维方式是一个民族在其发展的历史长河中所形成的一种思维模式或思维定式；第二，人们自觉或者不自觉地用这种思维模式来观察、思考和处理问题。思维方式是文化的一部分，国家的文化是人的文化。对文化应如何定义？我比较认可的定义为：文化是人类精神文明和物质文明的组合，它是一种精神层面的东西。很多人有财富而没有文化。

思维方式有四个特点。第一个特点是普遍性。用我们中国人的说法，就是一方水土养一方人。不同民族之间有，同一民族之间也有。我的老家是绍兴，和温州不太一样，即使在辽宁，可能沈阳和大连也不太一样，山东的济南和青岛也不太一样,广东人、上海人、东北人都有各自的特点。这是由于我们的自然生态环境、社会乡土文化都不一样。有人问我说,如果是这样的普遍性,为什么我在国外没发现什么差异? 我说只要踏上欧洲无论哪一个国家的土地,你至少可以发现两点差异。一是欧洲的教堂大都建在市中心,而中国的庙宇或者道观大都建在深山老林,我们有些庙宇现在已经不远了,但是在他们建设的时候都是很远的,为什么? 主要是文化的差异。基督教认为人是有原罪的,他们每个礼拜要去做礼拜,要去忏悔;道教和佛教讲的是修身养性,要远要静。这个差异可以很明显地看出来。二是欧洲的城市一般没有墙,而中国的城市一般都有墙。当然,现在一些城市为了亮化工程,将墙拆了。我在欧洲的时候,一位侨民请我到他的家乡去参观。到了之后,他非常自豪地告诉我:"大使,你看我院子的墙比中南海的墙还要高六十厘米。"庭院深深,高墙是中国人地位的象征,当然也可能是出于安全的需要。为什么欧洲没有墙? 罗马尼亚和中国非常友好,我在罗马尼亚当大使的时候,每年国庆招待会,总理带着所有的部长来参加。当时美国大使很郁闷地问:"卢大使,你是怎么把他们都请来的? 我为什么请来的只有一两个?"罗马尼亚 1972 年发大水的时候,中国提供了五千万元人民币去支援他们。1968 年苏联侵略捷克,坦克开到布拉克,还要往布加勒斯特开的时候,周恩来总理在北京罗马尼亚大使馆发表声明说,十亿中国人支持罗马尼亚的独立和领土完整,于是当时的苏联坦克没有继续往前开。因此,罗马尼亚对中国很感激,哪个党派在罗马尼亚反华,都会失去选票。如此友好的国家,当我跟他们外交部交涉,为了安全要在中国使馆建个墙的时候,他们不同意。我问为什么,他们说:"大使,中国对我们实在是很好,在罗马尼亚,高墙就是监狱,我们不愿让中国大使馆看起来像个监狱。"这些是大家看得到的,但不去想。

思维方式的第二个特点是相对稳定性,当它一旦形成以后就有相对稳定性,不会变来变去。我想中国人不管隔多少代都不会变成日本人的思维,德国人也不会变成法国人的思维。德国人给我讲过两个故事,我觉得很有启发意义。在十九世纪末,有一个德国人、一个英国人、一个法国人被判处死刑。当时的死刑主要是绞刑,不是枪毙。但是那天绞首架坏了,法官就宣布死刑推迟一天,对每个人来说又多了生命的 24 个小时。在生命的最后 24 小时,这三个人是如何度过他们认为最重要、最幸福、最后的一天的? 英国人给家里打电话:"把我最喜欢的一套宴会礼服,我最爱喝的威士忌酒、皮鞋和拐杖给我拿来。"送去以后,英国人右手拿着威士忌酒瓶,左手拿着拐杖,穿着燕尾服和皮鞋,就在监狱里走来走去,他觉得生命的最后 24 小时应该是绅士。法国人给家里人打电话:"把我抽屉里的老的、新的电话本都拿来。"拿来以后他就去借电话,给他巴黎的、里昂的、马赛的情人都打一遍电话,法国人认为生命的最后 24 小时就是浪漫。德国人给家里打电话:"我现在又多了一天,把我车库后边的工具箱拿来。"家里把工具箱送来以后,他拿着工具箱去敲法官办公室的门,进去以后说:"我听说绞首架坏了,请允许我来修一修它。"这个故事的真实性如何,没法考证,但这三种确实是不同的选择。另一个故事是这样的:德国的动车非常小,一个车厢中间放一张小桌子,对面各坐两个人,一共是四个人。在法兰克福到柏林的动车上,有一个车厢坐着一个德国人,一个日本人,一个中国人,中途上来一个拿着鱼缸的阿拉伯人,这个阿拉伯人把鱼缸放在那张小桌子上。三个人开始提问,德国人说:"请问先生,你能解释下这个鱼缸里面的鱼在动物学上应该怎么归类?它有些什么生物学的特性?"日本人的提问是:"先生,这个鱼我引进到日本之后要怎么注意饲料、温度才能使鱼长得又快又好?"中国人的提问是:"先生,这个鱼红烧还是清蒸好?"这两个故事说明思维方式的形成有其相对的稳定性,不是说绝对不变的。

第三个特点是思维方式具有很难返回性,很难反馈给本人。也许你的自我感觉很好,甚至觉得交了很多朋友,但你往往无法得到别人的反馈。这里有两个我亲自经历的例子。一个是中国代表团访问德国以后,最后一个程序是互赠礼品。当大家走了以后,德国人就开始问:"大使,我今天是不是做错什么事了?"我说没有啊。"我是不是不应该送礼品啊? 我给 10 个中国人都送了礼品,他们好像是毫不在乎的。"我说:"为什么?""因为他们好像没有人把包装纸撕开看看!"我说:"他们回到旅馆的第一件事就是把包装纸打开,他只是当着你的面不能把包装纸打开看。"他不明白这是为什么。我说:"北京有一句话叫作:烧得慌! 怎么能够迫不及待就打开看呢? 讲到这里,中国人对你们也有意见。"他问是什么意见,我回答他说:"有人问我:'大使,我送给他们的礼品每件都是经过检查的,为什么他们要每样都打开检查一遍呢?'"我说,欧洲也有一句话说:"Oh,very beautiful!"然后说:"Thank you very much!"当他没有看到里面的东西的时候,他怎么能说是 very beautiful 呢? 他没看到东西之前是没办法说的,因此必须要打开看一下。"

还有一次更绝,我们有个招商代表团到德国招商引资,团长觉得非常成功,所以他要借我们使馆的礼堂搞一次答谢酒会,整个会议都非常热闹。酒会散了以后,他说:"卢大使,这次我们取得圆满成功,也结交到了很多新朋友,见到了老朋友,我们回去以后,省委、省政府一定写个报告对使馆表示感谢。"酒会结束后,代表团返回北京。当他们可能还在飞机上的时候,我接到一个电话:"大使,这个代表团的团长如果下次还来德国,我们不欢迎他,我也不会再见他。"我问为什么,他说:"我没见过如此不尊重人的。"我就问是哪里不尊重人。他说:"进来的时候我和他握手,但是他的眼睛就一直不看我。然后他一边握着我的手,眼睛不看我,一边和后面的一位中国人讲了半天的中文。这种如此不懂礼貌的人怎么能够交往呢?"这些都是细节问题,但是你不会想到这些细节会让欧洲人如此发火和感到受伤害。这位团长返回时一直带着良好的自我感觉,而且说交了很多新朋友。所以说这是一种很难返回性,正因为如此,我们必须去研究和了解它。

最后一个特点,思维方式是一种文化。从哲学上来说:文化是一种上层建筑,它虽然漫长,有相对稳定性,但毕竟是有时代的特点或局限性的。因此思维方式不能说是一成不变的,这和相对稳定性没有矛盾。我想,各位同学大都是"90后",并没有经历过计划经济下那个大锅饭的年代,那个时候我们的思维和现在是有差别的。在大锅饭的年代,我们的思维里边强调竞争、效益,说时间就是金钱,这是要受批判的。我们现在鼓励竞争,要开放,多元,这些都是在变的。所以思维方式归根结底有它的时代性。从历史的长河来看,我们是有变化的,尽管我们的根和源头没变,但是我们每个时代的文化都有时代的特征。

下面讲东西方文化的四个差异。这里有一个前提:差异是有的,但人类都有共同点是主要的。对美好生活和爱情的追求,被人尊重和理解,要文

明,要真善美,这些都是人类的普遍特征,不管是白人、黑人,拉丁民族或者斯拉夫民族,或者中华民族,都是一样的。在这个基础上才来谈差异,而且这个差异应该缩小来说。东西方差异,东方并不是指印度或者南亚的一些国家,我讲的东方更多的是我们中华大地或者东北亚受儒家文化影响比较大的地区。西方的范围也很广,但我主要是讲欧洲,而且我的例子主要是在我成长和工作过的四个国家,三个在西欧,一个在东欧,因此我是在把界限划定以后再来讲这四个差异。

第一个差异:东方人更多地持一种整体性思维,西方人更多地持一种个体性思维。关于整体性思维与个体性思维的差别,一个主要的例子就是中药和西药的差别。中药本身具有一种天人合一、阴阳平衡或道法自然的一种哲学,对中华民族一代代繁衍下去起了很大的作用。天人合一的思想把人看作是宇宙的一部分,是对天和地有对应关系的,不是孤立的。我们的医学现在如此发达,但是对我们自身或者生命体的了解还是处在很初级的阶段。有人曾经讲过,最好的医药是人体本身。我曾经请教过一位非常有名的主教,他96岁,懂意大利文、拉丁文、法文和德文,默克尔总理来,他不需要翻译,和默克尔总理交谈一个半小时。他告诉我,健康的秘诀是三个平衡:一是快和慢的平衡,兔子很快但活得很短,乌龟很慢但活得很长,并不是越快或越慢就越好,要获得一个平衡点;二是阴阳平衡,现代观点是吃进去的食物要酸碱平衡;三是理智和情感的平衡,即心态平衡。几乎每个人都在说要心态平衡,但是心态平衡不是一种方法而是一种境界,当你的境界没有达到的话,是很难做到心态平衡的。心态平衡的量化指标有三条:第一条是不着急,第二条是不发怒,第三条是不发愁。中医不光是治身还要治心,因为它把人看作是宇宙的一部分,这也是中国人整体思维在中华民族传统医药里边的体现。西医的源头,可追溯到苏格拉底、柏拉图、亚里士多德的哲学,然后是解剖学、细胞学、化学,哪有毛病就攻哪。2003年,非典爆发的时候,广东有一个专家叫钟南山,是学中医的,他说西医研究是先分析病毒的分子结构,然后通过生物制药来消灭病毒,中医是看病毒进入身体后的反应是什么,然后扶正祛邪,通过清热解毒、活血化瘀、以毒攻毒这三种办法把病毒赶出去。这两者之间有很多的不同,一个是整体性思维,另一个是个体性思维。中文和英文、法文、德文等各种语言有什么不同？中文可以说是世界上独一无二的可以称作是一种艺术的语言,尽管我国古今书法家有颜体、柳体等流派,但其共同点是都要进行布局,做到整体美、结构美、和谐美,而通过英文字母是很难营造出这种美感的,这是整体性和个体性之间的一种差别。

日常交往里的表现也有很多。比如中国代表团到德国,德国人说:"今天晚上我们可以去吃西餐,有法国菜、意大利菜、希腊菜和德国菜,也有几十家中国菜馆,请问我们吃中餐还是西餐?"中国人的回答是"随便"。德国人就睁大眼睛,"随便"用英文翻译过去就是 up to you,而德国人是一定要说出个性化的答案的,很头痛。接着讨论第二天(礼拜六)的活动,德国人问:"大家是去购物还是去旅游?"这个团长因为不能说随便了,就说了一句"客随主便吧!"这句话翻译过去仍然是 up to you,没有任何个性化的要求。西方人一定会给出确定的答案,是吃中餐还是吃西餐。虽然大家的意见可能不一样,有些人想去吃中餐,有些人想去吃西餐,但是他们一定都会说出来,因为这是一种个性化的表达需要。

最郁闷的一件事发生在荷兰。1977 年,我们有个商务代表团去考察。当时由于出去的人很少,北京有出国人员服务部,一个在王府井百货大楼,另一个在东交民巷(又叫洪都),整个北京就只有这两个地方可以做西服,所以当时这个代表团的成员都在王府井百货大楼定做了西服。当时他们一下飞机,荷兰人就问我:"卢先生,这个代表团不会出错吧? 是商务代表团?"我说对啊,他说这个不像,因为他们的衣服都是一样的灰色,箱子也是一样的,皮鞋也是一样的,都是部队发的,是部队的代表团吧? 我说不是的,就是商务代表团。然后就办签证和拿行李,代表团共 16 人坐在贵宾席等着。这时对方问喝点什么饮料,前面的那个团长说要茶,然后其余 15 个人都是要茶。荷兰负责接待的那个人过来说:"卢先生,你们不要再骗我了,一定是部队的!"我说真不是。这些人全部要茶的高度一致对于有差异性的荷兰人来说是很难接受的。

第二个是求同思维和求异思维的差异。东方人更倾向于求同思维,西方人更倾向于求异思维。比如在德国的教室里面,老师讲完课以后,问同学们对今天的课有什么评论。假如一位同学说："老师，您今天的讲课非常精彩，我受益匪浅。"老师可能就会笑笑，说声谢谢。如果另外一个同学说："老师，您今天讲的几个观点我是不赞成的，我很希望约个时间和你辩论一下。"这个老师就不光是说谢谢了，他会很高兴地和该同学预约时间，听听到底有什么需要辩论的意见。西门子公司接待我国某代表团时表现得更典型。当时西门子公司总裁对我说："大使，你是不是对来西门子公司考察的代表团统一了口径？"我说："没有，很多代表团来了我都不知道。"他说那就奇怪了，中国代表团在告别的时候总会说三句话，虽然用词不同，但基本上意思都是差不多的：第一句说你们的国家是美丽的，第二句说你们的人民是友好的，第三句话你们的接待是周到的。没有批评和意见令德国人很郁闷，代表团千里迢迢从北京跑到这里，待了十来天居然没有意见，让他们很奇怪。后来这个总裁再碰到我时说，上次说得不全面，后来碰到的代表团在离开西门子的时候就很好，因为他们提了三条意见：第一条，我们在德国的中国留学生有三万，你今天讲的这些资料来之前完全可以翻译成中文的，这样就不会浪费时间了；第二条，我们来一次不容易，你们不要老是在会议室讲，应该让我们多看看实验室或者培训中心；第三条，我们在这里待了十天，你们能不能给我们一些稀饭或者面条让我们调理一下肠胃？这三条意见让德国人非常开心，他们真正感觉到你说的是真实的。有意见你要讲出来，不要怕提意见。关于求同和求异，譬如要探究为什么西方人会有求异的思维，难道和商品经济的高度发展有关？商品经济的发展需要不断更新换代，标新立异，为什么是这样的？这是需要研究的。

第三个是友谊跟生意的差异。我们喜欢将友谊与生意混在一起，但欧洲人认为友谊和生意是两码事。德语说：公事是公事，喝酒是喝酒。德国的一个商务代表团到了北京以后，接待单位到机场去接，一路上问的是：累不累？路上用了几个小时？现在德国的天气怎么样？开始座谈的时候也是这样，因为我们总觉得先要营造友好气氛再交谈，而德国人就会想着说应该立即进入主题。我在卢森堡当大使的时候，去火车站接一个代表团。看时间还有 20 分钟，我就去附近的报亭买份报纸。这个报亭的老板正好是昨天参加过宴会的那位，一见我就感谢："昨天的宴会非常好，真正的中国菜就要到使馆来吃。"我说我要买一份报纸,他就带我到收银台,收了 3 卢森堡法郎,约合一元人民币。这个时候,我的秘书和司机不高兴了,说我们昨天才请他吃过饭,怎么那么小气?连一块钱的东西都要收钱呢?我说,他们这里的人生意就是生意,友谊就是友谊,3 卢森堡法郎要收你的,但说不定哪一天会回请你。果然,过了三四个礼拜之后,这个老板在卢森堡最高级的五星级酒店花了 4000 多卢森堡法郎请我吃饭。花 4000 多卢森堡法郎免费请你吃饭,却收你一张报纸 3 卢森堡法郎的钱,我们不很理解,但这就是东西方思维方式之间的差别。

　　第四个是东西方在感情表达方式上的不同。东方人比较含蓄,西方人比较外露;东方人比较委婉,西方人比较直接。我们有很多话,比如比喻,欧洲人都听不懂。我在卢森堡当大使的时候,因为我的家乡绍兴有越剧,所以我就搞了一个电影招待会,放《梁山伯与祝英台》的电影。卢森堡的官方语言是法文和德文,我寄请帖的时候,用两种语言把爱情故事翻译过来;电影开始前,我又用德文把这个故事梗概讲了一遍。电影放完举行酒会的时候,我就问大家电影看懂了没有,他们说看懂了,但是都感觉很累,还反对这个故事的结局。于是我们坐在一起讨论这个故事累在什么地方。他们就说:"电影里有一个十八里相送,我们叫作 9 公里,祝英台对梁山伯说了很多的话,但是关键的话'I love you'老是不说,到了最后,这句话也没有说,最糟糕的是祝英台和梁山伯分开的时候都没有讲她是女扮男装。你们故事梗概的结论,认为梁祝悲剧是封建主义造成的,但是我们不这样看,我们觉得是祝英台的不透明造成的。"他又说我们在这里是作为朋友讨论的,如果不对,请大使回答一下。我当时是这样回答的:"美有几种不同的表现,北京有个北戴河,风浪滚滚的北戴河和风平浪静的北戴河都很美;安徽有个华山,烟雨蒙蒙的华山和风和日丽的华山都漂亮。所以我们的审美应该是多视角的。"立即就有人举手反对:"大使,这两者是自然的美,梁祝之间是一种感情,希望你回到感情问题上,不需要再讲北戴河、华山。"他又说:"在我们德国有四种情,其中两种是与生俱来的,不能选的,另外两种是我们自己可以选的。不能选的是乡情和亲情,你诞生在什么地方不是自己选的,你诞生在什么家庭是不能选的,自己能选的是友情和爱情。我们现在既不是讲北戴河、华山，也不是讲乡情、亲情、友情，我们现在讲梁祝的爱情，请你回头来讲这个。"我说，对美好爱情的追求，东方人和西方人是一致的，但是爱情的表达方式可能各个民族不一样。阿拉伯人和欧洲人对爱情的表达方式是不一样的，拉美人如墨西哥人、智利人、阿根廷人的表达是不一样的，我们东方民族的表达也是不一样的。热烈的是一种，含蓄的也是一种，有些人觉得含蓄更有深度。我们能不能统一在三个观点上：第一个，文化是多样的，我们应该像保护生物多样性那样来保护文化多样性；第二，文化需要相互尊重而不是相互冲突；第三，每个民族的文化都不要以本民族为中心，而应该取长补短、相互学习。这样总结大家没意见，电影招待会就结束了。

这就是我想跟大家交流的内容。

2014年于华中科技大学演讲

牛婷婷根据录音整理

文化与人生

"儒释道"三教的人生智慧

郭齐勇　武汉大学哲学学院、国学院教授

今天讲这么几个问题：儒家德性的智慧、道家超越的智慧、佛教解脱的智慧。我们主要从实用和空灵两个层面来解释儒释道智慧的现代意义。可以说，儒家、道家、佛教传统的精神资源在东亚起到很多作用，有很多现实意义和价值。

松下幸之助先生曾对《大学》的"三纲领"作了一个新的解释，并把它作为商业道德的实践指南。松下先生培养他的高管和员工读中国的古典书籍，通过学习儒家的和谐、忠诚、纪律、自省、献身精神，强调和亲合作、全员至诚、团结一致、服务社会以及顺应自然，培养了很多人才，包括松下政经塾培养的很多政治人才。他们培养政治人才和商业人才时，都强调通过对中国古代典籍的学习来进行政治理念和经营理念的培训，确立其人生的远大志向。在当代社会，无论你是从政还是经商，抑或是做学问，都需要精神资源作为自己的指南，这是无用之大用。

"松下精神"突出《大学》的"三纲领"，即："大学之道，在明明德，在亲民，在止于至善。"这三个"在"是一个递进的关系。此外，还有格物致知、诚意正心、修身齐家、治国平天下"八条目"，这些主要是培养君子之道的儒家理念、人文关怀和价值理念。儒家思想是传统社会的主流，因为在身、家、国、天下的维系方面和社会的构成方面，儒家起了很多作用，甚至成为东亚地区文明的主轴。儒家的精神关系到很多方面，比方说和谐幸福。

《论语·学而篇》中,孔子的弟子说:"礼之用,和为贵;先王之道,斯为美,小大由之。"这句话强调要讲究一种平衡。礼的用途是调节社会的秩序,我们要用礼来节制一些东西。我们说"和而不同",多元统一,"和"就是保留一些差异,强调适度和恰当。"礼"就是强调待人接物要适度,因此,它并不是一团和气的"和",不是无原则的和,而是人与自然、人与社会、人与人、人的身心之间的适度的和谐。

孔子解释儒家的核心范畴——"仁义礼智信"之间的关系时,说了这样一段话:"仁者人也,亲亲为大;义者宜也,尊贤为大。亲亲之杀,尊贤之等,礼所生也。"(《中庸》)。"仁者人也",用仁德来界定人。"亲亲为大"是指我们从亲爱亲人中,能够体会到仁爱之心。"义者宜也,尊贤为大",尊重贤人是义的重要内容,社会要尊重贤人,把贤人放在合适的地方。"亲亲之杀,尊贤之等"是礼的一个基础,"亲亲"有亲疏远近等级上的差别,礼是把这些差别规定出来。这简短几句话,就把仁、义、礼这些儒家的价值理念做了基本的界定。

仁德是人最核心的指向,把亲亲的爱加以推广,即是仁爱,这是仁德的中心议题,我们从对亲人的爱中得到体验。义德是一种合宜和恰当性,是在社会上尊重贤人,让他们在社会中工作。"礼"就是一种社会生活的秩序,讲究敬和让,突出礼乐的次序。我们知道孔子继承周代的人文精神,将人文素养进行提炼,发展出儒家独特的价值理念。"仁"字在古代文字中的写法很有意思,战国初期,"仁"字为上下结构,上边是身体的身,下边是心,后来身体的身演变为单人旁,上下结构变为左右结构,用身心不二、感同身受来体验仁德、仁爱更为恰当。如果人没有仁德、仁爱精神,只有礼乐,那礼乐就成了形式、躯壳、虚伪的仪节。

孔子因材施教,颜渊向孔子请教什么是"仁",孔子说"克己复礼"。克制自己,回复到礼的秩序中,在这个过程中学习仁德,这是我们人格养成的过程。一旦我们都做到了克己复礼,天下就归附于仁德,为仁也由自己决定。知人善任是一种智慧,孔子说:"仁远乎哉?我欲仁,斯仁至矣。"我们知道,孔子在春秋末期倡导仁德,在《论语》中"仁德"出现的次数最多。孔子的思想有两种讲法,一个是正面积极的讲法,另一个是反面的讲法,这两种讲法是一体两面的关系。"夫仁者，己欲立而立人，己欲达而达人。能近取譬，可谓仁之方也已。"自己要想在这个社会上站得住脚，同时也要让周遭的人站得住脚；自己想通达于世，同时也要让周遭的人通达于世。因此从最切近的地方打比喻，从周遭的人出发，是实现仁德的最好方法。这是正面积极的讲法。

子贡问孔子有没有一句话是可以终身奉行的，孔子说："其恕乎，己所不欲，勿施于人。"这句话使我终身受用。这是一个反面的讲法，正面的讲法是"夫仁者，己欲立而立人，己欲达而达人"。这两句话比较代表孔子思想的核心理念，说明了孔子的观点。"夫仁者，己欲立而立人，己欲达而达人"是对"忠"的表述，"其恕乎，己所不欲，勿施于人"是对"恕"的表述，此即忠恕之道。

曾子是孔子的得意门生，很会领悟孔子的意思。有一次孔子看到同学们在一起，他觉得同学们之间的交流比老师的教导更重要，就走到曾子他们的面前说"吾道一以贯之"，然后就走了。只有曾子理解孔子这句话的意思，其他同学问曾子什么意思。曾子说："夫子之道，忠恕而已矣。""忠恕"是"仁德"的一体两面。"忠"，就是尽己之心，尽量把自己的内心展现出来、扩充出来。"恕"就是推己及人，将心比心。这就是孔子思想的核心。

在义利之辩中，孔夫子讲人人都想富贵，甚至他说只要能发财，做一个市场管理员，他也是愿意的。但是"君子爱财，取之有道"，在义和利发生冲突的时候，要选择义。但是君子也不拒绝利，可是要靠正当的途径取得。君子离开仁德，就不能成就自己的名声。仁德对君子来说，是片刻不能离的，哪怕是吃完一顿饭的时间，他也没有离开过仁德。孔夫子一生周游列国，推行自己的文化理想、价值理念、治国思想，颠沛流离，但他心底坦荡。他说："天生德于予，桓魋其如予何？"他有这样一种大智慧，历朝历代的知识分子都有这样的心声。

比如像梁漱溟先生，1974年上半年，全国批林批孔，他认为批林应该，批孔不应该，因为孔子是中国文化的代表。可以说他是那个时代少数清醒的人。人家要批判他的时候，说他要是不投降，就让他灭亡，他脱口而出的是"三军可夺帅也，匹夫不可夺志也"。从孔夫子到梁先生，他们这样的仁人志士是中华民族的脊梁。历朝历代都有这样的知识分子,追求正义,担当道义。在古代,社会空间很大,政府很小,基本上是儒生在主宰和组织这个社会,整个社会以这样的方式运作,所以儒家的关怀和理念,通过士绅阶层传递到民间,哪怕是不识字的民众都能了解和接受。

孔子有他的忧愁和快乐。他的忧愁是大家都不修德,不讲学,听到道义也不往那边去,不改过行善;他的快乐是吃粗粮、喝冷水,"不义而富且贵,于我如浮云"。我们可以从文天祥、史可法等历朝历代的仁人志士那里,体会到儒家传统精神对人们人格的涵养。孔夫子讲"女为君子儒,无为小人儒",他讲"文质彬彬","君子坦荡荡,小人长戚戚",这些都是中华民族的传统美德。人能够弘扬大道,人的主体性虽然离不开家国天下,但总体上需要一种道德的支撑,背后是上天。"其身正,不令而行;其身不正,虽令不从","君子成人之美","以德报怨","君子求诸己,小人求诸人",我们可以从这些格言看出儒家的基本诉求。"傲不可长,欲不可纵,志不可满,乐不可极"。"玉不琢,不成器;人不学,不知道"。儒家以文化修养作为自己的财富。我们从《礼记》中可以看出,儒家经由德行的修养,对人民进行涵养。

战国中期的孟子以孔子为自己的榜样,以不能作为孔子门下的学生为遗憾。他讲君子的人格,君子所以异于人者,是因为人不同于禽兽的差别,也即君子与小人的差别,这里指的是道德之心。道德心非常重要,仁德在我们的心中,礼也在我们的心中。他讲"仁者爱人","爱人者人恒爱之,敬人者人恒敬之"。如果你以礼来对待他人,他还是不讲道理、不以礼来对待你,你要反省自己,你可能没有做到仁。假如你做到了仁和礼,他还是这样对待你,你还要自我反省,自我检讨,你是否做到忠。假如你都做到了,他还是这样对你,那这个人就是不可救药的人,你就不用管他,不用和他计较。这其中有一种自省的精神和智慧。

孟子说:"仁,人心也;义,人路也。舍其路而弗由,放其心而不知求,哀哉!人有鸡犬放,则知求之;有放心而不知求。学问之道无他,求其放心而已矣。"所以不管我们怎么样,君子的修德,是为了自己,不是为了别人,儒家是为己之学。清心寡欲不仅是道家所提倡的,儒家也强调精神的富足。东西丢了你可以找到,但是人心丢了,你是找不到的。仁德是人心,义德是人

路,礼是门,如果你把人心丢了,那是非常悲哀的,所以"学问之道无他,求其放心而已"。

荀子也强调礼,主张的是性恶说,他和孟子对人性的界定不一样,不在一个层面上讨论问题。孟子是在更超越的层面上强调人性本善,他是从先验上、天赋上、人的内在本质上说人是善的,至于在实际行动上的不善是违背人的本心的。荀子则讲教育训练的重要性,"本始材朴"是人的性。所以他们对人性的界定是不一样的,荀子通过教育和训练来培养人的德性。孟子说:"生,亦我所欲也;义,亦我所欲也。二者不可得兼,舍生而取义者也。""穷则独善其身,达则兼善天下",我要是不能为老百姓服务时,我就独善其身。古代很多名篇都反映出儒家的情怀,如杜甫的诗歌反映的就是儒家对民间疾苦的关怀,所以儒家思想有一种人文关怀,对这个国家和社会有责任感和忧患意识,其背后有一个终极性的支撑。孔夫子说:"道之将行也与,命也;道之将废也与,命也。""君子有三畏:畏天命,畏大人,畏圣人之言。"儒家知识分子,有一颗敬畏之心。我们知道对天和天道的信念与崇拜是中国文化里的大崇拜,是终极信仰,在这个意义上,它的人文价值背后有对天命的敬畏和崇拜。虽然它是积极出世的文化,但它不是没有终极性、没有终极关怀的文化。

孔夫子讲到自己生命历程:15岁励志向学,30岁能够懂得礼仪,在社会上立足,40岁以后慢慢成长,50岁能懂得天命,到60岁什么话都能听得进去,70岁达到一个自由状态。其生命的体验,让我们感到儒家的修养是通过人文修养和训练来体验和实现的。孔夫子说:"志于道,据于德,依于仁,游于艺。"可见,他也是非常浪漫,非常有情怀的。这些仁人志士,知其不可为而为之,在社会上拼命奔波,为小民的利益去争斗,但是他们有自己的人文理想。他们的礼教、乐教、诗教,是人文艺术的修炼。他们把诗教当作艺术的修养,把礼教当作宗教性的情怀。"志于道,据于德,依于仁,游于艺",把宗教和艺术融合在一起,所以"智者乐水,仁者乐山"。孔子和诸弟子曾表现出洒脱之气,暮春三月和弟子去洗澡,享受日光浴,唱着歌回来,这是非常优雅潇洒的事情。孔子希望自己的弟子做各种事业,儒家的人文精神不只是个人的人文精神,它也有自己的趣味和终极性的支撑,这就是儒家的人文关怀和价值理念。

儒家文化对民间影响很大，对东亚地区的影响更是非常深远，像韩国、日本、越南等国的很多书院和学府中，蒙学书中《三字经》、《千字文》、《百家姓》、《千家诗》等，流传很广。这也是儒家文化在社会上深入人心，在文化整合方面非常重要的体现，即使不识字的人也是按照这些典籍培养孩子。这是中国文化的一个方面，而且是一个主流的方面。

我们从杜甫的诗歌中，可以看出儒家的忧患意识和民间的疾苦。我们从李太白的诗歌中，可以体会到道家的超越精神和智慧，以及对理想人格的追求。"得志，泽加于民；不得志，修身见于世"。它也有两面，一种是对于朝廷，另一种是对于民间。所以儒家精神两面都有。但道家呢？如果儒家是正，道家就是反，宋明理学就是和——儒释道三家之和。道家精神和儒家精神不一样，它把孔子放在文化典型代表的范畴中来说，而把老子当作哲学家来讲。

《老子》八十一章、五千言是逐渐演成的，最初并没有这么多字。孔子曾向老子问礼，老子作为国家档案馆的馆长，知识很丰富，当然也很有智慧。老子是智慧的化身，他讲"道可道，非常道"。第一个"道"，当然是天地万物为一体的最大的东西，是天之道、人之道上的一个抽象。第二个"道"是言说，假如"道"可以用名词加以界定，那就是个有形的东西，那就是个事物，不是我们所讲的常道。我们讲杯子，就把它的有限性作了规定。但"道"呢？它是个无限的东西，我们只是勉强用道路的"道"，表明天地万物为一体的状态，但你不能坐实地看。

"名可名，非常名"，也是"道可道，非常道"的意思。"道"可以分成一个有名的世界和一个无名的世界，或者一个大有的世界和一个大无的世界。这里的天地之始、万物之母，是一个形容的讲法，不是一个时间的概念，而是一个价值的概念。假设无的世界和有的世界，两者共同构成"道"的世界，那么无名的世界也许逻辑上可以看作天地之始，但不是时间上的开始。那么有名的世界是万物的主体和根源，人只有以无欲之心才能体会到"道"的奥秘，以占有之心只能体会到"道"的边界。有名和无名的两个世界，同出于"道"，是不同的两个讲法，它们同谓之"玄"。假如我们用"道"的名称去界定它，我们就不要拘于名词本身。

《老子》所反映的世界，就像我们的银河系一样，最初是混沌的，先于天地所生的，不是时间的先在而是逻辑的先在。它在反复运作，它是天地之母，我们不知道它是什么，只能勉强用"道"来命名它，或者用最大的一个东西来表达，这个东西走得很远很远，然后又反复地回来。老子认为有四个伟大的存在，一个是道，一个是天，一个是地，一个是人。在存在的领域中，有四个大的存在，人居其一，人效法地，地效法天，天效法道，道没有可效法的，它是最高的存在。道效法自然，这个自然不是我们今天所说的自然，它是自己的样子而已。老子所讲的天地间四个伟大的存在，最高的存在就是"道"，它没有可以效法的，只能效法自己。

"道"是什么东西呢？它是无形无象、混沌的存在。它也运动，并以原初的状态运动。天下万物生于有，有又生于无。"道"又被形象地比作山谷，"道"并不是光彩夺目的明星，它是藏在最深处的谷神。也就是说，这个超越的"道"就在我们的日常生活之中。所以，道家的"道"虽然虚，但它也走向一种实，所以"道生一，一生二，二生三，三生万物"。

在还没有天地的时候，有一种混沌未分的气，后来这种气起了分化，轻清的气上浮为天，重浊的气下沉为地，这就是天地之始。轻清的气就是阳气，重浊的气就是阴气。在阴阳二气开始分化而还没有完全分化的时候，这种状态下的气就叫作冲气。"冲"是道的一种性质，"道"是一种气。它讲"天下皆知美之为美，斯恶已；皆知善之为善，斯不善已"。有比较就有存在，就能看到世界的不同。有善就有不善，在这里，老子看到的是，向相反的方向运动是事物运动的规律。因此他在人的社会生活中，强调相辅相成，委曲才可以保全。旧的不去新的不来，贪多可能嚼不烂，树大了可能就会被砍掉。

其实老子是在担任国家图书馆的馆长时，看到国家的一种乱象，他才悟到这种"道"。一个国家强大，人家就会联合起来攻打你。所以他讲"天下莫柔弱于水，而攻坚强者莫之能胜，以其无以易之。弱之胜强，柔之胜刚，天下莫不知，莫能行"。任何事物都有可能走向自己的反面，我们如何防止它走向反面，延续它的生命之路，才是最重要的。任何时候不要把事情做满。

古代的智慧可大可久，讲究时间的延续性，强调对生态的保护，"儒释道"三教都有关于生态保护的内涵。太过强势，太过占有，太多的有为，恰好是适得其反，所以老子强调学习要做加法，求道要做减法，减损又减损，一直到无为。无为不是不做事，而是不妄作妄为。所以老子的智慧和孔子的智慧是互补的。孔子为了理想，知其不可而为之，为了道德的理念、社会的理想而拼命奋斗。而老子可以洞见这个世界深邃的问题，减损自己的功名利禄，达到大有为而不是盲目有为的状态，才能无所不为，才能洞悟道的本体。老子讲无为而治，以正道治国。因为什么都要政府管，是很难的，政府无穷大，也是有问题的。

从管理学的角度看，老子的智慧强调万物作兴的时候，要能看到最后回归到它的根。最大的聪明是知常，懂得各类事物发展的规律。不懂得它而盲目地做，那肯定是凶兆。只有知常，才是聪明，才能有宽容之心，才能知道天下的公道，这才是与道相符的心态，一生才不会有危险。太多的动要守守静，太多的实要守守虚，这也是道家修炼的功夫。从老子、庄子身上，我们看到很多的无和虚。在法律的范围内，我们的"为"、我们的"欲"、我们"思"都非常正常，大家也要相互包涵，但是我们也要学会调节生命，不能一根筋地往前走。道家的玄关，是启发我们超越现实、透视无穷。

我们知道惠子相梁的故事。惠子和庄子是好朋友，他们俩经常"过招"。惠子在魏国的都城梁做宰相，有一天惠子说庄子可能夺自己的相位，下令把城门守住。结果庄子不请自到，坐在惠子家的堂屋里。庄子说你下班了，我给你讲个故事吧。南方有一种鸟，它的名字叫鹓鶵，你知道它吗？那鹓鶵从南海起飞飞到北海去，不是梧桐树不栖息，不是竹子的果实不吃，不是甜美的泉水不喝。在此时老鹰拾到一只腐臭的老鼠，它生怕鹓鶵抢老鼠，说不要抢，一开口老鼠就掉了。这个故事旨在说明惠子一时不开窍，把魏国的宰相看得很重要，庄子在揶揄他。但他们还是好朋友，惠子也深感愧疚。

大家都知道濠梁之上的故事，庄子和惠子一道在濠水的桥上游玩。庄子说："白倏鱼游得多么悠闲自在，这就是鱼儿的快乐。"惠子说："你不是鱼，怎么知道鱼的快乐？"庄子说："你不是我，怎么知道我不知道鱼儿的快乐？"惠子说："我不是你，固然不知道你；你也不是鱼，你不知道鱼的快乐，也是完全可以肯定的。"庄子说："还是让我们顺着先前的话来说。你刚才所说的

'你不是鱼,怎么知道鱼的快乐'的话,就是已经知道了我知道鱼儿的快乐而问我,而我则是在濠水的桥上知道鱼儿的快乐的。"我们会发现不同的事物的极限,有的物理学家就欣赏这个故事。

另外,《庄子》里还有运斤成风的故事。庄子送葬,路过惠子的墓地,回头对跟随的人说:"郢城有个人的鼻尖上沾了白粉,像苍蝇的翅膀一样。让一个名叫石的工匠用斧头削掉这点白粉。匠石挥动着斧头,带着呼呼的风声,听任斧头去砍白粉,白粉被削得干干净净,郢人的鼻子却一点没有受伤。郢人站在那里,面不改色。宋元君听说这件事,将匠石叫来,说:'你为我也这么试试。'匠石说:'我确实曾经能够砍掉鼻灰。即使如此,我的配手已经死了很长时间了。'自从先生去世以后,我没有辩论的对象了,我也没有说话的人了。"这是庄子在怀念惠子。

庄子的逍遥游是在齐物论的前提下进行的。齐物就跟我们坐飞机一样,在天上俯视万物,差别不是那么大。天下的物是不齐的、不平等的,我们要有一种心胸,把不齐的东西看成齐的,这样我们就能获得一种解脱。这是一种哲学思想,一种潇洒精神,这也是道家的思想。中国艺术的两个源头,一种是儒家精神的充实之为美,另一种是道家精神的空灵之为美。我们古代的艺术无不体现出这一点,这是古代艺术的来源。

最后我们来介绍一下佛教。佛教有三法印,即三个最主要的规律。一是诸行无常,很多事物都处在一种无常的状态。二是诸法无我,法就是物,万物都没有自性,所有事物都在因缘之中,因缘而生。诸法因缘生,法亦因缘灭。诸法(包括有为法和无为法)依缘起之法则,互相依存,而无"我"之实体可言。空并不是我们讲的没有,由于是因缘而生,我们才说空。很多事物都是各种条件生成的。因是根据,缘是条件,万物因条件而生。一个俄罗斯佛教学者说,"空"可以翻译成一个普遍的相对性。空不是虚无,世界上的各种事物是由因缘而生的。因此,我们不应执拗于某一个事物的状况。

佛教的哲学思辨,一个是缘起论,另一个是中道观。它有一个说法:"因缘所生法,我说即是空。"这一套议论,是为了破除偏见,不要执着于某一种状态。佛教的菩提就是智慧的代表。在道和言的关系上,有时候你话说得越多,越伤害道。道家和佛教在证悟论上有共同之处。其实我们不用把佛教看得过于神秘,佛教的理论当然有它值得深究的地方,但它的本义,是说人的无明状况。我们在肯定自己的生存价值和追求、尊严时,不善于肯定他人也有这些追求。如果这些追求是相互矛盾的,就要想办法调节。假如我们一味肯定自我,就会陷入难以自拔的迷潭。佛教就是一种智慧,它要我们破除与生俱来的贪念,它用烘云托月的方法,破除我们对宇宙人生表层世界的执着,它的智慧是一种解脱的自由,要我们寻找心灵的自由。

佛教讲成菩萨、成佛陀,与儒家成贤人和道家成真人,都是一种道德人格的追求,并不是对虚无缥缈东西的追求。你做好人佛祖才保佑,佛就在我们心中,我们人人都有佛性,就像我们的性善论。佛教认为,人心中就有佛,佛并不是外在权威的东西,而是唤醒我们内心存在的东西。儒家也讲宽容,道家讲齐物,而佛家讲菩提的智慧,讲慈悲。如果我们稍微有一点修养,读一点儒释道的东西,都可以为自己、为他人进行排解。我们要消减一定的不安和紧张,我们冷静下来,回过头去看,我们可以变得更聪明一点。

五祖弘忍大师命众弟子在墙上写偈语,希望能找到第六代传人。最热门的继任者是大师兄神秀,他骄傲地在墙上写道:身是菩提树,心如明镜台,时时勤拂拭,勿使惹尘埃。自以为必得衣钵真传。厨房里一个带发修行的小伙夫看到外面这么热闹,也去凑一下,但他是文盲,就问旁边的小和尚,小和尚把大师兄的作品念给他听。小伙夫听了直摇头,大师兄未得真髓啊,对小和尚说,我念你帮我写。于是写下流传千古的偈语:菩提本无树,明镜亦非台,本来无一物,何处惹尘埃。弘忍大师过来检查作业,惊叹此人悟性之高,一问之下,才知道是一带发修行的小伙夫所作,于是命人通知小伙夫半夜来见。此伙夫,就是后来的六祖慧能。半夜,慧能见到大师,大师将袈裟亲手传给他,命他连夜逃跑,因为大师兄神秀势力很大,对衣钵志在必得,如果知道衣钵传给了慧能,一定派人追杀。当晚,大师圆寂。神秀知道消息后对慧能一路追杀,希望追回衣钵以继正统。慧能好不容易逃到了南方,来到了现在的广州光孝寺。

我们不要盲目地崇信什么东西,主要是把内在调节好,用一种智慧来超脱于俗世,把引起你烦恼的东西放下来。达到佛教的境界有三种。第一种是"落叶满空山,何处寻行迹",看山是山,看水是水。第二种是"空山无人,水流花开"，看山不是山，看水不是水。第三种是"万古长空，一朝风月"，时间和空间的变换，刹那就是永恒，看山还是山，看水还是水，但自身的修养提升了，满街都是贤人，是因为我们看到别人的长处。"日日是好日"，我们要把每一天当作好的日子，转换一个参考系，以平常心去看待，懂得爱人、做人，用智慧珍惜人生，去担当一切困难和痛苦。我们将来走向社会，参与社会活动时可能会紧张，但要学会放下，不要使它们变成你的负担和烦恼，要善于破，要善于空，学会排解。要超越一切，包括生死的束缚。

孔夫子之所以周游列国，知其不可而为之，是有宗教性品格的支撑的，道家、佛家更是看破生死。面对死亡，越是在高科技下，人越无能为力。儒释道的智慧终究还是人的智慧，包括人如何去理解人，如何去理解自我，如何在现实生活中和别人相处，如何在精神上充实自己和有尊严等。因此，儒释道在今天并没有失去它的意义。

2013 年于华中科技大学演讲

朱梦珍根据录音整理

重新认识传统文化
——从《近思录》谈起

朱高正　台湾地区知名学者

亲爱的同学们,大家晚上好!今天我演讲的题目是《重新认识传统文化——从〈近思录〉谈起》。为什么要从《近思录》谈起,我们要从宏观历史来看。大家都知道20世纪著名历史学家汤因比,他研究人类22种文明,并从中发现文明也有生老病死的规律:文明大概会经历出生、成长、辉煌、衰落直至消亡。但是他在研究了22个文明单元后发现一个例外,也就是说中华文明历经生老病的规律时竟然出现了第二周期,这第二周期指的是什么时候呢?建议大家有时间去大同看看云冈石窟,大同那时候是北魏的都城,历史上叫作平城。大家知道淝水之战发生在公元383年,前秦苻坚的失败为北魏的崛起创造了机会。北魏是鲜卑人的政权,北魏政权最强盛的时候东到大海,西到西江,土地广袤。后来北魏以太行山为界分为东魏和西魏,东魏都城在邺城,也就是曹操铜雀台的所在;西魏的都城在洛阳。后来北齐取代了东魏,北周取代了西魏。之后北周灭北齐,最后北周被杨坚篡位,历史发展到了隋朝,隋灭陈统一中国。在此期间,佛教变成国教,中国差点就成为一个佛教国家。

众所周知,儒学的创始人是孔子,孔子编撰了六经(《诗》、《书》、《礼》、《乐》、《易》、《春秋》),但并不是孔子自己突然创造了儒学,而是要追溯到尧舜禹汤文武周公时期。孔子死后,战国时期出现了孟子,同时期还有荀子。荀子才高八斗,收了两个门生——李斯,韩非。李斯是秦始皇的丞相,韩非是秦始皇最崇敬的法家的集大成者。这两人居然都出自荀子门下，所以荀子的儒学的地位就不能和孟子相比。秦朝灭亡后，汉武帝于公元前134年接受董仲舒的建议，在此之前孔子只是传播他的文化理想，而董仲舒提出的"罢黜百家，独尊儒术"，则使得儒家思想开始成为一种国家意志，成为主导中国意识形态的主流，在这之后设置五经博士。大家知道后来出现了什么状况？《易经》分为四家，《诗经》分为三家，各有自己的理论体系。到东汉时期，为了注解经文中的一个字，动辄就是几千字的解释，最高纪录为一个字的注解达两万字。学者们皓首穷经，搞得整个儒家文化支离破碎，这就是东汉末年的文化格局。

东汉末年起，从公元184年黄巾起义到公元589年隋朝统一天下，历经多个朝代。不断的朝代更迭使得读书人连固定的效忠对象都没有，在此期间，佛教传入中国。佛教传入中国之后，很多读书人皈依佛教，本土的道教就开始跟佛教对抗。到了隋朝统一中国时，基本上读书人不是皈依佛教就是皈依道教，儒家逐渐被边缘化了。到唐朝，有五经正义，还是沿袭了汉儒制定的格局，所以在唐朝出现了一个很重要的人物——韩愈，他提出"文以载道"，这显然是要突出孟子的地位，同时期的李翱也开始注意到中庸的重要性。到宋代，这就要讲到《近思录》。这本书主宰了东亚文明七百年左右，但现在这本书对大家很陌生，就像《易经》作为众经之首，但现在了解的人很少。在北宋，出现了五位大儒——周敦颐、程颢、程颐、邵雍、张载，号称北宋"五子"。这五位大儒，每一位都是易学大师。周敦颐是两位程夫子的启蒙老师，邵雍跟两位程夫子住在洛阳，张载是两位程夫子的表叔，也是他们的学生，可见这两位程夫子是何等杰出。这五位大儒为弘扬儒学做了很多努力，比如说佛家讲前世今生，而儒学中孔子曰"不语怪力乱神"，这应该如何应对呢？周敦颐认为最重要的经书是《易传》，因为《易传》讲鬼神讲得十分玄奥，他后来写出了一本重要的著作《太极回·易说》，并提出了一个宇宙生成论的体系。

程门有四大弟子，其中杨时也就是程门立雪的主人公，来自福建。当杨时学成归乡的时候程颢讲了一句话"吾道南矣"，意思是我的学问将会传到南方。这句话有一个典故：东汉末年，山东有一名叫郑玄的学生，他跟当时的经学大师马融学习,学习的时候有歌妓在旁边操古琴跳舞,郑玄在那里学习三年从来目不斜视。三年学成,郑玄要回山东,那时都城还在洛阳,马融说了一句话"吾道东矣",后来郑玄果真成为中国历史上数一数二的经学大师,他的成就超过了其师马融。杨时最杰出的弟子是罗从彦,罗从彦最杰出的弟子是李侗,李侗正是朱熹父亲的同学。朱熹幼年丧父,在很小的时候就见过李侗。后来,朱熹于24岁时前往泉州出任主簿,途中路过延平,李侗当时被称为"延平先生"。他探望李侗时,李侗虽然很欣赏朱熹,但认为其思想不纯正,夹杂了很多佛教、道教的思想,朱熹不以为然。后来朱熹在泉州做了四年地方官,发现用佛道的思想无法治理百姓,他就开始不断地反思自己的思想,在29岁时终于下定决心徒步四五百里拜李侗为师。所以说李侗是造就朱熹的关键人物,而正是因为李侗,朱熹才能上接到杨时、程夫子那里去,并成就后来的"程朱理学"。

下面我们来谈谈《近思录》这本书,它是朱熹在46岁的时候,与好友吕祖谦两人在寒泉精舍相与读周敦颐、张载、程颢、程颐等人的著作。感其"广大宏博,若无津涯",初学者不易把握其要义,于是用12天时间从14本书中精选出622条语录,辑成《近思录》。按照朱熹对整个儒学的理解,分为"道体"、"为学"、"致知"、"存养"等14卷。因编纂此书,朱熹由此集理学之大成。更因为编纂此书,理学不再是零散的材料,而有了完整的体系,它成为新儒学和朱子学的纲领,所有的朱子学都要从《近思录》开始讲起。因为《近思录》,儒学又成为整个中国文化圈的主流,同时引进了《中庸》、《大学》等经典的很多精华,尤其是《易传》。《易传》是孔子为《易经》做的注解,这本书不读太可惜了,讲得非常好。随便举例,孔子在其中讲道:"知几其神乎!君子上交不谄,下交不渎,其知几乎!""几"的意思是善和恶刚刚分开的地方,这句话的意思是能够懂得区分善恶把握度的人多么神妙啊!君子和上面的人交往,就是年纪、辈分、学术修养比你好的人,要恭敬但不能谄媚;和下面的人交往要亲切而不随便。中国传统文化的精妙就在一个"中"字里。

在《尚书》中有一段话,这段话在《论语》中也有记载:当初尧要把天下禅让给舜的时候说了四个字"允执其中",意思是我现在把天下交给你,处理任何事情都要处理恰当而不要太过,一定要恰到好处,这样才能长保天下太平。后来舜传位给禹，将这四个字略作调整后在前面又加了十二个字："人心惟危，道心惟微，惟精惟一，允执厥中。"意思是一般人的心很不安定，很容易受到外界的诱惑，道心和人心对立也称为天心，天心是至公无私的。你如果要把每一件事情都处理得好，就一定不能有个人的私欲算计在其中，要很专一地让道心驾驭人心。《易经》将"中"这个字阐释得非常经典，《易经》中最重要的也是从"中"、贵"中"的思想。"中"是什么？不偏不倚、不急不过叫作"中"。中医讲的是阴阳调和，"中医"就是平衡阴阳的医学。在《中庸》中，如此阐释"中"："喜怒哀乐之未发，谓之中；发而皆中节，谓之和。中也者，天下之大本也；和也者，天下之达道也。"要观察一个人的素质其实很简单，在其静时观察其面貌，如果他在静中有一种冲和之气，则表示其修养很好。动的时候恰到好处，喜怒哀乐都不会太过，做人只有做到如此才能畅行无阻。《近思录》中记载的众多大儒思想，正是比照着孔孟思想并且将《大学》、《中庸》、《易传》等的长处发挥出来，同时也吸收了佛、道两家的长处，融合而成新儒学。由此，儒学成为整个东亚文明圈的主流。

众所周知的太极图，本是道教修真炼气的一个图，经过周敦颐引用至《中庸》、《易传》并将其改造，《太极图说》从此开始影响整个东亚文明圈，最终影响东亚文明的价值观、宇宙观、世界观和人生观。汤因比讲的儒学的第一次复兴就是指朱熹编撰《近思录》而让儒学焕发出新的生命力，也正是因为这样，朝鲜、日本、越南等国接受朱子学说并将其作为治国平天下的依据。为什么邵雍的学说没有被收进《近思录》？其实，在北宋五子里，朱熹评价最高的就是邵雍，因为《近思录》是来自《论语》，《论语》里面子夏讲过一句话："博学而笃志，切问而近思，仁在其中矣。"意思是除了要通过广博的学习让人心志笃诚以外，也要求我们不要胡思乱想，而要从身边的事情开始反思。邵雍的思想太高远，不符合《近思录》编辑的主旨，所以就把他排除在外。朱熹是很灵活的，他虽然没有直接将邵雍的著作收录进来，却借了程颢之口把邵雍的理论介绍出来。比如《近思录》中提到程颢讲授《诗经》抑扬顿挫，在快慢之间让学生顿悟，讲授"他山之石，可以攻玉"的本意之后引申出邵雍的理论：玉是温润之物，两块玉相互切磋不能得到好玉，必须用坚硬的石头去磨它才能磨出好玉。邵雍认为，同理，两个性格温和的君子在一起不能成就圣人，只有那些气量狭隘的小人才能不断地磨炼出他们。

朱熹的《近思录》代表的是儒学没落之后，面临国外传来的佛教的强大冲击，经过把已有的《大学》、《中庸》、《易传》等儒家经典重新挖掘出来，并将佛教、道家的思想理论融合而成的一个新的儒学，它完成了儒学的第一次复兴。我们现在面对的是儒学的第二次复兴。80 多年前在抗战的时候有人提出一个问题：中国儒家文化有没有可能开启第二次复兴？我告诉大家，二次大战之后日本很快就完成经济复苏，脱亚入欧，20 世纪 70 年代出现亚洲"四小龙"，它们具有一个共同点：深深受到中国儒家文化的熏陶。20 世纪 90 年代以来中国作为超级巨龙崛起，中国的儒家文化背景是能够应对西方文化冲击和挑战的，因为我们在经济上的成就更有底气，所以我们今天要谈的是重新认识传统文化。我们在很长的时间里认为传统文化是现代化的阻力而不是助力。在今天我们为什么要重新认识传统文化？很多人批评也好弘扬也好，但我首先要问："你对传统文化了解多少？"所以说现在批评孔子的人没有几个人读过孔子的学说并了解孔子，我们现在讲科学，最重要的就是要实事求是。

什么是传统文化？传统文化是指一个民族在生存发展的过程中遭受冲击并积累下来经过选择后的生活与思维方式的综合，就相当于一个人的过去。比如说很多人写近代德国的缔造者俾斯麦的传记，俾斯麦是容克贵族，在大学时期戴着猎人帽子拿着拐杖，看谁不顺眼就说明天下午在哪决斗。后来传记学家有了新的发现，俾斯麦中学的时候写了一封情书被心上人的爸爸收到了，被羞辱后发誓说："我以后一定要娶一个比你女儿更优秀的女人。"他后来娶了一个英国贵族的女儿。每个人都有不能和别人讲的过去和秘密，很多人觉得过去的就是过去，但其实过去、现在、未来其实是交互影响的，我们必须珍惜过去，只有这个是独属于你并且不可被剥夺的。你做的决定可能会影响你一辈子，我们每个人的过去都是自己决定的，哪里不够好就去完善它，在这个基础上我们创造了新的自己。同理，中华民族的文化如果是不好的当然可以改，如果是好的为什么一定要拿掉呢？所以说传统文化不是不能批评，但我们不能全盘否定，我们老祖宗在人类历史长河中的贡献大部分时间都是领先世界的，我们不能因为一百多年的挫折就全盘否定几

千年的历史。主张全盘西化的人也许根本不了解西方世界。怎样去了解我们的传统文化？我建议好好读一本经典，琴、棋、书、画学一样就好，练习太极拳健身也很好，这样就可以从不同角度进入传统文化，并且对你的专业也会有很好的影响。现在我们讲经典，读经典有时容易走火入魔，在读经典的时候一定要把经典背诵下来，不是为了诵读。当你能够记下它，就能随时随地了解吃透。然后将经典作为我们立身行事的准则，用经典来指导我们的思想和言行。我们为什么要读经典？因为经典是先贤们身体力行对大道有所体会后记录下的。

儒家经典经过了两千多年的考验，《近思录》经过了八百多年的考验。从微观角度研究《近思录》的内容，其中摘录了伊川先生对科举的三条看法，而《伊川全集》中有三百多条，结果后世研究完全不能脱离朱熹摘录的三条，也就是说没有相互重叠、相互矛盾，仅三条就可代表他的思想。一部《中庸》大概四千字，《大学》不会超过三千字。重新认识传统文化不仅仅是要从理论上，我们更要和实践结合起来，做学问不要太功利，要多读一些其他方面的书，拓宽自己的基础和视野。我们要珍惜传统文化，我们不能全盘否定传统文化，它不是十全十美，但毕竟是我们独有的，是我们的先辈们经无数代积累挑选下来的。《近思录》是朱熹在他那个儒学不断被边缘化的时代，以《易传》为基础、把《大学》《中庸》等传统思想凸显出来并吸收佛、道长处而形成的新儒学，它值得每一个热爱传统文化的人好好读一读。我们现在面临同样的瓶颈，也就是说我们如何以孔孟程朱这一条主干做基础，在现代基督教文明、资本主义社会的挑战下吸收其长处并融合到孔孟程朱这条主干上来。这就是文化的主体性，我们也要保持我们文化的主体性。

2013 年于华中科技大学

何丹根据录音整理

礼乐人生

彭　林　清华大学历史系教授

　　今天举国上下乃至全世界都在谈论发展,但毋庸讳言,我们脑子里讲的发展都是物质发展。人类社会的发展说到底是人自身的发展。那么就像现在研究哲学问题,西方有哲学家曾经说过全部哲学问题可以归结为一个问题:人是什么,或者说我们怎样定义自己。什么叫人? 人类社会是从什么地方来的? 我们要往何处去?

　　到现在为止,人类社会实际上经历两个阶段。第一个阶段已经走完了,这个阶段是距离现在两百万年左右开始的,这个阶段开始的标志是在东非的肯尼亚发掘出了一个编号为 1470 的古人类头骨,它的测年距离现在约两百万年。从那个时候,人类开始了艰难的进化步伐,一直走到距离现在一万年左右,人才走完了第一步。这第一步是什么? 就是从古猿变成了长相和今天一模一样的人。北京有个周口店,在那里发掘的时候,突然发现山顶上还有一个洞穴,这个洞和下面的遗址年代相差很大。上面的遗址距今约一万年,著名的人类学家裴文中先生讲:"山顶洞人的样子已经和我们很接近了。"可是在山顶洞人以前的人是亦猿亦人,所以我们叫他爪哇猿人、北京猿人、海德堡猿人。我们人类用了两百万年的时间才把猿的体质特征给去掉了,我们成为体质上的"新人",这是走完了第一步。

　　什么叫人? 这个问题全世界都在回答。希腊神话里面有个著名的故事叫斯芬克斯之谜,讲的是有一头怪兽,脸像人,身子像狮子,但是背上又有翅膀,叫斯芬克斯。斯芬克斯在路口挡着,凡是走过的人它都要让猜一个谜:"有一样东西,早上起来的时候有四条腿,到了中午它就只有两条腿,晚上就成了三条腿,这是什么?"无数的人回答不出来,被斯芬克斯吃了。终于有一天,古希腊三大悲剧之一的主人公俄狄浦斯来到这里,他听完以后笑笑,说答案是人。因为人在童年时代,他在地上爬,所以他四条腿;但他成年了,在路上走是两条腿;到老年要用拐杖,所以是三条腿。这个答案令斯芬克斯非常惭愧,就跳崖自杀了。西方人津津乐道,说斯芬克斯之谜体现了极高的智慧。但这个故事没有把人是什么、人跟动物的区别是什么说清楚,所以在它之后,我们许许多多的学科继续在回答"人是什么?"

在人类学里面,有个分支叫体质人类学。他们的基本任务就是说清楚人和动物的最大区别。学者们要从动物界中找出一种和人最接近但又不是人的动物,并来比较二者的差别。我们可以看到大猩猩骨骼的结构和人几乎一样,解剖学表明大猩猩身上肌肉的块数和人一样多,雌性大猩猩甚至也有月经的现象,大猩猩的某些特征和人很接近,那么为什么说它不是人呢?人类学家给出了这样一个答案:地球在地质年代有四个冰川时代,每两个冰川时代有一个间冰期,间冰期的气候非常温暖。大家知道我们地球的南北两极终年都是冰雪覆盖的,就像两个帽子,我们称之为冰帽。在冰川时代到来的时候,冰帽非常大,范围非常广,分别向南北两个方向延伸。最后一次间冰期要结束的时候,地球上的气候非常温暖,把大量的冰融化了。而这时地球的转速非常快,就把许多巨大的冰块甩出去了,甩出去的结果就是毁掉了许多生命。人类的祖先原来是在森林里面生活的,而这个时候失去了既有的生存环境,他们不得不来到草地上。来到草原上以后,生存状况非常复杂,他要慢慢站起来,他要观察周围的情况,加上后来要劳动,要采摘果实,久而久之,他就站起来了。所以人类学家认为,人是唯一会直立行走的动物。直立行走,使我们的身体发生了革命性的变化。人类由于直立行走分化出7节颈椎,由于要站立把脑袋顶起来,这个大椎就变成了S形。人原来在地上刨食吃,所以他的视野非常狭小,吻部非常发达,大猩猩的吻部在脑袋上要超过一半。由于不在地上找食吃了,人站起来了。根据力学的原理,头如果还是那么大,人就会站不住,就会往前栽,所以慢慢就变小了。我们现在牙都不太好,你看原来三十几颗牙,现在缩到这么一点点。那么慢慢地脑袋就变成了一个球形。球形的容积是非常大的,大猩猩平均的脑容量只有 500 毫升,人类的脑容量平均达到 1400 毫升,高的可达 2000 毫升。现在考古挖出了一个头骨,要是脑容量超过 600 毫升,那它在统计学上就属于猿人,500 毫升以下是没有意义的。人类学家定义"什么叫人",人就是能直立行走的,这标准太低了。考古学家说,人是能制造工具的,他能制造工具并开发自然资源,这才有资格叫人。所以大家注意没有,现在历史教科书讲北京猿人的时候,一定要说北京猿人已经能够直立行走,北京猿人已经懂得使用工具,那些工具实在粗糙,但那是工具。这是兼顾到了人类学家和考古学家的立场。

人类用了两百万年的时间走到现在,有了现在这样一副体质和长相,是不是人的进化就已经结束了?在我看来没有。因为人是从动物进化而来的,而人有两个主要的方面,一个是体质,另一个是心灵。而人类心灵的进化和体质的进化不同步,体质的进化完成了,可是心灵的进化才刚开始。从这个意义上讲,我们今天还是半人。我们到了这个时代了,但是还有很多人的心灵还停留在一个很早甚至很野蛮的时候。人是从动物界进化来的,所以人的身上难免或多或少残留着动物的野性。只有我们全社会,每一个人都关注自己心灵的进化,只有我们每一个人都变成了一个高尚的人,一个纯粹的人,一个脱离了低级趣味的人,一个大写的人,人类的进化才算真正完成。我们要这样来看待社会的发展,如果人的进化始终是在原地踏步,即使物质生活再发达、再丰富,这个社会依然不是理想的社会。

中国人很早就意识到人跟动物要有区别。在孔子所处的时代,大家都知道那是个乱世。那时,为了掌握一个国家的政权,儿子可以杀老子,弟弟可以杀哥哥,所以孔子非常感慨"鸟兽不与同群"。所以 2000 多年前的《礼记》里面就讨论什么是人,里面有一段著名的话。有的人说人是什么?人是会说话的,可是人家就反驳了,鹦鹉也能说话,一只好的鹦鹉比你们家一岁多的孩子说得还要好。大猩猩也能说话,大猩猩甚至能使用简单的工具,可是我们知道这些还是飞鸟走兽。长得像个人,但是他没有礼,他不懂礼,那颗心就还停留在禽兽的阶段,所以古人特别重视礼。我们说西方是以神为中心的文化，它是宗教文化，中国是以人为中心的文化，那么这个时候就有圣人。圣人不是神仙，他是特别聪明的人，他一看，知道人要和动物不一样，他的行为举止都要和动物不一样，他就制定了礼仪，让人有礼，让人有文化自尊、文化自觉，在本质上有别于禽兽。所以在中国人看来，什么叫作人？人就是按照"礼"来生活的。"礼"是按照道德要求制定出来的，你按照它的规定去做，你身上就有道德礼仪，你就有君子的风范和风采。

那什么叫观光呢？中国人造的这个词，它的含义很深刻。《周易》里面有一个卦，就叫"观"。观就是看，"观国之光"是什么意思呢？很早的时候，当时有一个周文王，周文王以德立国。旁边有两个小国，一个叫虞，另一个叫芮。虞和芮因为两国间有一块归属未定的土地而互相争斗，争了几年，谁也不让。后来有人说，周文王是天下最有道德的，他处理问题最公正，应该找他来评判。两个国家的君王就相约来到周，一进到周的国境，就看到马路上的人都非常文雅，男女分道，年轻人帮助老年人，这个景象是他们国内没有的。再到朝廷里一看，正在讨论空缺了一个职务，大家互相谦让。来到田里，看到两个农民在开荒，开到中间，田地归属未定，也是互相谦让，两个人都不要。结果虞跟芮两个国的君王看得羞愧难当，跑回去后互谅互让把问题解决了。这被后人称为"观国之光"。治理一个国家要有物质和精神两个方面，《周易》里面有个卦叫作"比"，它就说我们是农业社会，靠天吃饭的，所以要关护天文，所以节令变了就要有变化，这样农村才有好的收成，才有好的物质基础。但仅仅这样是不够的，还要关护人文。人文是什么？《周易》中讲，"人文"是礼乐教化之后，人身上的那种文雅的光彩。我们这个国家乃至这个世界人文日兴，天下才能大治。

中国人很有智慧，两河流域的人们最早成功培育了小麦和大麦，中国最早成功培育了小米和大米，印第安人最早成功培育了玉米。所以我们北方的旱作农业小米跟我们南方的水田农业实际上是两个大区。这两大文明在一起交流汇通几千年，最后塑造了灿烂的青铜文明。到商朝的时候，青铜文明当时在世界上可以说是位于前列。但是，一个社会要是它的经济很差就会引发社会问题，而一个社会要是经济发展了而没有人文的引领，同样要出问题。这个问题集中出现在商朝末期，酒池肉林，暴政，最后被推翻了。所以政治家就思考了，商末的物质文明那么发达，为什么说结束就结束了呢？我们发现社会的进步和发展离不开道德，谁要是失德，谁就要亡国。所以从周朝开始，中国人特别重视对于道德的建设。大家知道春秋的时候齐桓公有个相叫作管仲，他留下一部叫《管子》的书，这部书内容非常丰富，包括经济、政治、农业等等，有一句话非常经典："仓廪实而知礼节，衣食足而知荣辱。"以前我在街上看到一个农民，靠在墙上晒太阳，吐了口水。管理的人过来了："谁让你随地吐痰，罚款。"那个农民一脸的惶恐："吐口水还要交钱？"他吃了上顿，还不知道下顿在哪里呢，他考虑不了这个。但一般你的生活基本需求解决后，会比较讲究礼节。管子讲治理一个国家要用四维，这四维可以说是四个柱子或四根绳子，这四个东西一个也不能少。这四个东西就是礼、义、廉、耻。

第一条就是"礼"。欧阳修写《新唐书》的时候就对管子的这个话倍加赞扬，钱穆也曾说过，要了解中国文化，必须看到中国的核心思想，就是礼。所以我们古代有人生礼仪、冠婚丧祭。人生的道路是漫长的，但是在人生进入关键的节点的时候，家庭和社会给你必要的引导和提示，对你一生的成长都非常重要。比方我们有成年礼，新中国成立后，把这些东西都废掉了，孩子没有了成年意识，30来岁了还不独立。我国古代男子20岁成年，那天就告诉你，你心理的断乳期到今天结束了，从此以后你对家庭、对社会有责任，尽管你还是父亲的儿子，但你是成年的儿子，对你的要求不一样了。现在，我们全国在做成年礼，意识都起来了，但根据我的观察，还没有做得很理想，还有改进和提高的空间。然后到了结婚了，叫婚礼，现在我们结婚还有礼吗？现在人们结婚主要是吃、喝、摆阔，而没有礼，但古代的婚礼是一种教育，合二姓之好，这个家庭好不好，关系到两个家庭将来的幸福，而且夫妇是"仁"的开始。有了夫妇，才有父子，才有兄弟，才有君臣、上下，才有朋友。所以古人非常重视婚姻，整个婚礼充满了教育意义。丧礼是亲人离开我们，我们要怎么去继承亲人的美好品德？我们通过祭祀的方式去追思他们，我们永远不要给他们抹黑，这也是教育。所以古代有人生礼仪，一个人一生中要经历许多礼仪，这些礼仪都是要让人受到教育。我国古代国家制度叫礼，治礼卓越，你去看看二十四史，哪个朝代没有礼乐制？你要了解一个朝代你就去读它的礼乐制，一个好的制度破坏了，叫礼崩乐坏。我国古代人跟自然怎么相处，这也是礼。在《礼记》里头有一篇叫《月令》，就是讲每一个月，什么树长叶子了，什么花开了，什么虫子出来了，我们该做什么农活了。春天不能砍伐幼树，不能掏鸟窝，不能捕捉怀孕的兽，这都是礼。人跟自然怎么相处，那个时候的人比现在少得多，资源比现在丰富得多，但是人们已经知道，人类要生存也得让其他生物生存，我们只有共存才能共赢。人跟人怎么相处是礼，衣服怎么穿，凳子怎么坐，房子怎么建，这些都是礼。你到故宫看看，哪个不是礼？所以钱穆先生讲，你要了解中国文化，一定要了解礼。

中国的礼体现了哪些人文精神。首先明确一点，人和禽兽最大的不同是人具有群体性或者说是社会性，人从原始社会开始，就是依靠集体力量战胜自然，人谁能离开集体？那么我们怎么处理小我和大我的关系、此我和彼我的关系？如果每个人都强调自己，以自我为中心，这个社会是要乱套的。现在西方有种理论："人都是自私的，每个人都想把个人利益最大化。"大家想想，如果一个国家要是人人都有这样的念头，社会就要乱套了。中国古人不是这样的，下面我们来看看中国的礼仪，帮助你正确处理小我和大我、此我和彼我的关系。我们要多看别人的长处，我们跟别人相处，不论说话、言谈举止都要对别人有足够的尊重，我这样尊重你是希望你能够用同样的态度来对待我，这样就实现了更高层次的平等与和谐。我们来看看，礼教了我们哪些东西。

下面我们说到的礼叫主敬。如果在座的是喜欢哲学的，还比较喜欢宋代的哲学，就会知道宋代的知识分子每天做一个功夫叫主敬。早在佛教传入之前，我们的祖先就教导我们人要有敬意，我们现在很多事做不好，是因内心没有敬意。古代要求人的精气神要提起来的。宋代有一个叫胡元的人，他当时痛感宋代面临内忧外患，国家各方面不振。那怎么办呢？要培养人才，他就开始在苏州、湖州一代办书院，办得非常好，好到什么程度？范仲淹把自己的儿子交给他去教。他教书很有风范，不管很热的天还是很冷的天，衣服都穿得整整齐齐，非常端正地坐那里。学生也是，要做一个正派的人，内心要正，你的形体要正，你的形体要整天歪的、斜的，你这个心很难正，所以人要把自己的精气神提起来。有一次，他的一个学生进来了，头是歪着的,他马上指着那个学生,让那个学生头摆正,那个学生一听,马上就意识到自己的整个形体是懈怠的,马上就想着做人,我连这个形体都保证不了,还能保证什么?后来这句话对他一生都有很大作用。当时胡元教书到什么程度呢?吏部到民间来选官员,最后名单拉出来一看,将近一半都是胡元的学生。他的学生能到什么程度?站在市井当中,你一眼就能看出来哪些是胡元教出来的学生。清华大学有个老教授,是南开中学毕业的,有一次我们在校长办公室开会,他说了一段话,让我对胡元更是敬佩。他说:"南开中学是唯一一个出过两个总理的中学。我到现在都记得开学典礼的时候,我们校长说胡元教出来的学生,在市井当中,一眼就能辨认出来。我们南开中学要以他为榜样,我们的学生个个要有气相,以后我们一定要让我们南开的学生站在市井当中,一眼就能认出是南开培养出来的。"

《礼记》四十九篇,第一篇叫《曲礼》,《曲礼》开头第一句话叫"毋不敬"。我前几天读康熙皇帝的《庭训格言》,康熙皇帝受《礼记》的影响非常深,所以他从小开始到哪里坐着都是端正挺直的。他自己说,他到那么大岁数了,他和大臣在一起讨论问题,一讨论半天,他这个身子骨是挺直的,没有一点点的懈怠;哪怕天非常热,他穿着龙袍,也从来不穿个坎肩来和大家聊天。他和他的子女在一起谈家训,他说你看看,我和你们在这里闲聊,我的身体都是正的。所以人的修养,要从很小的一个地方开始培养起来。礼教我们对别人要尊重,那么尊重到什么程度呢?就是不要因这个人有钱或者是高官才尊重他。沿街叫卖的小贩,弱势群体,这样的人也有他做人的尊严。所以"礼"是谦恭待人,这个礼不是卑躬屈膝,而是谦卑。我们以后看到这些工友、保安同志,我们对他们要有足够的敬意,知道自己也没有什么了不起的地方,这样这个社会才会和谐。

君子和小人的差别在哪里呢?孟子讲,君子跟一般的人的不同在哪里呢,以其诚信也。君子里面有两样东西,一个是"仁",就是爱心。你没有爱心,你这个人还能叫君子吗?君子是博爱的。既然仁,就会拿礼来对待别人。你对所有的人仁爱,对所有的人怀有敬意。"仁者爱人,有礼者敬人",我们要尊重我们的同胞,我们的同类。"爱人者,人恒爱之"。"人敬我一尺,我敬人一丈"。我们小时候受的都是这种教育。"敬人者,人恒敬之",所以

中国的礼仪和西方的礼仪不一样，西方的礼仪都教你怎么描眉呀，怎么涂口红，怎么涂眼影……这东西对我们人生的修养帮助不大，但中国的礼仪一定要从内心开始，从修身开始。

我们对人要谦虚，这个道理在中国文化里太有意思了。我们小时候都听过一句话，"满招损，谦受益"。自满的人，会招致损失；谦虚的人，虚怀若谷的人，就会进步。这也体现在《周易》里面。周易的六十四卦中，只有一个卦六个爻全部是好的，其他的乾卦、坤卦，不管哪个卦，都至少有一个爻是不太好的。所以我们古人早就注意到这个卦很特殊，谦卦六爻皆吉。谦这个卦六个爻皆吉，下面三个爻皆吉而无凶，上面三个爻利而无害。这个谦，我们今天通常叫低调，没有人会喜欢飞扬跋扈的人。曾国藩这个人是了不得的。曾国藩在外面打仗赢了，慈禧太后奖他一栋宅子，他怕家里的人从此就耀武扬威了。赶紧写信，信里面就讲到，天下哪里有把所有的好事都给我们一家的，我们在日子好过的时候要想想，出了什么事情的时候有人同情你没有，你一天到晚这样家里面要完蛋的。那怎么办呢？"天不概（用小木片把斗里满出的粮食铲平）人概，与其被别人概还不如自己概"。这个里面都有哲学，人要谦虚，天外有天，人外有人。所以我们什么时候都要谦，敬跟谦是一起的。周公的儿子要去鲁国当第一代的鲁侯了，周公就告诫他，你看圣贤怎么教育孩子，大可以守天下，中可以守国家，小足以守身，这就是谦虚。每个人要从谦虚开始，谦虚要从学礼开始。

中国就是这样重视礼的，古代的礼仪要求人们应当文质彬彬。孔子讲了，我们人身上有两种东西，一种叫质，一种叫文。这个质是铁的，这个质是金的，这个质是玉的。人类和禽兽是不同的质，人之所以为人，而不是禽兽，是因为他具有为人的品质。可是我们只有这个质，这个社会发展到这个程度了，我们说起话来非常粗俗不堪，这样是不行的。孔子就说了，这个质和文在我们身上经常是不协调。一种叫质胜文，质胜过了文，压倒了文，掩盖了文，我们看不到他身上有文，这就让人感到野蛮；还有一种是文胜质，最好的就是文和质两个东西都有。《论语》中讲到魏国有一个人叫棘子城，他问孔子的学生子贡："质就行了，为什么还要文呢？"子贡文思敏捷，马上就给他驳回去了，子贡就说你看过虎豹和犬羊吗？虎豹不但有强大的质，身上还有纹。它的纹不像熊猫眼睛上有纹，它的纹是身上很均匀，一个那么强健的质再加上相得益彰的文采就更好了。

正如鲁迅讲的，如果要拿我的肉去喂动物，我要喂虎豹，不要喂癞皮狗，癞皮狗吃了让人不舒服。虎豹之所以是虎豹，因为有它的质，有它的纹。如果把它的皮剥下来之后，把花纹都剃光了，把光的皮挂在那里，人不会想这是虎豹的皮，而是想"哟这狗的皮这么大啊"，犬羊和虎豹的区别有质还有文。所以我们在座的想做君子，你想想你身上的质还有没有。按照孔子的话，仁义礼智这四个东西你每天要反思自己有没有，所以要文质彬彬。我们要经常想到文跟质的重要性。《礼记》里面讲到"足隆重"，这个重，经学家的注解就是要缓慢。我们在庄重的场合下要稳重，老成持重。足要重，所以我们古代上台阶，特别重大的典礼，上台阶的时候一定是一个脚踩上了再并拢，第二个台阶再并拢。走到台阶上之后再往前走。

现在的年轻人，很时髦的一种说法就是"下面我们有请谁谁谁闪亮登场"，音乐起来了，然后上场的同学就像领导一样挥手，这样做不合适。古人站的时候叫拱立，手是端握的。另外，我们给人东西，不能用一只手给，我们给人递名片要用两只手。这里还要说到握手，我看学校授予典礼，校领导想给每个学生留一张跟校领导在授予仪式上的照片。学生上去了，校长给他拨穗，握手，授予证书。有的同学上去后，大模大样地用一只手和校长握手。校长是院士，在年龄上也是长辈，怎么能用这种平辈之间的礼？学生上去应该用两只手和校长握手，表示亲热和尊敬。

《论语》里面孔子有个学生叫子路，子路问成人，这个成人不是20岁的叫成年人，是一个成就了的人。什么样的人叫一个成就了的人？拿我们今天的话叫一个大写的人，一个纯粹的人。而孔子的回答非常有意思，他说，如果你有臧武仲之智，你把这四样东西加起来还不够，还要加一个文之以礼乐，你身上还要有礼还要有乐。有的人品德很好，但他没有礼乐，他很有本事但是受教育程度不足。把这四样东西再加上礼乐，你就能叫成人了。朱熹在这里有个解释，成人叫作全人，就不是一个残缺不全的人。如果坚持培养长处，你的智足于穷理，廉足以养心，勇足以力行，艺足以泛应，但是还要节之以礼，用礼来节制你的行为。"和之以乐，使德成于内，而文见乎外，则

材全德备，浑然不见一善成名之迹，中正和乐，粹然无复偏倚驳杂之蔽，而其为人也亦成矣"，这就是"成人"。钱穆先生在办新亚书院期间写了很多东西，他就提到孔子理想中的完人是要于智慧、技能、德行之上，更有礼乐修养。要有礼乐人生，经过礼乐陶冶的才是人生最高境界。礼乐不是技能，也不是智慧，也不是品德，它在三者之上。如果人类日常生活没有了礼乐，纵使人们具备了才艺、智慧、品德，我们互相之间却是不尊重的。无礼乐的社会是个不安定的社会，无礼乐的天下是个不安定的天下。所以钱穆先生办新亚书院，他把"礼乐"这两个字作为学校办学理念的最高层面。我们现在的大学都讲技能，讲知识，其实任何学问都有道和术。"道"是灵魂，是思想，"术"是手段，是方法。

最后讲讲礼乐教育的紧迫性。现在一些人痛感中国的社会是个失范的社会，在迎接北京奥运会的时候，报纸上很多人写文章谈这个问题，行为的失范影响国民的形象。现在尤为突出的是海外的游客，都在国内不觉得，一到国外去，不道德、不文明的行为一下就被别人发现了。人家就说中国人是富而不贵，有钱但身上没有贵族气，所以中国人的整体形象受到一定的影响。我给《环球时报》写了篇文章，里面提到韩国20世纪90年代举办奥运会，韩国全国都意识到这是让韩国走向世界、让世界了解韩国的百年不遇的机会，所以他们思考怎样利用这一机遇提升民族形象。经过8年的准备期，韩国人把很多坏习惯改掉了，我们完全可以学习这个经验。要弘扬中国传统文化，要抓住核心。儒家的核心都是通过礼来呈现的，你尊重别人吗？你爱别人吗？你仁吗？你义吗？这个都是通过礼表现出来的。一个文化只有落实到每个民众的身上，这个文化才是鲜活的。如果一个文化在博物馆里面才能看到，在资料里面才能翻到，现实中很难看到，那就成了"木乃伊"。那现在怎么办？我现在提出大家学学礼乐，做一个文质彬彬的君子。

2014年于华中科技大学讲堂讲座

何丹根据录音整理

临终关怀与生死观的变革

沈铭贤　上海社会科学院哲学研究所研究员

各位朋友、各位同学，大家晚上好。

昨天我们讲了与生命伦理相关的一些有争议的问题，主要内容是讲在今天现代生命科学医疗技术高度发达的情况下，我们该怎样来处理与伦理相关的一些问题，例如如何处理科技与伦理的关系，怎样提升伦理意识、增强伦理观念、给予更多人文情怀等等。今天我们将讨论一个同样有争议且紧迫的问题——临终关怀。

临终关怀之所以已成为一个十分紧迫的问题，和我们当今社会老龄化问题日益严重这一背景相关。上海是全国老年人口比例最高的城市，60 岁及以上的老人的比例已经达到 27％，一千万的常住人口（有上海户籍的人口）中有 350 万左右是 60 岁及以上的老人，可谓是深度老龄化。而就全国总体情况而言，60 岁及以上的老人约有近两亿人，超过了全国总人口的10％。老年人口急剧增长，可是社会可以给他们提供的照顾却根本无法满足需求。现在有这样一个数据，当今社会对从事老人护理相关方面的人才的需求约为 1000 万人，可是实际上我们现在接受过相关培训、具有相关资格的合格护理人才还不到 2000 人，可见缺口很大。随着老人年龄的增长，他们生病的可能性也会相应地增加，对护理的需要也随之增加，护理难度也随之加大，他们最终会面临死亡。那么我们该怎样对待那些有疾病的甚至是临终的（即医学上所谓的终末期的）病人、老人呢？

1976 年，英国资深护士桑德斯创办了圣克里斯多费临终关怀医院这样一所临终关怀机构，临终关怀事业由此开始。在这所医院门口镌刻着这样几句话："你很重要，因为你是你，即使在生命的最后一刻，你仍然是那么重要，我们会尽一切努力帮助你安详地逝去，同时也会尽一切努力让你活到最后一刻。"这句话说得非常好，它集中反映了临终关怀的理念。首先，这是对临终病人的一种尊重。试想，如果我们自己是临终老人，看到门口的那几句话，我们会感到慰藉。这所医院对临终病人的尊重、关爱和他们采取的相关措施，和现代医学特别是临床医学有很大不同。他们不是像安乐死那样简单地加速病人的死亡，也不是像现在的生命维持系统那样去延缓死亡。临终关怀的特点就是既不加速死亡，也不延缓死亡，而是让病人平静、自然、安详地走完生命的最后一程，让他们尽可能有尊严、尽可能没有那么痛苦地向自己的人生告别。在这个过程中，既有生理方面的治疗，也有心理方面的安抚；既有对病人的治疗，也有对病人家属的安抚；既在病人生前对病人进行治疗、照顾和安抚，也在病人死后对家属进行安抚。正是这样一种特别的模式和理念，使得临终关怀在世界上发展起来，特别是在 20 世纪末的欧美地区，临终关怀事业迅速发展。而在亚洲，发展较快的主要是我国的香港、台湾等地区，在我国内地，由于李嘉诚先生的资助，临终关怀事业也得以发展。

现在由于老龄化问题的出现，特别是在上海这样一些老龄化问题相对严重，甚至面临着深度老龄化（即四分之一以上的人口是 60 岁及以上的老人）的城市，临终关怀进一步得到人们的重视。上海把临终关怀叫作舒缓疗护，香港、台湾地区则将其称为"安宁护理"或者"疗养"，把它作为一个实施工程，在全市（或者整个地区）推广。上个月我们相关工作人员才举办了一次关于临终关怀所涉及的伦理问题的国际论坛，业界普遍认为临终关怀是医学人道主义的新发展，是当代人道主义和人文关怀的重要体现，体现了对老人或者终末期病人的关爱，临终关怀改变了医护人员和他们相处的方式。

面临终末期病人，我们有四种选择。除了临终关怀以外，还有以下三种。

其一是不惜代价地全力抢救。这是我们通常的做法，也是当下较为普遍的做法,不仅是在我们中国,全世界都是这样。其特点就是一味地抢救,现有的生命维持系统为我们提供了各种各样的抢救办法。但它的弊端在于,很多终末期病人没法经过抢救之后活下来,而且它会给病人施加许多痛苦,给病人家属带来很大负担,医疗资源花费很大。一般来说,病人在生命的最后一个月所花费的抢救费用,会达到其一生医疗费用的40%,可见抢救费用之昂贵。有人说,在ICU(重症加强护理病房)的每一次心跳、每一次呼吸都可能让病人及其家属付出很大的代价。同时,在这样的情况下,病人全身遍布各种各样的医疗器械,是很痛苦、很没有尊严的。基于这样的一些情况,一味地抢救这一做法受到了很多质疑,甚至被视为无效治疗。于是,舒缓治疗就发展起来。国外一位学者曾说过这样一句话:"不惜一切代价地延长终末期病人的生命,这样的行为是一种非常恐怖的仁慈。"我从中很受启发,尽管我们不太愿意承认,但"非常恐怖的仁慈"这一说法的确是比较恰当而深刻的。到重症监护室去看一看,我们或许就会有这样的体会了。因此,从生命伦理的角度来看,这样一种"恐怖的仁慈"能不能得到伦理的辩护呢?人们有了越来越多的质疑。

其二是安乐死。昨天有一位同学就和我讨论过安乐死的问题,我也知道现在有很多医学院的学生和医务工作者对安乐死有浓厚的兴趣,都支持安乐死。我本人也多次说过,安乐死可能是我们人类死亡方式的一种进步。我们对安乐死相关问题的讨论在20世纪末就已经开始了,比利时一位专家最近来到上海讲述了他们国家安乐死的实施情况。从中我们可以得知,安乐死本身的实施条件是相当严格的,我们国内对于安乐死的理解和相关报道,在我看来并不符合生命伦理学理论,不是荷兰、比利时等国家实施的真正意义的安乐死。以上海为例,媒体报道过的上海第一例安乐死是一个儿子对其母亲实施的。这位母亲身患重病,经过治疗未见好转,不堪忍受病痛折磨而求死,她的儿子出于孝心也不忍看到母亲受尽折磨,所以用电线将母亲绑起来,然后对母亲导电将其电死,并随后去派出所投案自首。如果说这是安乐死,谁能为安乐死辩护呢?相似的报道还有很多,广东深圳地区也曾有过孝子用给重病的母亲喝农药的方式使母亲结束生命,告别病痛,随后被审判。如果说这也是安乐死，我们又该怎样来为安乐死辩护呢？因此，符合生命伦理学理论的安乐死，在西方很多国家合法的安乐死，是有非常严格的实施条件的。具体说来，有这样一些：第一，患者的病情必须是不可逆转的，是临终病人，在医学上没有办法可以将其治愈；第二，必须是患者本人在意识清醒的情况下主动申请过，而且要留下书面文件（可以是患者亲自执笔或者患者家属或法定监护人受患者委托所执笔）为据，否则对安乐死的要求就是非法的；第三，必须要有两名或两名以上的主治医生来证明患者的病情是不可逆转的，证明对安乐死的申请是患者主动提出的；第四，必须要有一定的报告程序，或者一段时间的缓冲期。例如，患者于今天提出申请，要等一段时间才能实施，可能是 7 天，可能是 10 天，可能是两个礼拜。在这段时间内，患者随时可以改变决定和撤销申请。再如荷兰的规定，安乐死必须要上报给一定的部门或者机构。必须在以上几个条件都具备的情况下，安乐死才能实施。实施的具体方法就是患者自己、患者家属或者医生（一般来说是医生）向患者体内注入一种药物，让其没有痛苦地迅速死亡。安乐死的特点是加速死亡。如果不符合以上列举的几个条件，就不是严格意义上的安乐死，不能得到伦理上的辩护。然而非常遗憾的是，我们现在所理解的安乐死都只是以安乐死的名义、打着安乐死的旗号来实施的。如果是符合以上条件的安乐死，我个人认为是可以得到伦理辩护的，是一种可供选择的死亡方式，也是人类死亡方式的一种进步。但是试想，以我们国家现在的国情、医学水平、管理水平、国民素质及文化发展现状，应该说我们现在还不具备推行安乐死并把安乐死合法化的条件。如果我们现在像荷兰、比利时等国家一样将安乐死合法化，可能会出现极大的混乱，会产生种种匪夷所思的谋财害命的方式，我们社会对公民生命的尊重和保护会受到极大的威胁。因此我个人认为，安乐死可能会是未来的一种死亡途径，但现在还不能成为可供我们选择的一种方式。

其三是自杀。自杀也有各种各样的方式和情况，特别是在同济医院这样一所著名的三甲医院里，我们尤其可以看到很多病人不堪病痛的折磨，以跳楼等各种各样的方式结束自己的生命。对于这样的病人，他们的病情是不是就是不可逆转的、无药可治的呢？是不是真的就一定要以这样的方式来结束生命呢？这样一种结束生命的方式是不是有尊严的、没有很大痛苦的呢？好像也不是。各位都是医学生，在医院里见习时看到过很多类似的情形，肯定比我要清楚得多。自杀可以说是无法禁止的，甚至有些名人选择自杀身亡，但是从伦理学的角度来看，从可供我们选择的方式来看，我们并不认同这样一种轻视生命的做法。当然不可否认，放弃治疗也是一种选择，可是一般来说，我们不倾向于这种选择。因为这还是一种痛苦的死亡方式，我们出于对病人生命的尊重也没法认同。就像圣克里斯多费临终关怀医院门口的几句话所说的那样，我们要让病人活到最后一刻，他的生命是很重要的，我们没有必要让他提前放弃治疗，我们可以有很多方法，临终关怀就不失为很好的一种。

大体来说，我们有以上几种选择。在我看来，面临老龄化，面对终末期病人，其中最好的一种选择当属临终关怀。这是我们当下可以推行、可以接受、可以为其作伦理辩护的。因为它具有既不加速死亡，也不延缓死亡的特点，而且是对病人全方位的照顾，所以相对来说更易于得到认可，更可能顺利发展。因此，它现在被世界卫生组织、联合国教科文组织、各国政府和医务界广泛认同。我们也希望临终关怀能够在全国推广，我有这样一个想法：希望临终关怀是针对夕阳老人的朝阳试验。我认为临终关怀这样一项工作、一项实验，这样一种对临终老人的照顾、尊重，必会得到长足的发展，它的对象是夕阳般的老人，但本身是朝阳般的事业。

在上海的临终关怀工作会议上，一位日本学者在会上进行了发言，提出了一个很有意思的问题，他这样说道："日本是一个实行全民免费医疗的国家，在全民免费医疗的背景下，是否还需要临终关怀？是否有可能来发展临终关怀？"他在此前曾做过一些调查，调查结果显示一些日本国民认为临终关怀是不必要的。我们想想似乎确实有一点道理，既然是全民免费医疗，治病又不需要花钱，为什么不抢救呢？在这样的情况下，临终关怀的发展与推广确实可能遇到障碍。但是他也说道，有些临终病人和病人家属认为抢救会给病人带来极大的痛苦和对病人的尊严的剥夺，即使不需要花钱，他们也

不愿意接受。他们更愿意接受临终关怀,让病人少一点痛苦,让病人更有尊严地走完自己的生命历程。我们由此得知,即使是在全民免费医疗的国家,临终关怀仍然有巨大的发展空间。所以我相信,这是一个朝阳产业、朝阳事业。

自 20 世纪末开始,由于李嘉诚基金会的支持,我国的临终关怀事业在北京、上海、广州等地率先发展起来,但总体上发展得非常缓慢且不顺利。临终关怀得不到我国医学界、政府、公众的理解和支持,其中有很多问题,比如投入不足。其中很大的一个问题是我们对死亡的态度,这是受我们的文化观念影响的。中华民族被认为是忌讳死亡的民族,中华文化被打上了忌讳死亡的烙印,这个意识也确实存在于我们中国人的观念中,我们都希望不会老,希望活到 100 岁。2004 年,新华社记者李兰英曾发表通讯文章《巴金的痛苦》,记述了巴金在重病时多次要求不要抢救自己,让自己坦然接受生死。文章里写道,巴金说:"长寿对我是一种惩罚。"我们中国人普遍愿意"寿比南山",那么长寿怎么会是一种惩罚呢? 因为我们向往的长寿是以健康为前提的。如果是在这样一种痛苦的状况下,活着就是一种惩罚,生存是没有质量的。这篇文章就提出了这样一个问题,使得我们怀疑我们的传统观念,让我们去反思自己对生命和死亡的态度。

那么中国人对生命和死亡的态度到底是怎样的呢? 中国传统文化是怎样认识生命和死亡的呢? 主要有以下几个要点。

首先是尊重生命。我们向来认为生命的价值是不可估量的,是至高无上的。在马王堆发现的残卷上记载着古代的两位贤明帝王尧和舜的一段对话(此处已译为现代语言):"天下什么是最珍贵的呢?""生命最珍贵。"这段对话最具权威性地代表了我们的传统理念——生命最珍贵。孙思邈说过:"人命至重,有贵千金。"说明人的生命是最珍贵的。《黄帝内经》记载:"天覆地载,万物悉备,莫贵于人。"类似的说法还有很多,这些都说明我们中国人和我们中国的传统文化绝非不重视生命、不爱护生命,我们中国人的繁衍和人口发展与我们的传统文化息息相关,这是我们应该肯定并且继承的。我们可以理直气壮地说,中国的传统文化是尊重生命、爱护生命,把生命放在至高无上的地位的。

其次是渴望善终，能够平静安宁地死去，所谓"终始俱善，人道毕矣"。人的生命应该像春、夏、秋、冬四季一样，是一个很自然的过程。我们应该去顺应它的变化过程，而不应畏惧死亡。当然我们也没必要像庄子那样，以死亡为乐。他在妻子去世时鼓盆而歌以庆祝大自然的胜利，这种思想和做法是非常超前的。而儒家则要求我们在活着的时候要很好地处理各种各样的情况，尽到自己的责任，面对死亡的时候则要平静安宁地对待。

当然也有"舍生取义"，这是完全从提倡仁义的道德层面来讲的。

所以我们可以看到，中国传统文化中确实对生较为看重，对死较为轻视，甚至不大愿意去讨论与死相关的话题。我们都知道孔子曾说过"未知生，焉知死？"若是生都不知道，又怎么知道死呢？怎么能来讨论死亡呢？我们可以从中得知，在孔子的心目中，死亡是天定的，不是我们人可以讨论、可以得知的，我们应该回避这一话题，不作讨论，这种观念对中华民族的生死观影响深远。另外，也有一些研究传统文化的国学家们试图从正面来理解孔子的这一观念，挖掘其合理性，形成对生死观的其他看法和态度。我们不可否认的是，"未知生，焉知死"这六个字对我们的生死观特别是死亡观的形成确实产生了一定的消极影响。《黄帝内经》则说得更为清楚："人之情，莫不恶死而乐生。"这个说法很正确，死亡有很大的痛苦，我们当然不愿意死亡。

但是在对生命如此看重的情况下，我们应该怎样面对死亡呢？我们的传统文化中庄子等人都对此有很好的认识，但是我们的主流传统意识还是忌讳死亡的。所以临终关怀在发展过程中，出现了与传统观念的冲突。

北京松堂医院是一所著名的临终关怀机构，医院的医护人员曾邀请著名女高音歌唱家关牧村去医院给终末期病人唱歌。关牧村热情友善地为病人们服务，病人们很高兴，便对关牧村说："关老师，以后能不能再请你来？"关牧村回答说："可以，我很愿意，随时可以过来。不过我有一个小想法，也不知道对不对。"病人们说："关老师，那你说吧。"关牧村就说："你们机构能不能改改名字啊，叫'临终关怀'多不吉利啊……"我们现在很多人都像关牧村一样，对"临终"这两个字很反感，认为这是不吉利的，而临终关怀医院则被认为是死亡之地，人们不愿意去，子女也不愿意送父母去。所以我们一般都不说"临终关怀"，在港台，人们将类似机构称为"领养"或者"安宁护理"；在上海，我们则称之为"舒缓疗护"。

最近在上海发生的一件事也反映了类似的问题，至今也还未得到解决。上海浦东新区的一处居民区，按规划应建一个临终关怀中心，或者是类似的养老中心、护理中心。附近的居民得知此事后，联合起来强烈反对这个机构的修建，认为"临终关怀"这几个字会给他们带来晦气，会带动房价下跌，无人前来居住，也会使得他们的孩子没法健康愉快地成长。不仅是浦东新区，上海的杨浦区等其他好几个地方临终关怀中心的建立和发展都遇到了类似的问题，这样的障碍是普遍存在的。

阻碍临终关怀发展的另一个问题就是"孝"。大家可能知道，陈毅死亡的时候非常痛苦，他的孩子对此进行反思，他的孩子与医生之间有这样一段对话，他说："你敢提吗？我敢做吗？如果对这些临终老人提出不对他们进行积极抢救，而是送他们去临终关怀中心，通常会被认为是子女对父母、对长辈的不孝。"作为子女，他们的内心也会有很多纠结，舆论也会对他们有很多谴责。这些理念根深蒂固地扎根于我们的脑海中，让我们觉得我们就应该不惜一切地去抢救临终的长辈，唯有这样才是"孝顺"的表现。"不孝"是很大的罪名，谁敢去承担呢？

所以，我们对死亡的忌讳，我们的"孝"的观念，都极大地影响了临终关怀事业在我国的发展。在我看来，这是临终关怀事业的两个较主要的文化障碍。我们应该为临终关怀事业的发展创造良好的文化条件，这就要求变革我们传统的生死观念，否则临终关怀的发展将举步维艰。然而，消除这些障碍的任务是很艰巨的，我们这次开会时，与会人员也一致认为我们的生死观有种种问题，会和临终关怀的发展产生极大的冲撞。因此我们应该来变革我们的生死观，为临终关怀的发展创造条件。那要怎样来创造条件呢？我有这样一些想法。

第一，发展我们传统文化中优秀合理的成分，把生命伦理和传统文化加以整合。具体来讲有以下几个要点。其一，我们应该理直气壮地肯定我们传统文化的生死观念中也有优秀合理的成分，如"尊重生命"、"终始俱善"等。关于"孝"的文化也是我们优秀传统文化的组成部分，我们应该尊重老人、孝顺长辈，"老吾老以及人之老，幼吾幼以及人之幼"。我不是说我们不应该尊重老人，不应该孝顺长辈，可问题是该怎样去孝顺？我们能不能把让老人安宁平静、有尊严地走完生命的最后历程当作行孝的一种方式呢？我们尊重老人，尊重老人的意愿。让老人在临终前，生命不可逆转的情况下，少一点痛苦，多一点尊严。这是不是孝呢？我认为是的。我们能不能把这种观念和我们的传统文化这样整合一下呢？这样我们就可以在新的形势，新的文化条件，新的医疗条件下行孝，我觉得我们应该做这样的工作，做这样的宣传，形成这样的理念。还有，就像巴金所说的："长寿对我是一种惩罚。"是不是只要活着，只要有口气在就是有福呢？中国有"五福临门"这样一种观念，"五福临门"在我们的传统文化中当这样解读："一曰寿，二曰富，三曰康宁，四曰攸好德、五曰考终命。"这是古典文献上白纸黑字记载的，其中第五福就是寿终正寝，即善终。那我们可不可以把"考终命"这样一种理念和现在的生命科学、医疗技术加以结合，进行创造性的转换呢？我想这是可以的。在遇到观念冲突的时候，在特别忌讳死亡的地方，在"孝"的观念特别深厚的地方，如果我们能这样加以解释，让大家认识到"寿终正寝"、"尽其天年"、"尽享天年"是福而非祸，如果我们能在"尊重老人"的观念中加入"让老人安详地有尊严地死亡"，把这也当作是"孝"的表现之一，这样的话，我想这种"创造性的转换"也就可以实现了。

第二，开展死亡教育。我们现在对死亡很忌讳，从来不开展死亡教育。但是我们应该看到，死亡不仅是不可避免的，而且是有积极价值的。相关统计资料显示，现代人类自诞生以来已经约有 850 亿人次，如果只生不死，那我们现在将面临怎样不堪的局面呢？所以死亡当然是不可避免的，而且有重要价值。现代医学快速发展，产生了"长寿基因"这样的技术，但也不可能改变死亡的存在，这是我们的宿命，不是我们可以选择的。我们应把死亡教育作为生命教育的一个不可缺少的组成部分。要正确认识死亡，我觉得这其中很重要的一个方面就是对我们的医疗卫生工作者和临终关怀工作者进行死亡教育，变革我们的死亡观念。我们之前开会也谈到这个问题，忌讳死亡这一思想观念不仅是公众、病人、病人家属有，我们的工作人员也有。我们如果不变革这个思想，临终关怀事业就很难推广，解决这方面的问题是很重要的。但死亡教育在国内的实施也有困难，一方面医学院课程很多本身负担已很重，另一方面我们缺乏相关的专业教师。死亡教育在西方现在已经是很重要的一门课程，我想我们国内的死亡教育也应该逐渐发展起来。

第三，借助宗教的力量，基督教、佛教、伊斯兰教均可。世界三大宗教对于死亡都有很多合理、优秀的见解，我们应该把它们利用起来，发挥它们在临终关怀事业发展过程中积极的文化作用。香港地区的临终关怀事业是怎样得到相对较好的发展的呢？主要是基督教的作用。而台湾地区呢？则主要是佛教的作用。在台湾慈济医院，有大量的佛教人士、基督教人士参与到临终关怀事业中来。我也看过星云大师的一些语录，大家在网上都可以看到，他们把宗教作为一种信仰、一种人性关怀。其对待死亡有什么合理因素呢？我认为其中最重要的是，他们把死亡看作是人生的一个新的开始，让死亡产生了一种寄托。例如按照基督教的理念，人是上帝创造的，上帝在创造世界的第六天创造了人类，我们人的生命是上帝给予的，我们的生死都是上帝安排的，我们的死亡是听从上帝的召唤，上帝一召唤，我们就回到主那里去，回到基督那里去。耶稣基督都是上了十字架的，我们又为什么要惧怕死亡呢？我们只是听从主的召唤，回到主的身边去，死亡并不是一件多么可怕的事情。而佛教则是讲生命的轮回、涅槃，星云大师讲得很多。死亡不是结束，而是一种开始，我可以由此轮回转世，我可能比我的今世还活得更好，我甚至可以到天堂……宗教给予死亡一种光明、有前景的解释，给予病人及病人家属以希望，我认为这是很好的。我们可以从"天葬"中看出西藏人对于死亡的态度，"天葬"向来被人们认为是不尊重生命的做法，但在西藏是很盛行的。因此，利用宗教来给予死亡一种光明的解释，给予临终病人一种希望和寄托，是符合人性的要求的，是符合临终病人的需求的。所以我有这样一种想法——对于死亡，对于临终老人，除了科学的真相、真理之外，我们还应该给予心灵的抚慰和寄托。临终老人如果对死亡看到了希望，有了寄托，他们对死亡的态度就会有所转变。因此要有科学的真相，也要有心灵的抚慰。我认为，面对死亡、面对临终老人，应该借助宗教的作用，它给予死亡光明、希望、安抚，这是了不起的、很好的。爱因斯坦说："只要把宗教中的上帝和神灵去掉之后，宗教所留下来的就是培养道德行为的最重要的源泉。"据我所知，现在上海的临终关怀医院也逐渐允许病人举行各种宗教仪式，邀请宗教人士参与。但是目前这还很不够。当然，我们也不是不需要理性的东西，可是对生命的寄托、对心灵的安抚，让病人及其家属看到死亡的光亮、希望和寄托，我认为这是很重要的。

最后，我们要提倡健康的价值，我们要提倡健康的活法，提高生活的质量、生命的质量。正如巴金所说："不是我要活着，是你们要我活着。我并不想活到 100 岁……你们一定要巴老活到 100 岁。"在这样没有生命质量、没有生存价值的情况下，长寿还有什么价值呢？因此我们现在要重视健康的价值，把生命的价值和健康的价值结合起来，把生命神圣这一理念与生命的质量统一起来，这是很重要的，是当下我们迫切需要的。世界卫生组织近来也提出"健康的价值"，提倡提高人们的生存质量，临终关怀是符合这一理念的。所以，如果把健康的价值与生死挂钩，那就有可能使死亡的价值得到确认，死亡是一种解脱，不再是某些人消极厌世的借口，也使临终关怀由此得到理性、人道的辩护。又如巴金所说的"长寿对我是一种惩罚"，也让我们反思生命价值这样的问题。我们现在迫切需要提倡健康的寿命，提倡生存的质量，这也是有利于临终关怀事业的发展的。

最后，我想向大家推荐两句话。

其一是明代的王阳明所说的："人于生死念头，本从生身命根上带来，故不易去。若于此处见得破，透得过，此心全体方是流行无碍，方是尽性至命之学。"我一看到这句话，就很欣赏它，就很愿意把它推荐给朋友们。这句话说得太深刻了，人们唯有看得破，看得透彻，才能"流性无碍"，才能"尽性至命"。这是很有道理的，你既看破生死，自然就会万事通达了。

其二是我的一些学生所说的，他们是上海交通大学的"守望"志愿者。

我在给他们上课时说，我一直希望他们周末能去临终关怀机构看看临终的老人，跟他们交流交流，聊聊天，去做志愿者。他们的志愿者团队就叫"守望"志愿者。他们说："如果真有天国存在，希望我们是送临终的人去天国的天使。"

我希望我们大家都能够做到"尽性至命"的通达之人，都能够做"送临终的人去天国的天使"。

谢谢大家！

2014 年于华中科技大学演讲

陈俞蓉根据录音整理

透过故宫看中国文化的核心价值

叶舒宪　中国社会科学院研究员

各位老师、同学晚上好，很高兴第三次来到华中科技大学做讲座。这次带来的内容，听起来都像是一些常识，但是今天讲的主要不是常识方面的东西，而是常识中没有的一些东西。打个比方来说，二十一世纪有一部小说《达·芬奇密码》，讲的是一个美国作家从巴黎的罗浮宫开始对西方的主流文化用解读密码的方式进行讲解。我是借着故宫讲中国传统文化的核心价值。

大家看屏幕上有一只熊。它是故宫中的珍宝，讲故宫为什么会拿出熊的图片来？故宫是明清两代皇帝执政的地方，那里面珍藏着历代被评价为极珍贵的东西。图上的这件，应该是清朝乾隆年间的。它模仿的是商代的一个青铜器，名字叫熊尊。湖北省博物馆和河南郑州的博物馆里都有很多青铜器。青铜器是商周时期的礼器，用于敬天神、拜祖宗。这些都是神圣的法器。为什么把一个青铜器叫"尊"呢？今天也有像花瓶一样的"尊"，"尊"是"尊贵，尊崇"的意思。这个熊尊上面的纹饰就是一只熊。有人问是不是放错地方了，没有错。清乾隆用新疆运来的和田白玉模拟商代的青铜礼器"熊尊"做了一个白玉熊尊，它是 1949 年被运走的珍宝之一。故宫在那个时候就成了一个空的建筑，新中国成立以后经过到处收集遗失的珍宝，现在也有了珍宝馆。但是真正明清两代珍藏的文物，都在台北的阳明山的山洞里藏着。

华表和熊、狮能说明什么呢？说明了中华文化的编码是一个漫长的历史叠加的过程。有些东西我们太熟悉了，比如狮子，在很多银行门口都摆放着狮子，但这已经是后来的编码了。这不是中国本土文化的东西，是外来的，因为在东亚地区是没有狮子的。从中亚地区到太平洋地区的环境根本不生养狮子。我们在电视上看到在非洲有许多狮子，外来的狮子怎么就成了故宫门前的守卫者？这就涉及狮子和熊的关系。华表应该是天安门前我们最熟悉的一个符号，因为中国对外就称华，反对中国就是反华。这个"华"如果要用一个符号来代表，就是华表。所以进故宫之前，如果从天安门进去的话，第一件事就是在华表前拍照。大家现在看到的屏幕上的解说词，就是天安门华表下面的文字。华表建于明永乐十八年，和故宫建成的年代是一致的，材质是汉白玉，在天安门前后各有一对，一共是四个，是主体天安门的重要装饰。华表上方是承露盘。承露盘上面还有一个像狮子一样的猛兽，它的名字叫"犼"。

　　由于这次讲座是针对文科生，并且是研究生学历以上的学生，所以这个过程中会有一些专业术语。第一个就是文化文本。我把故宫、天安门、华表当成是华夏文化文本中最重要的、具有代表性的符号来讲，我要通过这个来讲述中国历史。"大传统"、"小传统"这一对概念是比较新潮的说法。在过去把掌握文字、书写历史的城市的精英文化叫作"大传统"，而民间的文化叫作"小传统"。现在我们用这一对概念表示另外的意思。我这里要突出的是"大传统"的"大"字，"大传统"指的是先于汉字、外于汉字记载的文化传统。简单来说，就是它比甲骨文出现的时间还早，没有文字的时候就有的文化。所以重要的是我们要通过故宫看出华夏的核心价值是怎样来自"大传统"的，也就是历史的深远性。"小传统"指的就是有汉字记载的，我们能在图书馆里借书看到的内容。相对于"小传统"，"大传统"的历史应该有上万年。"小传统"是在甲骨文、金文出现时才有的，有三千多年的历史。第三个关键词就是神话编码。比如我刚才介绍的《达·芬奇密码》，这部作品希望通过罗浮宫里西方最有名的油画《最后的晚餐》来讲述西方主流价值观背后被遗忘、被遮蔽的内容。讲故宫一定要结合整个北京城，因为故宫是皇城，它是北京的内城。所以顺着故宫看，南面是午门，午门前面是天安门，天安门过去是前门,前门再过去就是刚才画面上给出的天坛。南面是什么呢？就是天坛。建造这样的建筑的目的是象征这个文化的最高统治者叫天子,他的权力、他的能量都来自天上的神话世界,天坛就是这么来的。它是一个宗教式的建筑。一般外国人到这里会觉得为什么没有教堂。中国的佛教是从印度传来的,中国人好像没信仰,没宗教。这种说法是根本不了解华夏文化的表现,如果了解的话你会发现中国人非常虔诚。

天坛上面有一个发光的、非常神圣的东西,这跟我们下面要讲的密码息息相关。天,古代人叫青天。这跟故宫中珍藏的一批文物材料的颜色有关。天上能够发光的东西,白天是太阳,晚上是月亮和星星。在中国人的比喻中,这些发光体被称为玉。用太白的诗来说就是"小时不识月,呼作白玉盘"。天坛顶上有一个发光的、白白的东西。中国古人不认为它是月球。因为当时没有物理学、没有天文学,只有神话。所以我们今天的月球探测器叫嫦娥三号、玉兔号,这些就是这么来的。这就是我要讲的文化编码。西方人不了解这套信仰,以为这是给儿童看的文学故事。其实这些不是文学,而是信仰。

天安门前是故宫最神圣的方位。1949 年,毛主席就是在这里宣布中华人民共和国成立的。像开国大典等一系列重要的典礼都是在这里举行的。我对故宫的解读就从华表开始。我用了两个生僻的词来解释。一个叫"第四重证据"。在法庭上审判案子一定要举证。我们在文学界有一个新学科叫文学人类学,提出了研究中国文化有四重证据可以举证。第一重就是传世的文献,图书馆里自古流传下来的那些经典,那些书,以四库全书为代表。第二重是地下发现的,图书馆里没有的,像甲骨文、金文等。没有文字,甚至连语言也没有的,只有在中国广阔的地域里,涉及民间的、习俗的、礼俗的、口传的、仪式的、表演的,凡是和宗教有关的,我们叫第三重证据。有个词叫非物质文化遗产,这些在以前的大学里面根本不讲,因为根本没有文字记载,被视为"下里巴人"。今天我们将它们叫作研究文化的第四重证据。下面有两个词是对第四重证据的解释。什么是"第四重证据"？一是物的解释,二是图的解释。学文学的都知道,文学分为抒情文学和叙事文学。叙事文学包括小说、戏剧、散文等体裁。把文学中的叙事概念用在文化文本的符

号分析上，就有了物的叙事和图的叙事。

下面从五个层次解读大家最熟悉的华表。我用五个神话主题来说明。这五个主题像密码一样编在上面，而且它能解读出的历史之深远超出我们的想象。第一个要解读的就是华表的材料以及故宫中主体建筑的材料。这些材料都是汉白玉。汉白玉到底是什么东西？我们怎么向外国朋友介绍故宫的建筑材料？你用音译，别人会不知所云。你翻译成石头，又不能说明它的价值，所有的建筑都是用石头做的。那它为什么叫汉白玉？这就是华夏独有的一套编码体系、命名体系。第二个要解读的是华表的主体纹饰。它的主体纹饰是一条龙，从下到上，代表着升天。所以我们说"腾龙驾云"，上面有一些龙、一些云纹。第三个要解读的是华表顶端的，像圆盘一样的东西。它原来的名字叫"承露盘"。因为太高了，看不仔细。它到底有什么奥义，一般人不太了解。然后再看华表下方，同样是汉白玉的围栏。四个围栏柱上有四个狮子，它们朝向南面。天安门前面两个，后面两个，一共四个，这是第四个要解读的。第五个要解读的是华表顶端的"犼"，在华表的标准解说词中有介绍。这五个神话主题是怎样先后组合形成了最高统治者的最高权威并且象征其通天通神的能量的？这样一个神圣的标志是我们下边要逐渐分析的。

要讲华表，要讲故宫，一定要联系整个北京城。看看图上的日期大家就明白了，整个北京城在 2008 年的夏天发生了一件大事，一个向全世界展示我们中华文化的机会到了，仅仅电视观众就有四十亿。这就是第二十九届奥林匹克运动会。开幕式上一共有二十九门火炮，有二十九个礼花从天上划出一道痕迹，大家可能没有注意它是从哪个方位划出来的。经过天安门广场上空，前面就是天坛。从正南的方向，划过天安门，划过故宫。那边还有地安门，地安门过去是亚运村。中间还有景山，还有很多地方。在设计鸟巢的时候，就把它放在了北京城故宫的中轴线上。我们讲故宫，讲中华文化的核心价值，那么什么是核心价值？其实很简单，讲到最后就剩两个字了，一个"中"，一个"国"。就是这两个字，为什么是这样的呢？因为从南向北看完了以后，北京还有两个坛。南边叫天坛，北边叫地坛。东边叫日坛，西边叫月坛。所以你把四个坛画出两条直线，刚好是一个十字交叉。刚才介绍故宫三大殿，就是在交叉点下面。实际上，这个设计者是有宇宙论的观念的。"中国"是什么意思？天下有万国，最神圣的一国就是中央的这个。就这么简单，最早的这两个字出现在西周的一个叫"合尊"的青铜器，当时指的是洛阳，就是嵩山那个地方。所以夏商周三代所建立的权力中心，古代所谓的中央政权，都在嵩山脚下那一块儿。今天河南还叫"中原大地"。"中国"的意思就是认定了天下之中在这儿。古代人不知道地球是圆的，以为是方的，有四个边。这四个边一测量，知道大概哪是中央。古代通过观察太阳运行，用一种叫测日影的方法来定天下之中。所以现在嵩山脚下有个周公测影台，指的就是古代帝王建都要先找一个宇宙之中的地方。宇宙之中是指天上的中心对应的地上的中心的地方。故宫是今天的叫法，在古代叫紫禁城。紫禁城进去并没有紫颜色。主要的建筑材料是汉白玉，是白色的。琉璃瓦不是黄的，就是青的，还有红墙。那为什么叫紫禁城呢？因为地上的中心取法于天上的一颗星，叫北极星。它不动，有一个北斗星在围着它转。整个这个星团叫作紫薇苑。地上的紫禁城是对着北极和北斗的。宇宙的中心从天贯穿到地，中国人的王权建构，先要画出一个天下中央。中国的文化从唐朝开始，宋朝以后，都城的建立已经不在中央了。南宋的时候跑到杭州去了，明朝初期在南京，故宫修建在河北的北部。这还能是嵩山，天下的中央吗？地理意义上已经不是了。这不要紧，中国人有办法。就刚才说的，天坛、地坛、日坛、月坛，一个十字画出来的中心就是中央。还不是这么简单，这十字中央是故宫三大殿的所在地。这条龙脉所连通的地方是北京城后边的燕山，就是上长城八达岭的地方。从那儿过去就都是山了。建造故宫，那时候没有什么建筑设计院，没有什么专业的机构。如果要找对北京城、故宫的建立有较大贡献的人物，应该是南方的客家人。在江西的一个叫三僚村的地方，有一个客家知识分子团体。为首的叫廖俊青，当时是明朝永乐皇帝通过礼部尚书在民间招来的。整个设计都是他们提的方案。今天给这个地方一个很好的称呼叫皇家风水师的摇篮。北京城还没建之前，就先要找这条轴线。奥运会二十九个礼花、脚印，从南向北沿着这条轴线，一直到鸟巢上空。这条轴线的意义在于永乐皇帝先给自己找了一个阴宅。就是北京城还没建，先要给皇帝找一个阴宅。人活着的时候居住的地方叫阳宅，死去后住的地方叫阴宅。建阴宅要先看风水，于是就看好了北京城后面的这个燕山，十三陵这块地方。因为燕山后面有太行山，再往后有内蒙古的阴山。再过去有昆仑山、有祁连山。中国风水师最大的讲究，就是把中国的地图看成三大龙干。用风水师的眼光看起起伏伏的山，叫作龙脉。中国的山太多了，如果一定要找出最重要的一个，就是新疆的昆仑山，它是万山之祖，从唐代以来的风水书里已经讲得非常明白了。中国的山基本上和河的流向差不多，"一江春水向东流"，中国的地势是西高东低，山脉的走向也大致是这样的。所以三大龙干的北干就是我说的从阴山、太行山到燕山这一带，所以从南京迁到北京，首先看到了通向万山之祖——昆仑山的北脉。奥运会的举行，有人说是千年等一回，向世人展示自己的文化。这个编码看起来很热闹，但是它的文化意义没有人去解读。设计者心里明白，但没有一个宣传片来说明它的内涵及意义。二十九个脚印走的就是这条中轴线，是古代风水师勘测出来的。如果你去鸟巢拍照，要记得这个鸟巢是跟故宫、天坛、地坛在一条线上的。奥运会是古希腊人发明的，还没开之前，先在人家那儿点圣火。谁点圣火呢？女祭司。它有它信仰的神权背景，等到传到北京这儿，还能按照希腊的那套来吗？这就是我们的编码，你的神圣要编到我的神圣体系中来，就是这个意思。这是我们今天能够解读出来的。

刚才讲到紫禁城很重要的几个建筑。如果学过《周易》里边的语言，看这些宫殿的命名就比较容易理解了。《周易》主要就是讲乾坤、天地、阴阳、男女。紫禁城除了刚才讲的三大殿"太和殿"等之外，还有三大重要的宫。在太和殿后面，第一个叫乾清宫，它靠南一点。靠北一点的叫坤宁宫。这不就是一乾一坤、一阴一阳、一男一女吗？中间还有一个殿叫交泰殿。这体现了中国人说的宇宙中两种主要的力量，一阴一阳。怎么样让它们相互感化？宇宙的运行、国家的治理，包括风调雨顺、农作物的丰收全依赖它。这就是乾清宫的布局的意义。我们在这里主要解读的是神话编码。乾清宫的门前有一个宏大的建筑，跟华表有关。华表上饰有一条龙往上升，这上面有九条。华表用的是汉白玉，这里也是用的汉白玉。画面上的这一块，两边有铜狮子守护着的，就是最神圣的一个，最大的浮雕。咱们看看它是怎么讲的：九条龙，下面是海水，要驾着云彩升天。实际上象征什么？象征着海陆空三界。龙就是穿越人所不能穿越的所有界限,上天、下地、入海。这和我们说的我们是龙的传人差距非常大。我们不是它的传人,它是你的交通工具。它是超自然的交通工具,而且只有最高统治者才能够拥有。不像今天所有人都可以佩戴龙形饰品。地面上是这样,地下是什么样呢?它模拟的就是画面上这个真正的白玉。大家一开始就看了白玉雕的熊尊了,这儿又来一个。这个没有运到台北去,因为它埋在十三陵的下边,没挖走,咱们现在挖出来了。明代皇帝所谓的金托儿玉珏杯,中国人所说的金玉良缘,就是把你认为最尊贵的两种物质组合在上面,镶了红宝石、蓝宝石之类的,只有皇帝才能拥有。一看上面的纹饰,二龙戏珠,二龙升天。而且这个杯和我们刚才说的承露盘有着隐喻的关系,不是平时喝茶用的。

关于汉白玉的这个神话,一开始提到了两个关键词:物的叙事,图的叙事。这是我们主要讲的两个叙事。就是以故宫作为一个文化符号,作为文化文本的呈现,探究它是怎么叙事的。实际上这是一个解读的技巧问题。汉白玉就是乾清宫门前的九条龙,是用一整块汉白玉雕出来的,号称是整个故宫最大的一块汉白玉。它是世界之最,去照相的人无数。汉白玉是取法于白玉的。而白玉是楷模,汉白玉是攀龙附凤,或者我们把它叫作白玉的降级版。在古代,因为白玉太稀有,即使是万人之上的皇帝也用不起大量的白玉,只好用像白玉的石头,给它起名叫汉白玉。所以从物的叙事的角度来说,就是要找出它的历史缘由。在年代上,可以上溯八千年。从世界上的几大文明中观察,基本上都是崇尚黄金的。但是中国人在知道黄金珍贵之前大约四千年,都是崇拜玉的。也就是说,黄金进入中国有四千年历史,进入中原有三千年历史,而玉在中国有八千年历史。所以我把汉白玉这个符号解读出了三个不同的年代。第一是玉教神话八千年。什么是玉教呢?就是这个宗教只信一种东西。用宗教学来说就叫拜物教。马克思称之为拜金主义。把一种东西认为是最值得追求的、最荣耀的东西,这就是拜物教。中国人在不知道黄金以前,也拜一种物质,就是我们所说的玉。玉文化源远流长,玉的历史有八千多年。研究者在内蒙古发现了一种文化,叫兴隆洼文化。最早的玉礼器出土,例如耳珏、玉璜都在这个文化中被发现,然后顺着这条线索传遍了中国。

　　贾宝玉、林黛玉的名字中为什么有玉？曹雪芹一开始就将《红楼梦》命名为《石头记》。玉就是一种美丽而通透的石头。人们用得最多的是青玉，青玉和天是一个颜色。它为什么被崇拜，因为它是天的颜色。神都住在天上，所以玉成了神赐给人的法宝。历史上有完璧归赵的故事，卞和献玉是楚文化中的故事。完璧归赵的故事讲的是秦昭王拿十五座城池加上他的人民换人家手上巴掌大一块玉璧。这要是从今天的经济学的角度来看，会认为他是疯了才会这么干。那是今天的人们不了解玉教的作用，因为当时人们认为玉代表天、天神。有了它，不要说是个城池，就是一百个城池也不在话下。所以今天我们讲核心价值，就从华表的用料开始。明明是石头，却美其名曰白玉。这种材料在汉代的宫廷中就开始使用了。它一直就叫汉白玉，它有一个文化认同在里面。玉教文化已经产生八千年了，白玉文化只有三千年。在过去，二十年前，这个说法是没有的。因为当时人们不知道玉教文化有多少年。但是你只要打开历史书，看看文学中的成语。例如白璧无瑕，它形容一个东西很完美。就是一块玉连一个斑点都不能有，有了的话就是瑕疵，也就是不完美了。如果课后，你们再温习一下中学课文里的《鸿门宴》，注意一下刘邦靠什么把自己的人头买回去了。鸿门宴就是设计好了的，取刘邦人头的。本来是十拿九稳的事，但是刘邦逃走了，而且项羽不追他。原因在哪里？一般人不看这个点。中学老师也不重点讲这个地方。这就是我讲的中国文化的达·芬奇密码。课文中亚父上来就把玉击碎了并说："与项王争天下者必此人也。"结果项羽就是不动，没有去追他。为什么？因为刘邦准备了两个玉璧，象征天子权力。潜台词就在玉教后面。因为玉教文化太深远，它从八千年前开始发生。这种文化，只有在今天才能判断。北方在兴隆洼，南方在杭州、太湖、南京这一带，这两种文化都是玉文化，墓葬里边大部分是玉器，叫礼器，礼天敬神的玉器，一百件礼器、三百件礼器的墓葬都有，时间全在五千年以前，这就是我讲的"大传统"。以前学历史跟着有文字记载的历史走，今天是跟着考古发现走。如今在湖北天门发现一种文化，有四千二百年的历史，出土了一批玉礼器，叫石家河文化。你们可以在网上搜一搜，出土的有城池、有宗庙、有玉礼器。也就是在汉字、甲骨文还没有的时候，华夏文明的曙光早已遍地生辉了。后来的夏商周只不过是接受、继承、发扬了这些东西而已。我说的白玉崇拜历史三千年完全是根据出土的西周的玉器来判断的。历朝历代最珍贵的文物中都有玉器,最早是八千年前,一直到夏商周。但是商代以前出土的玉器中很少见到白玉,只是凤毛麟角而已,白玉还没有被推崇出来。物以稀为贵,白玉确实少。在没有白玉的情况下,青玉象征天神。地方玉料都是就地取材的。白玉来自祁连山、昆仑山等。这样一来就和我们刚才说的昆仑山是中国人认为的万山之祖不谋而合。它和政权、最高统治中心、最高统治者是息息相通的。白玉这种物质材料,从西周就开始批量生产。汉武帝派张骞把这条路开通了,叫丝绸之路。这个命名是德国地质学家费迪南·冯·李希霍芬提出的。他于1877年到中国来考察,发现丝绸是从这儿过去的。汉武帝距今两千多年,这条路运送白玉、青玉,运送新疆和田玉的历史比运送丝绸的历史长一倍以上。对于中华文化核心价值来说,丝绸重要不重要? 不能说不重要,但是它一定有个排序。古人云:"化干戈为玉帛。"帛,就是丝绸。重要的不是丝绸有经济价值,而是丝绸是从蚕嘴里吐出来的。蚕是一种生物,所以丝绸和玉都代表什么? 通神、通灵,永生不死。这都是神话。但是玉一定要排在丝绸的前面。所以我们看到的这条路应该叫玉石之路。玉石之路带来的是新疆特产的、高等级的,叫作透闪石的玉料。它的最大特征就是加工以后,表面有一层好像是油脂的光泽。搞收藏的就知道了,玉就跟收藏的瓷器一样,发着锃亮的光的就不行,那叫贼光。最好的光是内敛的。有一种从昆仑山下面的河里采的鹅卵状的玉石,那是上等的,叫作籽料。这种料就有一种内敛的、油腻腻的、温润的特征。后来儒家讲了一种君子的理想,叫君子温润如玉,这里指的就是和田玉。这种东西是从视觉、美学特征上来讲的。所以不了解中国人喜欢哪一种石头,就不会理解君子、仁义礼智信为什么全和玉有关了。

白玉崇拜三千年的根据是西周时期出土的玉器中批量生产的白玉,而且是高等级墓葬的玉。一般的玉老百姓家是没有的。中国人说"宁为玉碎不为瓦全",在你看来是一种修辞,在我看来就是玉教的教义。教义就是讲什么东西最高贵,什么东西可以为之付出一切。陕西有一个晋国墓地,河南三门峡有一个虢国墓地,这些都是西周的诸侯国的墓地,从里面出土了批量的白玉。一个诸侯王，从头到脚，身上大概有几百件玉器串成的玉组配，中间用红玛瑙珠、绿棕石串起来。全部是玉，这种情况，在过去看来是富有。现在看起来他不仅是富有，这也是王权的象征。人们在三门峡博物馆就地建了一个虢国墓博物馆，非常壮观，里面是由白玉唱主角的。从此以后到清朝末期，皇宫里最好的玉全是白的。这是一个海选的过程。原来各地都有玉，相传大禹建立夏朝的时候，各地都把自己的珍宝拿来。有一个说法叫：献玉帛者，万国。就是各地方都出玉，但是等级相差非常远。今天中国玉的主产地在辽宁的一个县，叫岫岩县。它整座山都产玉。现在玉只认新疆的和田玉。谁先筛选的？中国历朝历代的统治者，包括秦始皇、汉武帝、康熙、乾隆在内，不管你是哪一族的，只要进了皇宫，都是这套制度，就是这么简单。白玉崇拜历史三千年，这是为什么华表取材明明是石头，却叫作白玉的原因。我们把这种现象叫降级版，反过来它是一种攀龙附凤的现象。没有那么多珍贵的材料，但它是给皇帝造的。又因为皇帝都是取法于天，天上都叫什么？"琼楼玉宇"。所以走进故宫一看，白花花的，全是汉白玉。哪来的？上面清楚地写着，北京的附近有一个县，叫房山县（今北京市房山区），它那边的山出汉白玉，就地取材。在今天的人看起来，这是一件很容易的事，其实当时也不容易。明清的时候，没有火车、汽车，冬天的时候就在沿途泼水，泼水后结了冰，然后再把汉白玉拉到故宫的工地上，故宫就是这么建造出来的。中国人不惜工本，为最高统治者修建一个奢华无比的殿堂。这块汉白玉大石雕，长 16.75 米，重 200 多吨。现在的卡车，一般有载重 4 吨、8 吨的。再看看这个石头在当时是怎么运来的？确实很困难。汉白玉说完了，它所模仿的是真正的白玉。关于白玉，儒家的说法是"玉不琢，不成器"。这也是一般工艺界的说法，上面可以体现出刀工，显示出手艺。按照道家的说法，琢了不好。不琢的叫"璞"，所以它让你归真，返回那种没有雕琢的状态。现在给你呈现的就是从昆仑山拿来的最上等的羊脂白玉的籽料，这就是"璞"的状态。咱们不是讲的"鉴宝"，但是这个认识一定要有，不然这个核心价值怎么来的说不清楚。这外面的褐红色的东西说不清楚，从矿物学的角度上来看，昆仑山上整个玉矿都叫透闪石。它经过地震、经过山崩，有一些噼里啪啦掉到山下了，顺着河水被冲刷。经过亿万年的冲刷，它的棱角都没有了。它的内部非常紧密,色彩非常纯净。外面加上一层,凡是金黄色皮的,里边是白的,一般都叫金包银,这样的价值最高。岫岩十块钱一斤,这种上好的羊脂白玉是论克卖的,比今天的黄金贵得多,每克价格在一万块钱左右。

为什么白玉在中国文化中被抬到如此高的地位?原因就在于从西周的帝王到清末最后一个皇帝,白玉是历代统治者追求的东西。所以哪怕你没有完整地读过《红楼梦》,读了开篇就知道,形容富贵荣华,谁能超得过贾府?小说上来就是"白玉为堂金作马",白玉代表中华文化中最高的价值等级。金子要排在白玉的后面。我说的玉石之路跟丝绸之路最大的区别就是丝绸之路在唐代以后中断,它基本上是在汉到唐输送一些丝绸。唐以后西域被占,宋代根本打不过。那时候根本谈不上什么丝绸之路。但是有一条路今天还在运输,就是画面上 2012 年新疆的考古队长拍的。河床低下的玉早已挖没了,但是价值这么高,论克卖,所有人都去找。于是就退而求其次,到海拔五千米以上的高山上去,寻找替代品,寻找白玉的玉料。这是实景,怎么开采的、怎么运输的、什么民族的,一看就明白。这是九死一生的事。这种现象在全世界范围来看,只有在中国能看到。玉石之路还在运输,主要是因为中国很多产业都靠文物收藏。安徽有蚌埠,江苏有苏州、扬州,这些都是玉雕大师所在的玉雕之乡。广州那边叫四会,叫揭阳,这些地方是做翡翠的,主要原料来自缅甸。这些应该都可以说是玉石之路派生的产业。河南的镇平,辽宁的岫岩,这些地方是做玛瑙的。奥运会奖牌有金、银、铜牌,那是西方人的价值排序。如果你成了冠军,就发给你金牌。中国人早在两年前就开始在上面加东西了。对,就是玉。那边是人家的神圣,这边是我们的神圣。在我这儿开运动会,我是东道主。我得把我自己的价值观加进去。刚开始设计的时候是想打算把和田玉镶上一点儿。后来一算,根本没办法上。那一克就是一万元,金牌一克也就二三百元。这金牌的价值远远比不上玉的。所以退而求其次,用了一种非常像和田玉的,出自青海的昆仑玉,或者叫祁连山的玉。不要说外国人了,就是中国人不仔细看也看不出来。外表一样,但是价值差得很远。用青海的白玉镶到金牌上,用青白玉镶到银牌上,铜牌上是青玉。三种颜色三种价值,就是这么排序的。这是来自我们白玉崇拜历史三千年的文化。从古到今,这条路是我们华夏民族的生命线。所以到故宫,不要只看建筑,看豪华的东西,一定要看历代统治者关注的是什么东西。罗浮宫不用说了,里面都是法国皇帝珍藏的珍宝,还有从殖民地、从埃及、从世界各地弄来的珍宝。而在故宫里,主要的珍宝都是皇帝收藏的,还有从西洋进贡的、交换的。那这一件应该是最大的一块玉雕。总重(也就是下料的时候的重量)五千八百公斤。刚才不是说汉白玉是模仿玉的吗?汉白玉用来做建筑,皇宫里边,皇帝整天把着玩儿的、跟他生活起居在一起的都是这些玉石的珍宝。乾隆的时候,军队报告发现了一块巨大的白玉料。没办法运输,因为它太大了。有人建议,是不是可以把它炸碎,一块一块运回来。乾隆说不行,一定要把它完整地运回来。如果要你们去承担这个任务,你怎么办?五千八百公斤,没有公路、没有铁路,连马车也没有。后来终于运到故宫,一共运了三年,累死了不知道多少匹马。为什么我说它是华夏的核心价值呢?因为在这个文化下做出的行为,你放在世界上其他任何一个地方都觉得不可理解。但是中国人不惜一切,就因为只有新疆出这种好玉。其他的不能用。这一件应该不是纯白的,是青白的,发灰色。因为它太大了,主要的办法是冬天在地上泼水,再用三百匹马去拉。从新疆到北京花了三年。运来了以后,皇帝身边有造办处,就是最高级的工匠,为皇帝服务的,看到料这么大,不敢雕。最后运到扬州去,玉雕大师都在那儿。集天下最好的工匠,雕好了以后再运回来。那边有大运河可以运了。但是从新疆就不好运。一共耗时五年,做成了。乾隆皇帝亲自给它起一个名字叫大禹治水。筛子在今天古玩店里也有,是中国文化里特有的一种文玩。古往今来,可以说是世界上最大的筛子,来自新疆,在紫禁城乐胜堂里。乐胜堂就是乾隆皇帝休息的地方。这位皇帝在位六十年,是在紫禁城待的时间最长的统治者之一。而且从小儒雅,诗书礼乐无所不通,光题玉的诗就有几个本子。这全是儒家文化教育出来的。一个满族人为什么要认同大禹治水呢?这就是我说的文化认同。因为夏朝的奠基人是大禹,大禹的儿子启是夏朝第一任皇帝。他的老子平定天下,治理了洪水。九州平定,然后才有夏朝。所以乾隆的这一片苦心能看出来,非常明确。中国人说什么事情千辛万苦办成了,一定要说是"玉成此事"。这就是我们能在紫禁城中见证的最大一件"玉成之事"。打开《说文解字》，第六个部首是"玉"，第五个部首是"王"。前面的部首都是为玉做准备的。这就是我们的价值，我们的语言文字。"玉"的部首下面列了很多，一共124个字。许慎是东汉时期的人，一千多年前的人竟然对玉有124个字的记载。一个文化最关注的点全在这儿。不是从秦皇汉武开始的，而是从新石器时代开始的。这就是我们强调的什么叫大传统。以前我们的知识里面没有，今天需要重新学习。虽然讲的是故宫，是小传统的东西，但它背后的价值来自大传统。一个文明，它有一个母亲，一般用大河来形容。咱们这儿是长江流域，但夏商周都在黄河流域。所以他们只认黄河是最大的河。所以古汉语中只有一个"河"字，不用加"黄"，指黄河。咱们这儿叫什么？"江"。后来才有"黄河"、"长江"。一个文明的母亲河，按照中国人的意识，一定要"饮水思源"，那么它的源在哪儿？古代没有科考队、没有仪器，大部分人都是道听途说的，只知道来自西边。那按照逻辑的推算，最大的水一定来自最高的山，山上有白皑皑的雪融化，这就是水源。古人不知道喜马拉雅山，他们心中只有什么？祁连山再过去，是天山、昆仑山。祁连山在蒙古语里的意思也是天山，就是最高的山，白雪皑皑。因为这个山距离天最近，水源最充足。所以中国有一个说法叫"河出昆仑，玉出昆冈"，"玉出昆冈"是《千字文》中的。《千字文》就是给小孩启蒙的时候，像《三字经》一样念的。"昆冈"就是昆仑山。所以说昆仑山的神圣性非常高，刚才我也说了，中国的风水师把它看成万山之祖，原因就是它是两个圣物的发源地。它应该是中国统治者心中最神圣的一座山。这就是中华自然地理造成的特有文化观念。我们特有的文化观念，既然把昆仑山看成是统治者心目中的圣山，有没有人到那儿去朝圣呢？古代的交通不太方便，但是距今约三千年前就有一位最高统治者到了那里。他的名字叫姬满，姬满是西周的天子，简称穆天子。有一部文学作品叫《穆天子传》，讲的就是穆天子不老老实实待在陕西关中，却驾着他的八骏，先到黄河，然后顺着黄河再向西走，来到昆仑山朝见西王母。中国有三大女神。一个是女娲，女娲炼石补天。炼的是什么石？《红楼梦》一开始告诉你，是五色之石。天是有色的，代表神的，所以不能用一般的石头来补。这是女娲和玉石的关系。西王母还用问吗？西王母所在的地方叫玉山，那个水池叫瑶池。一听这些名字全是玉。所以西王母完全就是昆仑美玉的人格化、女性化，神就是这么来的。周穆王到了昆仑山，拜会了西王母，两个人还唱和，有诗歌留下来。过去我们把这个当小说来讲。这太可惜了。因为什么？没有背景知识，不知道是虚构的还是想象的，跟大观园一样。现在看来，这不是虚构的。主线是西周大量的白玉出现，最高统治者去了。这样一看，将昆仑山和中原的统治政权两者之间画一条交通线，得长达几千公里。这是世界文明史上的奇观。所以打开中国地图，从西到东，将近五千公里，没人给你解释为什么会这样。现在看明白了，最高统治者要的东西只有那里有。所以汉武帝为什么要通西域？后来的历代统治者为什么要掌握河西走廊？现在来看逐渐清晰了。现在看明清时期的历史，这条路上最忙着运的东西一个是马槎，一个是玉料。像李贺的《老夫采玉歌》，《梦溪笔谈》里讲的趁着月夜在月光下摸玉，都是真切地反映玉石之路的繁忙，是我们这个时代特有的价值的来源。这样我们把玉教八千年的文化分成两段，就是以四千年为界。四千年前是玉石的神话信仰从局部逐渐传播，几乎覆盖了全中国。在四千年以后，因为在新疆发现了和田玉，于是开始源源不断地输送中原。

　　回到紫禁城的内城套外城的建筑结构。我们要强调一下大传统，它的原型。一个城四四方方的，中间有一个皇城，这样一个结构。我们认为是明朝皇帝在1420年，通过江西的风水师廖均卿设计出来的。其实现在看来，这个知识又过时了。2013年，入选考古十大发现的，就是在黄河拐弯的河套地区发现的一个古城，完全是用石头围起来的。有外城，有内城。中间那个高处，当地老乡就叫皇城台。比湖北的石家河大一倍以上，号称有四百万平方米，是中国最大的史前石城，距今四千三百年。这不稀罕，建城的目的是守护，是防御。因为战争争夺利益，石器时代的瓶颈结束，进入了文明的门槛，一定要有暴力出现，有资源竞争出现。这个地方出现了这么大一个城，最让人震惊的不是这些石头、建材，而是城里边穿插着一些玉器。就像曹雪芹说的"白玉为堂"，那是清代的小说。而我们在四千多年前的建城的缝隙里发现了什么？玉礼器穿插在里面。照片上就是这座城的实景。你看完故宫在看这个，就会体会到小传统的一切都会体现在大传统里边，超出你的想象，连汉字、夏朝还没有的时候，就出现了这些。问题是这座城的位置太特殊了。新中国成立六十多年来,我们的考古工作者用了大量的人力、物力要找到夏商的都城。商代的解决了,在安阳,已经入选了世界文化遗产。那夏朝呢?商朝距今有三千多年历史,我们说中华文化上下五千年。夏朝的都城去哪找?一定要在夏商周一直所在的中原找,主要是河南偃师二里头,但是现在还没有找到相当于四千年或者四千年以上的、有皇城规模的城。小一些的有,像一些县一级的有,有中央皇权迹象的还没找到。结果这个地方出人意料,它在内蒙古河套地区,背后就是毛乌素沙漠。现在只知道这个地方,建构这么大一个政权的人,是在母亲河黄河的孕育下,生长出来的。这张图是航拍的,在古城的东城一角,也是四个门。东城门的地势最高,可以俯瞰整个城,一望无垠,脚下是朱伟河,直接通向黄河。黄河起到什么作用?起物资运输的作用,是漕运。四千年前,一匹马也没有,马是商代才引进的,四千年前,人要运输,只能肩扛手提。没有马也没有车,一定是和黄河的走向有关的。这个古老的城池横空出世,让我们提出了这个玉石之路的真正走向。不是沿着甘肃、天水、宝鸡,像今天的陇海铁路,而是沿着黄河,九九八十一道弯,和黄河的支流一起在行进。这是运送玉石资源的。也就是在这个城墙中,发现了大批玉器。大概推算起来,有几千件已经流失了。因为我们主要的考古中心在河南、陕西,而对河套地区不受重视。大部分玉器被老乡们贩卖到海外的博物馆去了。海外的博物馆估计有四千件左右。但是在当地及内蒙古周围都没有玉矿、玉料。你要问从哪来的,一定是从甘肃、青海、新疆那个方向来的。这样一个现象使我们想到了一个关于夏朝的传说,夏朝的最后一位皇帝夏桀,他因为太穷奢极欲所以被灭了国。他修建了瑶台、玉门,所有的建筑都跟玉有关系。这是后人栽赃夏桀还是真有这么一回事?但是今天这个城池有四千三百年,比所谓夏桀还早好几百年。也就是古人修建建筑时要用玉器在中间,原因是什么?只要你熟读《红楼梦》,你就知道玉对贾宝玉来说有多重要。它上边还有字,一共有三个功能。第一辟邪。什么叫辟邪?为什么要带个镯子?其实玉都有辟邪的作用。人活在一个超自然的世界,魑魅魍魉,阴魂不散,怎么办?被攻击,病魔缠身怎么办?用玉来保护。所以贾宝玉用玉护身的原因就是和四千三百年前建造城墙用玉器的作用是一样的。它是一种精神上的武器。城墙实际上是防物

理上的敌人,你金戈铁马,我用长矛挡住你。但是魑魅魍魉来了怎么办?看不见,摸不着。玉是通神的,最高的法力在这里,它是中国人的魔法石。玉,一能辟邪,二能治病,三能预知未来。也就是说希腊人在阿拉伯神庙中能解决的事,在中国就全在一块玉上了。为什么我称之为玉教呢?不是文学的,不是凭空想象的。它使历代统治者坚信它有这个功能。这就是我们重新解读关于玉的所有文学作品后发现的,玉的文学底蕴太深厚了,我们除了用大传统来强调它,实在没有办法让大家理解它的重要性。我刚才讲了,要通过故宫的这些建筑来分析的形象很简单。核心价值就涉及两个字,什么是"中",什么是"国"。理解了这两个字就可以了,核心价值就明白了。"国"的繁体字,一看就明白了。一个外城套着一个内城,然后有一件武器在这守卫着。这就是我们的象形汉字。表音文字没这个特点。拼音文字找不出它的原形,而中国的汉字,只要把字写出来,就知道它什么意思。"国"是什么意思?拿着一个武器守卫着一方,守卫着城池、建筑。这个"国"的繁体字,稍微讲细一点,在甲骨文中没有外面这个城,只写成"或"字。就是一个"戈"守卫着一方城池,城池里面是最珍贵的东西。在西周金文中的写法,加上了外边的方框,所以变成外城套内城。从新石器到紫禁城都是这样的结构。我们的"国"来源于什么呢?它来源于两种东西,一是城墙,用来围起固定的空间。二是中国人特有的武器——"戈"。我们小时候写作文,不知道用了多少"反戈一击"、"金戈铁马"之类的词。中国人只要讲到战争,就会涉及"戈"。"战"、"伐"字中都有"戈",甚至"我"字中也有"戈"。中国的文字太神奇了。这个文字对我们的文化来说太重要了。讲到国家的时候是"戈",讲到个体的时候也是"戈"。人是持着武器的战士,保家卫国。当我们看到这个东西,两个元素,一个城池,一个"戈"。

这两个元素什么时候在中国大地上同时出现了?就是咱们说的中华民族的起源,就是这座四千三百年前的城。它有城墙还有玉戈,不是铁铮铮要杀人的,而是精神武器。住到这个城池里的人是非常安心的。它除了有固若金汤的高墙壁垒,还有代表神灵力量的超自然为你把守。很可惜这个城池在距今四千年的时候消亡了。而且里面的人不知道到哪去了,再以后就是夏商周了。所以我们说这个发现既出乎我们的意料,又让我们找到了国的原型。什么叫"国"，它为什么要有这两种元素？在今天的简体字中，这里面的"戈"也没了。内城也没有了，只剩下外城和玉。这是1949年以后简化的结果吗？其实不然，这是古代的俗字。你回去看看太平天国写的"国"是什么样的。就是守护"玉"，或者是守护"王"。这就是中国人的国的概念。如果要问中国人的"王"跟中国人的"玉"怎么就差那么一点，道理太简单了，中国的墓葬一打开，只要是统治者，一定是有玉礼器在。只要看一下身上佩戴的是什么玉，就知道这个人的身份了。因为玉石分等级。今天在陕西西安的历史博物馆正在展出大唐遗宝，这在以前是从来没有发现过的。两个大窖里面全是玉器。然后全部展出金银玉器。大家看屏幕上，这一块是白玉带板，这个只有天子能用。这就说明了不同等级的人用不同的玉料，就跟奥运会上的奖牌是一样的。当你看到这个以后，会明白这个制度是从大传统来的。区分身份的话，主要看谁掌握着玉戈。随后有了铜戈、铁戈。这就是我们要找的大传统的原型。

以上华表的五个神话主题讲了第一个，就是汉白玉为什么叫玉的问题。实际上带出了一个文化八千年的传统，以及带出了"中国"的"中"和"国"的来源与玉器的关系。

第二个主题和我们说的"龙的传人"息息相关。龙的传人是现代人构建出来的新神话，在古代没有这个说法。因为龙代表交通工具，是超自然的。如果你不相信，故宫太和殿有一个对联，皇帝坐的地方叫龙床、龙椅，那上面雕的都是龙。一般人认为这就是皇帝，其实不是的。那后面的对联告诉你"驰骋六龙以驭天"，这里边的主语就是天子。他靠什么上天？中国的统治者跟天的联系全是靠着这些超自然的交通工具，龙、凤、麒麟、蛇。它们的身份都一样。所以"龙的传人"这一说法不对，龙应该是交通工具。龙是被人骑的。这种说法不是故宫太和殿的对联给出来的，是从屈原那里发现的。屈原有个《天问》，问的就是一些楚国壁画上的一些古老的神话问题。谁驾驭龙，谁才是真正的主角。我们在河南洛阳一个汉画像馆上看到七个动物，一共三类。龙一类，凤一类，还有神熊一类。龙是两个，穿在玉璧中间。凤是四个，四个方向，在四个角上。然后在二龙穿璧、四凤恭维的中央，是什么？仔细看看。不要联想到动物园里的四足动物，不是的，它是两足的。只能说是神熊，也就是天空中的尊神。你要理解这样一个画像，就要理解两条龙穿一个玉璧代表天的象征。何以见得呢？咱们不是讲研究中国文化要有四重证据吗？列举的这么多图像都是第四重证据。第二层证据是什么来着，还记得吗？传世的文献。地下新发现的文字叫第二重证据。这些非常珍贵，但古人没能看到，今天的人才能看到。就在巫山县发现一个汉代的铜盘，它是贴在棺材板上的，其实就是模仿玉璧的形状。中央是个圆的，有一个孔，这还是个玉璧。玉璧下边有个人，身上好像长个羽翼，在升天。所以这两个门雀象征什么？天堂向人打开，人死以后，埋在棺材，埋在墓里。这是有关人来生去向的问题。古人坚信，生命到此不会结束，一定有更长远的历程在后面，所以要用这些东西为逝者送行。在天堂的门雀顶端是一只朱雀，长着翅膀，在升天。在玉璧和朱雀之间有两个隶体的汉字，这两个字和湖北有个地方的名字一模一样——天门。总之这两个字又告诉我们，凡是出现玉璧的地方，代表"天圆地方"，圆天上面开了一个洞。那是死者的升天之门。它已经告诉人们二龙穿璧，龙就是交通工具，带着人升入天国。如果穿过璧孔里边，就是进入天门。所以天门的解释，让我们看懂了一些以前不明白的现象，比如说屈原一上来就说要驾着螭龙螭虎满天飞。汉代的图像叙事非常形象，一条龙在生龙活虎往前奔，后边一个人披头散发，踩着云彩，他就是御龙者。前面是龙，后面是虎，楚国的墓葬出土得非常多。神话故事中的想象，进博物馆里一看全是这一套，升天的想象。它不是古人的装饰、工艺，古人没有这些。古人只虔诚地相信天人合一，死后的去向。洛阳又发现一个墓葬的顶端是模拟天穹的。一共有四个玉璧。然后有两个蛇从玉璧中钻出来。这边有一个朱雀，那边还有一个神人，手拿着蛇的身体。打开《山海经》，一讲到操蛇之神，我们无法想象具体的情景。这一看，就看明白了。都讲的是升天，进入天门。那怎么玉璧有四块呢？《天问》中告诉你昆仑山顶上的天堂，天堂四端都有门。为什么要有凤鸟呢？因为"风"字跟"凤"字，在甲骨文中是通假字。就是说，古人认为，只要风一从西边刮过来，就是那边有一个大鸟起飞了，是它的翅膀扇过来。为什么说是四方风呢？为什么要画八卦呢？四方再加上东南西北，八方就出来了。中国人对四方位的观察，都认为与四方凤鸟有关。那四方的天门、二蛇穿璧，中国人叫什么？龙蛇不分，就像荀子所说的腾蛇无足而飞。龙的主体就是蛇的身体，只不过是加上兽的头，或者是加上鹿的角。看两条蛇穿璧就明白了，龙蛇它主要是什么？能够变形，蛇一能够蜕皮，二能够冬眠。现在我们要解答的就是二龙升天或者说二蛇穿璧，应该有六千多年历史。因为在内蒙古、辽宁，洪山文化的墓葬里，什么棺材、青铜器，一概没有。从头到脚只有玉器，距今大约五千五百年。洪山文化距今五六千年的时间，取其中数就是五千五。北方的气候比较干燥，墓主人的整个尸骨还保存着，除了头骨碎了一点。头低下枕着一个跟这个杯子一样，像玉的一个东西。我们今天连名字也叫不上来。没有底，是空的。干什么用的？想一想，在玉中切磋琢磨，把玉掏空，弄得像个烟囱一样，然后给主人送行。左胸一只，右胸一只，两只玉龙。也就是龙能升天的神话，我们通过图像叙事、物的叙事，没有文字，这个一看就明白了。就是人死以后，希望他能永生天国。玉为什么能跟昆仑山、西王母、不死药联系在一起？有一个词语叫"锦衣玉食"，来源就在这儿。大传统的新知识告诉我们故宫这个几百年的东西。我们要看的是几千年的城池，把时间乘以它的十倍，再来看它的来源。这就是左胸、右胸两条龙，其中的一条，拿毛刷子刷了一刷，现在放在辽宁省的博物馆展出。距今五千多年了，就跟刚出场时一样，锃亮锃亮的。这也就是表达了为什么中华的先民在宇宙万物中找到这个东西，让它象征神、象征生命的永生。它确实能经得住时间的打磨。要是木的、竹的、纸的，早已经灰飞烟灭了。而玉就像新的，连动都没动过，这就是玉的价值。如今我们到中国的一些寺庙去参观，会看到二龙戏珠在迎接我们。没有人告诉你这代表什么，都知道这是代表神圣的。寺庙是清净之地，是通神的地方。这二龙戏珠的原型是从哪来的？这又是一个大约距今六千年的二龙一身的玉璜。玉璜的"璜"去掉"王"字旁就成了黄帝的"黄"了。玉璜代表什么呢？一个弯的用玉雕成的桥型。实际上它是模拟彩虹的。在天和地之间如果有一条天然的沟通桥梁的话，那就是彩虹了。所以古人很想用一个人为的办法建造一个彩虹桥来沟通天。就用玉，再雕上双龙头。因为挖出了这个东西，说明了当时的人们信仰这个。从后来的汉字小传统中可以看出来。甲骨文中的彩虹的"虹"字跟这个的形状一模一样。象形字跟小孩的素描一样可以看出含义。这个字就像一个身体两个龙。它们头朝下，张着大嘴在喝水。下绵绵细雨不会有彩虹，一定是雷电交加彩虹才会出来。就像天上的水瞬间全倒在地面上了。天神渴了，就化作双头龙到地面上喝水。这就是古人对彩虹这种自然现象的神话解读，写成汉字就是我们甲骨文中的"虹"字。对这个文字的解读是吉林大学的古文字专家，这个说法在今天基本上已经得到公认。我们找到了双头龙的原型，然后再对比彩虹的"虹"字。就会明白古人生活的世界跟我们生活的这个唯物的世界是截然不同的。古人一定会发挥对天的想象，天上的东西比人间的精彩。所以在贾宝玉那里就有了太虚幻境，宋江那里就有了九天玄女。在中国古代的小说里，男主人公背后往往有超自然的东西。这就是中国。有人说中国没有宗教、没有信仰，那就是完全不懂中国。因为中国的信仰太深厚了。如果要说明中国人对通天的想象，在这个世界上，最能生动具体地来说明的还是湖北荆州出土的高等级的玉器。在荆州的熊家冢挖到了一个墓，因为楚王被称作"熊某"，所以有人说那里是楚王族的墓地。在荆州博物馆展出的这一件，我给它命名为双龙双凤拱璧载人升天。它两边两条龙头顶上一个玉璧代表着升上天的目标，天门打开了，脚底下一个人在中间。中国人有句古语叫"龙生龙，凤生凤"，但是这条龙它背上生出了凤。龙也能生出凤，这就是楚文化的想象。这一块玉是和田玉，它的本色是纯白色。经过两千年，它的颜色有些改变。这个级别的玉是战国时期最高等级的玉料，做工也是最高级的，其他地方有没有还不知道，目前只能在湖北看到。这种将龙凤作为交通工具的想象没有比这个图像叙事更明确的了。如果是一个中等贵族想死后也升天，没有白玉，但也会用玉，用质地差一点的玉。这是安徽出土的战国墓，这个玉璜已经没有龙头了，但是一个弯的桥型还在。玉璧没有那么大，就用琉璃替代。琉璃是西周时从西亚、中亚传过来的。琉璃说白了就是玻璃，古代有颜色的玻璃就叫琉璃。古代琉璃是替代玉的一种材料。没有能力使用和田玉的人退而求其次选择了这种材料来作为升天的希冀。关于二龙戏珠，皇帝最高权力的象征就是这顶纱帽。实际上它是纯金的，它上面的主图像就是二龙戏珠。这是从十三陵明神宗的墓里挖出来的。今天进故宫只要有门票就行，在1911年以前是进不去的。在明朝更进不去，身上要有这块象牙牌才能进去，这是锦衣卫使用的。象牙牌的纹饰同样是二龙戏珠。这个牙雕是在大明万历珍宝展上展示的。和最高统治者一样,老百姓也有同样的价值观。例如,在北方老板姓过年的时候用面蒸出来的叫礼馍。它是在祭祀祖宗的时候,春节送礼的时候用的。其中有很多花样,凤凰牡丹等。这就是我们中国化的达·芬奇密码。

统治者怎么做,底下的人民就会怎么效仿。你用黄金白玉,我用白面。这两个神话母题讲完,下面的就一串而过了。承露盘很重要,华表的纹饰讲了那么多,主要讲的还是华表顶端的这个盘子。它所蕴含的神话有两千多年的历史,跟神龙、刚才讲的神话差了很远。它比起明清的历史来说还要长几倍,比很多国家的历史要长十倍以上,但是今天的人们基本上已将其忘记了。承露盘来自汉武帝时的神话想象。现在看到的这一件是在广州市南越王墓出土的铜牌玉杯。这是干什么用的呢?底下有文字说明。刚才讲到昆仑圣山是朝圣的地方。承露盘盛的是天神恩赐给人间的能够长生的琼浆玉液。虽然它是一个虚拟的器物,但想象是真实的。汉武帝求仙药用的容器,在今天看来是具有经济价值的东西,在古人那里是和永生不死有联系的。秦始皇在各地寻找永生不死药方,汉武帝也是如此,在长安建了一个宫殿,叫建章宫。里面有一个神明台,台上有个铜人,铜人手里托着铜盘玉杯,承露盘就是从这儿来的。

也就是说,华表是明代建筑的装饰部件。它的原型是汉武帝的铜柱承露盘,它的名字都没变。张衡有文章讲天上的露喝了可以永生不死。另有《汉书》的注记载,在有炼金术之前,人们认为吃了玉可以永生,之后认为吃了金可以永生。后来人们开始炼丹。南越王是西汉的诸侯,所以他的玉不是最高级的。温润的玉才是上等的。大屏幕上,这一件是只有中国才有的,世界上最好的玉杯。它出自阿房宫遗址,应该属于秦始皇。陕西历史博物馆、西安博物院内有大量的文物。因为玉器太多,专门给玉器开了一个玉器馆,而玉器馆的镇馆之宝就是这个玉杯。这个玉杯是盛仙露用的,只有帝王才能拥有。仔细观察上面的纹路、纹饰,可以发现它的玉料是最好的,加工的工艺是最高等级的,这算得上是最好的国宝了。如果到西安旅行,一定要去小雁塔看这件宝物。玉璧能代表死后升天的目的,所以统治者们更加重视死后漫长的升天以后的幸福。至于怎么保护,在古代,帝王给诸侯王配有金缕玉衣、银缕玉衣。它们是用金丝或银丝串上玉做成的,人去世后就穿上。这是只有在中国才有的现象。这并不是炫富的行为。一件玉衣有两千个玉片,四角钻上孔,用金线或银线把它们缝起来。这样的造型是模拟水生动物身上的鳞片。至于为什么要模拟水生动物,是因为古代认为地底下是有黄泉的,而升天的话要先下地,这样就需要会水。所以需要模拟蛇或者鱼,而且龙身上也是有鳞片的。所以就用玉衣来保障能通过大水升到天上去。

图片上的这十四块玉璧是放在金缕玉衣和尸体之间的。这是一个诸侯王级别的墓葬。虽然不是金丝串的线,但已经非常完整,算是规格比较高的。用十四块玉璧来保护诸侯升天,这是很高的级别了。在内地,完整的汉代金缕玉衣只有四套,分别在徐州、广州和河北,其中,河北有两套。图上的是广州的这套。当我们看到这些玉教信仰驱动的中国人的行为,特别是统治者的行为时,对于以前文学文本中的一些说法,我们摸不着头脑的记载,现在再来看就会豁然开朗。例如,庄子生前声称自己要以天地为棺椁,以日月为帘璧,不要厚葬。我们知道楚国在战国时期,诸侯以上级别的人在死后,墓葬里棺材四周全是玉璧。而帘璧就是当时的顶级待遇。如果等级低的人则是在四周画上彩色的玉璧,因为升天的愿望是一样的。所以古代文学作品中的构思都是有现实基础的。

华表上的五个神话主题,其中的三个已经讲完了。最后两个,一个是四方和中央的关系。在华表顶端坐的叫"犼",它是佛教的供物,是佛陀的三个坐骑之一。这个神话动物在中国艺术造型中出现应该是在唐宋以后一千多年,所以我们把这个神话放在第四位。这个外来的"犼"为什么会放在天国中央?这其实是神熊。楚国二十五位楚王,原来都是姓李,但一旦登上了王座就会改为"熊某"。没有人解释过这是为什么。"熊"是一个圣号,它来自黄帝有熊氏的图腾崇拜。因为东亚大陆没有狮子,所以神圣的动物不是老虎就是熊。根据图像的证据来看,就应该是熊。四个凤鸟代表天地四方,两条龙代表自下而上升天。四方加上上下就是中国人说的六合。而第七个方位则是中央。现在的华表是四个狮子"恭维"着一个"犼",一个外来的神。这是明清两代融合外来文化的表现,也是中华的象征。把"犼"换成"神熊"

才是正宗的。为什么这么说？因为汉代以前的画像上常常有既威严又神圣的熊的形象。在陕西挖出来的套罐，就叫"熊抱衣"。

之前我们讲了第一重证据、第二重证据和第四重证据，而第三重证据虽然没有实物纪录，但寻常百姓在实践着它。它是什么呢？在华佗的五禽戏中有一戏名字就叫"熊戏"。"熊戏"就是仿生的办法，模仿熊的样子把它的能量转移到自己的身上，这是中国人的养生保健。在中华武术中，最高的境界是"鹰熊合练"，庄子也有语录叫"熊经鸟申"。所有这些都有仿生学的原理。人们认为地球上力量最大的动物就是熊，而且它能够冬眠。冬眠代表着死而复活。把"熊"字底下的点划掉，就是我们找的第三重证据。虽然神熊在国徽上没有了，在朝廷上没有了，在故宫的里边有而宫外面没有了，但是回到历史深处，它的身影又向我们走来。这就不是动画片里的角色了。我所要讲的是，四方恭维中央，而中央到底是谁？

世界上的整体可以分为有中央集权的和没有中央集权的。有了四方才有了中央。在器物上看到四方和中央的关系，对于谁是尊神就一目了然了。除了刚才分析的图，现在的画面上是秦始皇的祖先秦献公，他在甘肃有一个陵墓。墓里有春秋时代的一个铜车，车上四角趴着四只虎，车的上方有四只神鸟望向四方。中央是一个车夫，而车夫的身后则端坐着一个神熊。这个传统不是哪一个艺术家突发奇想的结果，这是一个延续的传统。一直到东汉王朝结束，它才中断。从此以后，神熊不再在艺术形象中出现了。

所谓第二重证据，也就是从地底下挖出来的文物。在楚国还出现了一本很神奇的书叫《容成氏》，它的主要内容是大禹治水建立了最高政权，各地的人们都来朝见他。为了区分各地的人民，大禹用旗子分给不同方向的民族。就像现今奥运会上不同的国家有不同的旗子来代表，大禹用了五方旗来分辨五方之民。南方的是蛇，北方的是鸟，东方的是日，西方的是月。故宫两边的日坛、月坛，就是这样的。而大禹给自己的旗子是画有熊的标志的。所以第二重证据像铁板上钉钉子一样，说明了它是夏朝的国徽。虽然夏朝的都城遗址我们没有找到，但是用第二重证据，我们把国徽找到了。国徽上面是熊，而且传说在大禹治水的过程中，他还化身为黄熊。大禹的父亲叫鲧，在鲧治水失败被杀后，屈原还写下"化为黄熊"的文字。在看到了神熊在华夏楚文化中的至尊地位之后，终于能理解龙不是我们的图腾、祖先。真正的图腾、祖先应该是黄帝有熊氏。有一部畅销小说叫《狼图腾》，法国知名导演也来到中国，要拍这部片子。龙不是中国人的祖先，龙是由狼变成的。这本书前面讲的是内蒙古的事，到后来就讲到了龙的原型，里面说是狼。在中华文化中是不会崇拜狼的，在古罗马才会有，一只母狼下边有两个小孩在喝奶，那是罗马建国神话，他们是狼图腾的文化，而我们这边是没有的。如果有的话一定是黄帝有熊氏，是华佗五禽戏中要模仿的动物。正如武术中模仿的鹰和熊，它们分别是天上和地上的王。

中国人的宗教行为，在南方叫"挑落"。"挑落"是戴着面具披着熊皮，代表着熊。北方的宗教活动是吹着乐器，披着熊皮，也是代表着天神降临。我们说第三重证据是最有效的，因为它是活的，所以把古老的文物和古书里解决不了的问题看成是一个完整的文化文本，这样我们会对华夏的来龙去脉理解得比较清楚。

2014 年于华中科技大学的演讲

龚颖迪根据录音整理

多元价值、文化自觉与国家共识

欧阳康　华中科技大学国家治理研究院院长、哲学研究所所长、教授

　　国家治理大讲堂有一个主题叫作"多元价值，文化自觉，国家共识"，对于这个问题我是思考过一段时间的。我在今年国庆假期去了腾冲，腾冲是中国一个特殊的地方。中国人口密度图从中国北边黑龙江的黑河到南边云南的腾冲画了一条线，把中国的领土分为东南片和西北片两大块。

　　东南片面积占了47％，养活了94％的人；而西北片面积占了53％，却只有6％的人在上面工作、学习。这段时间以来，我在一些课程与讲座当中讲中国的问题时，总是从这个人口密度图所展示的自然地理状况讲起，但是我这么多年来一直没有去过腾冲，这让我觉得非常遗憾，所以早早地谋划今年国庆假期要去腾冲。在腾冲，我看到了火山，看到了国家的原始生命力，看到了国家的湿地，更看到了我国哲学界的一位老泰斗——艾思奇教授的故乡。当年我当工人时读的第一本马克思主义哲学教科书就是艾思奇先生主编的《辩证唯物主义和历史唯物主义》，当时我一拿到这本书就舍不得放下了，然后通宵把它读完了。也许我就是在那个时候萌发了未来要走一条哲学之路的想法。艾思奇先生应该可以算是中国马克思主义哲学研究的第二人，第一人是毛主席的老师李达先生。艾思奇先生也可以说是毛主席的老师，因为他的很多作品毛主席都认真地研读过，并且做了一些批示。毛泽东同志对于艾思奇先生的评价是三个词："学者、战士、真诚的人"。我想这个评价是非常高的。

我在腾冲的时候，一方面游览祖国的大好河山，另外一方面关注着一个特别的现象，就是香港地区的非法"占中"活动。那时候我以为非法"占中"活动到 10 月 3 日左右就应该停止了，结果一直闹到现在。所以说当我们谋划华中科技大学文化素质教育二十周年的时候，应当看到今天祖国大地上还存在着文化的差异、价值的碰撞、理想的分化，还存在着各种各样值得关注的问题和现象。在这种情况下，讨论高校文化育人这个话题的时候不能不来讨论如今文化自觉面临着的障碍。在这样的背景下，联系到国家治理时，我们也讨论一下民族复兴与国家认同的问题。所以实际上我要讨论四个方面的问题：文化素质教育的简略回顾与反思、从香港地区非法"占中"所看到的多元价值的冲突、文化育人与文化自觉、民族复兴与国家的认同。最后我希望当今的中国能更好地行进在世界文明大道和中华复兴大道上。首先是要与历史对话，我们要更好地去把握历史的脉络；同时要与时代对话，看看时代给我们提供的机遇和挑战；另外还要与自我的心灵进行对话。今天我所讲的所有问题都与我们的日常生活关系非常密切，我希望能够在对话中间深化我们对很多问题的思考。

首先我们就文化素质教育与我国的文化建设同步前进的问题做一个简单的回顾。人文讲座到明天晚上就是整整 20 年了，同时也有近 2000 期了。我大概梳理了一下我们这近 2000 期讲座间重要的一些节点，比如说 1994 年 3 月 3 日，当时的思政部的何抗生教授做了首期讲座，讲座的题目叫《当代世界经济与中国》。第一讲就已经把中国的问题引向了世界，探讨世界经济对中国的影响；到第 1000 期人文讲座的时候，杨叔子教授主讲了《中华民族精神：中华民族文化哲理的凝现》，这期讲座有一个重要的背景就是当时党中央在十六大上提出了要培育和弘扬中华民族精神，当时华科成立了中国第一家中华民族精神研究院，不仅受到了媒体的高度关注，而且成功地获得了教育部在党的十六大后第一次设立的有关民族精神的重大科研项目，名字叫作"培育和弘扬中华民族精神"。这期讲座由于听众太多，于是在第一期讲完之后又加了一场。到了 2009 年 5 月 31 日，时任华中科技大学校长的李培根院士主讲了第 1500 期人文讲座，讲座的题目是《"人文、科学、教育"杂谈——我与大家一起学习与思考》，这个讲座后来被收录到了超星的学术视频中;今天的人文讲座主要是要预热,希望明天大家去聆听"根叔"在离开了学校校长一职以后如何继续关注文化素质教育问题。

我应该向大家特别地介绍华中科技大学对于文化素质教育的关注,我记得在上一次进行高校本科生教学水平评估时,大家概括的华中科技大学教学三大特色之一就是文化素质教育。华中科技大学的文化素质教育在全国的地位有多重要呢?

第一,教育部分两次设立了 90 多个文化教育基地,华科属于首批;教育部在 15 年前设立了全国高校文化素质教育指导委员会,我们是三届的主任委员。我觉得杨叔子院士不仅仅是因为他的工程科学技术而蜚声海内外,更多的是因为他对文化素质教育的关注。另外,华中科技大学这么多年以来一直是教育部高等学校文化素质教育指导委员会的秘书处单位。学校这方面的工作之所以能做到这样一个程度,是因为历届领导都高度重视文化素质教育。例如,我们现在又恢复成立了华中科技大学文化素质教育指导委员会,由杨叔子院士担任名誉主任委员,由李培根院士担任主任委员,由丁汉初常务副书记担任副主任,还有段献忠副校长、周建波副书记以及我担任副主任。我们一起加强文化素质教育基地的建设,对此,我们专门下达了干部的指标、工作人员的指标、经费的指标,并且将它作为独立的机构挂靠在华中科技大学宣传部,与文化建设委员会放置在一起。我们非常熟悉的"根叔"——李培根院士也积极参与这些活动,明天他跟我们主讲第 2000 期人文讲座,题目是《大学生与大学精神》。

第二,在人文素质讲座发展的这 20 年里,中国社会在不断走向进步。借此机会也可以做一些反思,从某种意义上可以说,高校的文化素质教育不仅仅改变了高校本身的性质、结构、功能,更重要的是它促进了社会文明与发展。从改革开放以后,我们有一个重要的命题叫作"科学技术是第一生产力",那么我们可以进一步追问文化是什么。而现在文化已经成为软实力。由第一生产力到文化软实力,体现了中国社会的巨大进步,由应用科学工程技术,即狭隘的科学、一流技术到了现在的人文技术、社会技术、人文社会科学,形成了一个大科学的体系,所以我认为这个方面进步是非常显著的。同时,从1992 年党的十四大决定进行社会主义市场经济建设开始,全社会转向了以经济为中心，经济成为社会发展长河间的旋涡，而文化在哪里？我们一直在追问这件事情。到现在为止，中国的 GDP 已经占到世界第二位，而在文化上能够占到第几位？我们能不能够拍着胸脯报出我们的文化在世界上的位置？我觉得恐怕这也是需要来讨论的一件事情。客观一点来说，我们的文化素质教育推进了在市场经济条件下的文化建设，而在党的十七届六中全会的时候，中央专门下达一个文件来推动文化大发展、大繁荣。所以我说中国人最终站起来要靠中国文化，而经济、市场其实都是为文化建设做铺垫，并提供基础与条件。

第三，涉及"国学热"。改革开放以后，社会道德及精神面貌出现了很多问题，于是人们努力地往回看，努力地寻找资源，由此产生了"国学热"。"国学热"从当年杜维明先生提出儒学第三期发展，到后来进一步讲文化中国，再进一步到很多高校都建立了国学院，例如华中科技大学历史研究院也成立了相关的国学院，这些都是非常重要的。但是光靠历史、国学恐怕是很难解决中国当代的很多现实问题的。还有一个多方面地寻找资源来帮助中国实现中华传统文化复兴的问题，那么在科技发展的基础上我们提出了一个重要的问题——关于科技与人文的融合。华中科技大学在"985"工程的第二期时专门成立了一个特别的中心叫作"科技进步与人文精神研究中心"，这是当时"985"工程第二期的时候华中科技大学唯一的一个国家级人文研究基地。在这一背景下，当时深度探讨科技与人文相结合的结合点在哪里，以及如何实现这种结合。这种结合是不是由一位文科老师加上一位工科老师，再加上一位医科老师、一位理科老师就叫作结合？我认为不是的，这种结合应该是在每个人的心灵中，在每个人的知识体系中，在每个人的方法与系统中，所以这种结合是不太容易的。当时一共出版了二十本书——"科技进步与人文精神研究"系列丛书，都是由人民文学出版社给我们出版的。在这个过程当中我们发现了很多问题，例如现代科技如何更好地服务于人类的健康发展而不是摧毁人类。很明显，我们看到今天很多科学技术是被用来摧毁人类的自身的存在，举个例子，现在美国对恐怖组织的不断袭击一方面看来是在伸张正义，另一方面也伤害了不少无辜平民，造成国家之间、民族之间、文化体系之间的一种撕裂，这样一种状态非常值得我们来研究。同时我们也能够看到恐怖主义分子在努力利用他们能够拿到的所有的武器，这给我们提出的一个重要的问题就是科技、人文的走向以及价值取向的问题。另外，当我们强调人文的时候，我们不得不看到当代的人文精神缺少科学基础。如果没有科学基础而仅仅依靠传统的人文精神，我们几乎是无法解决当代中国所面临的复杂问题的。

在 1998 年以后，中国的高等教育有了一次极度的扩张，首先是高校的合并，然后是招生人数成倍增加。而且它增加的速度非常快，据说在 1998 年的时候印度的大学生人数是中国的两倍，到了 2008 年的时候中国的大学生人数已经是印度的两倍。很多年轻的朋友得到了上大学的机会，同时也受到了各种各样的责难和质疑，那就是这样一来中国高等教育该如何发展？当高等教育有了一定的规模的时候，该如何更好地提高它的水平？提高水平的关键在哪里？我认为，我们不仅要有科学、有技术、有方法，更重要的就是要有合格的建设者和可靠接班人。

如果说中国大学生有一个广义的概念，那么大学生其实正在发生着分裂。比如说，本来海峡两岸有一个非常重要的关于服务贸易的协定，可能大家没有觉得服务贸易有什么了不起，但大家知道在 WTO 的框架里面什么叫作服务贸易吗？我们到国外去留学叫作自然人流动服务贸易，高等教育、中等教育、初等教育都是属于服务贸易。所以服务贸易与我们年轻一代的关系是很密切的，但恰恰是台湾地区的一批大学生们站出来阻碍海峡两岸的这样一个极为重要的文化教育、科技交流的协议的顺利谈判和签订，这让我感到非常遗憾。我去了八次台湾地区，从来没有想到过台湾地区的大学生们会有这样的举动，这让我感到有些痛心。坦白地讲，我今天多少是带有一些沉痛来跟大家讨论价值的多元化的问题的。一个轻松的多元价值的背后实际上是一个很沉重的社会人群的分裂问题。

大家知道，我国高等教育过去一直强调的是教书育人，培养好学生和为社会培养英才。德国的高校率先在世界的高校中把科学的旗帜扛起来，促进了高等教育更好地引领世界科技进步。比如现在诺贝尔获奖获得者中相当多的人是在高校工作的，他们在教育领域最早开展科学研究是教育的荣幸，也是科学的荣幸，当然也是他们的团队的荣幸。后来在美国高等教育的发展过程中增加了重要的使命，就是社会服务。大家知道，美国的实用主义哲学要求美国社会所有的机构对社会发展都能够起积极作用，于是高校增加了社会服务。而胡锦涛同志在清华大学百年校庆的时候专门提到，高等教育还要有一个更重要的使命，那就是文化传承与创新。这就把高等教育与人类文明发展进步内在地联系了起来，应该说前面讲的第三个职能和第四个职能的内在本质是一致的，但是把第四个职能突显出来，这对于文化素质和高校文化育人都起了极为重要的作用，所以教育部在一个新的高度上重视文化素质教育。今年上半年，在华中科技大学召开了第六次全国高校文化素质教育工作会议，当时教育部高等教育司的张大良司长在此次教育会议上，带来了教育部领导对于文化教育事业的一系列积极的规划。

党的十八大明确指出，"立德树人"是高等教育的根本使命。"立德树人"对于高等教育来说是一件很神圣的事，也是一件很艰难的事。最艰难的是，在价值分裂的社会里边，不同的人群、不同的阶层对"德"的理解是不一样的。今天来讲立德树人的时候，我就提出在多元价值下的"立德树人"，首先要搞清楚什么是"德"，什么是大德，什么是有利于中华民族伟大复兴之德，什么是最符合人性之德，这对于我们来说是一个非常重要的任务。正是在这样的背景下，我们可以把文化的问题和"中国梦"联系起来。习近平主席一直强调"中国梦"，他曾经说中华民族的昨天可以说是"雄关漫道真如铁"，中华民族的今天正可谓"人间正道是沧桑"，中华民族的明天可以说是"长风破浪会有时"。他把中华民族的伟大复兴界定为中华民族近代最伟大的"中国梦"，而且他充满信心地告诉我们：我们现在比历史上任何时期都更接近中华民族伟大复兴的目标，比历史上任何时期都更有信心、有能力实现这个目标。

当我听完党的十八大报告以后，我心中最深刻的印象就是中华民族的伟大复兴。在20世纪70年代恢复高考，我进大学的时候，有一个口号叫"振兴中华"，那么振兴中华和复兴中华有什么区别？我认为它们有一个共同点就是都要兴旺发达，但"振兴中华"只想到了中国未来之兴，而"复兴中华"讲到中国历史之兴。应该说不是所有民族都有权利谈"复兴"的，只有历史上曾经辉煌过的民族才有权利谈"复兴"，而这可以说非中华民族莫属。

那么我们中华民族在历史上有多么兴盛呢？我想大家可以通过这一组数据看出来。从唐宋开始直到 1820 年，中国经济占全球份额的 33％，当时中国一个国家的 GDP 比欧洲所有国家加在一起的总和还要高出 20％。然而，非常遗憾的是，1840 年鸦片战争开始以后，中国不断地遭遇到了各种各样的屈辱，而这一种情况导致我们的 GDP 在世界上的比例急速下降，到 1949 年的时候只占到 4.6％。应该说明的是，1840—1949 年是世界经济快速发展的上行期，而中国经济快速下降，这是一个剪刀差。到了 1949 年新中国成立以后，我们通过极大的努力保持了和世界经济发展的同步增长，直到 1978 年，我国都保持着这种没有太落后也没有太超前的水平。到 1978 年以后，我国的经济有了明显进步，直到党的十八大召开以前的 2010 年，中国的 GDP 在全球的总份额中已经占到 10.4％。中国 GDP 占到世界 10.4％这一件事情对于世界和中国都具有重大的意义，这是让中国人扬眉吐气的事情。今天世界对中国日益重视，正是因为这三十多年的快速发展，同时我们拉动了世界经济的发展。按照党的十八大的规划，我国到 2020 年实现国民总收入翻一番，我国的 GDP 占世界的比例将达到 25％。如果我们再快速发展十年，到 2030 年，我国 GDP 将达到 33％。如果我们能够保持，大家可以想一想，到 2049 年，当我们两个"一百年"真正实现的时候中国会怎么样？如果这样讲的话，那么李大钊讲的"青春中国"、方志敏讲的"可爱中国"、胡锦涛讲的"美丽中国"就将在中国大地得以实现。而这十年、二十年、三十年正好需要在座的诸位将你们的青春、才华奉献于中华民族，促进中华民族的革命性发展。你们有责任，你们有光彩，你们将享受，你们将幸福！所以我想这样一个东西对我们是有强烈的吸引力、魅力、感召力、推动力的。

在我看来，中华民族的复兴的绝对不仅仅是 GDP，更重要的是文化。我们注意到习近平主席在专门阐释"中国梦"的时候讲到了三个概念——"坚持中国特色社会主义道路"、"振奋中华民族精神和时代精神"、"汇聚中国力量"。所以当时我作为中共湖北省委十八大宣讲团的成员，在很多厅局、地市和高校演讲中用的标题就叫作《加速中华民族伟大复兴的集结号》。我对"集结号"这个概念有一番特别的体悟。大家都看过《集结号》这部电影，关于《集结号》中的原型，华中科技大学也曾参与其中。这一件事情发生在我担任学校党委副书记分管学生工作期间，我们华中科技大学的学子们为太原解放战争84张没有发出去的阵亡通知书寻找烈士亲属，在2006年的春节，我们发现有11张阵亡通知单都是襄樊的，于是同学们冒着大雪来到了襄樊，帮助这一些阵亡通知单中的战士找到了他们的亲友。当时我和同学们一起去襄樊看望这些烈士亲友，然后把他们接到了武汉，一起去太原祭奠烈士的英灵。后来我们的172位同学被中央授予"烈士寻亲优秀团队"称号，获得了国家级的奖励，这是华中科技大学的一个荣幸。所以我对于"集结号"这个概念是有一番特别的情感的，而今天的中华民族真正需要的就是"集结"，"集结"各方面、各阶层、各群体的力量汇聚成一个促成中国民族伟大复兴的洪流。

在这样一个背景下，当今天来谈论中华民族的伟大复兴时，应当要关注"中国价值观"这一个重要的概念。当时《光明日报》特意约我写一篇学习党的十八大精神的体会，我就在文章中写到我们有三个前提。一个是历史前提，它有生存性，我们有古代的辉煌，也有近代的苦难。然后我们有两个时代前提：我们有巨大的成就，但是我们也有特殊的发展的困局；再者我们要有两个责任前提，那就是举国共识与全民共享，我们需要所有人的共同的努力，需要每一个人的参与，包括我们在座的诸位——这也是我今天和大家交流的核心。在我自己的学术生涯中，我看到了一个文化与国家治理的双重辩证，我从进入大学教书开始就在研究社会认识论，并且培养本科生、硕士生、博士生。我们一直在研究如何更好地认识社会，在这个节点上，我们进一步深化和拓展怎样更好地治理国家。我想这也是我们作为一个当代中国公民、一个当代中国知识分子的责任，这就叫"天下兴亡，匹夫有责"。我们不一定能给国家什么特别好的意见或者建议，但是我们可以用这样的方式来为国家的发展尽一份心。正是在这样的背景下，我们进入到第二个话题，关于当前中国的多元价值反思。

我特别希望同学们能够认识到今天中国的价值多元化，这是一个非常复杂的问题，对于这个问题，如果没有足够充分的认识，不仅仅个人会迷茫，整个社会都可能出现迷茫，今天我们的很多问题可能就是在这样一个"多"中间产生的。中央领导一直高度关注价值问题，习主席今年在北大五四讲话的时候特意讲到核心价值与民族精神。他说人类社会发展的历史表明，对一个国家和民族来说，最持久、最深层的力量是全社会共同认可的核心价值观。我刚才为什么不断地谈到台湾、香港与内地，因为这就是价值的分离、分化甚至矛盾与冲突。我们有没有被全中华民族、两岸地区、全球华人共同接纳的核心价值观？这是当代中华民族面临的最严峻、最复杂的挑战。习主席说核心价值观承载着一个国家、一个民族的精神追求，体现着一个社会评判是非曲直的价值标准。习主席说一个民族、一个国家的核心价值观必须同这个国家、这个民族的历史文化相契合，同这个国家、这个民族的人民正在进行的奋斗相结合，同这个民族、这个国家需要解决的时代问题相结合。那么这是与历史文化、奋斗目标和当前需要解决的问题这三个方面相结合。

今天中国的价值多元化不是偶然的，而是漫长历史发展的产物。我给大家列出了中国价值多元化的历史的若干节点。比如说从源头上来看，《周易》的智慧就是民族的智慧，我两次到台湾地区参加周易学术研讨会，感受到了《周易》对于中华文化的源头地位。接着有了两千多年的孔孟之道，这成为中华文化的主流。其次佛教逐渐传入中国，而佛教又中国化了，它不仅深刻地影响到了中华文化，而且它又被中华文化改变了一定的内容和形态。再者基督教传入了中国，一大批西方传教士把西方的文明、西方的科学技术也传进了中国，当然也把宗教信仰带进来了。从此以后，中华文化呈现出三教九流在中国大地激荡漫游的这么一个历程，出现了儒释道交织互动的这样一个历史背景。然后到了1840年中华文化作为一个整体而衰败，这时候国运受到了极大的打击，政治与文化衰落了。接着1911年中华民族幡然奋起，孙中山先生提出了"三民主义"。在"三民主义"之后就有了五四运动，五四运动呼唤科学与民主。尤其是伴随着十月革命的成功，马克思主义进入中国，在这样一个背景下中华文化出现了新生命。西方的自由主义、马克思主义等各种思潮都进入了中国，中国思想界在20世纪30年代前所未有地活跃，那是一个文化论争的时代。接下来有了新中国，有了20世纪60年代的"文革"，有了1978年的改革开放，有了1992年的市场经济建设。然后到党的十六大提出培育和弘扬中华民族精神，党的十七大提出建设中华民族共有精神家园，最近党的十八大提出国家治理问题。改革开放以来，华中科技大学在所有的节点上都走到全国高校的前列，这是值得我们高兴的。那么中华文化就其历史的渊源而言，它是有着传统的核心价值观的。过去一直有一个误解——我们中华民族好像一直不成熟，甚至学界一直有一场争论叫作"中国到底有没有哲学"。中国的民族精神一直有自己的根，其根在于以儒学为核心的这样一个核心价值观。孟子说"仁则荣，不仁则辱"，他把自己的哲学叫作"仁学"。管子说"四维不张，国乃灭亡"。过去我们一直讲"三纲五常"，"君为臣纲，父为子纲，夫为妻纲"，"仁、义、礼、智、信"，很多人一直批评它们，特别五四时期。但是我们发现，其实这些东西告诉我们，一个社会应该有自己相对稳定的秩序，如果一个社会出现了一个"君不君、臣不臣、父不父、子不子、夫不夫、妻不妻"的局面，那这一个民族还成何体统？尤其是"三纲五常"中讲到的"五常"，即"仁、义、礼、智、信"，大家想一想，如果一个民族离开了"仁、义、礼、智、信"，那么这个民族还可以凭借什么立足于世界之林？我去了多次海峡对岸，看到台湾地区领导人一直强调八个字——"忠、孝、仁、爱、礼、义、廉、耻"，我深信它们不应当仅仅属于海峡对岸，它们应当是两岸人民乃至全球华人的共同的精神财富。

然而，20世纪以来，中国传统的核心价值观遭到了多次冲击。第一次冲击是五四运动宣扬"打倒孔孟"，当时出现了胡适、鲁迅这两位重要的旗手，胡适主张全盘西化，鲁迅要求我们反省中国人的国民性。他们对于中华文化的批评是非常严厉的，特别是鲁迅先生，他说自己看《二十四史》时看来看去就看出两个字——"吃人"，这个批判是入木三分的。台湾地区一位叫柏杨的学者写了一本书叫《丑陋的中国人》，他说中国人的国民性确实需要加以反省，他说中华文化像是一块沼泽地，绕也绕不开，过也过不去，就像一个沉重的包袱，扔也扔不下，背也背不动。他这个批判是非常深刻的，这里面涉及一个比较重要的问题：应当如何看待五四运动？前一段时间，社会上出现了批判五四运动的现象，有人认为五四运动对中华传统文化的批评是错的。我倒不这样看，我认为五四运动对于中华传统文化的深度反省是中华民族当代觉醒的必要条件，如果没有五四运动，没有马克思主义走进中国，没有科学和民主，那么今天的中国还不知道是在处在什么样的状态下。

我们能不能以一种更加辩证的方式来对待中华传统文化？应该说这个还是可以进一步来讨论的。在五四运动这样一个背景下，两千年的孔孟之道在那样一个时代里被扔到垃圾桶里去了。这一件事情有利有弊，总体上看利大于弊。在帮助中华民族觉醒时总是要扔掉一些东西的，这也是无可奈何的，当然这件事情也会有争论。第二次冲击是马克思主义进入到中国，马克思主义成为当代中国文化的重要的内在的组成部分，新中国成立以后，这一代人是在马克思主义、社会主义的旗帜下成长起来的。无论是在土地革命战争、解放战争、抗日战争中提出的革命英雄主义，还是1949年以后中国共产党人努力树立的社会主义核心价值观，我们可以看到它们讲了很多东西。比如说中国人民政治协商会议通过了《共同纲领》，明确地讲到了爱中国、爱人民、爱劳动、爱科学、爱公共财物，爱公共财物很明显和前面的不太匹配，于是后来把它改成了爱社会主义。接下来遭遇到了第三种冲击，那就是"文革"的冲击，"文革"的冲击可以说是一次错误的冲击。第三次更大的冲击是改革开放以来对于我们的文化、价值的冲击，而且我们列出了许多形成冲击的因素。第一个因素是西方文化再次进入中国，它这一次进来是在我们中华民族打开国门的情况下引进来的，这跟20世纪30年代引进西方文化的时候还不太一样，因为这是中国人民主动向西方先进文明开放，并且改革我们自身。这个时候我们就面临一个如何去接纳它的问题。西方文化比较强调个性，个人色彩比较浓厚，它该如何和我们中国的比较强调群体、集体的这样一种价值之间形成一种内在的相关性呢？第二个因素是经济全球化，我们过去最开始是小农经济，后来是集体经济，现在是市场经济。第三个因素是世界多极化，在这样一个背景下我们有了信息化、科技革命等等，此时社会经历着深度的转型以及价值观念的变革与创新。正是在这样一个长期的历史发展中，形成了我们今天中国价值的复杂格局。

我在研究整个世界的现代化时，发现迄今为止，世界在几百年的历史间一共走过了五种主要阶段或者主要模式。首先是欧洲式的，即西欧以英国为主的工业革命，当然还可以追溯到文艺复兴等一系列思想运动；接着是美国模式；其次是苏联、东欧模式；再者是东亚模式；最后是拉美模式。我们对这五种模式都有所借鉴，但是我们不是其中任何单一模式的简单移植，而是有了中国式的变革与创造，而且我们的社会主义也不断地发生了变革。迄今为止社会主义一共有三种选择、三种命运。第一种是苏联、东欧选择加入现代化、全球化，尤其是在戈尔巴乔夫执政期间甚至提出了全人类利益高于一切，要让苏联利益无条件地服从全人类利益，最后丢掉了政权，国家改变了颜色，苏联不复存在。我在课堂上专门讲到了苏联、东欧失败的教训，这是一个非常惨痛的教训，当时的苏联没有天灾人祸，没有重大的政治斗争，就是因为内部价值观念的变化，导致执政党内部分化，分化以后的执政党无力支撑整个国家的建设。第二种选择和出路就是我们看到的古巴和朝鲜，不那么严格地、恰当地说，它们把自己的国门关起来，然后走他们所认可的社会主义传统道路，政权非常牢固，但是人民生活并不富裕，国家并不富强，这里具有一个重大的问题就是执政党的利益和人民的利益、国家的利益三者之间怎样实现一种协调。第三种选择就是中国和越南所走的道路，应该说我们努力地加入现代化、全球化，又坚持走社会主义道路，所以中国模式对世界具有特殊的意义。

就在这样一个背景下，中国如今呈现价值多元化的局面，"多"的历程已经就这么走过来了，但"多"是需要反思的。如果不能对"多"有一个深刻的认识，我们恐怕很难驾驭中国多元化的局面。我在这方面提出了六个问题，但我到现在也没有找到答案，我们还在探索的过程中。第一个问题就是多元化中的"元"哪一些是正当的、合理的，哪一些是不正当的、不合理的，还是说都是正当的，合理的？我想这是我们需要讨论的。第二个问题就是不同的"元"各自在中国社会占多大的比例和什么样的地位是合适的？比如说我们现在所有制中以公有制为主体，公有制的主体地位意味着什么？是不是要占50％呢？那么我们要大力发展民营经济，民营经济的所有制算什么？第三个问题是在这样一个背景下不同的"元"之间的现实利益关系、矛盾冲突及其程度如何？不同的所有制就是不同的生产方式、不同的分配原则，每一个人都生活在一定的利益群体当中，一定会站在自己所处利益群体的基础上来考量中国，考量中国的整体制度和它的实施政策。第四个问题是不同的"元"各自以哪些不同的人群乃至阶层作为代表？这是一个非常敏感的问题。当时我的一个博士研究生写了一篇博士论文叫《社会阶层论》，最近我让他用他讲的这个社会阶层理论帮助我分析中国社会各阶层,但是分析不了,因为太复杂了。第五个问题是当代中国不同社会群体以及与不同阶层有哪些利益诉求是正当的? 哪一些是不正当的? 正当性及其程度如何? 第六个问题也是最核心的问题——多元化挑战社会的核心价值和主流价值。国内有这么多的群体、这么多的所有制、这么多的生产方式、这么多的分配方式、这么多的思维方式、这么多的价值观念,在这样一个背景下如何建立科学合理的社会认知体系、评价体系? 当然这个也是国家治理的使命,华中科技大学国家治理研究院就以此作为解读中国问题的突破口,我们希望能够在深度把握中国复杂性的基础上为中国社会更好地实现善治提供一些可能的执行建议。说实话,我们还是觉得自己的力量非常单薄。

在这样一个背景下,我们来讲讲多元价值下的文化自觉问题。我们之所以要文化自觉,就是因为价值太多元、太复杂了,所以我们需要有深度的文化自觉,这就是我们内在的逻辑。何为文化自觉? 这是大家首先都会问到的问题,我给大家推荐两段话,一段话来自中国著名社会学家、人类学家费孝通先生,他曾经写过一篇文章叫作《反思·对话·文化自觉》,他说:"文化自觉"是当今时代的要求,它指的是生活在一定文化中的人对其文化有自知之明。这句话的核心是"自知之明",也就是要明白文化的来历、形成过程、所具有的特色和它发展的趋向,并且不带任何文化回归的意思,也不是要复旧——他知道人们一讲到"文化自觉"就是要回到老祖宗那里。我认为回到老祖宗那里是必要的,但是仅仅回到老祖宗那里是不够的。同时他也不主张全盘西化,他知道很多人一讲到"文化自觉"就是要把西方文化请进来。"自知之明"是为了加强对文化转型的自主能力,这就是我们讲到的转型。而文化决定对新环境、新时代的适应是文化选择的自主地位,这就是我们讲文化选择与文化自觉。另外我们推荐习主席最近讲文化自觉的话,他说:一个民族、一个国家必须知道自己是谁,是从哪里来的,要到哪里去。尤其是作为一个中国人。他说:我们生而为中国人,最根本的是我们有中国人的独特精神世界,有百姓日用而不觉的价值观。"日用而不觉"就是价值观带给我们的力量和作用,我们生活在其中而不自觉。今天我们希望能通过讲座、研讨、分析与反思来提升我们的文化自觉。

当然，今天的中国面临很多文化控制，我们在这里列举了七大文化控制。比如说文化围城，大家都读过钱钟书先生的《围城》，他说：婚姻就像一个围城，围在城里的人想逃出来，城外的人想冲进去。婚姻就像一个黄金做的鸟笼子，笼子外面的鸟拼命想进去，笼子外面的鸟拼命想飞出来。什么叫"文化围城"？我不知道有没有人专门讲过这个概念，我自己1996年在英国学习的时候，牛津大学邀请我去做一个演讲，我当时就用了"文化围城"这个概念，这篇演讲的题目是《跨文化的误解及其超越》。英国的传统、保守与中国形成鲜明对照。在这样一个背景下，我们来讲"文化围城"，东方人向往西方，西方人向往东方。五四时期胡适主张全盘西化，而西方人却告诉我们21世纪是中国的世纪。过一段时间我要去美国讲学，其中有一个演讲的主题就是美国人一心把世界未来的希望寄托在中国，这确实值得深度探讨。然后我们还有很多的文化竞争。中国在经济竞争中是世界第二，政治竞争方面我们是联合国常任理事国，军事竞争方面我们有了"辽宁号"，科技竞争方面我们的"天宫一号"已经在天上飘荡了三年，这些都是了不起的。但是我认为没有什么东西比文化竞争更厉害，而且这也是中华民族唯一能拿得出手的、真正能够影响世界的。我们今天社会上有一些不安全因素，我认为我们最大的不安全就是文化不安全。有多少同学去看过校史馆后面的文化素质教育纪念墙？我们专门把杨叔子的一段话刻写在那上面，他说：一个民族如果没有强大的科学技术，它的命运可能会很悲惨，叫一打就垮；而一个民族如果没有强大的理想信念、正确的价值取向，它的命运可能会更加悲惨，叫不打自垮。前边我们讲到的苏联、东欧就是不打自垮的例子，当然这其中也有西方人的谋划。我们中国的今天面临着同样的威胁，我们后面还会专门讲到这方面的问题。另外，我们强调文化软实力，一开头就讲到国家实力由硬实力到软实力是中国文明的进步，然后还有文化需求、文化品格、文化使命。什么是文化？这是一个非常复杂的问题。今天我们不打算专门就文化问题刻板地做学术方面的厘清，但我自己把它分为四个方面。

第一是现象方面，它是使人超越于自然生命体的生活方式，文化就是人的生活中的一切。第二，从本质上来看，文化使人的生命获得超拔的理想价值追求，它解决的问题就是人为什么活着，为什么还要活得艰难，而且为什么这么艰难也要活。其实只要去探究生命的意义,只要努力地去创造生命的意义,生命的价值就一定会展示出来,这就是我们经常讲的人所具有的文化的生命的意义。第三是文化的行动方面,它是指向一定目的和利益的人为性程序设计。比如我们人文讲座到了第 1999 期要搞一个活动,大家开学了要搞开学典礼,毕业了要搞毕业典礼,毕业典礼上一定要把帽子上的流苏从左边拨到右边,而且这个程序非常严格,这就是文化。有时候文化的形式比内容还要重要,当然形式和内容的内在是相通的。第四方面,文化更重要的是它传承、教化、凝聚的功能,它使个体从属于一定的群体,这就叫文化育人。

所以,在这样一个背景下,今天中华文化建设面临三种资源选择。在 2007 年我写了一篇比较长的文章讨论了这个问题,那篇文章的题目是《当代中国文化构建的资源选择与价值取向——评有关"复兴国学"的争论》,我当时在文章中讨论的问题就是当代中国经济建设出了问题时到哪里去获得道德资源。有的人说我们回到孔夫子那里去,我认为仅仅靠孔夫子解决不了今天中国的问题,但是我们要弘扬中华优秀文化——这是我们的第一种资源。习主席在今年的五四讲话中专门讲到了中国传统文化,他列举了很多传统文化中的内容,都是我们中华文化中非常优秀的东西。我们需要认真研究如何将这些东西融入当代中国市场经济和信息化体系中。第二种资源就是西方先进文化,仅仅依靠中华传统文化是不行的,还需要西方先进文化。那么西方优秀文明是怎么走过来的? 给了我们一些什么启示呢? 大家知道西方文明中有一个很重要的内容就是"原罪说"。我原来还不太相信这个原罪人性假设,现在看来其实每个人心中都会有各种各样的邪念和善念。西方文明强调的是要有一个严格的责任与诚信体系,让想犯错的人犯不了错,让犯了错的人能够有机会改正,这就保证了一个社会的正常运行。然后我们再来谈谈西方的法治、民主。在整个西方文明的民主与法治体系中,又有灵活的市场机制作为调节机制。当然市场经济是有代价的,它和价值规律这个看不见的手一起来调节,从而使公平和效率能够得到一定的保障。然后在这个基础上西方强调平等与博爱,强调每个人的自由不能妨碍他人的自由,强调对他人权利的尊重,强调个性自由。这些东西都是我们中华文化应该认真学习借鉴的。这是西方文明的密码，他们造就了西方文明，铺就了人类的文明大道。讲到这里，我想谈一谈美国，我们在实现中华民族伟大复兴的过程中很重要的一点就是要和美国竞争。我们要实现中华民族的伟大复兴，就必须深入地了解美国成功的奥秘，这个问题需要做深入研究。美国不仅依托于独特的区位和资源优势，而且在让美元成为世界货币的同时保持主权独立。也就是说，全世界都在用美元，而美元只有美国联邦银行才能够发行，于是它保持了作为主权货币的国家权威性，又保持着对于世界经济的影响力。美国人即使天天不干活，仅仅从美元在世界的流通中就能获得很大的利益。同时，美国有一种实用主义哲学，强调永远要找准这个民族发展的最大的对手和障碍，并坚决地与之战斗，永远要站在世界领先的地位，并且领先所有国家三十年。所以大家听到现在美国人经常讲中国"威胁"论，你千万就不要真的以为今天中国在一些地方威胁到了美国，在美国人心中只有超越所有国家三十年才是安全的，现在发现已经不到三十年了，他们就开始着急了，这就是他们的忧患意识。所以美国这样一个优点非常值得我们学习，而且美国文明最深入的密码就是文化。英国的一个著名学者、牛津大学的以赛亚·柏林在给我主编的《当代英美哲学地图——当代英美哲学与哲学家研究丛书》写下他的毕生回顾时，告诉我其实有两种自由：一种叫积极自由，另一种叫消极自由。所谓积极自由，就是"free to do what you want to do"，即"自由地做你想做的事情"，这是一种自由；另一种自由叫消极自由，"free from limitation"，即"寻找自由首先是在限定中寻找"。这就是两种自由，是对于人性的真实意义上的理解，所以我认为这种文明是需要我们来深度关注的。美国把自己所有的地区、民族、人群凝聚在一起的就是靠它的价值观，这是全体美国人安身立命的东西。而中国价值观在哪里？这就是我们今天讨论的核心话题。在中国当代文化建构里边还有一个重要的关于马克思主义的问题——马克思主义就是我们的第三种资源。20世纪的中国走到了今天是离不开马克思主义的中国化的，马克思主义给我们理论、思路、方法。通过我这么多年对它的学习研究，我觉得有很多问题值得我们探讨。比如说马克思的墓志铭：哲学家们只是用不同的方式解释世界，而问题在于改变世界。这一段话被刻在马克思的墓碑上，表明了恩格斯等人认为这句话是马克思全部著作中最重要的。马克思认为哲学家们过去关注的是解释世界,解释世界固然重要,但更重要的是改变世界。就在改变世界背后蕴藏着人的自由解放与发展的全部奥秘,因为人的自由解放就是在与世界的关系中获得的,这就是我们讲的"free from"和"free to"两者之间的关系。然后马克思讲到了未来社会,未来社会应当是一个自由人的联合体,而这个联合体是以每个人的全面自由发展为原则的基本社会形势,而这种自由恰恰是人性最高的要求。他说人的类特性恰恰就是自由自觉的活动,而这种类特性必须通过每一个人表现出来,那就是每个人的自由全面发展是一切人自由全面发展的条件,所以说马克思主义在今天的中国仍然起着价值观、理想信念等作用。我自己在很早的时候就专门研究辩证历史唯物主义,我觉得这些东西对我们今天的中国来说仍然具有非常重要的意义。我们特别要强调的是,这三种资源都非常重要,但是三种资源中任何单一资源都不可能解决当前中国面临的复杂问题。我的建议是把这三者内在地、有机地整合起来,而这种整合就形成社会主义价值观。这就是党的十八大不断地、明确地提出后来又不断地强调的"三个倡导":倡导"富强、民主、文明、和谐",倡导"自由、平等、公正、法治",倡导"爱国、敬业、诚信、友善"。它是整合了西方文明,传承了中华文明,创造了中国的马克思主义文明,也就是将这三种资源内在地整合起来,所以它可能会成为中国社会未来发展的重要的基础,也是我们今天应当具有的文化自觉。

我要特别说明的是,绝对不仅仅是中国人在讲文化自觉,我特别愿意举一位美国的朋友——著名政治家卡特为例,大家知道卡特对中国的意义有多大吗?当年就是他下定决心让美国跟台湾当局断交,跟中华人民共和国建交。这件事情在当时的美国引起了极大的争议,有的人甚至要弹劾他,而卡特作为一个著名的、高明的政治家,在一个最关键的时候做出了一个最恰当的决策。去年卡特专门谈到了那段故事,前不久他对中国的情况给予了高度的好评,而且在美国还欣欣向荣的时候他就写了一本书叫《我们濒危的价值观》。在书中,他研究美国道德危机,他代表美国人来反省美国的道德问题,他说:"一个国家之所以有权威和影响,是因为道德因素,而不是军事实力;是因为它的谦卑而不是傲慢无礼;是因为我们的国家和人民愿意为别

人服务而不是控制别人。一个没有道德的国家很快就会失去它在全世界的影响。"我觉得这就是美国优秀政治家所具有的超越性。

在我看来,全部文化自觉的核心就是"认识你自己",这是我们哲学全部的精髓。希腊有很多的神和神庙,其中有一座神庙叫德尔菲神庙,又叫太阳神庙,它代表了希腊人的智慧。大家知道神庙是人去祭神的地方,但是希腊人的聪明就在于用神的口告诉人:"崇拜我干吗? 认识你自己就好。"我拍过很多斯芬克斯的照片,其中最喜欢的一张是在德尔菲神庙的博物馆拍的,这个健美的斯芬克斯是在德尔菲神庙出土的,它的背后就是古埃及的斯芬克斯之谜,而这个东西恰恰代表着人类从古到今的自我认识。无论是德尔菲神庙的"认识你自己",还是斯芬克斯之谜的"认识你自己",其实都是在提醒人类"认识你自己"是最重要也是最难的。我们发现人把世界全部都认识清楚了,比如中国的"天宫一号"飘荡在天空,我们可以控制它,我们还可以发射"神舟"上去跟它对接,科技已经达到了这样的水平。但是我们想想人对自己认识到了什么程度,我认为今天的人类面临着前所未有的迷茫。

下面讲当代中国的国家认同。国家认同是一个非常重要的概念,只有认同才能找到精神家园。在西方文化里有一个非常重要的概念叫作 identity,我想出了六个层面,这就是我们的精神家园的诸多层面。第一个层面是人生活的自然地理环境以及相应的生态家园感,在座的诸位都会感受到出生地给自己带来的认同感;第二个层面是文化,即在一个特定的文化体系里生长形成的一种文化的认同;第三个层面是政治意识形态和政治认同感;第四个层面是社会的经济模式、分配体系以及相应的安居乐业感;第五个层面是家庭亲友及其亲情感;第六个层面是人的自我价值取向和自我的成就感。当然这六个层面只是我个人做的一种梳理,但是这六个层面都是需要有所认同的,而且六个层面中的任何层面出了问题都会导致大问题。在这样一个背景下,其实国家认同在整个国家的认同体系中占据最高的地位。国家认同包含着政治认同、民族认同、宗教认同、文化认同等等,而国家认同是所有的认同中最高的层面。我们今天来讲国家认同其实是要把认同提高到国家这样一个最高层面、最高境界来加以分析,而且今天中国的国家认同面临着很多复杂的外部因素。

如今西方人对中国仍然有很多威胁、强硬、傲慢、挑战等等,早在 20 世纪 50 年代,一个叫杜勒斯的美国国务卿就已经明确地提出要把和平演变的希望寄托在社会主义国家第三代、第四代人身上。而今天的中国的地缘政治极为复杂,我们和 14 个国家临土相隔,和 8 个国家临海相隔,即我们是和 22 个国家临土、临海相隔。我们每多一个临土、临海相隔的国家,就多一个邻居,多一个好朋友,也可能多一份麻烦,所以在这样一个背景下,中国是全世界地缘政治最复杂的国家。全世界一共有七个核大国,其中四个在我们的周边,我们要有这样一种危机意识。另外,美国兰德公司毫不客气地帮助美国政府制定了对华战略三步走:第一步是西化、分化中国,使中国的意识形态西方化,从而失去与美国对抗的能力;第二步是在第一步失效或成效不大时,对中国进行全面的遏制并形成对中国战略上的合围,包括地缘战略层次和国际组织体系层次,以削弱中国的国际生存空间和战略选择余地;第三步是在前两步都不见效时不惜与中国一战,但是作战的不是美国直接参战,而是支持"中国内部谋求独立的地区或与中国有重大利益冲突的周边国家"。习主席用了极大的努力去解决我们与周边国家的关系问题,当然中国在这段时间以来在外交上有了重大的、革命性的、战略性的调整和进步。

接下来的一个问题是中国的国家认同的内部障碍问题,我们看到周边国家在不断地给我们制造各种各样的挑战,而内部面临的障碍也不少。首先是一国两制体系中的爱国与爱港的统一问题。我去了多次香港地区,香港地区问题的复杂性绝对超出非法"占中"的表象所告诉我们的东西。其次是海峡两岸的问题,两岸统一尤其是和平统一的前景到底如何呢?我曾经去拜访了台湾海协会的会长,我鼓励他为这件事情做出一些努力。至于要讲到海峡两岸的统一的问题,那更是一个长远的、战略的、全局性的问题,而且现在变成了一个根本性的问题。此外,还涉及民族、宗教等问题。最后是全球华人的中国国家认同的问题,在这个方面有很多问题需要我们做深入研究。

从价值多元化来看国家治理体系的底线与边界,这是我们非常敏感而重大的政治问题。对此我们提出了五个问题。第一,各个"元"之间在讲认同前有没有共同的基础,这是需要我们去寻找的,如果这个边界、基础寻找不出来，我们在讲认同时就没法实现一个最大公约数。第二，不同的"元"的基点之间有多大的差异。应该说差异是非常大的，比如说所有制里面，国有的、民营的，等等，这个差距是非常大的，它们对于中国的市场的要求、政府的要求、服务体系的要求、法律体系的要求的差距都会非常大，那么我们应否、能否和如何通过一个有机的体系来整合不同的"元"呢？我们在前面分析了不同的"元"各自的价值合理性，然后我们要找到一个能够把它们整合起来的体系，这样才能够被称为"善治"的国家治理体系，但这一切都是很难的。第三，中国国家治理的底线在哪里。我们面临这么多的地区、群体，有的群体是低收入的，有的群体是残疾的，有的群体是非常优秀的，他们有的需要通过效率来调动积极性创造更多的财富，有的需要社会来保护他们，给他们越来越多的保障，从而使他们能够生存、发展。但是社会应当拿出多少？高端目标在哪里？而且我们这样一个体系需要多大的覆盖面、多深的包容度？这些都是需要我们来深入研究的。

所以，国家治理、国家认同，以及我们前面讲的道德文化自觉、价值多元，其实可以汇聚为我们的结束语，那就是"认清使命，提升境界。"从方法论上来看，我非常强调我们要用复杂性思维看世界，今天的世界真的太复杂，超出我们的想象，而且这种复杂性是以不同的人群作为自己的代表的，它必须在国家的统一的管理体系中体现出来。学会复杂性思维是当代人的必修课，现在科学也不是简单性的，超循环理论等告诉我们世界是动态运行变化的，而变化的不确定性、模糊性对人类是有挑战的。我觉得也许中国价值能够为世界价值提供更加丰厚的资源和材料，我们在开拓中国之道的同时也是在开拓一条迄今为止人类所有国家还没有来得及走过的路，这就是我们的责任，而且这也是我们的艰难所在。我们一直是摸着石头过河，这实际上是在趟一条新路出来，这一条路是所有文明要素积极的方面的整合，当然非常之难，所以我们要提升全球化时代的文化境界，推进中华民族的伟大复兴。最后，我用费孝通先生的一段话作为结束语，他强调文化，强调价值建设，他说："各美其美，美人之美，美美与共，天下大同。""各美其美"是指每一个人、每一个企业、每一行业、每一个地区、每一个民族都把自己发展得极美，发展到最好；"美人之美"就是要学会倾听、学会欣赏、学会包容，要看到别人的美也是有价值的,这一点对我们今天的中国人特别重要;"美美与共"是指美与美相碰撞才能产生出更大的美,最后实现"天下大同"。我估计天下大同需要很长时间才能实现,而天下大美通过我们的努力总是可以实现的。

2014 年于华中科技大学演讲
陈晨晨根据录音整理

文学与艺术

WENXUE YU YISHU

京剧的文化品格

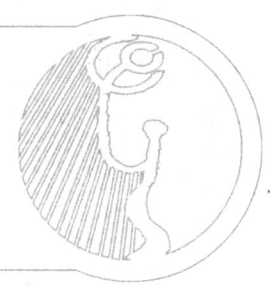

傅　谨　中国戏曲学院教授

　　清朝的一些皇帝很喜欢看戏娱乐,只是因为在传统社会里戏剧是他们最豪华、最高水平的娱乐。为了给乾隆皇帝做寿,全国各地纷纷把戏班送往北京。从后来的文献看,在当时的北京城,几乎整个大街上都是各种各样从全国送来的戏班。

　　清代的宫廷里边也有自己的宫廷戏班,但是水平不太高。一般人给皇帝演戏的时候,想的是如何让皇帝喜欢。而宫廷演员首先想到的是不要犯错误,就像官员一样不要犯错误,至于做什么是好的,这是另外的事情,不犯错误是一条底线。可是,皇帝喜欢的东西未必是最好的东西。历史上几乎没有宫廷戏班办得很好的先例。在这件事上,古今中外,概莫能外。所以皇帝想要看好戏,得到民间和社会上去找。当乾隆皇帝做寿的时候,各地方的地方官员就把他们当地著名的戏班送到北京去。这其中做得最好的是扬州一带的徽商。

　　在清代中叶的时候,扬州是一个很重要的码头和运河集散中心。南方的稻米和盐都是通过扬州运送北京,所以扬州就集中了很多商人。而徽州人很会做生意,所以扬州就有很多富可敌国的徽商。商人也是要娱乐的,所以商人之间选戏班就成为他们的一种习惯。乾隆皇帝下江南的时候,曾领略过当地的戏班的精彩表演,记忆深刻。当地的官员为了让乾隆皇帝高兴,就让当地的徽商把戏班送到北京。从 1790 年开始出现这样的事情,而且在当时认为扬州一带的徽班表演是最出色的。

徽班会演各种各样的剧种。中国历史上，包括在清代已经出现了各种各样的剧种，包括昆曲、徽戏、秦腔等地方戏。扬州的地方戏班会演各种各样的剧目，既要演昆曲，也要演徽戏等其他的许多剧种。这些个戏班到北京就是为了给皇帝演出的。在很短的时间里，相继有很多著名的徽班来到北京，如有名的四大徽班。

徽班到北京以后，是给皇帝祝寿，并且有商人和朝廷的资助。当时清代的宫廷是每个戏班到北京会给 200 两银子。200 两银子是一个很大的数目，因为在清代的时候，用 5～10 两银子就可以开店。所以 200 两银子对戏班来说不是个小数目。但是对所有营业性的戏班来说，200 两银子只够他们一段时间的经营。除了这 200 两银子之外，徽商也会对其有所资助。但是，他们在给皇帝祝完寿之后不会立即就走，他们总是会在北京试一试有没有市场。这样这些戏班就慢慢在北京扎下根，而且也很受北京观众的欢迎，于是就渐渐成为在北京驻扎的戏班。

这些戏班里有安徽的艺人，渐渐有湖北的艺人加入，同时也带进了湖北的汉调。在徽戏、汉调的基础上，渐渐就衍生出一种新的戏剧样式，即京剧。当时还没有京剧这一说，而是称之为皮黄，是两种基本的曲调。皮黄戏在北京很盛行，所以人们一般把 1790 年看成是京剧诞生的开始。

更准确地说应该是京剧诞生的契机，因为在 1790 年的时候，徽班刚刚进入北京。徽班进入北京并不意味着马上就有了京剧。在北京待了四五十年之后，京剧作为一个独立的剧种才渐渐出现。大概就是 1840 年鸦片战争的时候，京剧正式诞生。这对中国戏剧艺术来说是一个很重要的阶段。现在无法知道皮黄戏什么时候才真正诞生，和京剧有关的历史资料也已经搜查遍了。

去年的时候，我主持编写了《京剧历史文献汇编·清代卷》（共十卷）。书里面包含了现在能够找到的和京剧有关的所有文献。从那些文献里边找不到京剧产生的确切年份，只能发现，在 1840 年左右，皮黄戏就已经成型，演皮黄戏的演员也大受欢迎，所以 1790—1840 年可以看作是京剧诞生的时期。因为京剧诞生是从徽班进京开始的，所以我们把 1790 年徽班进京看成

是京剧诞生最重要的时间段。20多年前北京曾经举办过纪念徽班进京200年的大型活动，演出了很多著名作品，使得整个社会对京剧有了更深入的认识。

四大徽班进京讲的是民间的戏班进入北京以后催生的剧种。北京是宫廷所在地，皇帝生长于此，包括乾隆皇帝及以后历代皇帝都喜欢看戏。清朝宫廷戏班里最初并没有皮黄戏，他们唱的一般都是昆曲、昆腔和弋阳腔。当时清廷规定只有昆腔和弋阳腔才允许唱。其实当时民间已经有秦腔、汉调徽戏等乱弹戏，从明末开始就已经有各种各样的地方戏和剧种，但都被认为是比较土的剧种，而昆曲被认为是比较雅的剧种。

昆曲从明朝中期开始成熟，成为文人士大夫特别欣赏的剧种，因为昆曲在某种程度上来说代表了他们的趣味，是中国雅文化的结晶。直到今天为止，昆曲仍然是中国雅文化的重要代表，在文学、音乐和表演上都代表了中国雅文化的较高水平。

在明清时期，其文学形式有传奇剧本，代表了明清文学的最高成就。民间的一些小说也很好，但是诗词就比较少。文学史部分谈论的主要是传奇。中国音乐史也是这样，到明清之际最高的代表就是昆曲，人们会用大量笔墨去描写昆曲。昆曲代表了中国雅文化方面的较高水平。从中国舞蹈史来看，早期的有汉唐乐舞，宋代宫廷舞蹈，明代就是昆曲。

有人说，中国的宫廷舞蹈就是雅，但是作为雅文化的舞蹈到明代就中断了。最主要的原因是从明代开始就以昆曲的表演为主，昆曲是明清两代最主要的艺术代表。北京舞蹈学院近几十年来做了一项非常重要的工作，就是研究中国古典舞。舞蹈是靠一代代人来传承的，我们现在并不知道汉唐及宋明的舞是如何跳的，只能看敦煌文献和敦煌里面的画。但画是静态的，动态的怎么跳也不知道。从先秦到汉唐有很多关于舞蹈方面的文献，通过这些文献也没办法说明舞是怎么跳的。北京舞蹈学院的研究所依靠的也是古典文献、敦煌壁画和昆曲表演。把这三者联合起来，研究的舞蹈看起来很古典，也很符合我们想象中古典舞的趣味。所以昆曲在中国舞蹈史上也有很重要的地位，无论是文学、音乐还是舞蹈方面，昆曲都是中国艺术雅文化的主要代表。

但是,昆曲在另一方面完全代表了文人士大夫的趣味和审美理想,它在方方面面都是文人的艺术表达。在任何一个时代和国家,雅文化都只能代表很少一部分人的趣味,其接受的群体也有限。对于大部分人来说,像昆曲这样精致典雅的艺术,是他们并不能接受和理解的。所以普通老百姓看戏趣味的满足需要更加民间化的方式来体现,即从明中页开始的秦腔来体现。从秦腔开始流传到全国各地,一直到发展出京剧。被称为秦腔或乱弹、梆子、徽戏或汉调的这些地方剧种,在剧目或表演方式、音乐上都更加接近民间趣味,因而被有皇家优越感的宫廷所排斥。因此清代宫廷只能演出昆腔和弋阳腔。

清代最初有负责演出的机构。唐代的梨园是专门为宫廷提供表演服务,培养专门的音乐艺术家的机构。清代最初的机构叫南府,后来改名为声平署,是专门为宫廷提供表演人才的地方。他们从民间买一些小太监,培养他们的演出能力,演的主要是昆腔和弋阳腔。

逐渐地,事情就会发生变化。乾隆皇帝整日在宫廷里听昆曲,可是当他游历民间的时候,会发现民间有很多更有趣的东西,有些就是徽班唱的乱弹戏。因为皇帝喜欢,所以各地的官员才敢把这些戏剧送到北京去。昆曲之外的乱弹戏就慢慢受到北京的王公贵族、旗人、文人的欢迎。在激烈的市场竞争中,他们的表演水平逐渐提高,远远超过宫廷的戏班。皇帝有权享受最好的文化产品,也愿意这样做。所以当宫廷发现民间的戏班水平远远超过宫廷水平的时候,就会想方设法地请他们去宫里演出。

最初,没有什么好的名目,就用请民间老师到宫里教戏的方式请社会上有些戏班去宫里演出。四大徽班进京以后,他们和宫里的太监不一样,这些徽班里的艺人逐渐被请到宫里去任教习。因为他们都是普通老百姓,所以就称他们为零级教习。但是逐渐地,他们的主要工作就变成了专门给皇帝演戏。外面的表演者在宫里演戏,他们的风头也慢慢盖过了宫廷戏班。所以大约在同治时期,宫廷戏的表演主要是在节日期间演一些场面戏。皇帝真正要看的戏则更倾向于外面的表演水平高、更加有趣味的戏。

稍晚一些,这些民间演员又被叫作内廷供奉,是一种专门的职位。比如倒马桶的有倒马桶供奉,洗衣服的有洗衣服供奉,理发的有理发供奉,是一种专门给皇帝当差的职位,有较好的赏赐。一般是在本行业里做得很好的人才能进宫做供奉。而且,在宫里当供奉之后,再去外面演戏,收入会更高。

在这个过程中,有两个重要的变化。一个是太平军起义。太平军起义对社会的破坏很大,也是清代历史上遭受的很重的创伤。太平军起义席卷大半个中国,使生产力遭到很大破坏,人口减少。

太平天国后来定都南京,而昆曲是发源于江苏一带。昆曲的音乐和表演形式就是江南文化的产物。历史上清代宫廷学演戏的那些人,大都是从苏州来的。苏州话的母语优势使得他们学习昆曲更加容易,唱起来也更加好听,更有韵味。《红楼梦》里荣国府也是从苏州买来十二个小孩组织戏班。从苏州找人来唱戏,不仅是宫廷,也是王公贵族喜欢做的一件事情。

但是太平军起义之后,苏州一带在几十年间都是太平军占领的地方。宫廷就不能从江苏买孩子入宫学习昆曲,所以宫里的昆曲表演水平就开始急剧下降。以前是小孩子训练一段时间就可以表演得很好,而且他们长大之后,会有一拨拨的人来接替他们。太平军起义断了苏州孩子进宫的路,但是当起义被镇压之后,宫里唱戏的太监已经太老了,所以再让那些老头去表演一些爱情戏就不合适。这时候宫里的戏剧水平就更不如民间。

慈禧太后掌权对于京剧的发展是另一件非常重要的事情。最初为西宫太后的时候,慈禧和东宫太后都爱看戏。名义上是二人共同掌权,但其实是慈禧的权力更大一些。在长达几十年时间里,慈禧掌握着宫廷的管制权。慈禧比以往任何皇帝都爱看戏,可是她爱看的是皮黄而不是昆曲。这与她成长的环境有关。

太后和皇帝是不一样的。皇帝是从小就定下的人选,一生出来就是要当皇帝的。皇帝的儿子一生出来就要受到严格的宫廷训练以便日后有当皇帝的资本,他们要看很多书。清朝中叶之后,皇帝要学外语,请外教,学习礼仪,而且从心里就要接受皇家的正统思想,比如说接受昆曲是大雅的艺术。哪怕心里喜欢的是民间喧闹的艺术,也得在表面上装作喜欢皇家艺术。

而皇后或太后则不一样,没有人生来就是太后。皇后或太后大都是长在宫外的,都是别人家的女儿。比如,如果我们现在生活在清代,女孩子大都有当皇后的可能,而男生却大都没有当皇帝的可能。一般在王公贵族家长大的女孩子,当她们小的时候,没有人会把她们当皇后来培养,她们就在相对自由的环境下长大,有更多的自由去看她们喜欢的东西。而且中国传统思想中,女孩子是要嫁人的,也不要求她们读很多书,审美就会相对更自由、更多元,有更多的选择空间。所以当慈禧掌权之后,她自己从小的趣味就要得到满足。而宫人为了让她满意,就把宫外越来越多的皮黄戏带到宫里。

在慈禧执政的几十年时间里,宫廷中的戏剧演出从全部演昆腔戏到逐渐发展为大部分演皮黄戏,只在开头或结尾唱昆曲以装点样子。到最后,甚至连装点样子都不要了,只唱皮黄戏。

宫廷的戏剧表演对社会上的戏剧变化造成了很大的影响。在宫里只唱昆腔的时候,社会上一定有很多人演昆曲,一方面是为满足宫廷的需要,另一方面是上有所好,外面的贵族也会跟风去听。但是当宫廷里不听昆曲的时候,就没有什么可以阻挡社会上的人们去听那些热闹的皮黄戏了。皮黄戏越来越成为北京城的流行剧种,这样的变化是皮黄戏在北京急剧兴盛的重要契机。一个是太平军断了昆曲演员到北京的路,另一个就是慈禧太后的执政成为皮黄戏和昆曲在北京城此消彼长的重要因素。此后,皮黄戏就在北京城完全站稳了脚跟,而且开始传播到全国各地。

京剧是由徽班带进北京的,可是徽班在北京演出了一段时间之后,有很多来自湖北的艺人把汉调带到了北京,这是京剧成型的一个重要契机。京剧的语言用的是湖广音、中州韵,比较接近汉调的语言。这些不是北京话,又和昆曲江南话很不一样,会更加有一番粗犷的韵味。这种韵味在几十年的时间里征服了北京的居民。这也是所谓的花雅之争,昆曲变成了雅部,昆曲之外的剧种都称为花部,花即通俗之意。很多学者认为,在花雅相争的过程中,结果是雅部失势、花部崛起。

宫廷对于京剧的繁荣发展起着相当大的作用。但如果把京剧的繁荣全部归功于宫廷是不公平的,也是不符合实际的。北京民间的戏剧也对京剧的诞生繁荣起着特别重要的作用。从清代开始,北京就开始出现各种各样的茶园。茶园是唱戏的地方,不是喝茶的地方,为何会得名茶园却不太清楚。正如成都有很多的茶馆,是喝茶聊天的地方。全国都有各种各样的茶馆,但和北京的茶园不一样。

北京的茶园一定是带戏台的。它卖茶,但是价钱有高低,定价的标准是看戏的位置而不是茶叶的好坏。茶园里有个台子,上面有两根柱子,前面会有池子。上面有廊座,人站的地方还可以竖着摆些桌子。现在很多的电影或电视剧里边的桌子摆放方式都是不对的,桌子不是横着放的,清代的桌子椅子都是竖着摆的,所有的人都是弯着脖子看戏,没有人正对着台子。台子有上台、下台两面,靠右边的地方价位最高。茶园里边京剧演员都是左边上场、右边下场。所以右边的座位是最好的,据说是因为在这个地方看演员最清楚。演员一出来就直接和右边的人打照面,结束离场的时候还可以向右边的人打个招呼。中间的池座是价位最高的,上面的包厢也很贵。总而言之,茶园里坐在不同的地方价位不一样,其依据是看戏是否方便。

茶园里永远不会有像样的茶可以喝,可是能看到很好的戏。在乾隆时期,有很多个好的茶园,这些茶园就每天演戏。茶园对于清代京剧的发展起着特别重要的作用。另外有一些奇怪的制度,这些都对京剧的发展起到了重要作用。

茶园里还有一个安转制度。清代有很多的戏班,有好有坏,就像茶园也是有好有坏,另外还有一些低档的演出场所。京剧或昆曲演员可以到茶园里来唱,赚的钱就比在茶园外面多。因为京剧难学,要吃苦,所以得到的回报就比较多。每一个健康的社会都是这样的,一分耕耘一分收获,东西难学,那么学会之后就应该得到更高的报酬。

因为戏班有很多,他们必须要到茶园去演出。清代有一种规定:办戏班的人不准开设茶园,即戏班和茶园不准兼营。比如湖北京剧院另外兼营一个剧场,这在清代是要坐牢的。因为湖北京剧院有了剧场之后,他的剧场就霸着演自己的戏,不演戏的时候就空着。回头发现开家具店更挣钱,他就会把剧院租出去,自己不演戏了。所以,剧团和茶园之间的规定很有效率。

清朝的规定使得戏班和茶园之间一定发生经济关系,这种关系是一种双方制约的关系:戏唱得好,茶园的收益才高;如果不好,茶园就拒绝接受这个戏班。不像我们现在的剧团有自己的剧场,演得再不好也可以在里边演。这就使得办茶园的老板一定想方设法去做好经营,他会努力去吸引观众,去卖票,因为没有戏班想在他们唱戏的时候没有人听。同样,戏班也会努力把戏唱好,因为唱得不好,观众不喜欢听的话,茶园收入就不好,也就不会请他们去唱戏,他们也就会没有收入。

因为清代规定一个戏班不能老在一家茶园唱戏,所以大家之间就组成一个像梨园公会之类的组织。戏园之间互相有联盟,并且相互谈判,制定制度:每一个戏班在一个戏园里边演三到五天的戏,然后必须换到下一个戏园去演出。这就是所谓的安转制度。比如一共有六个戏班、六个茶园,那这六个戏班就会连轴转。如初一到初四是甲方演,初五到初七是乙方演,那么初八到初十的时候,甲班再到别的地方演。

安转演出是一个非常残酷的制度,也存在非常激烈的竞争。每个茶园在一个月之内都要接五六个戏班。这戏班演得好不好,茶园和戏班之间是分成的。如果是三七分成,茶园占三成,戏班就占七成。每天都是这样,戏班和茶园的老板几乎每天都要这样算账。如果茶园的经营能力强,戏班又好,那么观众就多,收入就好。三五天之后,当这个戏班到别的茶园去表演的时候,就会带着名声一起去。相反,如果戏班演得不好,就会难以继续发展。所以不断轮转就不断刺激各个茶园提高其经营水平,也不断让演员提高其表演水平。如果三转两转,这个戏班到处都不赚钱,那下一次连转的时候就会被踢出去,茶园也不会同意让这个戏班来演。这是促进清中叶以后京剧发展很重要的一个制度,直到庚子政变之后这种制度才废止。而这时京剧的发展已经是蔚为大观,老百姓的商业和艺术智慧在京剧的发展过程中起了很重要的作用。

除了安转制度之外,北京还盛行堂会制度。一些名角经常会被叫到宫里去演戏。可是北京城除了皇帝之外,还有很多的王爷和达官贵人。受宫廷的影响,有很多王爷也想把演员请到自己家中表演,于是堂会之风逐渐盛行。

而在王府唱戏和在茶园唱戏是不一样的。举办堂会的名目是不多的,比如祝寿等,一年只有一次。所以举办堂会的时候,一定请的是很好的演员。演员平时是分在戏班的,而戏班是要营业的。如果把演员一个人弄出来,那么戏剧的演出就会受到影响。所以必须要给这个演员超额的回报,演员才会同意。要不然人家在戏园待得好好的,大家有钱一起赚,现在你把我团里最好的角给弄走了,那么剩下的那些人的生意会受到影响,收入会下降。所以一般会给他们比在茶园唱戏时更多的报酬。好在王公贵族有钱,不惜花大成本将名角请到家里去,所以慢慢地就形成了攀比的风气。

当你能够把名角请回家的时候,是一件很体面的事情。因为很有面子,所以当某王爷办了一次风光的堂会之后,剩下的王公贵族也会想,我也要把这些名角请回家唱一出。在这个攀比的过程中,演员的收入就会越来越高。因为越往后的人需要更多的钱才能请得到这些名角。京剧演员收入的提高使得越来越多的人愿意把自己的孩子送去学习京剧。

尽管京剧的学习是一件很苦的事情,但是当京剧演员的收入越来越高的时候,这些人就愿意让自己的孩子去学习京剧。于是这方面的储备人才就越来越多,越多人学就越容易出好角。当所有好的演员都集中到一个晚上演戏的时候,演员之间的互相攀比、互相竞争也就越来越激烈。大家互相在一起唱戏,清末以前都是下午唱戏,有人得的钱多,有的人少,就会有人不舒服,也会让人去提升自身的表演水平,这种互相间面对面的竞争是一种直接的刺激。所以这种堂会之风也间接促进了京剧的发展。

在中国,没有另外的地方可以让一个剧种在如此短的时间里提高其艺术水平。京剧在不到 100 年的时间里就成为极有竞争力的剧种不是偶然的,这是宫廷以及商业市场和堂会共同促成的。

那么京剧到底是什么呢? 如何从文化上去理解? 京剧和昆曲是不一样的东西。其中最主要的不同,从内容上来看,是题材不同。昆曲是文人士大夫的创造,充满了文人雅趣。从明初以来,文人雅士就致力于昆曲的创作,留下了很多经典的作品,包括《牡丹亭》、《琵琶记》、《浣纱记》、《长生殿》、《桃花扇》等著名的作品。这完全是文人式的。还有很重要的一点是,文人写昆曲是为了表达自己的情感,而戏是给普通老百姓看的。这就像文艺小说和写实小说的区别。在作协的很多成员中,他们写书是为了表达他们内心的世界,表现自我。但是有很多写手,他们写书主要就是为了写给老百姓看的。这两者之间,在某种程度上就可以看作是昆曲和京剧的区别。

中国有悠久的文学史,可以分成两大部分。一部分是从《诗经》、《楚辞》

到唐诗宋词，一直到明清传奇。这些文人的写作，在文辞上精雕细琢。可是文人写作的消费对象是一个很小的群体，主要是文人群体。除此之外，中国还有很重要的一类文学，就是通俗文学。我们中国文学没有史诗，中国文学从先秦一直到唐宋，没有长篇小说。中国的长篇小说是到明代之前才有的。而中国的老百姓和世界各地的老百姓都是一样的，他们是要听故事的。

讲历史故事一直都是很受老百姓欢迎的事情，可是中国从隋唐开始，也很可能从汉代开始，就出现了一批讲故事的人，即说书讲史的人。他们将很多历史上的事件演绎成生动的故事，比如《封神榜》、《三国演义》、《水浒》、《杨家将》等民间故事。以前的中国文学史是不讲这些的，一直到胡适之后才重视这些东西。

很多人知道《三国演义》是罗贯中写的，对吧？但是，这是不准确的，罗贯中怎么可能会写得出《三国演义》呢？《水浒传》也不可能是施耐庵写的。由他们单独写出这些故事，是一点可能都没有的。这些是唐宋年间说书艺人讲的，老百姓进行演绎，说书艺人一代代地讲，到了明清年间，其中有人把某种文本、某种讲法记录下来。罗贯中、施耐庵充其量是故事的整理者，而这些故事本身，已经在几百年间广泛流传。其实没有人能单独写出《三国演义》、《水浒传》那样的小说的，那是超出了文学家的能力的。这些名著其实就是无数代说书艺人能力和想象的结晶。而从唐宋以来，说书讲史就是说给老百姓听的。老百姓先是在茶馆听故事，后来一直发展到评弹、梅花烙等，是一脉相承的东西。

民间的说书讲史有将近两千年的历史，这些故事的写法与文人诗词不同，其传奇性、故事性很强，充满了老百姓对历史的理解、对政治的追求。就像关云长桃园三结义的故事，诸葛亮七擒孟获的故事，一定是一代代的艺人，在说书的过程中，慢慢丰富起来，添枝加叶，才形成后来的故事。

杨家将的故事有一点宋代的影子，可是在之后将近一百年的时间里，这个故事就被说得没边没沿，被编出了很多荒诞的故事。但是这样的故事很有吸引力，百姓爱听。因为这里边不仅包含了普通老百姓的伦理道德，还包含了普通老百姓对历史、对爱情、对婚姻、对民族关系的理解以及对政治的理解。

老百姓对政治、军事、文化的理解全部都融合在里边。它们不是一个人的创造，而是无数人的创造。这些故事好听好玩，所以从宋代开始就被搬上了舞台，即宋元南戏，写的是老百姓的故事。可是到传奇的时候，不对等。传奇全是文人自己的创作，很少采用民间故事。所以昆曲里面的故事和老百姓是有距离的。

民间的说书讲史符合老百姓的趣味。这些说书讲史到宋代南戏登上舞台一直到明清的传奇，就是从秦腔到传奇的故事，他们演绎故事的方式就是说书讲史，而且这些地方剧种在音乐上更接近民间。文人从唐代写格律诗、宋代写词到明清写曲是一个一步步深化的过程，词比诗难写，曲比词难写。对于文学的音乐性来说，词对音乐性的要求超出了诗，而曲对文学性的要求则超过了词。尤其是明清时代要讲究才情，戏写四五十出，如此长的一个文本，每一个遣词造句都得符合严格的格律，这是一个很有挑战性的事情。所以不夸张地说，现在已经没有人会写昆曲了，再也没有人知道如何把一支曲子写得工工整整、像模像样，更不用说写五十出戏，有几百个曲子，每一支曲子都要符合格律，而且每一处还都要通畅，还都要像那么一回事，故事情节也要符合逻辑。

写传奇是一件很难的事情，文学总是在不断发展。尽管我们在说的时候讲技术，但是对于任何一门学科来说都是这样，文学也是这样。写小说也是需要技术的，只是很多时候，我们在书中已经不自觉地接受了。在写诗、写词的时候，没有人不需要训练，不经过刻苦学习就能写曲是不可能的。从唐代一直到明代为止，有无数的文人在写传奇的技术上，提到了一个很高的水平。写传奇是一件很难的事情，艺人们不会，老百姓就更不会。

所以百姓就用了他们最喜欢的方式，如简单到两句程度的音乐——两句曲。在湖北，黄梅戏其实两句也是一句的上下句，等于说是诗的平平仄仄平，仄仄平平仄上下两句，组成一联。从秦腔开始，音乐变成最简单的东西，上下句，七字句和十字句上下对偶。当然，汉调皮黄是最简单的东西，可以说是两句，也可以说是四句，这四句音乐千变万化，里面加点花，就演变成很多的东西。可是它基本上是两句，因为就只有两句，所以艺人们一天到晚就唱这两句，以这种简单的音乐形式来唱老百姓可以接受的故事。现在有很多流行歌曲,里边所包含的口水歌使人一听就会,所有的口水歌都是简单的,没有复杂的歌能够流传的。所以很多做音乐的人看不起流行歌曲,因为流行歌曲在音乐上很简单。

但是反过来说,简单的东西才能流行。从秦腔到皮黄就是这样,音乐简单,故事简单,叙事方法简单。所有伟大的东西,外在的事物不重要,重要的是能直击人心。伟大的艺术不在于用的方式是简单还是复杂,而在于能不能触动人内心深处最柔软的地方。无数的艺人,从秦腔到皮黄,就是用这种简单的方式打动了千千万万的人。因此,说它们通俗也很通俗,说朴实也很朴实,而且有时还很喧闹,但这仍然是很好的艺术。

相反,像写昆曲的这些艺人,他们过于注重文字上的精雕细琢,过于注重他们会识字修饰的优越感,而忘了文学真正重要的是什么。汤显祖的《牡丹亭》千古流传,在人类艺术史上很难比拟。但是,有的人觉得《牡丹亭》这部戏写得过分矫情,没有必要把每句话都写得像朦胧诗那样。所以很多人不理解是正常的,很多艺人在演出这部戏的时候想改也是有原因的。

我认为,昆曲很伟大,可是昆曲和京剧确实是两类不一样的东西。从秦腔到皮黄,这种质朴的东西也能够产生出伟大的文学作品。有很多戏剧,像《四郎探母》,是很荒唐的故事,里边也有漏洞,有很多说不清楚的东西,但是它同样能打动人。比如说游龙戏里边说皇帝和村姑的故事,听起来很有意思,但是稍微懂历史的人就会知道那是不可能的:皇帝是不可能一个人出去的,怎么可能还去找一个村姑,还去调戏村姑。皇帝是没有机会来做这种浪漫的事的,他也见不到村姑。从正统文人和历史的角度来看,这些都是非常荒诞的,可是它里边传递的是老百姓喜欢并且愿意接受的价值观,而且用老百姓喜闻乐见的方式表达出来。因此京剧大量运用这些说书讲史的通俗题材,从这个角度说,京剧完全可以代表中国民间文学的魅力。

和《三国志》相比,《三国演义》已经做了相当大的改动,主要是向民间文化的方向改动。在戏里边,传奇性更加明显,距离真正的历史越来越远,可也正因为如此,其趣味也从此生发出来。这样的题材是京剧所喜欢的。在京剧发展并提升自己的文化品质的同时,逐步受到昆曲的很大影响。最初的徽班的那些人也无不以自己会唱昆曲为荣,尤其到梅兰芳时,他自身演过很多昆曲剧目，也为此感到自豪。总之，京剧的题材是高度民间化的。

京剧其实和中国大部分的剧种都不一样，它是折子戏。昆曲一部戏往往是四五十出，这四五十出戏往往是一两出一演，很少有整本演的。所以昆曲就形成一种习惯：一出出地演戏。比如一个单位时间的戏，在这部戏里面选择一两出，在另一部戏里面再选择一两出，构成像现在晚会这样的形式。但是中国大部分的地方剧目都不是这样的，例如秦腔、汉调、徽戏、黄梅戏等都是演整本戏，唯有折子戏是这样演的。

京剧演折子戏对于京剧表演艺术的提高其实是很重要的。昆曲的表演艺术性强，所以和唱折子戏无关。折子戏一部是四五十分钟或者半个小时，一个演员一次只能唱一出折子戏，京剧也是这样的。比如梅兰芳演戏，并非从头到尾一直都是他，可能只是到最后他才会出来，前面都是别的人演，叫垫戏，演的别的折子戏。他只演四五十分钟戏中的三五分钟，因此一定要在这短短的时间里把他最好的本领拿出来。所以，相比较而言，昆曲的演员比其他戏剧的演员要闲得多。因为闲的时间多，所以更加能够去精心打磨自己的剧目。其他剧种的演员恨不得全年都在演戏，成天泡在舞台上，所以他们的舞台经验很丰富，有很多的创造。但是就艺术的精致程度来说，京剧和昆曲更能够提升他们的精致度。

京剧是以演折子戏为主的，所以在其成长过程中，在表演上有很多的精致表现。当然，在后来的连台本上，比如三五十集的连续剧，每天晚上演半个小时左右，前面照样有垫戏。这种表演方式对于提高京剧的表演艺术水平有很大的作用。这种特殊形式很别致，从后来的情况来看，这种形式是有效果的。但是最初人们不是由于这种原因去创作这种方式。从这个角度来说，京剧是一个以老生为行当的重要剧种。

京剧中有很多重要人物，像张庚，一直到谭鑫培，都是老生演员。在京剧的发展过程中，老生都是最重要的演员。老生扮演的一般都是较为成熟的男性，像政治或军事上比较重要的一些角色，这和京剧说书讲史的题材有关系。说书讲史一般都是大量的英雄传奇、宫廷传奇、政治故事。而且政治故事非常多，这和昆曲不一样。昆曲是以声带行，老百姓爱看，也更加热闹，喜欢这种家国情怀的作品。从秦腔到京剧就适应了老百姓这样的需求，所以秦腔、汉调、昆曲、梆子等都以老生为主。老生才能体现宏大的气势，才适合表达那种宏大的政治军事题材。因此老生在京剧里边的重要性是和此类题材、风格紧密相连的。

但是京剧里边，从梅兰芳所处的时期开始，青衣演员开始成长起来，也成为一个有影响的角色，可以说梅兰芳是京剧演员里在世界上最有代表性的演员。但是在梅兰芳那个时代，他也不会认为自己是青衣的代表人物，而是谭鑫培。他自己不会认为他就是京剧第一号，是因为在京剧这个艺术形式里边，老生是最重要的行当。当然京剧还有其他的一些重要的行当，如老旦、花脸、小生、花旦等。

我曾说过一段话，关于梅兰芳表演艺术体系的问题。世界三大表演体系，只是随口说说而已，世界上其实没有什么三大表演体系。因为表演体系有很多种，绝不止三个。梅兰芳体系只有我们中国人自己说，走出中国没有人知道三大表演体系是什么。梅兰芳很重要，是京剧最有代表性的演员，但是代表中国戏曲水平的还是昆曲。有很多人未见得喜欢昆曲，但昆曲是中国雅文化的代表，最能代表中国表演美学的水平。

京剧演员大都把昆曲当成最高目标，去向昆曲学习。20世纪以来，京剧的影响力比昆曲大。京剧里边最重要的表演行当是老生而不是青衣。昆曲是中国戏剧的最高水平。如果说有人能够代表京剧，那就是谭鑫培，而不是梅兰芳。这是因为谭鑫培在那个时代是京剧走向巅峰的杰出代表。但是，梅兰芳是中国戏剧在世界范围内最有影响的人物。就艺术高度上来说，还是谭鑫培的艺术水平高。清末有一个琴拉得很好的文人，他是最早对谭鑫培进行研究也是这方面极有成就的人。他说："在京剧老生的发展过程中，谭鑫培是一个巅峰，在他之前没有像他这样高成就的人，在他之后，再也没有。"他之后，有无数人学他，有"无腔不谭"的说法。其实谭鑫培对京剧的影响远远不止老生这个行当，他在美学上是一个象征性、代表性的人物。梁启超曾给他很高的评价，说"四海一人谭鑫培"。以梁启超这样的地位来捧一个人，是非常难得的。

最近我有一篇文章讲的就是谭鑫培，认为谭鑫培是中国古代文化在清代的典型代表，他特别代表了中国传统文化的那种像杜甫那样沉郁顿挫的风格，杜甫就是从《诗经》、《楚辞》一直过来的那种美学追求的代表。这种风格到谭鑫培这里再次出现。谭鑫培所演的戏都很特殊，他的声音很粗，嗓子不是特别的高或亮。在歌剧里边，帕瓦罗蒂的声音很高、很响，是伟大的歌剧演员。戏剧追求声音洪亮、高雅，是人类所能达到的极限，而帕瓦罗蒂唱起来举重若轻。唱得好分为高难度和低难度，真正难的是唱得态势不高可是韵味在。

在谭鑫培之前，整个京剧的演唱也追求唱得响和亮。以今天为例，我们在剧场里听到演员唱得响和亮，我们依然会感兴趣。但是真正能勾起情感的是那种更具有穿透力的磁性的声音，这样才能唱出人心灵深处的感觉。谭鑫培是唯一以演失败者成名的艺术家。他演过很多的失败者，如《秦琼卖马》。《秦琼卖马》是一个典型的失败者的例子。秦琼是隋唐时期很著名的少年才俊，长得好，功夫高，出身好，是一个大英雄。谭鑫培唱得最感动人的地方是，他表现了秦琼最落魄的时候，一个大英雄，落魄到没地方住，付不了住店钱，只能卖掉心爱的战马。马对当时的英雄来说意味着一切，他唱的就是秦琼卖马，英雄末路。所以，在这里洪亮的声音不合适，而谭鑫培低回婉转的声音正表现出了这种无奈，在当时感动了千千万万的人，成为京城一代名伶。

中华文明五千年一直很辉煌，而恰好谭鑫培生活在那个年代，找到了那个特殊的点而让千千万万人感动。他所表达的这种情怀在京剧历史上没有人能和他相比。伟大的艺术家之所以成为伟大的艺术家是需要机缘的，他在当时正好唱出了这种东西，而这之后的人也再也没有这种机会了。有人说谭鑫培是亡国之音，唱的就是清帝国面临灭亡时的感慨。

上海、天津、武汉对京剧的商业化推广是北京所做不到的。上海创造出了和北京的茶园完全不同的商业模式，所以使得京剧在清末民初的时候呈现出繁荣发展的态势，成为人们生活中极重要的一种生活方式。大量的唱片在全国各地流传。电影业之所以进入中国，就是借助了京剧的力量。早期的唱片公司大都以能够录制京剧名家的唱片为荣。找到京剧名家，唱片就能赚钱。早期的电影公司也是如此，通过找名家，把他们演的剧目拍成电影来赚钱。早期的广播业也是这样的，各地方的广播电台都以能请到名家去演唱为重要的商业手段。整个 20 年代上半叶，京剧在国内的影响非常大。

梅兰芳 1930 年出国访美和 1935 年访问苏联，这两个事件是中国传统艺术跨文化传播非常成功的范例。梅兰芳访美的成功是无与伦比的，有两大因素的推动。在中国，胡适在新文化运动时骂京剧骂得很凶，但是他和梅兰芳后来成为私交很好的朋友。梅兰芳在去美国的轮船上亲笔给胡适写信。很多人认为胡适是新文化运动的领袖，所以他对京剧是不感兴趣的，事实绝非如此。在梅兰芳访美事件上，胡适是第一大推手。司徒雷登回美国之后，就和胡适共同发起了梅兰芳访美，共同筹划了这一事件。由两个国家的在政界和文化界极具影响力的人来筹划，是梅兰芳访美成功的最主要的原因。

在梅兰芳访美期间，美国的戏剧评论家写了很多文章，也有很多被翻译了过来。如果一种文化交流能够让对方的主流文化关注，这是很厉害的事情。梅兰芳访美期间还被两所大学授予大学学位。他每到一个地方去，都是这个地方的市长来接待他，或者陪他一起来接受市民的欢迎。梅兰芳的访美演出不挣钱，而 1930 年正是他最红的时候。这不是成功的商业演出，可这是最成功的文化交流演出。

梅兰芳 1935 年的访苏演出也非常成功。当时苏联和中国的关系很微妙，在一定程度上梅兰芳是作为一个使者去交流的。和去美国不同，这不是一场商业演出，可是在苏联期间，他和苏联的重要戏剧家、学者以及世界著名导演爱琴斯坦，一起组成了一个极豪华的委员会。爱琴斯坦写了一篇很长的欢迎词。苏联的大文豪高尔基、托尔斯泰都和梅兰芳有很深的交往。这也是一件很难见到的事情。

之前的交流演出，几乎见不着那个国家主要的文化名人，没有机会和他们那边的艺术家坐在一起进行平等的交流。可是梅兰芳做到了，而且真正影响到了 20 世纪的世界当代戏剧。三大表演体系中的布莱希特当时就在莫斯科看了梅兰芳的演出，当时他以为他看懂了，回到德国之后，他首先建立了一个戏剧体系。布莱希特在整个 20 世纪西方戏剧界中特别有影响，而他之所以创造这个体系，是由于直接受到梅兰芳的影响。所以梅兰芳是 20

世纪上半叶影响世界艺术发展的艺术家。他之所以能够做到这一点是因为他的访苏演出，所有的这些都能说明梅兰芳访苏的成功。

20 世纪，京剧有很多的发展变化。从宏观意义上说，京剧是雅俗融合、南北交汇而成的，京剧不是一个时代的产物，也不只是一种产物。它既不是俗文化也不是雅文化，既不是南方的代表也不是北方的代表，既不是传统的也不是现代的。

2012 年于华中科技大学演讲

牛婷婷根据录音整理

中国戏曲艺术的当代命运

邹元江　武汉大学哲学学院教授

任何艺术的发生，都有不可抹杀的地域性特点。什么叫文化艺术的地域性？汉代班固在《汉书·地理志》中曾有这样的论述："凡民函五常之性，而其刚柔缓急，音声不同，系水土之风气。"这就是我们经常讲的水土与一方人特定的气质、声音、音乐、语言等的关系。这个思想到了宋代在庄绰的《鸡肋篇》中也有进一步的发挥，"大抵人性类其土风。西北多山，故其人重厚朴鲁；荆扬多水，其人亦明慧文巧，而患在轻浅。"这里就涉及一个很重要的问题也就是国学大师刘师培讲的，他讨论文学先讨论南北方的差异，"大抵北方之地，土厚水深，民生其间，多尚实际"。为什么这样说？北方要挖很深的井才挖到水，土里很难长庄稼，民生艰难，所以这个地方的人考虑问题都非常实际，他们首先考虑的是怎样填饱肚子，不可能像南方一样多尚虚无。正是这样地域性的特点，我们才说一方水土养育一方人。其实，不同地域养育的人，在脾气、性格、唱腔、舞蹈等方面都是很不同的，比如说四川，除了吃辣他们也吃麻，因为他们处于盆地要除湿，麻辣就是四川人性格的一种体现。所以不同地域的人，他们的唱腔、语言就很不一样。为了说明这个问题，我们来听一段。

各位，你们觉得这是什么剧种？晋剧，这是著名的晋剧表演艺术家王爱爱的演出。山西老乡听到王爱爱的演出，无人不喝彩，为什么？因为她就是三晋大地养育出来的儿女，故乡的归属感、泥土的气息扑面而来，一种乡音、

思乡的感觉随之而来。这种唱法完全没有修饰，完全就是泥土味，这就是大西北的唱法。我们再来听一段，这是豫剧，马金凤唱的最拿手的《穆桂英挂帅》，这跟刚才的晋剧也不同，他们是中原人，他们很朴实、忠厚、友善，这种地域性的特点表现在唱腔里，它的节奏感极强，我们可以感受到当地一方水土的节奏。我们再来听一段，这是昆曲青春版《牡丹亭》，由白先勇策划并且已在国内演出了300场。很明显，昆曲和前面的晋剧、豫剧在唱腔上就有很大差异，这种差异显现出西北、中原和江南不同的水土地域的风气差异。在语言上，苏州人的吴侬软语十分好听，它的节奏感非常舒缓，其实它叫水磨调，水磨调就是用水草慢慢地磨磨盘，非常温情、柔和，这样的演唱无烟火气，很有诗意和美感。昆曲是中国戏曲的祖先，已经有600多年的历史，它影响了后代的所有戏曲。这就和当地的风情、语言有密切关系。我们知道苏州不仅仅是昆曲具有诗意，它的饮食也非常细腻讲究，它的服装水袖也是美轮美奂。在这样一个鱼米之乡，人的想象力得到了极大发挥。它与北方的温柔敦厚是不同的，它凸显的是每一个人的个性，而北方的艺术家更多的是体现群体的特点。

这就是所谓的地域性，一个地方的发展往往取决于地域的多样性，地域文化的多样性就保证了这个地方文化生态发展的健康性。近代如果没有被西方列强的大炮打开大门，中国的戏曲将这样生态性地保持着一种平和。但是随着坚船利炮的进入，它对中国原有的戏曲文化生态带来了很大的冲击，这种冲击来自各个方面，中国的戏曲文化已经不可逆转地被西方文化所阉割和改变，甚至是不可逆的。豫剧本身也是很丰富的，但我之前去河南大学参加活动时了解到，这个原本有38个地方剧种的戏剧大省，很多地方戏剧已经没有剧团了，只能靠民间组织延续。近30年来，这种情况越来越让人担忧。这就是我今天要讲的3个问题：第一个是濒危戏曲的现代化，第二个是戏曲艺术的话剧化，第三个是地方小戏的大戏化。

我先讲第一个问题。我们知道中国戏曲是联合国教科文组织所提出的一个具有特殊价值的非物质文化遗产高度集中的戏曲样式，它以独特的方言俚语、民间唱腔、俚趣调笑来呈现精彩绝伦的地域风情，正是地域风情使戏曲具有其自身的丰富性。这里请大家注意三个关键词，也是联合国教科文组织提出的关于文化保护的三个关键词。第一个就是文化空间,这个文化空间需要特定的场所来让它延续,而这个特定场所是必须有传承人的,也就是活的文化,这是保证非物质文化遗产健康发展的前提条件。我们现在来看一个文化空间,这是江西的广昌孟戏。这个戏种传承了500余年,而且是专门唱孟姜女故事的戏曲,最让人惊讶的是它唱海盐腔,我们知道它与余姚腔、弋阳腔、昆山腔并称为明代南戏四大声腔。它是1980年被流沙先生发现的,这个剧种一年只在春节演出一次,而且只对着祠堂演出,平时没有演出,所以它被发现是很无意的。这延续了500年的戏曲,每年只在一个特定的时间与地点演出一次,然后一直延续下来。而在1980年之前,政府部门是不知道的。2009年,当地政府邀请我们这些专家到广昌,当地政府花了几万块钱为这些名不见经传的孟戏演员买了行头,并且专门从省里请了戏剧家给他们排练。可我们看的就是这原生文化的样态,原本什么样才是最珍贵的,现在这样就阉割了戏曲文化的原来样态,它已经不是传承了五百年的戏剧样式了。我们在台上看到的东西都非常华丽,而在台下,我们发现了它的打击乐,也就是唢呐。这种唢呐已经有250年历史,它的每一个眼中间都裂了,这是很古老的一种唢呐,说明它的延续性是非常长的,只有在文化相对落后的地方才能保留下来。我们去一次请求一次,希望当地政府千万不要好心办坏事,破坏文化原本的样貌,而且按照联合国教科文组织的要求,在这个文化空间直径的400米以内是不能有现代文化建筑的。但政府考虑的是经济效益,经常好心办坏事。

不仅仅是政府,我们学界也有很多问题。2011年2月11日,余秋雨在人民日报发表了一篇文章《淘汰腾出创新空间》。他认为文化淘汰不是坏事,他的观点是要做减法,而减法的标准是什么呢?第一,非常重要的;第二,观众喜欢;第三,能够通过卖票养活自己。余秋雨是一个文化名人,而且他曾任上海戏剧学院的院长,他这话一出便在文化界引起轩然大波。紧接着我就在3月21日的报纸上发表文章《继承永远是创新的前提》。在这篇文章中我主要谈了三个问题:第一,淘汰的标准是什么?第二,选择的尺度又是什么?第三,创新的前提是什么?首先是关于淘汰的标准的问题,按照余秋雨先生的说法,观众喜欢而且能靠卖票养活自己的就要传承,否则就要被淘汰，显然这个观点是站不住脚的。我们刚才看了江西的孟戏，孟戏很明显不是靠卖票来维持的，它不是演给老百姓看的，而是演给老百姓的先祖看的，它主要是娱神而不是娱人的，不以人的观看为主要目的，这是对先祖的一种敬畏，这样的演出就带有宗教祭祀的意义。

这是海盐腔的托腔方式，当地的老百姓之所以能够连续 500 年在特定的时间、地点一直演唱，肯定是孟姜女的故事与当地一方水土的老百姓有扯不断的关系。秦朝时期那些修长城的老百姓中肯定有当地这一方水土的人的祖先，这批人逃到了广昌，他们忘不掉自己祖先这段痛苦的历史，所以他们用孟姜女哭长城的故事来缅怀先祖，这是对自己祖先的一种祭祀、崇拜和缅怀，所以这是不能卖票的，也是可以没有观众的。当地政府接受了意大利民间艺术文化节的邀请，但是关于要不要出去演出，在当地群众之间发生了很大的争执，是恪守古训还是贪图利益呢？有一个村的官员去了，回来后趾高气扬，但是这种戏曲离开它原来的文化空间，它的性质就变了，就失去了活力。它是一种庄重的仪式，而不是卖票给观众看的。有一次我讲到这个故事，欧洲的一位学者就站起来向我鞠了一躬，他说他们太傲慢，破坏了这种文化的原生态，他们会号召学者到江西广昌的村庄去观看这种向祖先祭祀的仪式。如果我们对祖先都不敬畏，我们又如何保护文化？其实文化的原生态包含着一个民族的文化之根，如果破坏了文化之根，那么文化之脉、文化之魂就没有了。一味追逐商业化，文化就没有了对灵魂的安顿作用，孟戏就是这一方水土的人民每年安顿自己灵魂的一次机会。其实像这样的文化空间在全国还有很多，比如在湖北秭归县也曾经发现过一个花鼓戏，它在新中国成立后历次文化普查中都未被发现，在 2008 年无意中被发现，随后便震动了中国。2008 年奥运会时，它成为唯一一个被邀请参加的地方文化遗存，但是随后当地政府将它改为秭归花鼓戏，这是对文化的极不尊重。如果说都按照余秋雨的标准，我们多少文化就可能被淹没掉，我们上千年的文化传承之脉也就断了。

第二个问题，选择的尺度是什么？戏曲艺术从宋朝开始发祥，到现在已经有一千多年，它是在中国文化的高峰形态里形成的，它包括传统文化的各个方面，它有很多的文化形式，所以对戏曲的研究不仅仅是对舞台表演的研究,也不仅仅是对戏曲文学的研究,它的研究涉及心理学、宗教学、考古学、人类学、服饰学等各个方面。我曾经访问柏林大学,一位专家告诉我,他们的戏剧专业每年要培养 30 个戏剧学博士。我大吃一惊。他说他们的博士绝大部分并不一定到剧团里面,比如说奥巴马竞选,他一出场非常有魅力,他的姿态、动作都是一个戏剧学博士团队设计的;他怎么展开一个话题、怎么用例证支撑,这都是戏剧人类学团队策划的。这就回到了戏剧学原本的人类学的范畴。我们知道最初人类是没有语言的,主要靠肢体来交换信息,这便是最初的人类表演,其实我们每天都有这种表演,每个人每天都需要以良好的精神面貌示人,人们每天都要以某种角色的扮演者而出场。荀子把这叫作"化性起伪",这不是一个贬义词,这就是说,你真的作为一个人出场,就需要将自己装扮成一个角色。比如说,你是一个老师,你就需要具有老师的修养。这是对职业的一种敬畏,也是你作为角色的一种表现,这就是戏剧人类学。对戏曲的理解并不只是舞台上的表演,也不仅仅是对戏曲文学的研究。日本的田中伊藤,他在 20 世纪 70 年代末一直到现在,几乎每年都要到中国偏远地区调研,他在 1985 年写了一本书关于在中国祠堂里进行表演的戏曲的书,紧接着,他又出了一本书叫《中国戏曲史》,将他在中国进行 40 年的考察进行整理。非常令人遗憾的是,国内戏剧学界很多年轻的后生不能理解这位老先生的做法。我们过去把戏曲作为阶级斗争的产物,唯独没有想到它是一种祭祀文化的表现。国内有几个年轻的后生写文章批驳老先生,引起了轩然大波。我们戏曲理论界太狭隘,我们觉得戏曲就是舞台上的表演,其实戏曲包含着许多复杂的文化内涵。

第三个问题,创新的前提是什么?"创新"这个词绝不是任意而为的,只有那些有造诣的艺术家才有这样的特权,不是任何存心改革的人都有特权。我们之所以说梅兰芳是戏曲大家,是因为他是真正对戏曲有造诣的人,而这个造诣的获得是极其艰难的。梅兰芳为了让自己的身体更加平衡稳定,他站在砖头上,一站就是一炷香的时间,这是非常辛苦的,但正是这样的练习让他的身段非常完美。梅兰芳曾有一个毛病,就是眼睛自然往下耷拉,为了让眼睛有神,他就养了一群鸽子,看鸽子飞翔,锻炼自己的眼睛往上走。经过不断努力,他的唱腔、身姿变得更完美,梅兰芳就是靠这样的毅力,才成为一代大师。只有像梅兰芳这样的人才能创新，可是我们这个时代，已经是没有了梅兰芳的时代，也是没有了大师的时代。可是我们经常听到有人说创新，他们的目的主要是为了名利，而不是为了艺术本身。我们现在缺少大师，我们连继承的人都没有多少了，我们没有创新的资本，如果我们只是一味地创新，戏曲就可能会失去文化的根源。

坂东玉三郎曾专程来到北京，想向梅兰芳的儿子梅葆玖学《贵妃醉酒》，后来他在日本进行演出，被称为日本的梅兰芳。有一次，他看到了张继青表演的昆曲《牡丹亭》，他产生了浓厚的兴趣，他意识到日本戏剧的根可能在中国。2007年，他找到张继青老师，让他教授自己，他学习得极其专注。他最初想着学了《牡丹亭》以后回日本用歌舞伎表演，但后来他发现如果要了解中国昆曲魅力的话就必须要用苏州话来表演，这对他来说不容易，他需要一句一句来学习。后来他不仅学会了苏州话，还学会了上海话。他在日本每晚打越洋电话，向老师请教细节，最终学成了，实在是让人感动，让所有昆剧团的人为之动容。坂东玉三郎很小的时候患有小儿麻痹症，并没想到他会成为一个如此卓越的演员，他一直没有结过婚，将自己完全献给了艺术，这都不是一般中国人能理解的。他能从昆曲中感受到中国文化的神秘感和寂寞感，但是我们现在有多少中国人能够读懂呢？2013年2月10日，坂东玉三郎带着中国昆曲的经典曲目《牡丹亭》，在巴黎的剧院表演，连续演出了七天，场场爆满。演出结束后第三天，巴黎文化部部长授予他文化骑士的勋章。一个日本人用中国的经典剧目在艺术之都巴黎表演，我们的艺术家在哪里？这不是一个巨大的讽刺吗？我们不要再奢谈创新了，我们没有资格谈创新，我们也没有这样的艺术家来创新。其实我们连继承都继承不了，是别人在帮我们继承，别人挨得住寂寞，深入到戏剧的灵魂中去了。坂东玉三郎的谢幕学的是梅兰芳的兰花指，现在还有多少中国的后生懂这个？演一个角色，是要深入其中的，梅兰芳就是用一个兰花指，把欧洲艺术家震撼住了。我们现在有多少演员能像他一样呢？这的确是一个令人感到沉重的问题。

第三个问题，戏曲艺术话剧化。西方的强势文化让我们对自己的文化没有了信心。戏曲和话剧是冲突的，它们的差异有很多。首先，在叙述方式上不同。《苏三起解》中一句，"苏三离了洪洞县，将身来在大街前"，你觉得这句话有问题吗？过去从来没有人问过这个问题。这句话是有问题的，这句话不是日常语言的表述方式，我们可以有两种理解：第一，苏三自己说自己离了洪洞县；第二，她说自己的身体来到大街前。这是很奇怪的，但这是中国戏曲的叙述方式，说破、描绘、提问三位一体的叙述方式。你可以理解为这是苏三在唱，也可以理解一个旁观者在表述苏三当时的情景。我们再看中国最早传到西方的《赵氏孤儿》，西方人很不能理解唱词中的自报家门，"我本是"诸如此类，他们觉得我们创作贫乏，这是因为他们不懂这是和盘托出的叙述方式。另外一个就是，唱和念白搅在一起。其次，在表演方式上不同。中国戏曲的表演方式是极其复杂的。中国戏曲演员，需要 6～10 年的考验，让自己的肉体与灵魂高度统一。比如说你们都知道的《三岔口》，他们假装在黑暗里打斗，但是我们知道他们其实都是看得见彼此的。中国戏曲是靠美轮美奂的表演方式来呈现，这是跟西方完全不同的一种表达。中国戏曲不是话剧体验式的表演方式，而是靠唱念做打营造的美轮美奂的表演方式，这就是中国戏曲表演的魅力所在。

2014 年于华中科技大学演讲
何丹根据录音整理

另一种资源

张 炜 著名作家

一

谈到"另一种资源",大家可能会联想到能源紧缺,怎样寻找新的能源等。不,这里还是关于文学的一个话题。因为文学创作也需要能量,需要资源,就这一点说,和其他的工业生产、物质创造没有什么两样。

只要尝试过文学写作的人都知道,写作者需要一种讲述的能力、表达的能力,他心中要有许多东西可以写出来,所以最好拥有丰富的个人阅历,经历的事情要多。经历与知识之类,好比机车的燃料,缺少了它,"文学之车"就走不远。比如有的作家写得很多,有的则写得很少;有的刚开始时呈现出一种"井喷"现象,生猛饱满,但是不久就没有力量了。造成这些的原因是各种各样的,但肯定有个"原料"储备的问题。

说到"原料",这里是不是平常说的"生活"?因为大家都知道,年轻作家的创作一旦陷入困境,没有后劲了,老作家就会教导他们"深入生活",仿佛这是一剂永远有效的灵丹妙药。这样理解"资源"固然有道理,但是今天讲的,可能是一个比较宽泛的概念,不单纯指平常所说的那些"生活",也不仅仅是向书本学习。比如说我们读中文系,就是通过老师和教科书学习技能,掌握方法,积累与文学有关的大量知识,这些当然都是必需的。

今天一谈到文学写作,谈到学习与发表,有人认为和过去大不相同了,一切都变得相对容易和方便了。理由是发表的园地增加了许多倍,可资借鉴的东西已经特别多了——打开网络就能看到大量消息,翻一翻报纸也可以知道很多故事,屏幕上有那么多的大片、电视剧。总之,可以利用的材料太多了,随便抓过来一些就可以为我所用。比如编织一个差不多的故事,模仿和嫁接一个过得去的作品,都很方便。现在的文学写作的确进入了一个特殊的时期,几乎人人可以动笔,个个可以发表,"作家"这个职业已不是什么稀罕之物,积累很大的文学量以至于"著作等身"似乎也很容易。

可是另一方面,更真实的情况是,文学在极度"繁荣"的同时却呈现出一种萎缩和颓败。这可以说是物极必反。四处蔓延的各种虚构文字见怪不怪,最后谁都不太关注了,一些出版物已经远不如过去那么重要了,实际上处于一种十分尴尬的地位。假如一个国家的文学艺术成为这样,那么真的会成为一个民族的悲哀。当今的"文学"就在这种所谓的普遍化、平均化的文字衍生和泛滥中,逐渐地退出和消失。这是我们谁都不愿看到的、令人遗憾和痛苦的现象。

不过,如果从专业的角度更深入地分析这些文化和文学的现象,恐怕就没有那么简单了。我们常常更多地看取表象,把一般化的写作等同于文学写作,就是说将在文明社会里每个人都应该享有的公民权利,混同于深邃精致的专业创作。它们二者既相联系,但仍然还有区别,有极大的不同,比如有不同的专业标准和要求,实在不可等量齐观。

进入数字时代,我们许多人第一次有了一点可能,可以比较随意地在网络上发表自己的文字,包括文学作品。除了网络,还有那么多小报杂志,它们总要装满自己的版面,每天都是一大沓印出来,摆满了报摊。这从发表和传播的角度看,无论如何都是增长和扩大,也是尝试写作的有利条件。所以只有到了数字时代,才稍稍具备了这种大众写作的可能性。我们算是迎来了一个很特殊的时代。越来越多的人能够参与文学生活,能够提笔写作,这其实是一个正常的、进入现代文明社会的公民应该享有的权利。

当一种事物在相当多的人那儿、在广泛的民众里面蔓延,以至于成为一个常态的时候,也会伴随着另一种问题了,比如文字的质量,参与者的基本人文素质的参差不齐,等等。人们在这种极为广泛的参与中会觉得眼花缭乱，进而忽略一般的社会性写作和专业写作的界限，并对整个文学艺术品质产生了一些误解。实际上能够代表一个时期文学艺术水准的，永远是一小部分作品，应该是具备相当高的指标的，这个不会改变。比如作为语言艺术的文学创作，任何时期都有一些特别精微和复杂的要求。

我们今天要谈的就是专业意义上的"雅文学"写作，话题慢慢收缩到这个比较小的范围里，来讨论文学的问题。这里说的是怎样进入真正意义上的文学写作，这种工作需要怎样的准备。与一般的业余爱好不同，这种工作必须经历特别丰厚的积累阶段。既然是积累和学习，那么今天似乎很容易从各种传媒上获得的那些资料信息，它们对于文学写作会有多大的帮助？是有益的还是有害的？好处肯定会有，但更大的可能是带来一些负面作用。比如说我们会自觉不自觉地陷在虚拟的世界里，而多少省略、忽视了实际的生存投入，废弃了必要的实勘和研究。被虚拟生活所簇拥和改造的一种"现实"，每时每刻都在影响我们，久而久之就成了被感受主体深深认同的一种"实在"，这是可怕的。而我们接触到的很多"现实"，也有许多只是从虚拟的东西演化、模拟过来的。

现在的文学阅读，让人有普遍的不满足感：每打开一本杂志、一本书，总觉得上面的文字口吻都差不多，气息也差不多，真正给人耳目一新的、有点陌生感的东西少之又少。造成这些的主要原因，就是写作者接受了大致类似的虚拟生活，共同生存在一个虚拟的世界里。他们的经验都差不多，感受都差不多，都来自传媒。这些作品的讲述还会让人想到电视剧，或者是一些好莱坞大片的套路。这些文字所描绘的一个个场景似曾相识，结构方法也就是那么多，什么起承转合，人物类型，包括语言，不知被重复了多少次。具体要从哪个底本里找到对应物也不一定，主要是气味和气息相似。这更可怕。这虽然还不能简单地说是抄袭和照搬，但这种因袭对文学写作而言是更加糟糕的事情。写作者过分依仗了相同的信息途径，它们大致上都来自那些第二手、第三手的东西。

这样的结果是，除了内容和气息的相同处，最大的问题是真正属于个人的喜悦和痛感的丧失。虚拟之物成了情感的源头，这就从根本上抽掉了创作的基础。个人的爱与痛是最大的写作资源，一个写作者一开始难免文笔生涩,技术层面显然不够成熟,但作品有可能令人感动。所以有的作家往往在年轻的时候,在他刚刚开始的几部作品里让人印象深刻——他投入了真挚的、淳朴的、来自生活实际的情感;而当他变得相当熟练了,成为所谓的行家里手而沾沾自喜时,情感也变得稀薄了,这时候他丧失的其实是最大的资源。

<h2 style="text-align:center">二</h2>

可见文学不完全是,或主要不是什么技术的问题、知识的问题,尽管它们对写作者也的确极其重要。它更是一个灵魂的问题——当写作者的生命质地改变了以后,无论用什么高超的方法,都追不回从前那样的饱满和真挚,没有了那样不可思议的艺术力量。

今天的人越来越成为室内动物,满足于生活在这个虚拟的世界里,在其中畅游和陶醉。他们既没有时间也没有魄力像过去一样足踏大地,不再那么质朴地跟我们的大自然结合、跟山川大地结合。他们有许多时间用来移动鼠标,满足于光纤的速度。他们越来越没有机会到大山、大海、大河旁边了,也不记得多长时间没有仰望闪烁的、像缀满了钻石一样的星空了。听不到海浪,看不到童年时的堤坝和沙滩,这些东西全都消失在记忆里了。这一切只是少年情趣,是往昔的经历?不,它们是一种了不起的经历,一个人没有那种和大自然极其贴近和亲昵的“曾经”,或许是一种极大的缺憾,是不可弥补和替代的至为宝贵的部分。没有少年时期对于天籁的感动记忆,将是另一种人生。从那片天地走出来,走入自己的文学表达,有可能是完全不同的。

一个出生于城市的作家同样杰出,但这些杰出者可能并不缺乏乡村生活,而且往往都拥有非常充沛和饱满的乡野情感,在这方面也绝不贫瘠。可以说优秀的都市作家付出了双倍的努力。因为他们一开始没有“土地”,柏油和水泥地上不能够生长草木。那个蓬蓬勃勃的世界在另一边,在一片城郭之外。

闹市里最多的是人气。人气旺盛当然很重要,文学主要就是讲人的故事。经历了更多的人、人和人之间的摩擦,会对写作产生重要的影响。但是人的重要见解，人对世界的深刻认识，有时候并不完全发生在人流拥挤之地，它也可以滋生在相对寂寞空旷的地方，在人和大自然相联结的那个地带。

文学能力的形成是一种综合的结果。除了拥有对现实生活的深刻感受，当然直接依赖的还有阅读——这是对范本的学习，是从来不可能省却的一个过程。不过今天与昨天相比，我们大量的阅读时间被更廉价的东西消耗了，不再用在中外经典那儿，而是时尚读物和其他的一些娱乐方面。涌来荡去的印刷品、影视制品、网络文字像浪潮一样不可遏止，冲刷着我们的日常生活。结果我们的精神世界越来越贫瘠，因为拥围之物里充斥着大量的垃圾，不仅营养贫乏，而且污损严重。

对于一个人来说，某个时期的阅读状况也表现出他们对生活的责任。因为任何知识人对生活投入的深度，与他对思想与艺术探究的深度都是相似的，具有类似的意义和性质。这里需要深沉的思考和更有内容的关注。这就像一个人有没有能力牵挂广大的社会、有没有勇气迈开大步走入现实生活的苦境一样。这当然会是十分不同的选择。说到青年，现在还有多少大学生能利用假期、利用空闲时间走出去，到自己所不了解的城市或农村、到人生的另一些角落里去观察和研究？

时代不同了，在过去，比如20世纪80年代的大学生，有很多人会在假期里为自己制订一个详细的行走计划。他们把这当成另一种学习的途径和方式，并且认为是极重要的。年轻人常常因为自己所不知道、不曾亲身体验的那些角落而感到忧虑和痛苦，觉得这是人生一课，一定要补上才好。更早的时候，还有大家耳熟能详的"到边疆去，到最艰苦的地方去"的口号，如今却成为遥不可及的大言了，只会令人讪笑。现在的聪明人、现实主义者太多，他们认为利己主义者才是最可以理解的、天经地义的，人就是要千方百计地到安逸的地方去。

从文学写作的角度看，一个人完全躲避了粗粝的现实生活，收获的就只有浅表的艾怨和欢愉了。这是没有办法的事。谈到物质生活与艺术的关系，有人不止一次表达了心中的讶异，说现在有这么宽松的社会环境，这么丰富的文化生活，这么好的生活条件，为什么就不能更多地产生杰作？这种设问本身就是空洞和肤浅的,因为他们忽略了最重要的资源,只过分看重了一些表面的、似是而非的东西。某些物质条件之类并没有将强大的精神热能提供给写作者,相反还会剥蚀他们。许多人还对网络寄托了过大的希望,认为它是无所不能的巨大能量场——正源源不断地给艺术创造者补充能量、提供能量。它当然会有用处,也具备一点信息和资源的意义,但它更可能耗损人的创造能力。有人举例说到网络上惊人的文字吞吐量:有人可以一天一万字两万字地写下去,并连续工作一到两年,想一想这是多高的产量、多么巨大的创造力,几百万上千万字早就不再稀奇了。可是这究竟意味着精神的荒芜颓丧还是强盛繁茂?

文字写作只能是苛刻的,它必须是语言艺术。思想和艺术总而言之还是要来自艰辛的劳动和刻苦的经营。即兴的文字快捷地发表到网上,那是与人类写作活动的品质背道而驰的。大部分认真严谨的作品都会有多次修改,一些作家写出的好多片段,特别是开头和结尾部分,改动三四十次是很正常的。即便到了现在,大多数作家还是要一个字一个字写在格纸上,因为这样的工作状态更符合运思的规律。只要达不到作家所要求的那种语言的高度,不能充分表达那些微妙的意蕴,修改也就不能停止。

目前,西方发达国家的作家还没有过多的网络忧虑。网络文学对于传统文学构成的那种挑战,他们还没有充分地感受到。网络上的文字信息扑面而来,它淹没一切,让人有一种阅读的恐惧。可是这一切直到当下,对西方作家还没有构成深刻的触动。因为在他们看来,网络完全是一个发表的园地、一个载体而已,这同样需要非常认真和严肃地对待,与我们传统的纸媒并没有什么两样。那样草率地在网络上发表自己文字的西方写作者有没有? 即便有也不像我们这样多。

不同族群之间的区别、不同的文化素质的差异,真是令人惊讶。这个世界上有些人对文字的敬畏、经营的耐心,要比另一些人大得多。这种执着专一的能力当然还要来自对真理的热爱,来自对某种深远的宗教传统的敬畏。没有这种敬畏,其他的敬畏也就谈不上了。

有时候我们觉得网络危机,有可能是一个欠发达的国家(地区)所独有的,这当然不一定。但欠发达国家(地区)肯定陷入了更严重的网络危机,这是无须怀疑的。网络在这里更有可能变成一个垃圾场，这样说可能并非危言耸听。

三

随着一个人阅历的增长，阅读历史的延长，对文学作品的挑剔也会越来越重。好的小说（包括其他书籍）可能在其眼中变得越来越少了，但是一旦找到，它的那种巨大魅力还是会紧紧地把人抓住，令其欲罢不能。于是，阅读这本书的过程就成为最幸福的日子。

问题是我们到哪里去寻找这样的好书？

当然首先还是要回到经典。有人听了会不无失望地问：就是那些在教科书中反复被提起的书？是的，就是它们。"那多么无趣"——难道这样说的人真的读过、真的进入过它们的世界？难道对我们来说最熟悉的书，就一定是已深入理解的书？事实上并非如此，而且往往相反。比如屈原，读屈原的作品磕磕绊绊，语言的障碍都不能破除，哪里会有魅力可言、吸引力可言？但是这个遥远的吟唱者、忧伤者实在具有不可摆脱的迷人的力量。如果读过他的全部作品，再把关于他的所有文字都找来，沉入之后，也许就会生出欲罢不能的感受——这是一个神奇的个人世界，它远在我们所能预料和感知的一般的心灵世界之外，如此生动和奇特，所以才感动和迷住了一代又一代人。

这个奇怪的男人那么迷恋鲜花、迷信君王。屈原的诗章写满了人与鲜花的关系，也写出了不可思议的两个男人的关系。屈原常用的一个词叫"美人"，不停地言说"美人"。他说自己浑身披挂鲜花，栽种了多少亩兰草，喝露水吃落英。他把不好的人比喻成艾草，有一股很重的气味。一个男人忧愤深不见底，牵挂无边无际。他的神游已不在人间，纠缠于山鬼和河神之侧，在幻想中看到的是仙班和天帝的威仪。人世间几乎所有瑰丽的辞章都被他用尽了，令我们从此怀疑后来人还有什么更好的言词可供差遣，又有谁还敢鼓起勇气步他的后尘。

的确，几千年来有了楚辞这样的绝唱，硬是把中华诗人的吟哦逼上了高八度，而后来才有汉赋唐诗宋词。就是这样一个语言的精灵，唯美的精灵，他的巨大的、不竭的吸引力在那里，于是后来者只要接近了他，就会像一点铁屑挨上了一块磁石一样，只能被强烈地吸住并微微颤抖——颤抖是因为激动，是激动的样子。

世界上没有任何一种事物比人更奇特、更复杂的了——他竟然具备如此的丰富性和陌生感，如此强烈地吸引我们，让我们一代代驻足流连、诠释和吟味。这样独特的生命是绝对不会重复的，我们进入他的世界越深，越是感到这个世界的阔达和苍茫。

如果一般地读一读了解一下，就会停留在某些耳熟能详的概念里，然后就认为早就熟知了，其实这只是哄骗自己而已。伟大的思想和艺术不是一个符号，甚至不是被反复诠释的那些条目和汗牛充栋的资料。他们是存在于字里行间的、完全靠每个人亲自结识和指认的极其具体的人。实际上越是经典就越是冷寂，为什么？就因为它们在反复的解释中也会变得似是而非——离我们越来越近的同时，也实在是更加遥远了。仔细想一想，我们其实从来就没有充分投入时间、没有用心灵走近他们，我们也并不知道他们的心灵，因为我们没有使用过心灵。

大多数冷漠对待经典的人都是一些在门口徘徊的人。人如果习惯了娱乐，也就习惯了徘徊。其实真正的娱乐、大娱乐，还是藏在深邃的思想与艺术之中。

我们从写作者的角度谈获取艺术和精神的能量，可以再次将其比喻为食物的营养——多种维生素和高蛋白，自然不会是网络小报和影视荧屏，而是能够展开思想的文字著作。有人可能借此提到"杂食说"，说最好的营养就是各种食物的搭配，最忌讳的就是偏食之类。如果这样的比喻也勉强成立的话，那么我们所置身的这个网络时代已经有太多的零食，各种快餐几乎全部代替了正餐。可见我们的首要任务不是获取所谓的杂食，而是将无处不在的调味品和味素香精之类尽量回避掉。

写作者要进入自然而然的生存状态，而不能仅仅盯住自己狭窄的专业。要有痛有声，有平常心、社会心。作家也不仅是"小说家"一途，而是一个全面的关怀者和表达者，他本来就可以采取各种方式。有时候专业的小说家并不重要，只专心于编造一些五花八门的故事也不重要。事实上，最好的小说往往不是那些专业的小说家写出来的，而是一个对社会有强烈责任感、有生命投入力的人创造的。只要是能改造世界、对整个世界能够起到提升作用的所有工作，都应该热心去做。写小说有益于社会，能够传播思想，于是才值得好好做下去。如果需要直接呼吁一些事情，就不妨写出一些直言的文章。将所有的生命痕迹全部汇集起来，就是人的著作了。一个熊熊燃烧的生命，一个难以停止研究和忧思的人，就是作家。

中国翻译外国著名的小说家的作品，惯常做的就是把他的所谓几部代表作翻译过来，好像这就可以了。其实这还远远不够。我们需要追寻根脉和源流。小说家直接面对了什么、言说了什么，这些也许更加重要。

一般化的平庸的小说家是小心翼翼的，他们不敢言说，而只用虚构的故事将自己缠绕起来，成为一种规避和伪装。这样做有一种好处，就是本人与文字有所间离。虚构的故事可以多方诠释，创作者只在这些诠释旁边闲观和得意——这样的人没有勇气，经不得风雨，不是那种顶风破浪的远航者。

我们希望阅读经典作家全部的文字。我们要看的是人生的全部总和，而不仅仅是某一部分文字，这才是真正的阅读。一般的阅读是消遣，真正的阅读是感动，感动于一个伟大的灵魂。

经典的意义在于它的不会陈旧。比如一位杰出作家的主要作品，我们都读过了，并且印象很深。可是几十年后的某一天在书架前徘徊，可能随手抽出了某一部，站在那个地方翻着，然后不知不觉就沉入进去。结果，它仍然吸引我们，眼睛不能挪开。我们像过去一样被攫住了，而后很长的时间里，脑子里总要出现作家所描述的那些人物和场景。这种感受很难用语言去表述，只能说其他所有的一切全部后退了，消失了，无影无踪了，脑海里只有这次阅读所带来的激越之情——需要不停地想，去回味，那种巨大的愉悦、给生命注入的无形力量，就在心头。

四

俄罗斯文学常常给人一种特别的"享受"。这是横跨欧亚大陆的一个辽阔国家，很大一部分国土面积在冻土带。这里生活的作家有着不可思议的独特魅力：深沉辽远，苍茫凝重。他们的文字经营的那种意境、形象和趣味，是其他地区的写作者所不具备的。领略了俄罗斯经典作家笔下的大地与阳光，也就难以再津津乐道于时下的什么爱情小说、网络小说了，因为哲思真正击打心灵的阅读。

事实上，一旦有了另一种深刻的阅读，再读一些乱七八糟的东西是根本不能忍受的。于是就要开始艰难苛刻地寻找。好书并不像想象的那么多，但一旦寻到就觉得不虚此行。中国的经典和外国的经典，它们常常是被冷置在一旁的宝藏，是一个在网络时代被屡屡绕过的巨大精神堡垒。

当我们了解了一个杰出的作家后，就会想象他用之不竭的能量之源来自哪里。我们会发现，同样是一个生命，对于客观世界，对于一个只走过一次的这个世界，他的那种牵挂和爱恋是这样强烈。他对于苦难的不能容忍、对于爱情的深深沉入，那种质朴和坦诚都到了令人惊讶的地步。他常常孤注一掷，探索真理，神情专注。我们今天的人过于聪明，几乎把世上的所有事物都搞成了相对的了，不敢承认绝对真理，更不相信永恒，这样的人生当然不会有力量。

那些杰出的人几乎无一例外都是一些执着者，他们一生心存敬畏，有的并非宗教人士，但是心里依然有神。而平时我们看到的蒙昧者不少。对于一个族群，没有敬畏之心非常可怕；而对于一个写作者，那简直是他的最大不幸。

我们强调写作者要保持对现实生活的探究心，并有深入的阅读和广博的学习——仅仅这样可能还远远不够。因为这都是最基本的条件，杰出者终究还需要突破这种"基本"——当然在今天，要做到这个"基本"也相当不容易。我们可以剖析一些个案，来看看他们对人生的那种投入，那种深切的责任感来自哪里。也许这样的一生会过得很苦，因为具备了任何执着的追求后的道路都会是艰难和坎坷的，都会付出极多。一个人由于沉浸得太深，一切才在心灵里留下了磨擦不掉的印记，特别强烈的一个生命是无法平庸的。

从中国说到外国，从古代说到现代。现代还得讲鲁迅——有人可能说怎么又是鲁迅？当然，永远的鲁迅。多少年轻人读过《鲁迅全集》？20 世纪50 年代出生的文化人，其中不少人把鲁迅先生的全部文字都读过了。现在研究文学史的人说：鲁迅有点吃亏，如果他有自己的一部长篇或几部长篇该有多么好，那就可以和世界上的任何一个大作家相比。他们发现国外的大作家往往有几部长篇，有诗，还有很多理论文章。而鲁迅的作品更多的是杂文，顶多有一部中篇和一些短篇。

鲁迅是不怕"墙"的人。生活当中，一般来说人遇到了矛盾会绕着走，因为中国有一句古语，"多一个敌人多一堵墙，多一个朋友多一条路"。可是鲁迅只要看到了生活中的不平和丑恶，一定要发言。所以也就结下了很多恩怨。他于是立下了无数人生的"大墙"，这还怎么走路？看看鲁迅先生的文集可以知道，当年哪怕是一个微不足道的小人物，发表了一篇很糟糕的谬论，他也会认真地给予反驳和批评。

现在的人越来越聪明，打仗还要看对手，一个大人物怎么可能去跟一个小人物过招。有时候会认为得不偿失，溅一身脏东西。可是鲁迅不会这种精明，他对事不对人，真正能够平等地对待生命、对待问题。他是自然而然地纠缠到矛盾里去的。这样一路走下来，需要非同一般的勇气和魄力。这种生命的韧性和强度，就不是一般人所能具备的了。我们一般的人如果这样纠缠于现实的矛盾中，那会一辈子都不得安生。所以鲁迅的消耗和付出是多么巨大。他只活了五十多岁，留下了大量打笔仗的文字。

今天将这所有文字看一遍，会受到震撼。它的分量，它的价值，何止是一两部长篇所能换取的。各种各样的故事、各种各样的思想、各种各样的社会现象都尽含其中了。鲁迅以近身搏杀的文字，构成了那个时代的一部精神编年史、哲学史和百科全书。但是由于在长达半个多世纪的时间里过多地谈了鲁迅，比如"文革"时期别的书不要读，却可以读鲁迅，以至于将其树为伟大的精神导师，所以到后来难免有一点物极必反，许多人心里有了一种排斥——在这种情形之下鲁迅要经受多么严苛的挑剔和鉴别。但是唯有鲁迅经得起，他的文字仍然保持了固有的颜色。今天的人只要放平了心去读鲁迅，有一种清晰的思辨力、不妥协不苟且的人生态度，就会深深地被感动。

不仅是鲁迅，我们忽略的现代作家也许还有其他人，比如胡适。把胡适和鲁迅结合起来读，也许是美妙无比的事情。两个同时期的作家、思想家，却是那样不同。他们都是杰出的、不可替代的。

　　谈到中国当代作家，大家会觉得尤其熟悉——我们从报刊和网络上不断地读到他们。也许是这样，当代作家的创作将积累成一部漫长的文学史——再遥远的文学都要由眼前开始生长，一点一点构筑起来。所以，无论一个多么杰出的古典作家，也无法完全取代一个当代作家。因为他跟读者生活在同一个时空里，消化着相同的事物，呼吸着同样的空气，面临着同样复杂而纠结的一些问题。当代人之间的各种参照和启发、带来的想象、造成的刺激，将是格外切近而深刻的。可是我们真的看到了能够代表这个时代的当代作家吗？他们在哪里？他们近在眼前吗？我们许多时候并不知道，我们真的还不敢肯定。

　　鉴别力是非同小可的，它往往在最深沉的时刻才会出现。我们误解当代的情形总是最多，也就是说，能够寻找到真正意义上的杰出作家并不容易。但他们一定存在——我国有十几亿人口，随便一个省的人口就超过了欧洲的几个国家，那么不安的生命，自然会有杰出者——只因为离得太近了，没有陌生感和距离感，所以才让人无法鉴别。

　　我们自己的一颗心是最值得期待的，也是巨大的力量来源。我们从自己的内心寻找，感受一种饱满的力量，从而拥有特殊的关怀力。这种力量就是包容的力量，感悟的力量，特别是敬畏的力量。当有了这样的一种生命觉悟时，就会与深长无边的能量之源接通，就会持久地走下去，直到走得很远很远。

　　没有对头顶那片星空的仰望，其他的也就谈不上了。

2012 年于华中科技大学演讲

华中科技大学当代写作中心

现实俯瞰小说

苏　童　著名作家

大家好,这么多同学把我吓着了。我前天来到华科大,之前给中文系的同学上了个小课,那一次我是跟他们聊天的。今天有所不同,堂堂华科大,这么有名的一所大学,这样的场合,又是这样一种讲坛性质的,所以我装模作样地假装教授,要谈一些人情味稍微不那么浓的文学问题。这个文学问题在多大程度上能让同学们有感触,就是能谈到你们的心里,我其实也没把握。我主要想说的,或者说是想和同学们探讨的,有两个关键词,一个是"小说",一个是"现实"。我很努力地想捋清一些迷惘,背后的潜台词是一个作家到底在写什么,在如何利用生活。

绝大多数伟大的作品都要涉及现实生活(当然平庸的也一样),绝大多数人都坚持作者与生活的关系,涉及鱼水之情。如果说我们每天遭遇的现实生活就是汹涌多变的海洋,这比较容易理解。但如果把作家比喻成这海洋之中的一条鱼,无论是从逻辑、从常识出发去推理,都令人存疑,我们要探讨的就是这样一些疑虑。因为我们知道鱼的优势,它是不会被水淹死的。但作家其实没有这个优势,他们也永远不可能是鱼,不过是在水里吐出泡泡,那其实只是在呼吸,仅仅为了生存,而不是文学。现实生活是危险的,充满风浪和种种不测,人都有可能被这片浩瀚的海洋所淹没,反过来说,一个所谓的作家,却无力用文字去淹没海洋。所以我要说的是在现实生活面前,所有人都注定是弱势群体,包括一个作家。大家都知道我们有可能与水共舞，但是谁能与海洋共舞？

创作这件事，在我的理解，从某种意义上来说，就是写作者如何处理与水的关系，与海洋的关系。一个作家要从现实生活那里所负担的事其实是复杂的，大家喜欢使用的"鱼水之情"这个词汇，其实只是描述了他们这个关系当中相对和谐的一面，却不能描述他们之间对立和矛盾的一面。同时，所谓的"鱼水之情"，草率地取消了作家在茫茫人海中的特殊性和独立性，所以当我们要寻找最恰当的对写作者的比喻时，也许应给写作者设立一个更自由更独立的位置。他不在水面之下，而在海水之上；作家不是鱼类，而是以鱼类、虫类为生的捕捞者。作家是什么？我必须打比方，我首先想到的是鸟类。最近禽流感啊，我不愿意说这个，但这确实是一个比较恰当的比喻。以海为生的海鸟，它们是海洋的巡视者和狩猎者，它们从大海里获得食物，又永远飞在海洋之上。同学们，你们可以想象一只海鸟的姿态，把大海想象成我们所处的生活，把那只鸟想象成一个作家的姿态，或者是一个有志于创作的任何一个人的姿态，还是很合拍的。它们是寻寻觅觅的，所有的食物被浩瀚的海水所笼罩所覆盖，更多时候海面上并没有什么海鸟的食物，因此发现的过程充满等待，充满迷惑。也因此，海鸟注定是焦灼的，渺小的。海鸟曾经以为它俯瞰海洋，但最终它会以清醒的眼光认识到，不是它俯瞰海洋，而是海洋俯瞰它，带着一些冷漠，甚至敌意。只是在对峙双方筋疲力尽的时候，海洋忽略了它的安保措施，才会有鲜活的几只鱼、虾浮出海面，赐予海鸟可贵的食物。

刚才这一段想交代的就是我所设想的在复杂的、纷乱的现实生活当中，一个作家的位置在什么地方。当然这只是我的设想，我设想他是一只海鸟，同学们有可能说，我不是海鸟，我是一匹马，生活是草地；也有的同学说生活是沙漠，我是沙漠里的一头骆驼，也是可以的，这只是我的一个说法而已。

下面要谈的就是所谓的现实主义，现实主义的文学传统，其关键词永远是现实生活。每一部小说都会事关生活，却不一定都事关现实。同学们会觉得拗口，一部小说当中充满了日常生活的种种，方方面面，但它不一定揭露什么现实。我们下面要谈的就是这个问题。作家从日常生活的海洋中寻获来的一堆食物，对于读者来说是否美味，取决于读者的胃口，甚至是偏见。

但是现实主义小说的终极目标，请同学们记住，它不是带你重温生活，它不是去取悦阅读者的情感，取悦你的胃口，取悦你的味蕾，取悦你的嗅觉，或者取悦你的某种审美定势，它必定要引领你到偏僻之处，发现被遮蔽的，记住，被遮蔽的生活的真相。从某种意义上来说，一旦发生了阅读，读者和作者之间也便发生了某种奇妙的对峙，甚至拉扯。我的理解，一个作者写出一部书，无论他是在用文字呐喊，还是要求你加入的时候，其实某种拉拉扯扯的行为就已经开始了。这个拉扯的行为是什么呢，且听下回分解。

一切都要从阅读开始，生活的真相注定是隐秘的、闪烁的。所有文学作品中的现实工程，并不稳定，它就像一个开放的建筑工地，需要作家与读者共同搭建。读者不参与，那现实就不成立，而且会成为烂尾楼。此外，就像我说的，一部小说难以复制海洋。如果说我们的现实是海洋，如果说我们的日常生活是海洋的话，一部小说是难以复制的。它所涉及的现实生活无论多么恢宏宽广，其实都是装在一只碗里的。装在一只碗里的说法也只是我的说法。

这个水够不够你喝，要看你的需求，作家告诉你那碗里的水是现实，可是到底是不是，喝了才知道。作家们总是努力地劝你喝下那碗水，所以一部文学作品往往是说服读者参与他的现实的过程。刚才我说的拉扯，就是这样一个过程。这个过程如果顺利，读者会和作家一起在不同的时空下交流对时空的看法。有时候这种交流是从熟悉的日常生活开始的，但还有很多时候（我也经常碰到这种情况），读者不熟悉作家描绘的生活或者日常生活，但是发生了一个奇妙的结果，他成功地被作家"绑架"了，进入到那部小说的世界里，进入所有的细微之处，进入到小说深处，成为这个作家现实的另一个目击者。这并不是意外，因为我们所需要的现实不仅出现在我们肉眼的视线里，我所说的是现实，不是一棵树，是树背后掩藏的某一种事物。更多的时候它藏匿在某一个不为人知的角落，藏匿在别人的生活中。所以别人的那一只碗里，有我们需要的现实。向别人致敬，向窗外致敬，这是文学的谦虚，是文学的礼仪，恰好，这也是文学真正的魅力所在。

下面我尽量引用文本，以文本说话。古今中外的文学大师（我接着上面的话题说），都成功地把陌生人引进了他们的世界，无论是"绑架"也好，诱惑也好。他们自己的世界（作家从小到大的日常生活也好，社会也好，个人履历也好）很大，有的并不是太大。下面说到曹雪芹，大家可能都知道，曹雪芹的《红楼梦》里面的世界，我认为不大，但是很深。从某个角度去分析曹雪芹的创作心理，很难排除这个可能，缅怀是最大的动力，他是在缅怀属于他的一个消失了的美丽世界。《红楼梦》大家都知道，贾宝玉啊，林黛玉啊，他们的生活其实就是公子哥儿、贵族小姐的生活，其实是一种远离民间的贵族生活，尽管没落，依然是贵族，在任何时代都不属于普通人，是属于少数人的声色犬马。《红楼梦》里的家族没落是富贵的没落，它的悲哀来自富贵的没落，它不是什么普通人的悲哀，不是那种贫贱夫妻为了柴米油盐的生活的悲哀。但是，很奇怪吧，你们看《红楼梦》，你们的父亲看《红楼梦》，将来你们的孩子还要看《红楼梦》。这一代一代的普通人都顺利地进了荣国府、宁国府、大观园，不一定会与人物同喜，但一定会与人物同悲，这是我的认识。

为什么一部伟大的作品，它的那一碗里的食物一定是诱人的，一定是可口的，一定是打通你所有的器官从而进入你灵魂深处，它有这样的力量。不管它描述的世界离我们日常生活有多远——比如我是一个工人，我是一个农民——它总是能够成功地逼迫读者，"绑架"读者，让你成为它的情感的当事人，这是很牛的。所以我觉得这样的伟大的作品其实它就是一只碗，碗里装的是什么东西，你不知道就凑过去看。你不一定饥渴，但是你一定会关注着那只碗的命运，关注那只碗里的东西。

一部伟大的作品会这样跟你发生联系，那么我们再展开，细细地谈，现实如何铺展，这个碗里是怎么装满一碗水和食物的。人，都生活在时间和事件之中，时间和事件是现实的屋顶和房梁。读《红楼梦》其实是在一个人的屋顶和房梁下发现大众所需的现实，与贾宝玉的生活事件无关，大家要清楚也许和曹雪芹都是无关的，因为他也许只是曹雪芹放大了的一个记忆。或者说贾宝玉是一个盛极而衰的当事人，而曹雪芹为了发动读者的情感响应，他首先充当了情感的当事人。大家读《红楼梦》的感受是天上人间、繁花开过、落木萧萧，就是这个味道。所以两种生活，一半是缅怀，一半是写实，两个态度合而为一，是曹雪芹在生活的海洋中充当的那只海鸟觅食的姿态。他提供给我们的那个食物是最奇怪的食物，他让我们看着那个食物发霉、长毛，这是食物的困境，是食用者的困境，其中的反差非常自然地显现出人生和命运的那种无常。我相信大家看《红楼梦》都跟我感觉类似。说到现实，它不单单是贾宝玉的现实，也不单是曹雪芹作为一个作者的现实，而是我们大家的现实。所以是不是可以这么说（我要固执地总结，拿《红楼梦》来说事），总结红楼梦里的人生哲学，首先是从总结贾宝玉的生活变化开始。我们可以发现，一无所获其实是贫穷潦倒的真相，同时也可能是荣华富贵的真相，这点很有意思。贾宝玉身后拖拽的正是一个巨大的现实的影子。

贾宝玉后来的遁入空门可以看作是看破红尘，他的看破红尘可以看作是一种放弃、逃避，甚至可以说是一种掩饰，对生活某种失败、信仰丧失的一种掩饰，以此作为最后的出路。大家知道曹雪芹的晚年，我们之所以说他在缅怀，看他的生平就知道他的荣华富贵是非常短暂的，他一生都在缅怀它，因为后来的穷困潦倒。他在这种角色里，是能获得最大的安慰和满足的。大家知道曹雪芹在写《红楼梦》时的境遇，宁国府、荣国府后来的萧条、凄清，是曹雪芹真实生活的写照。如果说有读者要从小说中寻找答案，如何从现实中解救自己，如何解决贾宝玉与现实的矛盾，这个答案其实是有的，我觉得《红楼梦》里提供的一个答案就是：惹不起我躲得起，三十六计，走为上策。

所以这是这部小说给我们揭露的人与这个世界之间的关联这样一个现实，这是曹雪芹给我们的。当我们识破现实的时候，我认为《红楼梦》是这么概括的：惹不起我躲得起，三十六计，走为上策。所以我说《红楼梦》对现实的态度是悲观的、出世的。但在出世的选择背后呢，又有一个入世的世俗的基础，因为这个缘故，我们都是世俗之人，所以世俗的读者也被曹雪芹迁移，成为大观园中的当事人。人物、小说人物、作家和我们这些一代又一代的读者一起面对一个共同的现实，大家都在这个大观园里，大观园变成了一个真正的现实的缩影，就是我刚才提到的被遮蔽的、隐藏在灰尘中的生活的真相。

下边所说的还有一个例子，作家在筛选和淘汰现实素材时，总是觉得海洋太大，所谓的海鸟飞不过地球上全部海洋。如果说一个作家像鸟一样守候在海面上，一定是局部的守候，大家注意这个关键词"局部"，下面我要说"局部"这个词。如果说他们像海鸟一样在海面上飞行，那飞行的距离也是有限度的,即使是这种有限度的飞行,也要依靠他们的方向感,依靠各自的直觉和经验。所谓作家的敏感,其实是海鸟对食物、气味的敏感。通常来说,作家们拥抱生活都是从局部开始拥抱的。所以我一直要同学们谨记,好多关于文学批评家们、理论家们所倡导的宏大叙事啊、伟大的时代啊、时代的召唤啊……大家仔细听我的观点,我的观点是有点反其道而行之的。通常来说,作家拥抱生活,都是从局部开始拥抱的,发现现实的真相也是从生活的局部开始的。

下面将提到张爱玲,我不知道下面有没有男同学对她有兴趣,但还是要说,因为她是我的一个素材。张爱玲的现实生活、现实世界,大家如果看过她的作品就知道,就是由局部开始慢慢扩展、慢慢深入的,成为我们所知道的张爱玲。她对人生,对世界,大家可以看出,充满了怀疑,这样的怀疑很大程度上首先是建立在她对人的怀疑上。"怀疑"就是张爱玲世界观的局部,当然我没有说是她的全部。被她怀疑的生活当中,却隐藏了不容怀疑的现实,她喜欢怀疑这个态度,甚至也凭借它写作。所以大家读张爱玲,不用读得太多,读过《金锁记》、《倾城之恋》、《第一炉香》,你就会知道,其实张爱玲的生活并不是那么宽广。她后来在 20 世纪 50 年代初期写过非常革命化的两部小说——《赤地之恋》、《秧歌》。当然也有人说好,但确实已经不是张爱玲了,那个味道完全不同了。

张爱玲的生活并不是那么宽广、开放,但由于她的怀疑的态度,使她对生活中遇见的人有着天生的小心、防范和各个角度的千方百计的揣摩。她是个能够拥抱世俗生活的人,请大家记住,我可能替很多张爱玲的读者说出了心里话。她是个能够拥抱世俗生活的人,但是偏偏不肯拥抱"人",有这感觉么? 同学们,尤其是读过张爱玲作品的同学。多愁善感不适合描述张爱玲对现实生活的敏感,工于心计同样也不适合。她就是个矜持的防范者,始终带着一点紧张,以一种惯性去预测生活的种种不测。她是那样去发现我刚才所说的所谓的、通常被人们的目光所遮蔽的生活当中的那个真相,那个所谓的真正的现实。所以张爱玲笔下平缓的日常生活,具有奇妙的悬念,那悬念来自人物内心情感的不确定,因为情感的不确定往往导致人物命运的不确定。因为从怀疑着手,她内心小说里的世界,从来没有真正的乐观,如果有乐观，也很短暂，但不是那么悲观。乐观也好，悲观也好，都是处处留着余地的。所以我们可以说，我对张爱玲的发现是，她为乐观和悲观同时留下的余地，是张爱玲发现的，所提供给我们的生活的一部分真相。也就是说，我今天要探讨的，一个作家是如何揭露所谓的现实。

大家通常认为现实生活是一个术语，但是我一再强调，生活当中那个现实，其实就在你身边，你就是抓不住，是风一样的。作家从某种意义上来说，就以他的方式担任这么一个职责，去告诉你。我刚才所说的为悲观和乐观同时留下余地，是张爱玲告诉我们的现实生活当中的真相。

我刚才谈了隔了一百多年的两位作家，一男一女，说起来其实是有点拉郎配的。曹雪芹跟张爱玲看起来难以比较，但我一直觉得比较一下蛮有意思：都是名门之后（大家知道张爱玲的身世，也知道曹雪芹的身世），所以命运对他们都是前恭后倨，他们都有荣华富贵的血脉，也都是见证者。张爱玲，大家知道，其实她的一生，尤其是晚年，见证的都是衰败和清贫。所以他们的世界是被颠覆过的，而且这两个人的人生都是被改写过的。他们如何记叙他们眼里的世界，他们如何认识生活的真相，他们如何阐述那个所谓的现实，对我们特别有启发。然后他们又是如何去打动我们这些跟他们的贵族生活、盛极而衰的生活毫不相干的读者，这是蛮有意思的。我们很难去夸大曹雪芹或者张爱玲的创作情怀，特别是张爱玲。当然有很多作家指出，说她的胸怀小呀，眼界窄呀，当然这是一种说法，从某种意义上说也是一种事实。他们不是托尔斯泰，不是雨果，也不是鲁迅，他们就是从个人出发，局部出发。这个出发点，它本身不是宏大的，但恰好是这个不宏大的出发点，我认为最后造就了宏大的创作，造就了一个宏大的文本，这个大，那是真的大，不是吹的大。

《红楼梦》是一曲挽歌，对于曹雪芹，我一直认为他出于缅怀之心，由于无法挽回失去的一切，而看清了一切。所以曹雪芹提供的人生出路不是向前走，而是抽身离去，他认为人与现实最好的处理方式就是抽身离去，从本质上说，这是逃避和放弃。对于张爱玲来说，她显赫的家族背景和血统更多的其实是在发黄的家谱和她那个所谓的《对照记》上留下的一组组照片中。她对人生的态度，更多的是与经历无关。除去敏感的天性，她不描述人生的出路,也许是出于怀疑之心,也许是她自己不知道是否有出路,所以她不作结论。因此是站在这世界的一角,不挽留也不放弃,默默地坚持。"坚持"这个字眼看起来不符合张爱玲的情调,但恰好是张爱玲唯一坚持的对现实的态度,就是我说到的,张爱玲那儿的事实,她所发现的现实,就是再坚持一步。再坚持一步,终归,无论是好是坏,结果总会水落石出,是这样的一个坚持。

那么作为一个读者,我们被一部小说打动,其实是一个长长的情感链条的连锁反应,我刚才一直在说这个链条,尽管说得有点乱,但它真的像链条。这链条的最后一节,是理性出来发言的,作者对人生的出路,对未来可以不表态,但对现实生活来说,它需要一个清晰的态度。如何认识生活,如何打理现实,他们是要为读者做示范的。我刚才其实就是说的他们如何认识生活,如何打理现实,做的这么一个示范。

从某种意义上讲,我们谈张爱玲的小说,谈爱情的局部,其实同学们是爱听的。下面说到张爱玲的《倾城之恋》,我建议同学们看,别说女同学该看,男同学也该看。男同学一看不仅会认识到张爱玲的好,还会认识到就是我刚才极力阐述的张爱玲教你如何认清现实,这是讲述男女关系的。《倾城之恋》就像篇名一样,写的是一场艰难时势里志在必得的爱情。《倾城之恋》里的女主人公叫白流苏,还是对比吧,白流苏老让我想到《红楼梦》里的林黛玉,这是不通的,但我就这么想,没办法。因为流苏离婚后是投奔娘家的,黛玉家道中落后是投奔外婆家的,那么白流苏家的白公馆和荣国府作为两个时代的弱女子的栖身之所,一样的亲情冷漠,人言可畏,这是一个共同的处境,共同笼罩着她们的生活范围。黛玉的孤单毕竟笼罩着亲戚们虚情假意的面纱,大家知道,比如贾母、王熙凤、王太太等。而白流苏生活的时代,一切都是赤裸裸的,她是上海人,流苏无辜的灵魂每天经受着世俗势利之人的拷打。我的感觉是,在这样的拷打之下,白流苏被拷打成了薛宝钗。也许她原来是林黛玉,在世俗的这么一个拷打之下,我觉得她整个被拷打成了薛宝钗,所以白流苏是林黛玉的命,薛宝钗的心。她为自己寻找出路,出路是那个男主人公。《倾城之恋》的男主人公叫范柳原,好多男同学都不知道,就叫他老范好了。在曹雪芹的时代,对于林黛玉和薛宝钗来说,贾宝玉代表着一个诺言，或者代表金玉良缘、天作之合。而在张爱玲的目光里头，对于白流苏这个女人来说，爱情与婚姻就是生存的条件。一个范柳原代表好男人，一座好靠山。所以《倾城之恋》之所以倾城，不在于这场爱情是轰轰烈烈的，而恰好在于工于心计的，几乎可以称之为智力竞赛的恋爱。尤其男同学会说了，什么叫工于心计、智力竞赛的恋爱？其实在如今这个时代也比比皆是，但是张爱玲早在七十年前就已经让我们看到《倾城之恋》中的爱情是一种什么样的爱情。

这场恋爱谈得让人心力交瘁，也让读者喘不过气来。大家知道，《倾城之恋》的背景是香港，这是张爱玲小说当中背景比较特别的。白流苏是上海人，但是故事发生在香港，是白流苏一个人漂泊到了香港。随着香港遭空袭，人心惶惶中，白流苏和范柳原走到一起，白流苏的爱情勉强成功，是一场空袭改变了他们爱情的结局。即使它勉强成功，还是让我想起了黛玉在潇湘馆的弥留时刻，也想起了薛宝钗的婚纱被贾宝玉揭开的情景，薛宝钗在那一瞬间也变成了无辜者。薛宝钗的美满婚姻刚刚开始，但从情感角度看，她和林黛玉一样也是一个弥留者。

在相隔一百多年的时空里，曹雪芹和张爱玲在做着同样的工作，为世间的男女提供一个样本，提供所谓的爱情的真谛，是他们所发现的，或者是他们所预测的。该样本的一致性在于，都是一个女子把余生的幸福寄托在一个男子身上。黛玉是寄托在宝玉身上，他们爱得非常率性，只要看过《红楼梦》的都知道，爱得非常纯粹，爱得百分之百的投入，结局是生死两地、各奔东西。宝玉和宝钗，一个不爱，一个爱得顺应时势、顺应人势，结果是个错误，明显这是宝钗的爱。而张爱玲笔下的白流苏和范柳原之爱其实是我们今天所说的现代人，所谓我们现代人的这么一种情感生活：爱得理智，爱得犹豫，爱得保留，爱得有心计，最后终成眷属。

对比一下，我们可以看到爱情的古典风范和现代艺术。这两部小说，我估计《红楼梦》大家都看过，但是《倾城之恋》不一定都看过。我一直觉得特别有意思，我可以说曹雪芹是中国最伟大的作家，不敢说张爱玲是中国最伟大的作家，但我一直认为张爱玲写爱，或者说写情感的真相，真的是大师。曹雪芹时代男女性别角色是不平等的，张爱玲的时代这不平等仍然存在。

值得探讨的是曹雪芹的续写者高鹗,大家知道《红楼梦》后40回是他续写的。在高鹗那里,他其实通过黛玉之死传达了一次爱情观,通过贾宝玉婚后的出走又传达了一次爱情观,概括起来就是:宁为玉碎,不为瓦全。而张爱玲则让走入婚姻的白流苏传达了她的声音,守住"瓦",才守得住"玉"。这是一个非常现代的带有一点世俗的爱情观,这很有意思。或者说"瓦"和"玉"的差别根本就是不存在的。张爱玲的文字和心境都很有古典情怀,大家看张爱玲都知道,她一生都是《红楼梦》的忠实读者,她对《红楼梦》的熟悉程度让所有研究《红楼梦》的人吃惊。但她的目光不是曹雪芹的目光,她是入世的。

我一直认为探讨这两者,虽然一部是中篇小说,一部是长篇小说,我们的文化巅峰,我把它们放置在一起探讨不太匀称,但是因为要说这个问题,这样说得比较清楚。张爱玲的目光是入世的,她与现实是可以商量的,她作品中的男女,包括她自己,与现实有商有量,所以张爱玲笔下的男女永远在下棋,不是贾宝玉跟大观园里的小姐、丫鬟那样下着玩,张爱玲笔下的下棋,尤其是女主人公的下棋,是赌一个命,在与男性对弈的过程当中,其实也是在和女性的现实下棋。她的所有的人物都是跟现实下棋,要分出一个真正的胜负,张爱玲笔下的女性,也大都能胜出。大家无论是看《金锁记》也好,《倾城之恋》也好,张爱玲笔下的女性形象在下棋的过程当中是能胜出的,尽管有时候是险胜,甚至是惨胜。但是因为她是与现实有商量的,坚持了或许就是胜利。

所以说来说去,曹雪芹也好,张爱玲也好,他们都不是自己那个时代最好的代言人,但他们都是在一个狭窄的、局部的空间里传达了时间的钟声、现实的钟声。他们是敲响现实钟声的人,是在这么窄小——与战争无关,与我们所说的宏大关怀无关——的空间里,敲响现实钟声的人。这钟声有对于时代的节奏的模拟,但最准确也最坚定的是,这钟声传达了人心的节奏。所以读者们首先发现的是人心的节奏,读者发现了这个节奏也就发现了自己的内心。所以这时候大观园不再是宝玉、黛玉的世界,它是我们所有读者的现实社会。张爱玲的上海、香港也不再陌生,它对于读者产生了非常真切的压力。这种虚构的对于现实生活的压力,就是我刚才所说的,是作家施加于读者头上的，同时也是读者自动参与的结果。因为她的小说中，在人物那里你总会找到有一次呼吸，哎呀，是我的呼吸，有一次梦呓，这是我的梦呓，就是这么一种交集。在这样的阅读经验里，读者必须承认自己是被操纵的。他们捧起一部作品，是准备超脱现实，但一部优秀的文学作品从来不具备休闲功能，它展示的貌似松弛的生活似乎是别人的，最后必然成为你自己的，最后你被作家按在所谓的现实的坚硬的板凳上。你的失落在于此，你阅读的满足恰好也在于此。

我们经常听到有人如此评价一部文学作品："这部小说好，很真实"，或者说"这部小说不好，是胡编乱造的"。其实读者对于真实的需要，在作家来说你的需求往往是忽略不计的。作家一方面离不开读者，另一方面又对读者采用其实是独裁专制的手段，与其说他们心里装着读者，不如说他们想着另一件事情：怎样让你相信我，我发现的比你经历的更重要，你是被生活的假象蒙蔽的，所有被蒙蔽的事物，我来替你发现。听我的，我是老大。作家们总是使出浑身解数来让读者相信，我的现实才是你的现实。所以阅读也是一场战争，作家要俘获读者，必须让读者在作品里遭遇他的现实，这就有戏剧性了。容易遭遇的现实读者往往已经发现，借助长时间了解的事情并不需要阅读，我都知道的事情，看你一本破书干什么？因此，形形色色的现实也都有各自的王牌，就像我们刚才所说的张爱玲的王牌、曹雪芹的王牌，具有震撼力的那一部分往往被生活的灰尘所覆盖，它在生活的角落里，在生活的阴影里。作家征服读者需要出示那张王牌，而王牌的出示通常有读者意想不到的手法，甚至是危险的手法。

下面我要谈点手法，先说真实性的颠覆。我们刚才说到的真实，所谓真实，首先需要吻合我们生活的秩序，否则叫什么真实呢？这秩序和时间跟空间的法则密切相关，这里也有学理工的同学，最清楚这种法则了。就像一个钟表，它永远是顺时针走，但是在一些野心勃勃的作家这里，钟表可以逆时针走。有野心的作家往往试图在小说中重新安排现实生活的秩序，至少是需要对那种秩序修修补补的。我下面要举一些例子，同学们估计会不知道我所说的怎样让钟表逆走，而你会理解这是生活的一种现实，就是这个作家的这样一部小说。

　　有一个古巴作家,他蛮奇怪的,是生活在 20 世纪五六十年代社会主义旗帜下的一个作家,叫卡彭铁尔,他有一篇小说叫作《种子旅行》。这篇小说,大家从网上可能不一定能找到,同学们如果细心地去找一些关于拉美经典短篇小说的选本,我估计十有八九有眼光的都会看它。这篇小说开头写一个老人死了,然后从他死亡开始那一刻,他的生命在渐渐地用一种逆时针方式,在这样退,退,退。所以他是先死,然后是他 80 多岁,接着是他 70 多岁,最后写他回到了母亲的子宫里,是这样逆着走的。这样来写他的一生,这样来写他看世界的一个方法。最后他作为一个受精的胚胎在母亲的子宫里孕育,小说到此就结束了。这是短篇小说,不长,但我要说的是这样的一个文本,一个作家在这个文本里颠倒时空,逆向地展开人生。

　　当然同学们可以说这种逆时针的叙述只不过是一种文学手法,他当然不能改变时间的流逝、生命老去这种基本常识。另外一方面,我们不得不说这样的一篇小说,令他的所有读者,包括我看的时候,有一次濒死体验。你知道吗,濒死体验是我看了这篇小说,我觉得我跟那个老人一样先死去,然后渐渐地我的老年来到了。一部小说,它会产生这样的一个磨砺,在一刹那间。我不认为它是完全的一个文学手法的成功,恰好我认为,这个作家怎么能想到老人死了以后,小说的结尾却是回到母亲的子宫里,成为一个胚胎,静静地蹲着?恰好这就是我刚才所说的,就是这么一个认识世界、认识时间、认识生命的一个眼光和一种发现,有时候会促使你想很多很多。所谓发现事实、发现生活的真相,有时候不是通用常规的手法,你也不能说有时候是一种醍醐灌顶,有一个神秘的光环,他的所谓的发现现实的形式,在一个写作者那里,就如此形形色色,如此丰富特别。

　　在我看来,《种子旅行》这篇小说,不仅是令我,我相信也令所有读者有了一次濒死体验。细细地回味,总结一个老人的一生,没有什么比时光倒流更加有效。大家仔细想想也真是的,也没有一种文学常规比这样的反向描述更逼近真实。我也不知道文学理论上有没有什么所谓的反向描述,这是我自己瞎说的啊。有时候大家习惯了所有的逻辑都是正向的,有时候也可以试试反向,逆时针,会发现一些在正常情况下你发现不了的生活的真相。

　　下面再举一些例子。卡夫卡的《城堡》大概读过的男同学比女同学多。

《城堡》的意思在于极端地披露了一种人类的困境，故事乍看是违背常识的，因为你看前面的三分之一你就清楚了，那是不可能的。它主要写的是土地测量员K，他看得见一座城堡，但他无法真正到达那里，而城堡不是一个海市蜃楼。我们把它理解为荒诞也好，理解为一种什么现代派的技巧手法也好，它不是这么回事。我们依据常识知道海市蜃楼看得见的地方终究是可以抵达的，但是卡夫卡告诉我们，肉眼看见的是虚无的，很多地方、很多目的地最终都是无法抵达的。你看见有什么用，它不一定代表真实。你看见的城堡永远无法抵达，这才是现实的王牌。我刚才所说的作家手里的王牌，卡夫卡手中是这样一张王牌，这张王牌在很多人来看是超越常识的。另一方面，现实的王牌往往具有预言和寓言的双重功效。在卡夫卡的《变形记》里，孤独的格里高尔变成了一只虫子，那是一个黑色的冰冷的寓言，他描述了人类噩梦般的境遇。在我看来，那只虫子是一个伟大的预言，卡夫卡提前宣布了很多哲学家、思想家日后非常热衷讨论的问题。我记得特别清楚的就是20世纪八九十年代整个哲学界、思想界都在讨论一个关于人的异化的问题。我也始终觉得关于人的异化的问题怎么这么熟悉，为什么你们今天还在讨论？卡夫卡在多年前就把这个结果告诉你们了，你们还在讨论"异化"。"异化"，这是一个非常奇特的创作发现。当然，我这里可能会惹很多哲学系的同学不高兴，有时候一个短短的小说，一个伟大的短篇小说，有可能会揭示一个研究了多年的哲学问题。

下面谈谈德国著名作家托马斯·曼的《魔山》。建议大家去看一下《魔山》，如果不是专修文学的就不必看了，因为很厚，我也觉得看起来很累，但是有时候看着累的书其实是有价值的。在《魔山》里，我们看见了另外一张现实的王牌。《魔山》是一部德国小说，非常具有德意志人民的特征，那种沉重、那种思考，还带有一点点焦躁、有点神经质，这是很典型的一部小说。

大致内容我无法讲，因为《魔山》是很厚的一本书。它写一个非常孤独的，不甘于做一个寻常人的一个青年，叫汉斯。他去一家疗养院看望他的一个表兄，他那个表兄得了肺结核。在当时，肺结核是一种不治之症，这基本上是宣判了死刑的，但是死不了那么快。所以肺结核成为某种象征和暗喻，预示着死亡离你不远，但你现在还有一口气。汉斯就去一个疗养院看他的表兄,一个非常简单的探视病人的过程,但是结果,我们所说的关于时间和空间的魔山,在这部小说当中表达了出来。他去的疗养院是一座山,这座山是一座魔山,他进得去出不来了。时间在这里是不一样的,所以他本来准备去七天,结果他再也走不出这座魔山,在那里一连待了好几年,出不来了。那个疗养院里有来自世界各地的病人,当然它是狂欢式的,有点超现实的。《魔山》是带有一点超现实意味的。人们都在享受疾病,等待死亡,结果汉斯在那里待了七年。然后,小说大概八分之一的篇幅,写汉斯好不容易出来了,一出来就碰上一场战争,一出来就被征了兵,一征了兵在第一场战役就死掉了。托马斯·曼用这样的手法给我们描述了一个男孩子最悲催的人生,就是汉斯的人生。

所以我刚才所说的人变虫子是卡夫卡发现的现实,而人走不出时间的围困,走不出生命的魔山,是托马斯·曼发现的现实。所以你们知道现实的这张王牌从来没有"福禄寿喜"、"恭喜发财"这样的字样,它往往是直指人心的;它从来不制造欢乐和祥和,恰好它往往给你制造一种痛感,一种钝钝的痛感。那么我们需要这种痛感吗? 当然需要,因为我一直觉得所有的日常生活给予我们太多的脂肪,而这样的痛恰好是给我们减肥的。我认为最优秀的作家往往不是那些亲切温和的作家,所以我们必须对严肃与沉重保持尊敬,尤其是我们刚才所说到的《魔山》。

最优秀的作家也无法穷尽这个世界上所有的真相,所以我们虔诚地接受他们给予的那部分现实。我们所需要的现实也许很大,是气势磅礴的;也许很小,小到我们难以发现。我以一位诗人的一句话作为今天这个议题的概括。现实生活中,人总是在构想天堂在哪里。那首诗写道:天堂在哪里,天堂在一粒沙里;一粒沙子啊,天堂在一粒沙子里。我一直想说,我们所设想的,所有的作家也好,所有的读者也好,我们在生活当中想要寻找的那个现实,它也有可能藏在一颗沙子里头。这样的一颗沙,它与卡夫卡相遇,与托马斯·曼相遇,才变成了我们刚才说的那种令人震惊的现实,让我们心中永远有隐隐的痛,这种痛,最后为我们所坚持,成为我们永生的营养。

形形色色的作家在小说里虚构了形形色色的世界。在每一个好的小说世界里都可以看见作家精心营造的现实,这个现实与人们的社会生活有时候有隔阂，可能隔了一层窗户纸，可能隔了一座山，小说里的现实与我们隔山相望。但有时候这座山突然就消失了，我们走进小说，小说笼罩我们，那便是作者、读者与现实三位一体的融合，是文学的神奇一刻。小说对现实的指涉功能，小说对未来的预见，甚至也会超出我们的常识。

爱伦·坡的短篇小说《玛丽·罗杰的秘密》，特别有意思，也是跟我今天所讲的内容有关的一个小说。因为大家知道爱伦·坡经常推理，他的推理带一点"哥特式"，就是带一点鬼怪，带一点恐怖，他是推理加"哥特"的这么一个小说人。他写过一篇小说，是根据当时美国的一个小报报道的一个凶杀案，一个卖花女在纽约被杀害了，然后找不到凶手，警察局当时很无能，但是这个案子就使整个纽约城的卖花女特别恐慌。然后有传言说所有的卖花女都将被这个凶手杀害，所以一时间卖花女绝迹，在当时引起很大的轰动。然后爱伦·坡对这个新闻事件特别感兴趣，一直要以这个为素材写一部小说，同时他在等待警察局为这件案子结案，但迟迟也结不了。爱伦·坡等不及了：我来写一篇小说吧。所以爱伦·坡的《玛丽·罗杰的秘密》就是写杀害纽约卖花女的这个凶手，跑到了巴黎，在巴黎，这个凶手终于有一天落网了，很简单，就是这么个事。很神奇的是，在这个小说发表后不多久，破案了，凶手就是在巴黎抓到的。这是一个极端巧合的例子啊，这个案子的发展神使鬼差，就像小说情节一样。这个例子告诉我们，一个作家在他的书房里，也是可能发现一个凶手的行踪的，只要你是爱伦·坡。

2013 年于华中科技大学演讲

华中科技大学当代写作研究中心

莫言小说与诺贝尔文学奖的价值观

谢有顺　中山大学教授

一、文学比政治更永久

很高兴来华中科技大学讲演。讲些什么好呢？来之前，我向主办方报了几个题目，最后，负责人选了这个题目，要我讲莫言，可见莫言获诺贝尔文学奖的热度还在。讲莫言也好，因为莫言和贵校这次讲座活动还有些渊源。去年春天，我和莫言、方方几位老师一起在海南做一个文学奖的评委，当时方方就约定了我和莫言作为今年的春讲嘉宾，后来他得了诺贝尔文学奖，太忙，就来不了了。那就由我来讲讲莫言吧。

莫言获得了去年的诺贝尔文学奖，这是一件大事。最近几个月，总有记者来采访，或者来邀约开讲座，但我每次要讲莫言，总会不自觉地想起他的名字。莫言自己说，他取"莫言"这个笔名，是为了纪念那个不能讲话的年代——那种只能沉默的痛苦，今天恐怕很少人能够理解了。而对于他这次获奖，大家却说得太多了。当我看到报纸、网络，包括那些对当代文学毫无了解的人，都在谈论莫言，我已没有多少说话的愿望。但我研究莫言的小说，也熟识莫言本人，常有见面、联系，国内唯一由莫言审定和认可的《莫言评传》是我主编的丛书里的一本。评传的作者是叶开博士，他最初并不想写这本书，我在给他的约稿信中说，等莫言获了诺贝尔文学奖之后，你就是最重要的莫言研究专家了，以后的研究者恐怕就很难绕过你了。这话打动了他。这是在 2007 年，没想到预言成真。莫言获奖之后，我为莫言高兴，他受之无愧。

我和莫言的第一次见面是在 2001 年初，我们一起在北京领一个文学奖。颁奖后半年多，我们却拿不到奖金。我倒不急，可莫言是已经答应了将这笔奖金捐给一所乡村学校的，这钱一直兑现不了。他怕学校那边有想法，于是给我来了一封信，大意是说，我催他们几遍了，都没用，你是报社记者，你出面催一下，或许会有效果。后来我真写了封信给大奖组委会，很快奖金就给我们打来了。我想，肯定不是我的记者身份起了作用，而是组委会刚好把奖金筹措出来了吧。这件事令我印象深刻。后来，见面的机会就多了。他是随和、宽厚、智慧之人，和他在一起，没有压力，而且处处能体会到一个从乡土里长出来的人的那种质朴感。他记忆力好，口才好，又机智。记得十年前在大连的一个正规场合讲话，会议主办方临时要莫言讲话，他讲得很好，而且大量用四字排比句，有诙谐、调侃和反讽的效果。前几年，王蒙兼任中国海洋大学文学院院长，还专门邀请我和莫言去青岛，我们三人一起与那里的学生做了几次对谈，莫言也是讲得很好的。莫言平时还爱写打油诗，大概是出于一种好玩的天性，他自己并不太当真，但他获奖之后，这些打油诗也被网友挖出来，有些还被刻意地嘲讽。

莫言获奖之后，已经无处藏身，他的人与文，都成了社会各界热议的对象。文学界欢呼，知识界却不乏批评的声音。官方也兴奋起来了，或发贺信，或借由莫言大谈中国文学走出去的战略。而在莫言的老家，有媒体报道，说地方政府要投入六七个亿，在高密种植万亩红高粱，推出红高粱文化体验区，还要改造莫言旧居。为此，领导跑到莫言家，对他九十高龄的父亲说，儿子不再是你的儿子，屋子也不再是你的屋子了，你同不同意都未必管用。有网友就抬杠说，政府不单要种红高粱，还要种上几万亩红萝卜，养上几万只青蛙，再找一些丰乳肥臀的山东美女来做导游，文化旅游业就会做得更加有声有色。还有媒体报道，莫言老屋附近，不仅萝卜被人拔光了，连青草也被人拔光了。各地的报纸杂志，几乎都出了莫言获奖的专题，以致有人呼吁，要警惕过度消费莫言。莫言自己倒很清醒，他在记者会上说，莫言热很快就会过去。我也觉得，在获奖之初，国人参与讨论、热议这一文化现象，都是正常的事情，不必过度解读此事。

但莫言这次获奖所引发的热潮、争议，规模之大、之久，还是令人非常吃惊。尤其是文学中人，大多没有想到，在文学如此落寞的今天，一个作家的获奖还能受到如此关注，而且这一话题好多天来居然席卷了整个网络世界，这是难以想象的。何以如此？我想，一方面，诺贝尔文学奖毕竟是全世界最有影响的文学奖，而且这个奖持续评了百年以上，它所累积下来的影响力和价值观，任何人都很难忽视它；另一方面，中国人有着根深蒂固的诺贝尔奖情结，而且和诺贝尔奖之间的关系一直都很纠结。之前并不是说没有华人拿过诺贝尔奖，只是这些拿诺贝尔奖的人，几乎都有外国国籍，如丁肇中、李远哲、朱棣文、崔琦、钱永健、高锟、李政道、杨振宁等人。

莫言获奖之后，这个奖对于中国人的意义就不同了，它也改变了中国人对诺贝尔奖的观感。在此之前，不少人认定诺贝尔奖是有政治偏见的，没想到，莫言和主流现实之间的关系近年稍微和顺了，他反而得了奖，一些人为此又嫌诺贝尔奖的政治性不够强了。还有一些公共知识分子感到诧异，何以像莫言这样的共产党员作家也能获得诺贝尔奖。说这话的人，显然不了解诺贝尔奖。事实上，在此之前获奖的作家，至少1965年的肖洛霍夫、1971年的聂鲁达、1996年的希姆博尔斯卡、1998年的萨拉马戈、2004年的耶利内克、2007年的莱辛，都是共产党员。萨特也是，但他没去领奖而已。这些政治身份，对获不获奖似乎并不重要。莫言小说的瑞典文翻译者陈安娜女士日前说："以前很多人批评诺贝尔文学奖评委，说这个奖太政治化，现在有人批评他们说这个奖不够政治化。瑞典有一句俗语：'无论你转身多少次，你的屁股还在你后面，意思就是说，无论你怎么做，人家都会说你不对。"陈安娜所说的中国人的文化心结，在对待诺贝尔奖这件事上一览无遗。

现在，莫言得奖了，很多中国作家的心态也许都要调整了——看来，光在姿态上迎合诺贝尔奖的价值观，或者热衷于讨好、猜度评委的心思，都是徒劳的。诺贝尔奖评委会能把一种评奖游戏玩一百多年，而且玩得如此成功，最根本的还是因为他们坚持了某种艺术理想，即便有政治偏见，也并非主流。遍观历届获奖者，尽管诺贝尔奖也遗漏了很多优秀的作家，但总体而言，一百来个获奖作家中，没有谁是很差的作家。一个诺贝尔文学奖，遗漏该得奖而没有得奖的作家是难免的，但绝不能让不该得奖的作家得奖了，这是底线。我觉得，诺贝尔文学奖还是守住了这一底线的。

有意思的是，一些知识分子对这次莫言获奖的反应却很强烈，甚至还有一些有名的文化人，他们不仅觉得莫言不该得奖，还愤怒到说这是诺贝尔奖历史上最黑暗、最耻辱的一天，云云。我觉得，这样说就太夸张了。这个反弹，主要是由莫言也参与抄写了"讲话"一事引发的，它在网络上发酵得非常厉害。由这事的激辩，也可看出中国知识界确实已经丧失共识，现在大家探讨任何问题，都开始变得困难重重了。莫言后来在记者会上没回避这个问题，而是做了正面回答。他说他不后悔这事，并举出了自己不后悔的理由。我倒觉得莫言是坦诚的，假若一个人做了一件事情，事后看情形不对，又说自己后悔了，这反而更令人生厌。作家作为一个独立的创造者，不抄别人的东西，当然会更好，但真抄了，似乎也要具体分析，不要轻易就下大的判断，因为事情可能并不像一些人想象得那么复杂。

在这点上，德国汉学家顾彬先生的态度挺有意思。他之前是批评莫言的，批评得很厉害，说莫言的小说很陈腐之类。莫言得奖后，他接受《南方周末》的采访时，他的观点已经大变："我说的不一定都是对的。宣布莫言获奖后没多久我就接到了德国之声的电话，我当时的回答还是老一套，我没有来得及思考。这些天我问我自己，我精英文学的标准不可能也是错的吧？好像我是少数的。德国非常有名的作家马丁·瓦尔泽歌颂了莫言后，我觉得我应该重新反思我的观点。反正，德国读者不太喜欢看我们的精英作品，宁愿看美国和中国的长篇小说。"看了他的表态，你可以说顾彬没有立场，不敢坚持自己的观点，你也可以说顾彬表示出了要重新了解莫言的诚恳——这样的诚恳是有价值的。

很多人对莫言的作品并不熟悉，更缺乏把莫言放在文学史脉络中来审视的能力，仅凭一些碎片式的观感，是不足以认识一个复杂的作家的。

这令我想起《三联生活周刊》上的一段话："文学不是生活中的必需品，他（莫言）的小说你也可以喜欢或不喜欢，选择或不选择，但起码，你须先了解这是一位什么样的作家、写什么样的作品，明白他的作品与我们当今社会发生着怎样的关系。"这确实是讨论莫言的一个理性前提。你喜不喜欢是一回事,你了解不了解又是另一回事。不了解莫言,对莫言这三十年所走过的文学旅程一无所知,由此所做出的判断必然是可疑的,甚至还会误读莫言、冤枉莫言。譬如,莫言当选为中国作家协会副主席,很多人都以为他就是副部级官员了,他们不知道,兼职副主席是没有级别,也不享受什么待遇的。又如,莫言得了上一届茅盾文学奖,他的作品就被人视为主旋律作品,这就更是外行了。《蛙》肯定不是主旋律,它对当代社会的批判是非常凌厉的。事实上,你若了解莫言所走过的写作之路,就知道,无论是他的小说还是他的人生,都不是一些人想象得那么懦弱,他批判社会,也承受由此而来的压力。从 20 世纪 80 年代中期开始,对莫言的批判,包括严厉的政治批判,一直都是存在的,连莫言脱下军服,转业到地方工作,都是某种批判的结果。当年他写《红高粱》、《欢乐》、《红蝗》,就受到了很多的批评,到他发表《丰乳肥臀》,对他的批判更是达到了顶峰。为了审查这部"大毒草",有关部门成立了两个工作组,一章一章地审查,压力可想而知(详情请参阅叶开《莫言评传》第五章)。后来莫言自己也述说了这段经历,当然他说得很轻松,但实情肯定比他说的还严峻。这段经历很有意思,大家不妨了解一下:

他们让我做检查。起初我认为我没有什么好检查的,但我如果拒不检查,我的同事们就得熬着夜"帮助"我,帮助我"转变思想"。我的这些同事,平时都是很好的朋友,他们根本就没空看《丰乳肥臀》,但上边要批评,他们也没有办法。其中还有一个即将生产的孕妇,我实在不忍心让这位孕妇陪着我熬夜,我看到她在不停地打哈欠,我甚至听到了她肚子里的孩子在发牢骚,我就说:同志们,把你们帮我写的检查拿过来吧。我在那份给我罗列了许多罪状的检查上签了一个名,然后就报到上级机关去了。第二天,我们的头儿找我谈话,说光写检查还不行,必须要有实际行动。我说您指的实际行动是个什么行动? 他说,你能不能给出版社写一封信,以你个人的名义,要求出版社停止印刷这本书,已经印出来的要封存销毁。我说要禁你们自己去禁,我自己不能禁我自己的书,但我们领导知道我的弱点,就再次组织我的同事们帮助我,其中当然还有那位少妇。我这个人意志薄弱,一看到那位孕妇,我的心就软了,我想,不就是一本书吗,禁就禁吧,与她肚子里的小孩子相比,我的《丰乳肥臀》算什么? 于是我就给出版本书的出版社写了一封

信，请他们不要加印，印出来的也要就地销毁。（见莫言《小说的气味》一书）

当然，正版一禁，盗版肯定蜂拥而来。据莫言自己的保守估计，盗版起码在五十万本以上。

《丰乳肥臀》是莫言自己最看重的作品，他觉得这部作品最为沉重，也最有艺术性，但遭遇如此曲折的命运，着实令人感慨。现在的作家，可以把被批判、被禁都当作自我宣传的机会，但在《丰乳肥臀》出版的年代，批判和禁止一部图书，对作者还是有巨大压力的。之后，类似的政治批判越来越少，但在文学层面上对莫言的批评一直没有停止，他的《檀香刑》、《蛙》都曾遭遇猛烈的批评。《蛙》能得茅盾文学奖，要得益于评奖制度中的公开投票环节，众目睽睽之下，熟悉文学现场的人，都知道难以回避莫言的存在。其实，未必是莫言需要这个文学奖，而是一个文学奖的权威性，需要一大批优秀的作家站在那里。在今天这个社会，改变自己命运，有些人是选择妥协，有些人是选择出卖人格，但还有一些人是选择把自己做大做强，使对手不能再无视你的存在——后者才真正值得尊敬。莫言的被认同，应该属于后者。莫言近年来的文学风格并无根本变化，也未见他在写作上做出什么妥协，但他的文学地位，尤其是他在国际上的影响和以前大不相同了，已是最有国际影响力的中国作家了，这就迫使一些人要开始正视莫言的存在——我更愿意从这个角度来理解莫言何以会被主流现实所认可。

莫言作品中的批判品质，但凡读过他作品的人，都会有深刻印象。即便是在生活中，据我所知，莫言也不是卑躬屈膝的。当然，莫言很聪明，知道在什么场合讲什么话，但有时他也大声疾呼。电影界有人回忆说，贾樟柯电影解禁以前，莫言曾当面对国家电影管理局副局长说，你们封杀这样的导演就是罪恶。后来，贾樟柯很快解禁，是不是莫言的话起了作用，无从考证，但当时听见这话的有导演霍建起和编剧苏小卫等人，他们都觉得能这样对领导说话的文人，当下的中国，已经不多。因此，我们不必苛求作家，更不能要求作家都去做政治的抗议者，作家所关心的，终归还是人类心灵中的那些秘事。

莫言在获奖后的记者会上说："作家是靠作品说话的，作家的写作不是为哪一个党派服务的，也不是为哪一个团体服务的，作家写作是在他良心的指引下，面对着人的命运，人的情感，然后做出判断。"

这是有道理的。好的文学，肯定比政治更大。有一句话是这样说的，文学比政治更永久。苏东坡、王安石都曾投身政治，到今天，有多少人记得他们的政治观点呢？流传下来的是他们的诗文。王安石和苏东坡两个人政见不和，有矛盾，今天读他们的诗文时，他们的政见分歧都不重要了，被超越了。一个作家的作品是否能流传下去，终归还是要看其艺术价值如何。政治永远是当下的，此时的，但文学是普遍的，永恒的，人性的，它有比政治更永久的价值。

因此，我不赞成用单一的政治视角来看待莫言这次的获奖。假若中国出了一个作家，能获得世界性的认同，唯独在他自己的民族中却遭遇冷眼和冷嘲，甚至恶意的践踏，而不能对他做出公正的评价，这是不正常的。我们应该有一种气度，一种对文化的创造力做出肯定的气度。莫言的得奖，未必能改变中国文学的现状，但它至少对中国文学在世界范围内的传播是有正面价值的。这些年来，中国社会到处弥漫着一种如何才能发展文化软实力的焦虑，尤其是在国际竞争中，我们还拿不出真正有感召力和吸引力的文化产品，在民族精神的展示上，还显得很贫弱。中国经济方面的成就令世界侧目，军工业的发展也进步神速，但是，一个国家如果没有文化输出，没有那种有高度、有影响力的文化符号来诠释自己的国民精神，这个国家就永远不会被人尊敬。中国生产的物质产品可以卖到世界各地去，可有过出国经历的人都知道，中国给人的印象依然是一个物质中国，没有多少外国人会觉得中国是一个文明之邦。他们都在用中国制造的产品，却不知道、也不想知道中国也曾生产孔子、老子、曹雪芹和鲁迅。

物质中国是对中国最严重的简化。我记得，前几年《时代周刊》评封面人物，登的是中国工人，几个中国工人穿着灰色的工服，满脸疲惫地站在那里，这就是很多西方人对中国的想象，这就是他们认定的中国形象。中国确实有很多工人在流水线上，他们那疲惫、无奈、痛苦的表情，也是中国现实的一种，但中国绝不仅仅是这些。只是，整个西方，大都没有耐心听我们的解释，更没有诚意来了解一个真实的中国，他们骨子里对中国精神的漠视，才是对中国真正的伤害。这种伤害，甚至比贸易制裁和贸易歧视更严重。可是，我们一直没有什么机会来修正西方人对中国这种扭曲的认知，因为我们缺乏有说服力的精神产品。

莫言这次获诺贝尔文学奖，应该是一个很好的机会，世界由他的作品而重新认识中国，是一件好事，他的作品，呈现出了一种和当下的宣传所不同的中国——这个中国，是文学的，也可能是更真实的。假若在物质中国以外，我们能向别国输出一个文学中国，这才是真正的软实力。中国形象和中国语言，比中国经济和中国物质更富精神内涵，这是毫无疑问的。

蒋经国的儿子蒋孝严曾说："经济能使一个国家壮大，军事能使一个国家强大，但只有文化才能使一个国家伟大。"这话多少有一点夸张，但如果"伟大"指的是一种精神、灵魂或者人格的话，文化的作用就比经济、军事更大。那些曾经贡献过伟大作家和艺术家的国家，即便今天经济不行了，也没人敢藐视它的存在，道理正在于此。但我也反对把莫言得诺贝尔奖的意义进行盲目升华，所谓莫言得奖反映了中国的强大以及世界影响力的提升一说，显然是牵强了。文学是个体的精神创造，和国力如何并无直接的联系。诺贝尔文学奖也经常授予小国作家，或者乱离中的作家，若单纯以国力论，这些就都难以解释了。

也有人说，由莫言来作为中国文明的传播者，只会让西方看到我们这个民族的丑陋、落后、阴暗，甚至黑暗的一面，莫言的小说，充满着这方面的描写。这令人想起前些年对张艺谋的批评，也说他是在讲述发生在中国偏僻角落那些离奇、丑陋的故事，这不仅不能让人更好地认识中国，反而会带来新一轮的偏见，把愚昧、落后的中国形象固化在西方观众的心中。这当然是一种观点，但未必全面。尤其是莫言的小说，和张艺谋电影的美学趣味是有很大不同的。莫言的作品揭示黑暗和恶，他当然也向往美好，比如《蛙》，就有对生的关切与礼赞，但这样的段落不多，他更多的是摹写现世在欲与恶中的狂欢。他为何不对这种赤裸的罪与丑轻易做出道德审判？我想，他知道文学的态度不是决断，而是发现，不是斥责和批判，而是理解和宽恕。但我们不能由此就认为莫言认同了这种现实，更不能因此就认为莫言丧失了批判立场。

文学的魅力不在于写那些黑白分明、结论清晰的事物，而是在于写生活的模糊区域和无穷可能性，在于描绘那种过去不能回答、今天不能回答、未来也未必能够解答的生存困境。

二、诺贝尔文学奖的价值观

诺贝尔奖评审委员会表彰莫言"将魔幻现实主义与民间故事、历史与当代社会融合在一起"，这只说出了莫言小说的一个侧面，但由此也可看出，他们所关注的，依然是莫言的小说本身。我更愿意相信，莫言之所以能得奖，是因为他的小说契合了诺贝尔奖的价值观。那么，诺贝尔文学奖的价值选择有哪些特点呢？从历届获奖作家的风格看，我概括了一下，以下四点可能是较为鲜明的。

第一，具有批判精神。

对历史、社会和人生的省悟，一直是文学的责任之一。不和当下主流意识形态合流，拒绝成为这个时代肤浅的合唱者，坚持批判的立场，并努力挖掘人生内部的风景，这已成为诺贝尔文学奖对作家的一种标准。批判性，未必指的就是政治异议，也可以是一种人生态度，即对当下的现状保持一种警觉，并思索人生的困境和真义。有一种批判，是面对社会和强权的，比如索尔仁尼琴、布罗茨基等人，许多时候是一种正面的对抗；还有一种批判，是个体主义的，像阿尔贝·加缪、萨缪尔·贝克特等人，更多的是追问个体所体验到的荒谬和痛苦的深度，这也昭示了一种生存的真实。不屈从于现有的秩序，不停止对理想世界的想象，或者写那个理想中的世界永远不会到来的绝望，这些都是二十世纪以来获诺贝尔奖的作家思考的主题。那种甜蜜的对现实的投诚，和诺贝尔奖的价值观是格格不入的。

莫言小说的这种批判性一直存在，而且越到后来，越发的尖锐、宽阔。他的《红高粱》《红蝗》《欢乐》，还有长篇《天堂蒜薹之歌》《酒国》，这些写于 20 世纪 80 年代中后期、90 年代早期的作品，对中国历史和现实的批判是非常严厉的，在那个年代，甚至有着巨大的颠覆意义。他写抗日，不完全站在阶级或政治的立场上写，而是站在人性的角度上写，不只共产党抗日，土匪、国民党也抗日，他们中也有讲义气、勇敢的人，那种蓬勃生长的野性和生命力，是任何阶级观念所不能概括的，它就是一种人性的存在。这样的视

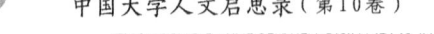
点，显然超越了过去的狭隘观念，更具人性的丰富性，也更加深刻。他写《天堂蒜薹之歌》，起因是山东老家附近一个县的蒜农，因为政府的原因，蒜苗卖不出去，蒜农就在政府前焚烧蒜苗，后来演变成了恶性事件。这是一部很具现实感的小说。这部小说发表之后，那个县的一些人就威胁莫言说，只要敢踏上他们的地盘，他们就要如何如何，但莫言并不惧怕。莫言获奖之后，一切都不同了，家乡的人视他为一笔财富，整套旅游开发的计划都做出来了，我觉得，这才是真正的魔幻现实主义。

他的小说的批判性有时也是隐藏的，或者通过形象说出来的。《生死疲劳》里，就有这么一段话："我在阴间鸣冤叫屈时，人间进行了土地改革，大户的土地，都被分配给了无地的贫民，我的土地也不例外。均分土地，历朝都有先例，但均分土地前也用不着把我枪毙啊！"这个反思貌似隐蔽，其实也是严厉的。我现在接触一些材料，知道当年对待一些地主，手段还是过于严酷的。多年前，我看过一本公开出版的《刘文彩真相》，就让我知道了另一个刘文彩，和之前的宣传完全不一样的形象。我到过四川刘文彩的老家，知道他投不少钱来兴办教育，到了周末，若是下雨，还用自己的小轿车送学生回家，这是很难得的。作家在面对这些历史时，最怕接受现成的结论，而成了政治的传声筒，假若小说能塑造出各种情境下的人性景象，就能为粗疏的历史补上血肉和肌理。直接跳出来发表看法，或者声嘶力竭地呐喊，反而丧失了文学独有的力量。《檀香刑》里的形象，就是一种邪恶人格，把邪恶当作审美，这是很奇怪的一种人格。莫言把刽子手和看客的心理写得很彻底，读之令人惊悚。莫言身上还真是有一些鲁迅的影子，只是他的批判性和鲁迅不一样，鲁迅是启蒙者的姿态，而莫言则更多是冷静、平等的审视、揭示。一些读者无法接受《檀香刑》里大篇幅的对酷刑的描写，由此认为作者的内心也是寒冷的。这并不符合文学批评的原则，我们不能由此否定这部小说所隐藏的批判性。没有批判性，莫言不可能受到诺贝尔文学奖的关注。据我所知，诺贝尔文学奖的评委普遍精通几门外语，他们评定一个作家，不只是看瑞典文翻译，还要收集英文版、德文版或法文版，通过不同译本的对照，来做出最终的抉择。这些评委都是专业读者，他们做出的判断，可能会有偏差，但不会离谱得太厉害。对此，我们还是要公正地看待。

第二,描绘乡土现实。

乡土代表一个民族和国家的基本经验,尤其是在中国,离开了乡土,你就无从辨识中国人的精神面貌。中国都市的发展,更多是重复、模仿发达国家所走过的路程,并没有形成自己的风格。因此,20 世纪以来比较有成就的中国小说家,几乎都有乡镇生活的背景,最令人难忘的作品,也多半是写乡土的。诺贝尔文学奖所关注的别国的作家,很多也是从乡土背景出发进行写作的。在给莫言的颁奖词里所提到的马尔克斯和福克纳,写的也是乡土记忆——他们可能是影响莫言最深的两个外国作家。莫言自己回忆,1984 年 12 月的一个下午,下大雪,他从同学那里借到了福克纳的《喧哗与骚动》,读了之后,就大着胆子写下了"高密东北乡"这几个字。福克纳说自己一生都在写那个邮票一样大小的故乡,莫言显然受此启发,也想在中国文学版图上创造一个属于自己的文学故乡。他 1985 年发表的《白狗秋千架》和《秋水》,最早使用高密东北乡这个地名。尽管后来莫言说自己并不喜欢《喧哗与骚动》这书,而只喜欢福克纳这个人,但这并不影响福克纳对他的文学地理学的建构所起的决定性的作用。莫言似乎更喜欢《百年孤独》,他说自己"读了一页便激动得站起来像只野兽一样在房子里转来转去,心里满是遗憾,恨不得早生 20 年",他没想到那些在农村到处都是的东西也能写成小说,"这彻底粉碎了我旧有的文学观念"。马尔克斯本人也有这样的经历,他说自己第一次读到卡夫卡的《变形记》时,才知道小说原来可以这样写。

我相信对高密东北乡的发现,包括因福克纳、马尔克斯的影响而对传统的线性叙事时间的突围,彻底解放了莫言的想象力。莫言找到了自己和故乡之间的精神通道,那个储藏着他青少年时期全部记忆和经验的故乡,他终于知道该如何回去,又该如何走近它、表现它了。莫言曾把自己的故乡用了一个非常重的词来形容,叫"血地",这是母亲养育自己并为此流过血的地方,任何人都无法摆脱故乡对他的影响、感召和塑造。

故乡留给我的印象,是我小说的魂魄,故乡的土地与河流、庄稼与树木、飞禽与走兽、神话与传说、妖魔和鬼怪、恩人与仇人,都是我小说的内容。
(莫言《故乡往事》)

要想在文学史上留下印记,作家就必须创造出属于他的文学王国,要找到他自己的写作根据地。莫言是比较早有这种写作自觉的人。没有地方性记忆，也就谈不上有自己的写作风格。鲁迅的未庄、鲁镇，沈从文的边城，贾平凹的商州，张承志的西海固，韩少功的马桥，苏童的香椿树街，史铁生的地坛，莫言的高密东北乡，既和地理意义上的故乡有关，也是源于虚构和想象的精神故乡。在这样的文学王国里，作家就像国王，想叫谁哭就叫谁哭，想叫谁饿就叫谁饿，想叫谁死就叫谁死，甚至连一根红萝卜、一片红高粱，都可以被他写进文学史，这就是文学的权力。

这种写作根据地的建立，我相信是莫言写作风格化的重要路标。他要把自己的故乡写成中国农村的一个缩影，应该说，他的努力今天已见成效。哲学家牟宗三说"真正的人才从乡间出"（《周易哲学演讲录》），这个说法意味深长，至少它对于文学写作而言，还是有道理的。乡土是中国文化的土壤，内里也藏着中国的伦理，以及中国人如何坚韧地活着的故事，这样的故事往往最为诺贝尔文学奖评委们所关注和喜爱。

第三，坚持艺术探索。

不但要探索，还要是一个用现代手法写作的人。自20世纪中叶以来，诺贝尔文学奖几乎未曾颁发给传统作家，获奖作家都是现代主义的，在艺术上有探索精神的人。诺贝尔文学奖重视和表彰那种能够敞开新的写作可能性的作家，不仅福克纳、马尔克斯等人，即便海明威、帕慕克等人，还有那些诗人，他们的写作也都贯彻着现代精神。很多作家在获奖以前，作品不一定好卖，甚至由于他们所坚持的探索姿态较为极端，读者可能很少。诺贝尔文学奖也关注这类作家，并借着对他们的表彰为这些探索加冕。譬如新小说派作家克洛德·西蒙，我相信一般读者都未必读得懂他的《弗兰德公路》、《农事诗》，即便像埃尔弗里德·耶利内克，很多人也未必喜欢她那种写法，但在他们身上，确实体现出了一种艺术的勇气——不屈从于现有的艺术秩序，坚持探索和实验，不断地去发现新的叙事可能性。并不是说所有的小说都要用新的方式写，但文学之所以发展，作家之所以还在探索，就在于艺术的可能性没有穷尽。有可能性的艺术才有生命力。

今天的艺术可能性，就是明天的艺术常识；文学的发展，就是不断地把可能性变成常识。譬如，我们读鲁迅的小说，都觉得好懂，写法朴实，但在鲁迅写作的那个时代,他的小说写法是新的,是具有强烈的探索风格的。《狂人日记》里的内心独白、心理分析、第一人称叙事,这些对于当时的中国小说而言,都是全新的开创。鲁迅写祥林嫂之死、孔乙己之死,包括《药》里面的英雄夏瑜之死,处理方式也和传统小说不同。传统小说写主要人物,都是正面描写的,鲁迅刚好相反,他把人物的遭遇这些本应是主体的情节,虚化成背景,把那些本应是背景的,当作主体来描写。他往往通过一些旁观者,那些周遭的人的感受和议论,来观看一个人的命运,这就是现代叙事。按照传统的叙事,祥林嫂的遭遇要正面描写,孔乙己是如何被打的,打得又是如何悲惨的,也要大写特写,这样才能唤醒读者对他的同情。鲁迅对此却不着一字,只是写孔乙己被打之后如何用手坐着走过来,其实就是爬到小酒馆来的,他写了他手上的泥,写了他如何试图保持最后的可怜的自尊,也写了周遭的人如何看他、议论他。夏瑜之死甚至完全没写,只是背景,但这个背景成了小说的主体,这是很新的一种写法。这个写法,今天已显得普通,当时却开创了一个小说的新局面,这就是所谓的艺术可能性成了艺术常识。当年的朦胧诗,有些人说看不懂,为此对它进行了声势浩大的批判,把它形容为"令人气闷的'朦胧'",可今天读北岛、顾城、舒婷等人的诗歌,谁还会觉得晦涩、朦胧呢?朦胧诗甚至都入选中学课本,连孩子们都读得懂了。当年的新潮,今天都成常识了。好比时装设计,模特身上穿的,是一种美学趋势,这些服装真正进入大众的日常生活,还需要一些时间;但今天的趋势,明天就会成为生活本身。艺术探索也是如此。

　　莫言从成名至今,他给人的印象,就是一个探索型的作家。他的成名作《透明的红萝卜》,那种原始的、通透的感觉,那些比喻和描写,在当时是全新的。他的《红高粱》,你只要读第一句,"一九三九年古历八月初九,我父亲这个土匪种十四岁多一点",就能感受到他在讲述历史和祖辈故事时,有了完全不同的叙事口吻。叙事态度不同即代表历史态度、人性态度不同,这为莫言后来的写作,敞开了一个新的世界。《红蝗》的探索性就更强了,时空转换,意识流,人称变化,艺术上令人目不暇接。到了《欢乐》这部长篇幅的中篇小说发表,莫言的反叛性更加肆无忌惮,写法也更令人不适,第二人称,不分行,乡村生活的美好彻底崩溃,思想上也亵渎土地、母亲,莫言似乎要对自己来一次大发泄、大清理，甚至蹂躏自己的灵魂，然后再轻装上阵。《天堂蒜薹之歌》、《十三步》，艺术上日趋成熟，尤其是对小说结构的处理，不少都是之前中国小说所未见。《酒国》、《丰乳肥臀》、《檀香刑》都贯注着对历史文化的反思。写法上，《檀香刑》大量借鉴了民间戏曲、说唱艺术，创造了一种具有中国风格的叙事语体，《生死疲劳》则直接借用了章回体小说的形式，《蛙》用的是书信体，这些在艺术上其实都是要冒险的。

也有人不理解莫言的这种转向，比如德国汉学家顾彬，就觉得一个用章回体结构写作的人，他的文学观念肯定就是陈旧、腐朽的。顾彬持这种观点是可以理解的，经历了20世纪以来的艺术探索，假若今天的作家再退回到19世纪的写法上，那肯定是不能容忍的。必须张扬和召唤一种文学的先锋精神，才能一直保持写作的现代感。但这个问题，在中国的文学语境中要复杂得多。我们之前一直认为先锋就是前进，就是新，就是破坏，现在看来，先锋不一定都是一往无前的，后退也可以是先锋。所谓先锋，本质上就是和这个时代作着相反的见证，拒绝合唱，坚持独立的观点。20世纪80年代，小说要从陈腐的艺术现状中突围，写作上学习西方的现代艺术，这是先锋；如今，向西方学习，用现代手法写作成了主流时，莫言转身从中国传统中汲取叙事资源，这种后撤，也可以认为是另一种意义上的先锋。

应该承认，莫言出版《檀香刑》之前，当时几乎没有先锋作家开始意识到需要重新理解传统和现代的关系，至少还没有出现一种向传统叙事寻找资源的写作自觉。莫言比较早就意识到，在自身的文化传统中寻找资源，不仅不是陈旧的表现，而且还是一种创新。当中国这二三十年把西方这一百多年的艺术探索都学习了一遍之后，什么是中国风格、中国语体、中国气派，这当然就成了一个问题。借鉴和学习并非目的，如何让自己所学的能在自己的文化土壤里落地，这才是最重要的。我很高兴这些当年的先锋作家，到了一定时候开始深思这个过去他们极度蔑视的传统问题，先是莫言，后来又有格非。格非的《人面桃花》，也是深得中国传统的韵味，无论语言还是感觉，都告别了过去那种单一的西方性，而从自身的文化地实现了重新出发。王蒙在20世纪80年代也是艺术的弄潮儿，可前些年出版的《尴尬风流》，令人想到更多的是中国传统的"文章"的味道。

这其实是一种趋势,它意味着写作的风潮开始发生根本的变化。过去我们一味求新,学西方,但骨子里毕竟无法脱离中国文化的语境,这就迫使我们思考,应该如何对待中国的文化资源。矫枉过正的时代过去了,唯新是从的艺术态度也未必可行了。这一点,从作家为人物取名字这事上就可看出来。20 世纪 80 年代的小说探索,经常有作家会把人物的名字取成 1、2、3、4 或者 A、B、C、D,把人物符号化,以表征个性已被削平,现代人内心的深度也消失了。但在今天的语境里,中国作家若再把人物的名字取成 1、2、3、4 或 A、B、C、D,我想,哪怕是最具先锋意识的读者恐怕都不愿去读了。为什么呢? 就是因为阅读语境发生了变化。中国人的名字是隐藏着文化信息量的,比如,当你看到我的名字,谢有顺,就会想起王有福、张富贵、刘发财之类,知道取这样名字的父母可能是农民,大约是什么文化水平。但如果我叫谢恨水或者谢不遇,后面的想象空间就不一样了。如果我叫谢清发,大家自然会想到李白那句诗,"蓬莱文章建安骨,中间小谢又清发"。取名也是一种中国文化。我们讲文化自觉,并不是抽象的,而是可以从很具体的写作中看出来的。

在这个背景下,就能看出莫言当年的后撤,其实也包含着某种先锋的品质,也有探索的意味在里面。有些探索,明显是故意的,是夸张的,目的是为了引起注意,呈现一种姿态。在今天这个消费主义时代,保持着这种创新、探索精神的人,并不是太多。文学界近年充满着艺术的惰性和精神的屈服性,平庸哲学大行其道。莫言的获奖,也许可以提醒一些人,小说不仅是在讲故事,它还是讲故事的艺术。

第四,要有写作理论。

这点不为一般人所注意,是我概括出来的。但这是事实。之前获得诺贝尔文学奖的作家,都有自己的写作理论,有些还出版了多部讲稿或谈话录来阐释自己的写作主张,这对于认知他们的写作、确证他们的写作价值,都起到了重要的作用。无论福克纳、马尔克斯、马里奥·巴尔加斯·略萨,还是奥德修斯·埃里蒂斯、切斯拉夫·米沃什、埃利亚斯·卡内蒂、库切、赫塔·米勒等人,都有大量的创作谈或理论文字,反复解释自己为何写作,并诠释自己的世界观。有写作理论,就意味着这个作家有思想、有高度。前段时

间为何网上有那么多人讨论莫言应该在斯德哥尔摩发表怎样的获奖演说，应该讲些什么，其实就包含着读者对莫言的期待。

诺贝尔文学奖作家的演说词很多都是名篇，里面都闪烁着动人的艺术光泽和价值信念。假若一个作家不能很好地概括自己的写作，不能为自己的写作找到合适的定位，并由此说出自己对世界、历史、人性的一整套看法，他的写作重要性就会受影响。而在众多的中国当代作家中，莫言算是一个比较有想法的作家，他有大量的创作谈或采访录，都在谈写作，谈文学与社会的关系。他的一些思考未必深刻，但朴实而真切，符合写作的实际，也提出了一些自己的概念或说法，我相信这对于他的作品传播和作品研究是有意义的。

关于这一点，从2000年诺贝尔文学奖竞争中北岛的落选，就可得到证实。北岛没能得奖的另一个因素，据我的猜测，是和他没有自己的写作主张有关。他除了写诗，写散文，几十年来都没有认真阐释过自己的写作，更没有什么理论文字问世。没人知道北岛的写作观点是什么。一个作家，光有出色的作品而没有自己独特的文学观念，没有思想性，至少对于诺贝尔文学奖评委而言是不够的。我相信北岛吃了这方面的亏，莫言却受益于此。这些年我一直没有机会见到北岛，如果见了，我会建议他对自己的写作做些总结和概括，把自己深化一下，他还不算老，创造力并未枯竭，还有机会获奖。而且下一次若有汉语作家获奖，可能性最大的就是诗人了，而诗人中，可能性最大的还是北岛——我这样说的时候，国内一些小说家可能会伤心了。我希望他们也交好运。

当然，诺贝尔文学奖的评奖标准还有很多，上述几项基本原则却是缺一不可的，至少中国作家要获奖，没有批判精神，不用现代手法，就几乎没有获诺贝尔文学奖的可能——这两点尤为重要。

三、莫言小说的特质

必须看到，莫言并不是因为获奖才变成重要作家的，他所建构的文学王国，一直是当代中国的重要象征之一。"他通透的感觉、奇异的想象力、旺盛的创造精神、汪洋恣意的语言天才，以及他对叙事探索的持久热情，使他的小说成了当代文学变革旅程中的醒目界碑。他从故乡的原始经验出发,抵达的是中国人精神世界的隐秘腹地。他笔下的欢乐和苦难,说出的是他对民间中国的基本关怀,对大地和故土的深情感念。他的文字性格既天真,又沧桑;他书写的事物既素朴,又绚丽;他身上有压抑不住的狂欢精神,也有进入本土生活的坚定决心。这些品质都见证了他的复杂和广阔。从几年前的重要作品《檀香刑》到 2003 年出版的《四十一炮》和《丰乳肥臀》(增补本),莫言依旧在寻求变化,依旧在创造独立而辉煌的生存景象,他的努力,极大地丰富了当代文学的整体面貌。"这是我当年为莫言获得华语文学传媒大奖时撰写的授奖辞,概括了莫言的一些文学特质,但我觉得莫言的写作要比这个宽广得多,他的存在,能够让我们看出当代文学的丰富和匮乏。

那莫言小说最重要的特色是什么呢? 可以谈的有很多,今天,我只想说我在阅读中印象最深的三点。

第一,感官彻底解放。

读莫言的小说,你会觉得莫言不仅是在用心写作,他还用耳朵写作,用眼睛写作,用鼻子写作,甚至用舌头写作。他的写作,是全身心参与进去的,每一个感官仿佛都是活跃的,所以在他的小说中,可以读到很多的声音、色彩、味道,以及各种幻化的感觉,充满生机,有趣、喧嚣、色彩斑斓;就感官的丰富性而言,当代没有一个中国作家可以和莫言相比。我们经常说当代文学的面貌贫乏、苍白,原因就是作家的感官没有获得解放。小说若只有情节的推动,而没有声音、色彩、味道,没有器物、风景的描写,听不到鸟叫,看不到田野和花朵的颜色,就会显得单调、乏味。

小说是活着的历史,也是对生活世界的还原,它不仅要写人物的命运,还要呈现人物生活的场景。小说的世界里,应该有人,有物,有情。

即便是风景描写,也不是可有可无的。读鲁迅或沈从文的小说,他们笔下的风景,会像画一样呈现在我们眼前,鲁迅的是苍凉,沈从文的是精细、诗意。读屠格涅夫、契诃夫的小说,他们笔下的草原和森林,也会给我们留下深刻印象。莫言的小说也是有风景、有色彩的,这得力于他瑰丽的想象力。莫言声称自己只是小学毕业,读书不多,早年在写作上的老师更多是大自然,是生活本身。"每天在山里,我与牛羊讲话、与鸟儿对歌、仔细观察植物生长，可以说，以后我小说中大量天、地、植物、动物，如神的描写，都是我童年记忆的沉淀。"这样的感觉训练、记忆储备，对于写作而言，是一笔巨大的财富。躺在青草地上，看白云飘动，花朵开放，看各种小动物觅食、打架，了解事物与事物之间的差异，感受世态的冷暖，这样的经验，未必是每个人都有的。

何以乡土生活经验对于作家那么重要？乡土经验是有差异的，城市生活却面临着经验的雷同与贫乏。有一天，我坐在书房，突然想，我已多年没有见过真正的黄昏或凌晨了。在都市里，早晨起得很迟，根本见不到万物在晨曦中苏醒的样子；傍晚呢，天未暗下来，所有路灯就亮了，也见不到万物被黑暗所吞噬的过程。我们几乎生活在白昼和黑夜区别不大的世界里，黄昏和凌晨，都只是一个概念而已，已经不再是现实中的一种。在都市里，甚至从小到大的成长过程中，大家喝的饮料，吃的快餐，穿的衣服、鞋子，甚至用的文具或文具盒的牌子都几乎是一样的，从南到北，从新疆到海南，建筑同质化，饮食同质化，生活的差异越来越小，经验的丰富性也就不复存在了。有一个"80后"作家对我说："我已经无法写《红楼梦》式的百科全书式的小说，因为时代不同了，我只能写内心的秘事，或者耽于幻想。如果要写风景或器物，我只能写千篇一律的水泥建筑，或者认真地写一个LV包的光泽和住五星级宾馆的感受？"那就太无聊了，这样的经验很多人都有，并无特殊之处。

这确实提出了一个新问题：在经验贫乏之后，写作何为？莫言应该感到庆幸，小时候那些记忆，那些在放羊或割草的生活中所积攒下来的经验和体验，成了他小说中最为生机勃勃的部分。比如，莫言小说经常写饥饿，这和他的童年记忆相关。"那时候我们身上几乎没有多少肌肉，我们的胳膊和腿细得像木棍一样，但我们的肚子却大得像一个大水罐子。我们的肚皮仿佛是透明的，隔着肚皮，可以看到里边的肠子在蠢蠢欲动。我们的脖子细长，似乎挑不住我们沉重的头颅。"（莫言《饥饿和孤独是我创作的财富》）没有这种经历和体验的人，是很难把饥饿写得如此真实、生动的。这令我想起《蛙》的开头，莫言写孩子们是怎样吃煤的：

陈鼻首先捡起一块煤，放在鼻边嗅，皱着眉，仿佛在思索什么重大问题。

他的鼻子又高又大，是我们取笑的对象。思索了一会儿，他将手中那块煤，猛地砸在一块大煤上。煤块应声而碎，那股香气猛地散发出来。他拣起一小块，王胆也拣起一小块；他用舌头舔舔，品咂着，眼睛转着圈儿，看看我们；她也跟着学样儿，舔煤，看我们。后来，他们俩互相看看，微微笑笑，不约而同地，小心翼翼地，用门牙啃下一点煤，咀嚼着，然后又咬下一块，猛烈地咀嚼着。兴奋的表情，在他们脸上洋溢。陈鼻的大鼻子发红，上边布满汗珠。王胆的小鼻子发黑，上面沾满煤灰。我们痴迷地听着他们咀嚼煤块时发出的声音。我们惊讶地看到他们吞咽。他们竟然把煤咽下去了。他压低声音说：伙计们，好吃！她尖声喊叫：哥呀，快来吃啊！他又抓起一块煤，更猛地咀嚼起来。……陈鼻大公无私，举起一块煤告诉我们：伙计们，吃这样的，这样的好吃。他指着煤块中那半透明的、浅黄色的、像琥珀一样的东西说，这种带松香的好吃。

　　不但吃煤，还吃有红锈的铁，吃虫子，吃蚂蚱，莫言都写得有声有色。我还能记住很多莫言小说中的细节。他写自己小时候，如何孤独地坐在炕头或树下，看院子里蛤蟆怎么捉苍蝇。他将啃完的玉米棒子扔在地上，苍蝇立刻飞来，"碧绿的苍蝇，绿头的苍蝇，像玉米粒那样的，有的比玉米粒还要大，全身是碧绿，就像玉石一样，眼睛是红的。"这是形体、色彩的描绘。"看到那苍蝇是不断地翘起一条腿来擦眼睛、抹翅膀，世界上没有一种动物能像苍蝇的腿那样灵巧，用腿来擦自己的眼睛。然后看到一只大蛤蟆爬过去，悄悄地爬，为了不出声，本来是一蹦一蹦地跳，慢慢地、慢慢地，一点声音不发出地爬，腿慢慢地拉长、收缩，向苍蝇靠拢，苍蝇也感觉不到。"这是动作的分解，源于他细致的观察。"到离苍蝇还很远的地方，它停住了，'啪'，嘴里的舌头像梭镖一样弹出来了，它的舌头好像能伸出很远很远，而后苍蝇就没有了。"（《莫言王尧对话录》）真是有声有色。莫言说："我小时候就观察这些东西，蚊子、壁虎、蜘蛛，向日葵上的幼虫，锅炉上沸腾的热气……"这些都被莫言写进了小说。在《透明的红萝卜》里，他写"当她的情人吃了小铁匠的铁拳时，她就低声呻唤着，眼睛像一朵盛开的墨菊"，写菊子姑娘的右眼里插着一块白色的石片时，又说"好像眼里长出一朵银耳"。他写自己小时候掉到茅坑里，大哥把他捞上来按到河里冲洗，他说自己"闻到了肥皂味儿、鱼汤味儿、臭大粪味儿"。色、香、味俱全。我想，很少有作家具有这种写作耐心，把看到、听到、想到和闻到的，都用如此生动的笔墨写出来。莫言确实有异乎常人的想象力和感受力。

《蛙》里还写，那个地方有一个古老的风习，生下孩子，喜欢以身体部位和人体器官为孩子取名，譬如陈鼻、赵眼、吴大肠、孙肩、陈眉、王肝、王胆、吕牙、肖上唇、肖下唇等等，太有意思了。我不相信中国有哪一个村庄的人是这样为孩子命名的，但仅此一点，也可见出莫言那天马行空的想象力。

莫言的小说，幽默而不枯燥，色彩绚丽，读起来也显得舒缓、从容，叙事里有旁逸斜出的东西，有多余的笔墨。有些作家，把小说情节设计得紧张而密不透风，根本没耐心停下来写一写周边的环境，写一棵树，一条河，或者一个人的眼神，没有闲笔，叙事反而显得不大气。俗话说："湍急的小溪喧闹，宽阔的大海平静。"大作家的小说多半是从容、沉着的，古典小说经常穿插对一桌酒菜或一个人的穿着打扮的描写，或者时不时来一个"有诗为证"，就是为了追求这种从容的效果。契诃夫有一篇小说以草原的风景描写为主体，读之也令人津津有味，这才是大作家的才赋。有一个作家说，好作品如大动物，都有安静的面貌，这是真的。在动物园，狮子和老虎没事往往是不动的，只有小鸟才叽叽喳喳，大动物反而安静，"动如火掠，不动如山"。有一次听王蒙老师说，大人物走路都是不慌不忙的，你看那些大领导，出场时都是慢慢走的，你们鼓你们的掌，我只管慢慢走；如果一报他的名字就着急地跳上台的人，他会是大人物么？所谓"虎行似病"，老虎走路就像病了一样，缓慢、摇摆，但一旦遇见猎物，就矫健凶狠。大作品也应该有这样的节奏感，一张一弛。感官的解放，闲笔的应用，这些貌似不起眼的写作才能，却是能起到大作用的。

第二，语言粗粝驳杂。

莫言的小说语言风格独特，里面所隐藏的力量感、速度感也是一般作家所没有的。他这种语言风格为很多人所批评，觉得过分粗糙了，远谈不上精致、严谨，这些都是实情。莫言喜欢放纵自己在语言上的天赋，他似乎也无兴趣字斟句酌。但莫言的语言如此粗粝、驳杂，未尝不是他有意为之，他似乎就想在一泻千里、泥沙俱下的语言洪流当中建立起自己的叙事风格。莫言是北方人，正规教育只读到小学毕业，如果要他和别的作家，尤其是南方作家比精致、优雅、规范，这绝非他的长处。况且，文学语言的风格是丰富的，精致只是其中一种，这就像我们的日常语言，说的很多都是废话，但它带着生活的气息和质感。生活未必要时时说金句和格言，有时也需要说点废话。"我爱你"就迹近废话，可生活中反复说，有些人百听不厌。

莫言的长处是他的激情和磅礴。那种粗野、原始的生命力，以及来自民间的驳杂的语言资源，最为莫言所熟悉，假若删除他生命感觉和语言感觉中那些枝枝蔓蔓的东西，那他就不是今天的莫言了。莫言所追求的语言效果正是泥沙俱下的，普通话中夹杂着方言、土语、俚语、古语，极具冲击力和破坏力，有些作品由于过分放纵，节制力不够，也未必成功，但无论你是否喜欢，都能令你印象深刻。莫言的写作方式也和他人不同。据他自己介绍，他每一部作品，哪怕是长达几十万字的长篇小说，往往都是几天或几十天内写出来的，而且不用电脑，只用笔写。顾彬对此就有点不屑，他觉得一部篇幅浩大的长篇，几十天就写完了，这必然是粗制滥造。莫言的回答很巧妙，他说尽管这些作品写的时间很短，但这些故事、这些人物早在他心里酝酿十多年了，就像女人孕育孩子，瓜熟蒂落的时间不长，但怀孕的时间很漫长。一种题材，一个人物的命运，在作家内心酝酿、沉淀了多年才开始写出来，而一写就停不住，汹涌而出，这是完全有可能的。有些作家一天就写千儿八百字，他习惯慢慢，细心琢磨，一字一句；有些作家则崇尚一泻千里，一发而不可收。莫言显然属于后者。

这种写作风格、语言风格的不同，与作家的气质、个性相关，甚至与作家的身体状况有关。鲁迅写不了长小说，他的文章越到后来写得越短，这和鲁迅所体验到的绝望感有关，他从小说写作转向杂文写作，就表明他对小说那种迂回、曲折、隐蔽的表达方式已感不足。面对当时深重的黑暗现实，他更愿意用短兵相接、直抒胸臆的方式把自己所想说的说出来，所谓"放笔直干"，就是这个意思。这不仅和鲁迅的思想体验有关，也和鲁迅的身体、疾病有关。作为一个肺结核病患者，他呼吸常常急促，气息不够悠长，这注定鲁迅写不了长东西，而且他的文章也大量用短句子。莫言的小说则有大量的长句子，这点和鲁迅不同，他体魄强健，气息是不同的。写作和身体的关系，

并不是臆想，是有道理的。像普鲁斯特，一个花粉过敏者，一天到晚躲在书房里，写作上就难免耽于幻想，叙事也会崇尚冗长和复杂，《追忆逝水年华》几大卷，就具有一个冥想者的全部特征。卡夫卡也是肺结核病人，他写的也多是短小说。

莫言用的语言是普通话，但中间夹杂着大量民间的口语、俚语，但也不是刻意的方言写作。还有一些古语，保存在山东方言里的，用在小说中，也显得古雅、有趣。莫言说在他们老家的方言中，保留了不少古语，譬如说一把刀锋利，不说锋利，而是说"风快"；形容一个女孩子长得漂亮，不说漂亮，而说长得"奇俊"；说天气很热，不说很热，而是说"怪热"。这些词，现代人也能理解，用在小说中就显得古雅而有趣。莫言的小说语言是多重的、混杂的，未必规范，但有活力，而且狂放、恣肆、汹涌，这是一个很大的特点，也是在别的作家身上所未见的。有些作家崇尚精雕细琢，譬如读汪曾祺的小说，都是大白话，没有什么装饰性，也很少用形容词，但你能感觉到他的语言是考究的，用词谨慎；读格非的小说，书卷气很浓，他用书面语，有时还旁征博引，但也不乏幽默，这和他一直在大学教书有关；读苏童的小说，在语言上你就能感到一种南方生活潮湿、诗意的氛围；读贾平凹的小说，语言上有古白话小说的神韵，也有民间的土气。莫言的语言风格比他们更为驳杂。他说自己小时候特别爱说话，是个多话的孩子，后来他把强烈的说话欲望，都转化到纸上了。莫言的语言有时是对生活的模仿，充满聒噪的色彩，有时是对传统语言和伦理的挑战，是一种狂欢。

语言既是一种工具，也是一种哲学。20世纪最重要的哲学之一就是语言哲学，文学最重要的革命也是关于语言的革命。维特根斯坦的哲学之所以深邃，就在于他对语言有了全新的理解。20世纪80年代有一个重要的口号：怎么写比写什么更重要。不是我在说话，而是话在说我。确实，一种叙事许多时候是被一种语言所决定的，语感不对，叙事甚至都无法进行。余华说他写《活着》，写了几稿都觉不对，最后把叙事人称转换成"我"之后，一下子就顺了。莫言也有过这种经历，可见一种叙事语言会决定性地影响一个作家的写作。

莫言并不愿意守旧，他在《酒国》、《十三步》里，探索用不同人称叙事，

《檀香刑》也是如此,用了不同的视角,创造了一种全新的讲故事的方式。语言上,莫言更是有狂欢精神,亵渎的、嘲讽的、滑稽的、幽默的、庄重的、深情的,汇聚于一炉,斑斓而驳杂,有时也会令人不快。但这就是莫言,一个为他自己的语言世界所塑造的莫言。

第三,精神体量庞大。

有些作家是优雅、精致的,但莫言不属这种,他的风格是粗粝而有冲击力的,无论是叙事的多样性,还是人物命运感的宽阔、饱满,都异于一般作家。尤其是他小说中那片热土,为他的人物在其中的挣扎、奋斗、抗争,活着和死去,提供了一个极富张力的背景。莫言特别重视人物塑造,他说:"不管社会怎样千变万化,不管社会流行什么,不管写出来是否可能引起轰动,我只是从我记忆的仓库里去寻找那些在我头脑里生活了几十年、至今仍然难以忘却的人物和形象,由这些人物和形象把故事带进作品结构中去,这样的写作,往往容易获得成功。"(莫言《写什么,怎么写》)莫言笔下的人物,具有概括性,也有宽度和厚度。他回忆自己写作《丰乳肥臀》的缘起,是一次在北京地铁口出来,他看到一个坐在地铁口给孩子喂奶的农村妇女,不是一个孩子,而是两个孩子。

这两个又黑又瘦的孩子坐在她的左右两个膝盖上,每人叼着一个奶头,一边吃奶一边抓挠着她的胸脯。我看到她的枯瘦的脸被夕阳照耀着,好像一件古老的青铜器一样闪闪发光。我感到她的脸像受难的圣母一样庄严神圣。我的心中顿时涌动起一股热潮,眼泪不可遏止地流了出来。我站在台阶上,久久地注视着那个女人和她的两个孩子。(《我的〈丰乳肥臀〉》)

我想,莫言此时所看到的,不仅是一个母亲的形象,而是她后面那种人生和历史的纵深感,她的命运为土地所见证,她的悲哀也为土地所慰藉和平息。

他所描绘的人物群像,都有这种悲怆感,这个调子,也许从《透明的红萝卜》中没有姓名的黑孩子开始就奠定了。这个黑孩子忍受常人不能忍受的痛苦,有幻想能力,能够看到别人看不到的奇异景象,听到别人听不到的声音,嗅到别人嗅不到的味道,他不说话,但有着异常奇特的内心世界。莫言视这个黑孩子为自我形象,他背负这个黑孩子身上的所有重担。甚至越到后来,莫言面对这些人物的命运,就越有负罪感。我不止一次听莫言说过,作家要把自己当作罪人来写。在这一点,莫言是真正接续了鲁迅精神的。鲁迅对国民性的批判,一直是带着负罪感去看的,他说吃人时,觉得自己也吃了人,他绝望,同时也带着这种绝望生活。他没有把自己从批判的视野里摘除出去。

认识到自己也是罪人,就会无情地解剖自我,也会对历史和现实有着全然不同的观察,鲁迅看得比别人宽,比别人深,正源于此。莫言的精神体量之庞大,和他在人物身上所贯注的精神关怀密切相关,他看世界、看历史、看别人,最终看见的都是自己,而且他有同代作家所罕见的罪感,比他们就更显宽阔和沉重。

这令我去想鲁迅和张爱玲的区别。张爱玲有着对世俗生活细节独特的偏爱(她说,"我喜欢听市声",如她喜欢听胡琴的声音,"远兜远转,依然回到人间"),她对苍茫人生的感叹经常也是深刻的(她说,"这世上没有一样感情不是千疮百孔的","短的是生命,长的是磨难"),她是一个能在细微处发现奇迹的作家。但张爱玲对人的看法,更多是密室的眼光,是一种闺房心思,精致,但格局较小。比起张爱玲,鲁迅所看到的世界,就要宽阔、深广得多,他笔下那些人物,具有强烈的概括性。鲁迅是那个时代最值得信任的观察者。尤其是《野草》,鲁迅把人放逐在存在的荒原,让人在天地间思考、行动、追问,即便知道前面可能没有路,老人说前面是坟,孩子说前面是鲜花,他都不愿息了脚步,他要一直往前走——这样一个存在的勘探者的姿态,就从密室走向了旷野。"过客"正是鲁迅这种旷野写作的核心意象。20世纪的中国文学何以一直以鲁迅为顶峰,而非由张爱玲来代表,正是因为鲁迅的精神体量比其他作家庞大。我看重莫言的,也是这一点。

四、莫言获奖的两点启示

最后,我想追问,莫言获得诺贝尔文学奖,究竟能对中国文学带来什么启示?我愿意在这个问题上多说几句。

莫言获诺贝尔文学奖后对记者说:"我获奖,不是政治的胜利,而是文学的胜利。"我同意这个看法。但我想强调,这是文学的胜利,但不是主流文学的胜利。尽管莫言的作品早已登堂入室，也为主流文坛所认可，甚至还获得了主流文学的最高奖——茅盾文学奖，可他的写作风格、艺术趣味、精神特征，一直以来都是反叛的、孤立的，他是文学的异类，并从未停止自己对文学的探索——无论叙事角度、话语方式，还是他对人性与社会的警觉，他都试图在不同的作品中做出新的诠释。他写《透明的红萝卜》的时候，中国多数作家还在一种旧有的艺术惯性里写作，写作手法单一，但此时的莫言已经从现有的秩序里出走，成了一个文学的先锋。他所理解的写作，不是摹写社会现实的镜子，而是提纯自我经验、省思心灵苦难的容器。

莫言的小说，从来都不是只有单一的声音，而是真正的众声喧哗。莫言不仅能写出不同声音在这个世界的存在，还能让这些声音彼此对话、交流、沉思、争辩。无论表面怎么热闹，莫言都能让那些沉默的声音、被压抑和被损害的声音从他的作品中尖锐地响起。那种拔地而起的悲怆与华丽，会突然打开一个巨大的空间，进而挣脱现实的束缚，让读者逃逸到想象世界里去经历那些心灵的事变。譬如《檀香刑》，人的哀鸣、英雄的悲声、良心的悸动、暗哑的死亡，这些声音，最后都成了人性的幕布，当"猫腔"响起，就像一个巨大的回旋，一下就把各种声音的对话和激辩都吸纳进来了。整部作品既充满喧嚣，又归于寂静，如此丰富，又如此悲伤。

莫言处理多种声音对话的能力，令我想起巴赫金对陀思妥耶夫斯基的评价："他不只是聆听时代主导的、公认的、响亮的声音（不论它是官方的还是非官方的），而且也聆听那微弱的声音和观念。"而在莫言的心中，那些"微弱的声音和观念"，显然比"时代主导的、公认的、响亮的声音"更重要，也更让他着迷："黑孩"能听到头发落到地上发出的声音；《四十一炮》里，饥饿的肚子总是发出各种奇怪的声音，这些声音里，甚至还洋溢着食物的味道；《丰乳肥臀》和《蛙》里，甚至万物都会说话，都在发声……莫言拒绝成为某种社会思潮的传声筒，他走向大地、民间，所着力倾听的是那些粗野的、生命力旺盛的、被遗忘的声音，他要让这些声音从黑暗中、地狱里走出来，成为任何主流声音所无法抹杀的存在。

这样，我们就不难理解莫言的作品风格，为何会如此大胆、恣肆，甚至还有大量肉欲、淫荡、邪恶、血腥的描写，他要书写的，正是这种现世的罪与恶，那种苦难与污秽。他当然也向往美好,比如《丰乳肥臀》《蛙》,就有对生的关切与礼赞,但这样的段落很少,他更多的是摹写现世在欲与恶中的狂欢。这显然是非主流的。正统的文学观,总是教导作家要有是非善恶观,要态度鲜明、立场明确,但莫言的文学世界是野生的,他想描绘生命的热烈、顽强、粗粝、荒诞。他也悲悯,但藏得很深。他笔下的故乡、人、动物、植物,甚至河流和石头,充满的是一种原始力,一种生命美。这种力和美,不是传统伦理教化的结果,甚至也不是乡间文明培育出来的面容,它更多是出于生命的自在状态,是一个在想象里生长的世界。

莫言所创造的,更像是一个野生的中国。这个中国,我们在历史书中未曾读过,在过往的文学作品里也无从比照,它来自莫言的记忆与想象、戏谑与虚构。他着迷于呈现自己看见的和想见的,却拒绝为它们归类。有人试图把莫言的作品解读为一种新的主流文学,并指证这样的写作与主流思想之间有一种甜蜜的关系,那确实是没有读懂莫言。

除此,我还想大胆地说,莫言的得奖,不仅不是主流文学的胜利,甚至都不是新文学的胜利。

20世纪以来,中国作家几乎都是新文学的信徒,他们的写作面貌,也多为新文学传统所塑造。新文学最重要的特征,一是用现代白话,早期是欧化的白话;二是启蒙意识,对国民的批判和唤醒;三是学习西方的新的艺术手法。新文学传统中的作家,几乎都站在这个现代立场上,用普通话写作,而那些保存传统艺术形式、有旧文学气息的作品,就被忽略了。

直到近些年,像鸳鸯蝴蝶派,像张恨水、金庸这样的作家,才开始受到文学史的关注。这当然是不公正的。现代白话和启蒙意识为作家划定了清晰的边界,这似乎也成了当代写作唯一的合法性。但我认为,莫言的写作,反抗了这种新文学传统,至少他扩大了这一传统。这点,可从莫言的叙事方式和语言风格中得到证实。"五四"以来的主流知识界,思想是启蒙的,语言是白话文的,艺术方式是现实主义的,表达上也是以普通话为标准的。但莫言的写作,显然与这样的主流格格不入。读他的小说,你会发现,他对"五四"以后建立起来的现代文化充满着不信任。《檀香刑》之后,他对西方话语也开始怀疑。于是,他的小说,开始恢复一种说书、说唱的民间叙事传统。在语言的选择上,他也是反普通话的,大量来自乡土、草根、方言、地方志、民间艺人的词汇、语法进入他的小说,他的语言有野趣,有大地的气息,是在生命现场里生长出来的——他要恢复语言中那些被文化与教育所删除的枝蔓、血肉、味道。莫言语言中那种泥沙俱下、一泻千里的特质,会遭遇诟病和批评,其中也因语言观的差异而起。莫言的骨子里是要反抗原有的语言伦理,并试图接近一种语言的本真状态,保存语言中那些活泼泼的生命因子。他的语言是土地里来的,是生命毛茸茸的状态下的语言。假若语言是一道洪流,那洪流过后,终归有石头沉下来——莫言所追求的语言境界,正在于此。

莫言的写作,从一开始就是反叛的,也一直未能被主流文化所成功消化,他的小说,无论精神指向,还是叙事风格,都是先锋的、独异的、非主流的。他没有成为这个盛世的合唱者,他眼里所看到的,也多是受伤者和软弱者。他写的,就着中国庞大而坚硬的现实而言,是边缘的,是经常被人忽略和删除的。他的作品,未必都是好的,有一些明显是松弛之作(如《红树林》);有一些明显是用力过猛了(如《欢乐》);还有一些多少有炫技的成分(如《檀香刑》里的酷刑描写)。在一次会议上,我还当面对莫言说,要警惕一种打滑的文风——这是当下写作界盛行的写法,当诙谐一旦成了不易觉察的油滑,就会消解作品中郑重、庄严的气质,这是得不偿失的。莫言诚恳地回应了我的发言。他才五十多岁,在众多获得诺贝尔文学奖的作家中,他算是比较年轻的,他的创造力还很活跃。我想,获奖不是对他的终极论定,在不远的将来,他还会写出令人吃惊的作品的。我是这样期待的。

谢谢大家!

2013 年于华中科技大学演讲
华中科技大学当代写作研究中心供稿

莫言与中国当代文学史

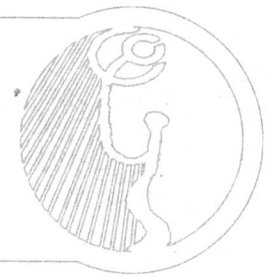

陈思和　复旦大学教授

距离莫言获得诺贝尔文学奖已有两年多,有关莫言的争论现在已经淡去许多。2012 年时,无论在国内还是国外,"莫言的小说是否应当获奖"这个问题都被激烈地探讨着。今天,我想结合中国当代文学的发展情况,同大家一起探究看待莫言小说的方式。

一

"莫言应该获奖"的呼声由来已久。1994 年,日本作家大江健三郎获得诺贝尔文学奖,他在获奖演说中讲到,像他那样能够获奖的亚洲作家不在少数,许多人都有这个资格,像中国的莫言、韩国诗人金芝河。那年我恰好在日本,观察到许多日本人对大江健三郎有批评。但我觉得这位作家的高贵之处就在于,在诺贝尔的讲堂上,他没有表扬本国人,而是选择了两位邻国作家,尤其其中一位还是常以抗日为写作题材的莫言。他对莫言的这种敬意表明了一种立场——对本国政府的批判立场。那年还发生了一件事,日本天皇要给大江健三郎授奖,以感谢他替日本赢得的国际荣誉,但是大江健三郎拒绝了,他说自己拒绝一切来自官方给予的荣誉,这是他对本国天皇制度、保守势力的一种批判。在此立场上,他对莫言进行了热情洋溢的推荐。事实上,诺贝尔文学奖有一个不成文的"规则",基于评委们对过往获奖者的充分信任,获奖者们的推荐对后来人极为关键。从这个意义上讲,莫言获奖还得感谢大江健三郎的一份功劳。2012 年,也就是莫言获奖当年,我请了一位诺贝尔文学奖资深评委到复旦大学演讲。我询问他,在他担任评委期间,中国到底有哪几位作家进入了讨论。他讲到了评奖机制,共计十八名评委中的五位会组成五人推荐小组,负责从初评的三十人名单中选出五人推荐给另外十三个评委。这是一个大海捞针、层层选拔的过程,一般我们将进入了五人名单算作入围,但是中国的入围作家寥寥无几。他还说道,中国第一个进入三十人名单的作家是沈从文,那是 1988 年,可正当要选出五人名单时沈从文先生去世了。当年沈从文先生获奖的可能性相当大,评委会对中国很关心,但遗憾的是这份荣誉始终不曾赐予过中国作家。当然,这与从中文到瑞典文的翻译工作量巨大相关。20 世纪 40 年代,一位美国作家获奖,她有一个漂亮的中国名字——赛珍珠。她是一个传教士,从小在中国长大,大多数作品用中文写作,她最著名的小说《大地》还曾被好莱坞拍成电影。美国得诺贝尔文学奖的皆是一流作家,譬如海明威、福克纳,而赛珍珠是一名畅销书作家。当年她得奖后,美国的媒体给了她许多质疑和批评。尽管真正的中国作家未曾进入评委们的视线,但也不难看出其对中国的关注,毕竟赛珍珠的作品很多都是写中国的农村、农民。2012 年,作为有中国户口、在中国工作和生活的莫言才得到了这一荣誉。

莫言获奖后的争论非常大,包括国外汉学家和国内的批评家,可以说有一片批评的声音。当年,我陪莫言到斯德哥尔摩领奖,莫言演讲时,场外还有很多人激烈抗议。莫言本人对于获奖态度平静,在发表获奖演说这个向全世界塑造自我美好形象的关键时刻,一般作家会选择歌颂文学神圣、表达和平意愿,他却回忆起了自己的童年故事。这次演讲的题目是《讲故事的人》,当天恰逢评委会中一位年轻秘书长的妻子生产,所以莫言一开始就表达了对这位母亲的祝贺。接着话锋一转,说明自己今天要讲的是另一位母亲。他说:"通过电视或者网络,我想在座的各位,对遥远的高密东北乡,已经有了或多或少的了解,你们也许看到了我的九十岁的老父亲,看到了我的哥哥姐姐我的妻子女儿和我的一岁零四个月的外孙女。但有一个我此刻最想念的人,我的母亲,你们永远无法看到了。我获奖后,很多人分享了我的光荣,但我的母亲却无法分享了。"他说母亲去世已久,埋葬在高密村庄东边的桃园里，"去年，一条铁路要从那儿穿过，我们不得不将她的坟墓迁移到距离村子更远的地方。掘开坟墓后，我们看到，棺木已经腐朽，母亲的骨殖，已经与泥土混为一体"。正是从那一刻起，他感到，"我的母亲是大地的一部分，我站在大地上的诉说，就是对母亲的诉说"。

这段话讲得非常动人，把母亲说成是大地。在谈到其著名小说《丰乳肥臀》时，他曾说这部小说就是根据自己对母亲的感情写作的。"大地"也是我很喜欢的意象，中国许多作家都曾在"大地"、"母亲"之上着墨。但很多人评价说，在莫言笔下的母亲形象被歪曲了，《丰乳肥臀》写一位很会生孩子的母亲，我们中国传统儒家道德的观点认为这位母亲很放荡，因为每个孩子都有不同的父亲。并且这位母亲一生历经苦难，可以说是在苦难中挣扎了一辈子。然而，莫言"为母亲而写"的说法堵住了悠悠之口，这个多灾多难、有着旺盛生命力的母亲形象被抽象而到达一种审美境界。不如这样说，莫言写这么一个无比坚强的母亲形象，实际表达了自己向往的一种理想生命状态——在苦难的压抑下，生命不曾凋谢。就像土地一样，土地承受着一切肮脏的东西，但土地不死，反而愈加肥沃，衍生万物。这就是土地的力量，一方面它是最苦难、最受迫害、最遭凌辱的，另一方面它又充满了生命力。莫言将这个意象定义为母亲，我觉得这种做法反映了莫言对母亲极高的敬意，这是他在当代文学史上一个很了不起的创造。

"我站在大地上的诉说，就是对母亲的诉说"，那么，他究竟向全世界诉说了什么？他讲了母亲是怎样教育他的，他把自己说得非常不堪。比如他说："我记忆中最早的一件事，是提着家里唯一的一把热水瓶去公共食堂打开水。因为饥饿无力，失手将热水瓶打碎，我吓得要命，钻进草垛，一天没敢出来。傍晚的时候我听到母亲呼唤我的乳名，我从草垛里钻出来，以为会受到打骂，但母亲没有打我也没有骂我，只是抚摸着我的头，口中发出长长的叹息。"这是他讲的第一个故事。

第二个故事是有一年母亲带他去拾麦穗充饥，可是当时的麦田已经是人民公社的了，有看守麦田的人。"看守麦田的人来了，捡麦穗的人纷纷逃跑，我母亲是小脚，跑不快，被捉住，那个身材高大的看守人扇了她一个耳光，她摇晃着身体跌倒在地。看守人没收了我们捡到的麦穗，吹着口哨扬长而去。我母亲嘴角流血，坐在地上，脸上那种绝望的神情让我终生难忘。"这也是莫言"记忆中最痛苦的一件事"。若干年以后，他已经长成了一个壮小伙，"当那个看守麦田的人成为一个白发苍苍的老人，在集市上与我相逢，我冲上去想找他报仇，母亲拉住了我，平静地对我说：'儿子，那个打我的人，与这个老人，并不是一个人。'"

莫言讲的第三个故事发生在一个中秋节的中午，他们家难得包了一顿饺子，每人只有一碗。可正当他们吃饺子时，一个乞讨的老人来到了家门口，盯着他们家要饭，莫言端了半碗红薯干给老人。老人却愤愤不平地说："我是一个老人，你们吃饺子，却让我吃红薯干。你们的心是怎么长的？"这时莫言气急败坏地说："我们一年也吃不了几次饺子，一人一小碗，连半饱都吃不了！给你红薯干就不错了，你要就要，不要就滚！"而母亲却训斥了莫言，然后端起她那半碗饺子，倒进老人碗里。

第四个故事是莫言最后悔的一件事。他当时跟着母亲去卖白菜，有意无意地多算了一位买白菜的老人一毛钱，算完钱他去了学校。当他放学回家时，看到很少流泪的母亲泪流满面。母亲并没有骂他，只是轻轻地说："儿子，你让娘丢了脸。"

第五个故事是莫言十几岁时，那时"母亲患了严重的肺病，饥饿，病痛，劳累，使我们这个家庭陷入困境，看不到光明和希望。我产生了一种强烈的不祥之感，一位母亲随时都会自寻短见"。有一次莫言劳动回来，找遍了所有的房间也没见到母亲的身影，他便坐在院子里大哭。"这时，母亲背着一捆柴草从外边走进来。她对我的哭很不满，但我又不能对她说出我的担忧。母亲看透我的心思，她说：'孩子，你放心，尽管我活着没有一点乐趣，但只要阎王爷不叫我，我是不会去的。'"

上面所讲的五个故事中，莫言把自己说得非常不堪。按理来讲，通常人在那样的情境下，讲的多半是悬梁刺股、发愤图强的故事。可是他坦率暴露自己的性格：第一个故事中的胆小，摔坏热水瓶后不敢面对错误而躲进草垛；第二个故事中的报复心理，长久的记恨，还是那种等到自己强大时才敢到来的报复心；第三个故事中的小气，舍不得把饺子分给乞丐；第四个故事中的贪小便宜，多算了买菜老人一毛钱；第五个故事中的恐惧死亡，害怕母亲随时会离开。这五个毛病其实都是人的天性，是人与生俱来的弱点，可莫言把它们公之于众，告诉世界"我是一个什么样的人"。演讲时在场下坐着的我很为他着急，不明白他为什么要讲这些让人难有好印象的故事，可也由衷地佩服莫言的勇气。当时，我想到了另外一个人——卢梭，他在《忏悔录》中写道："万能的上帝啊！我的内心完全暴露出来了，和你亲自看到的完全一样，请你把那无数的众生叫到我跟前来！让他们听听我的忏悔，让他们为我的种种堕落而叹息，让他们为我的种种恶行而羞愧。然后，让他们每一个人在您的宝座前面，同样真诚地披露自己的心灵，看看有谁敢于对您说'我比这个人好！'"卢梭这种敢于说真话的精神又让我联想到一位中国作家——巴金，巴金一直把卢梭看作自己的老师，所以在自己晚年时写作了《随想录》。在我看来，这五个直白得好像朋友间聊天回忆的儿时故事，也告诉了世界他是在怎样的环境中长大的，那时的贫苦，那时的饥饿。我曾经推测过这些故事的发生时间。第一个打碎水瓶的故事发生在"大跃进"时期，大炼钢铁，老百姓家里没有锅了。第二个故事应该是人民公社时期，因为那时土地是属于国家的，麦子是国家的。第三个吃饺子的故事说到大批乞丐讨饭，我推测是1960—1962年困难时期。第四个卖白菜的故事大致在1963—1964年，那时农村政策已经进行了调整，农民有自留地，也可以在自由市场上买卖农作物了。第五个故事可能是莫言家里受到某种威胁、冲击或者目睹了某些自杀现象，他当时年龄应该不大，如果是一个成熟的少年，就不会因为找不到母亲而大哭，我估计是1966年左右。所以说，看上去莫言是在讲童年，实际上是在讲历史，他把每个历史时期的场景全部概括出来了。

说完五个童年故事后，他接着说："我生来相貌丑陋，村子里很多人当面嘲笑我，学校里有几个性格霸蛮的同学甚至为此打我。我回家痛哭，母亲对我说：'儿子，你不丑，你不缺鼻子不缺眼，四肢健全，丑在哪里？而且只要你心存善良，多做好事，即便是丑也能变美。'"这里的"丑"有两层意思：一是外貌；二是性情上的缺点。妈妈的话中也有两层意思：一是说莫言四肢健全，可以劳动，是个健康的人，健康就是美；二是说心灵的美丽可以修补缺点。

莫言的演讲到此为止构成一个段落，整体看来在讲母亲，实际上却交代清楚了自己是个什么样的人，中国是一个什么样的社会。所以莫言真的是一个很会讲故事的人，没有直接慨叹小时候的艰苦，而是借由五个干净利落的故事段落来诉说。

紧接着他给大家介绍了自己的创作。他并没有受过很多正规教育，但是从小热衷于故事，在放羊、放牛时都会海阔天空地想象。等他稍微长大便"混迹于成人之中，开始了'用耳朵阅读'的漫长生涯"。他的天才在于可以白天听完说书人的故事，晚上回家就能将这些故事添油加醋地讲给母亲听。

二

要搞清楚围绕莫言的争论，还得对诺贝尔文学奖的背景有所了解。诺贝尔因为炸药的负面影响深感忏悔，决定将发明炸药带来的财富重新用到造福人类的事业中。因此，文学奖在评奖时就有一个明显的倾向，获奖作家的写作要鼓励人类有理想。这和我们今天的认知有很大不同，我们会认为这个奖一定要给好作家，但一般情况下优秀作家很少表现出理想，他们多是当时社会的反叛者。所以诺贝尔文学奖的前 15 年，直到第一次世界大战前，优秀作家都没拿奖。那时托尔斯泰活着，契诃夫活着，左拉活着，易卜生活着，斯特林堡活着，他们都与这一奖项无缘。拿托尔斯泰来说，我们今天说他是最伟大的作家，可他当年被俄罗斯东正教从教会开除。左拉是我很喜欢的作家，我年轻时认识的一位老先生一生都在做左拉作品的翻译工作，可没有一本书能够出版。左拉是一位自然主义作家，非常注重写实，这样写成的作品是非常肮脏的，因为他所处的那个世界本就是肮脏的。虽然左拉一直被资产阶级政府谩骂，可他做了一件非常伟大的事情。普法战争时期，节节败退的法国军队怀疑德雷福斯为普鲁士通风报信，因为德雷福斯是一位犹太人，法国兴起了一场反犹太人运动。左拉本可以独善其身，但当他阅读了关于德雷福斯事件的卷宗后，便为这位备受冤屈的犹太人申辩。然而，所有人非但不站在左拉这边，反而打击谩骂左拉。左拉忍无可忍发表了《我控诉》，这篇文章写得非常有力，在社会上引起了巨大的反响，最后法官起诉左拉将他驱逐出境。他在海外待了很多年，一直待到德雷福斯事件真相大白才回国，回国不久就去世了，据说是被反犹分子堵死烟囱因煤气中毒而死。这么一个有正义感、有理想的人,在那个时代却被看作没理想的捣乱分子。我由衷地敬佩左拉,可是评委却把奖颁给了另外一个诗人,他在今天籍籍无名。这位诗人得奖后,全世界有大概30名作家联名抗议。而评委们自有他们的理由,认为这个诗人是唯美主义诗人,他有理想。那个时代的理想其实是与宗教有关的,是彼岸世界的理想,而不是左拉和托尔斯泰在批判现实中产生的战斗力。

到1915年,获得诺贝尔文学奖者有的是历史学家,有的是哲学家,德国历史学家蒙森得过奖,德国哲学家欧肯得过奖。其中优秀的作家很少,唯有印度的泰戈尔。泰戈尔于1913年获奖,他是第一个获此奖的亚洲作家。但不是说诺贝尔文学奖尊重了印度,因为那时的印度是英联邦的殖民地,那是他们对英国的认可。泰戈尔的获奖也引起了一番争论,有人认为泰戈尔不配得奖,有的人支持,但理由竟然是泰戈尔英文好,泰戈尔的获奖作品《吉檀迦利》是由他自己翻译的。这次获奖变成了一种论证,证明英国的殖民政策是对的。你看,它已经把殖民地的诗人改造成英国诗人。所以泰戈尔也有一种尴尬,在西方他被看作东方人,在东方他又是英国人。有一次,他到日本演讲说自己是"大英帝国的臣仆",不是自由国家的诗人,却是东方文化传播的使者。日本人取消了泰戈尔所有的演讲,因为那时的日本正巴不得脱离东方文化向西方靠拢,即"脱亚入欧"。之后泰戈尔来到了中国,称自己是现代的玄奘,到中国取经来了。可在中国也遭受了同样的命运,除了受到徐志摩、林徽因等少数人的欢迎外,大批左派知识分子都反对他。当时的中国知识分子正在进行如火如荼的五四运动,深受反对传统文化、向西方学习的号召,所以泰戈尔也灰溜溜地离开了中国。

1915年以后,诺贝尔文学奖的评委们的评审标准似乎发生了变化。我认为得奖的第一个有理想的作家是法国的罗曼·罗兰,著有《约翰·克里斯朵夫》,这本书写了一个追求精神理想的故事。但罗曼·罗兰的得奖也有其背景,第一次世界大战时期法德陷入战争,罗曼·罗兰发表了一篇名为《超乎混乱之上》的文章。在两国陷入激战之时,罗曼·罗兰跳出来说法国人应该是德国人的兄弟,德国人应该是法国人的兄弟,双方不应该战争,应该友好相处。这犯了一个大忌讳,首先法国人把罗曼·罗兰看作卖国贼,德国人也不买这位法国人的账。罗曼·罗兰处于一种两面夹攻的境况,但他毫不畏惧,联络了一批欧洲独立知识分子,发表《精神独立宣言》,表明了在战争环境中对精神独立的争取,自己不依赖于任何政府、任何国家而属于全人类。他在另一篇文章中划分了两种人类:一种人类是向上的,另一种人类是向下的,文学家应该支援向上的人类。我看来,他是一个真正的理想主义者。至此,诺贝尔文学奖发生了一个微妙的变化,从把理想理解为彼岸世界的、上帝给的慢慢转移到人类自身。

到了第二次世界大战以后,纳粹德国对犹太人的屠杀使全人类对自己都进行了一番深刻反省:生而为人,何以会用游戏一般的态度,制造那样惨绝人寰的灾难。德国自认为是精神世界最高尚的民族,他们拥有一大批优秀的音乐家、哲学家,那么多人类文化史上灿烂的明星,却如何下得了那样的毒手? 这种反省,中国早在二战前二十年就发生了,中国当代最伟大的作家鲁迅写出了《狂人日记》。《狂人日记》最了不起之处不在于写礼教吃人,而在于写出了人是要吃人的,不仅是剥削阶级要吃人,被压迫的人也要吃人,吃人者就在"我"的身边,连"我"的哥哥也要吃人,连"我"也要吃人。狂人的世界观发生了天崩地裂的变化,"四千年来时时吃人的地方,今天才明白,我也在其中混了多年;大哥正管着家务,妹子恰恰死了,他未必不和在饭菜里,暗暗给我们吃"。鲁迅在《狂人日记》中一层层分析,到最后狂人从一个批判他人吃人的战士,转而批判哥哥,批判自己。原来自己也吃人,那时他就崩溃了,他问道:"没有吃过人的孩子,或者还有?"他发出了深切的希望——"救救孩子"。"救救孩子"不是说保护孩子使其不被人吃,而是要唤醒孩子不要让他们吃人。也就是说,1918 年,鲁迅就对人的本性提出了怀疑。五四时期是一个唤醒人道主义的时期,是一个人性解放的时期。鲁迅的弟弟周作人写过一篇很有名的文章——《人的文学》,他认为人身上流露出来的都是美好的。鲁迅则深刻得多,看破了人身上可怕的东西。这一点一定要叫出来,他看到了别人看不到的东西,他认为人一定要看到自己致命的弱点,要有"人会吃人"的自觉,要克服它,否则不知不觉中就可能走上人肉宴席。这样的境界在当时的中国是不被理解的,好多人解释说《狂人日记》主要针对的是礼教吃人,慢慢地把吃人的责任从自己身上推卸出来,推给礼教。后来受这个影响,20世纪三四十年代巴金开始写《家》,写礼教是怎么吃人的。但鲁迅当年提出的是一个深刻的对人的自我反省的问题,这种反省二战后在存在主义、在西方现代文学中渐渐出现。大屠杀过后,人对人自身有了一个相当深彻的反省,反复追问自己在灾难中是否有责任,最后逐渐引申到人本身的问题。萨特、加缪也都因时而出,他们讲的都是人对其自身的反省。

此时,诺贝尔文学奖又发生了一次变化,对理想的理解从外在的精神崇高逐渐发展为内在的精神自省。对人身上丑恶的东西进行深刻的挖掘本身就是一种理想,这证明了你有力量战胜邪恶,有力量使人变得更加高尚。我认为,浪漫主义时代的理想不在现实世界,是在另一个空间。比如宗教,你自己没有理想,要到天堂去和上帝交流,理想在上帝那里。到了19世纪批判现实主义出现,理想在未来,就是说当代是没有理想的,当代都是黑暗的,要通过批判和改造使未来变得美好,所以理想在未来。20世纪以后,西方现代主义崛起,尤其是弗洛伊德理论流行,这个理想就变成人自身了,神是没有的,未来也是没有的,有的只是你的今天,你有力量和一切邪恶的东西做斗争,那你就是一个有理想的人。萨特著有《恶心》,他的理想就是敢跟自己身上的恶心做斗争,他的力量正在于他敢把人写得恶心,这是一个很辩证的问题。到了二战以后,一批全世界优秀作家获得了诺贝尔文学奖,像萨特、加缪、福克纳这批现代主义作家。

我叙述这么多,最想说的其实是人怎么看待自己的理想,人怎么看待自己的力量。在浪漫主义时代,人被描述得非常美好,对人的缺点是不写的,要么就集中于反面角色上。但到了现实主义时代,开始关注小人物,把小人物写得有正面也有负面。而现代主义基本是在挖掘人身上的缺点、黑暗和邪恶。但这不是要把人推向灭亡,而是通过对这些恶的深入挖掘来证明人的力量。在我读大学的时候,有一篇文章让我终身受益,就是萨特的《存在主义是一种人道主义》,存在主义者正视自己的缺点,强调自由选择。每个人都可以既做好人又做坏人,既做英雄又做叛徒,都凭你个人的选择。萨特写过的作品,诸如《墙》、《死无葬身之地》、《肮脏的手》,把世界说成是充满荒诞和邪恶的地方,你可以选择同流合污做一个坏人,也可以坚守自我做一个高贵的人。他把做人的权利交给人自己，这样的东西当然是人道主义的、理想主义的。

绕了一大圈，还得兜回到对莫言文学的评价上。莫言被批评很大程度上是因为其笔下人物的落后、邪恶、无能，他的小说中很少有真正完美的好人。我们不妨试着把《红高粱》中的故事抽象出来，余占鳌是个什么人？他是个杀人犯，他杀掉单氏父子本身就是一种罪，而这种罪还不是出于劳动人民正义感而是夺人之妻，用今天的话来讲就是男女通奸谋杀亲夫，跟西门庆、潘金莲差不多。余占鳌也像西门庆一样，一身武艺，娶了一个叫恋儿的小老婆，后来还当了土匪。总结一下余占鳌身上的标签——杀人犯、土匪、奸夫淫妇、夺人家产，这是一个江湖故事，后来衍生出来的英雄是建立在一个无法无天的犯罪故事基础之上的。所以，《红高粱》的第一句话就说："一九三九年古历八月初九，我父亲这个土匪种十四岁多一点。"我觉得莫言这句话中其实暗含着一层意思——他写的英雄是一个有罪恶的土匪。几千年来，中国的农民被封建社会压迫得奄奄一息，他们过去在鲁迅笔下永远是阿Q、闰土，他们没有生活的活力，像麻木的劳动工具。鲁迅曾经用过一个非常生动的比喻，他说有一种蜜蜂要吃虫子，不仅自己要吃虫子，而且要产卵产在虫子上，等到小蜜蜂成熟了就吃掉这个虫子。而如何使虫子不死不活地等在那儿？就用毒针打在虫子上，虫子不死但中枢神经麻痹，等待着被吃掉。鲁迅说中国的农民其实就是这样的一种虫子，斗争的觉悟早就被统治阶级打了针麻痹掉了，自己过着半饥半饱的日子却世世代代向统治阶级输送粮食。可这样的日子竟然过了两千年，中国那么漫长的封建社会，农民就这样一代代生活着。而莫言是第一次把鲁迅笔下的农民翻过来的，我认为莫言的了不起正在于此，他是自觉的农民的代言人，而不是农民的批判者。鲁迅站在启蒙主义的立场上，哀其不幸，怒其不争。莫言站在农民的立场上，告诉大家农民真实的样子，他们是有血性、有想法的。在第一次亮相的时候，他写了《红高粱》，写了一个土匪，这是一个游离于中国传统伦理道德之外的怪物，他无所畏惧地犯罪，由于犯罪他才成了英雄。电视剧《红高粱》编得毫无血性，编者不敢把余占鳌编成一个杀人犯，他和单氏父子的死脱了干系。这近乎完全违背了莫言的原作精神，莫言写的就是一个敢杀、敢怒、敢犯罪的人物，只有这样的人才敢去打伏击战，敢去打日本鬼子。莫言写出了人的邪恶，而这邪恶在我看来是有崇高理想的，他是一个大写的人，是一个不甘心受压迫的人。余占鳌敢爱，因为爱九儿而敢杀掉单氏父子，这个爱后来演变成了爱国。当然"爱国"是一个抽象的名词，对余占鳌来说是爱自己身边的人、爱土地、爱高密东北乡。原来的高密东北乡不是他的，是国民党政府的，是地主的，跟他没关系，所以他一开始是个土匪。当日本人占领后，他挺身而出，变成了一个抗日英雄。莫言恰恰是通过这样一种描写，把一个中国农民的崇高刻画出来了。莫言后来的小说也是一再写农民，他们滔滔不绝地把自己的苦难、委屈和屈辱倾诉出来。之前写农民的人从来不写农民语言，农民几乎是不说话的。我有一次就问高晓声："你们写农民为什么都不大说话？"高晓声《陈奂生上城》中的农民陈奂生进城看了场电影《三打白骨精》，看完后回去单是兴奋，却无法描述故事究竟讲了什么。碰到老婆就只会一句"孙悟空好凶唔"，碰到生产队长也是一句"孙悟空好凶唔"。所以从鲁迅到高晓声，他们笔下的农民是沉默的，说话的是他们，是作家在代他们申冤。莫言不是这样，他笔下的农民是话痨，《天堂蒜薹之歌》中的农民被铐起来了后一直倾诉。鲁迅和莫言之间，我更相信莫言。莫言是农民，他真正了解农民其实是有话的，只是这些话只对有的人说。莫言于是把农民的心里话都说出来了，尽管他笔下的农民很狂暴、肮脏、粗鄙，但是他把一个结结实实的农民的生命写出来了，农民是充满着旺盛的生命力的。

所以从这个角度讲，诺贝尔文学奖给予莫言是有理由的，颁奖词也写得好。我一直以为外国人读不懂中国小说，无外乎翻翻就过去了，但是颁奖词中的评价却几乎提到莫言所有的重要作品，评得非常到位。其中有一句话深得我心，说"莫言是继拉伯雷以来的最优秀的继承者"。拉伯雷是文艺复兴三大家之一，另外两位中，莎士比亚是为帝王将相写戏剧的贵族剧作家，塞万提斯写的是骑士文学，只有拉伯雷写的是关于下层劳动人民的东西。莎士比亚的传统在全世界成为莎学，塞万提斯的优秀传统也继承得很好，拉伯雷却没人继承，被欧洲文学所遮蔽。一直到苏联出现了文艺理论家巴赫金，巴赫金的博士论文写《拉伯雷和他的世界》为拉伯雷平反，巴赫金认为拉伯雷的作品价值被欧洲的资产阶级文化传统遮蔽了。那时文学的主流是高雅艺术，不能容忍像拉伯雷作品这样粗鄙的东西。巴赫金说拉伯雷的文学是欧洲文学中最重要的传统，来自民间文化，他的所有美学是民间美学。巴赫金把所谓的粗鄙归结为一种民间的生命意识。用巴赫金关于拉伯雷的民间理论去解读莫言，解读贾平凹，解读余华，很多东西一目了然。我们的评论家多是高校出身，从某种意义上说是高雅文化的代言人。所以莫言、贾平凹、余华的小说刚出来时都被批评家批评，认为是肮脏、粗俗的。可诺贝尔文学奖的评委注意到莫言是拉伯雷的民间传统继承者，把莫言拉到了世界文学的框架之中。我对此十分佩服，他们真的是有世界文学的眼光。

其实从中国当代文学来看，莫言这种美学在其他人身上也有，余华的《兄弟》面世后文坛也是一片骂声。我读罢《兄弟》后觉得这部小说写得很好，他把当代改革开放的现状都写出来了。批评者都是用挑剔的眼光在看待这部作品，紧抓住偷窥等个别片段。如果用巴赫金的民间狂欢理论对照，会发现余华走的路实则和莫言一样，继承的都是拉伯雷的民间传统。欧洲已然发展到足够文明的阶段，这种民间传统可能已经消逝，可在东方的中国，这种民间传统依然存在。这点可能让评委们感到亲切，所以莫言就得奖了。

2014 年于华中科技大学演讲
付婧根据录音整理

莫言与村上：果真是"城乡差别"的标本吗？

林少华　中国海洋大学外国语学院教授

　　莫言是个时髦话题，村上春树（以下简称"村上"）也是个时髦话题。我把两个时髦话题、两个亮点捏在一起，和大家一起琢磨琢磨：这两人果真是"城乡差别"的标本吗？

　　众所周知，2012 年 10 月 11 日，中国作家莫言成为自 1901 年以来第 109 位诺贝尔文学奖获得者。当天傍晚 7 点钟公布之前，不只在日本，即使是咱们中国本土，也好像有不少人更倾向于相信甚至宁愿相信，日本作家村上春树更能获奖。我作为村上作品内地简体中文版的主要译者，也因此在那时处于一种可以说是相当微妙甚至是有几分尴尬的立场。中国、日本记者的采访接连不断，问我你更希望二人中哪一位获奖。不用说，村上春树获奖对我有实实在在的好处，一是经济上的，我翻译的村上的作品一定会卖得更好，就会有若干白花花的银两进账；二是名声上的，想必不会再受"偷偷摸摸鼓捣小资读物或者涉黄读物的作家"这一声名所累，正名为"堂堂正正的诺贝尔文学奖翻译大腕儿"。可事情明摆着，村上终究是日本人，而我是中国人。于是，我这样作答："莫言和村上两人哪个获奖，我都欢喜，我都衷心祝贺。村上获奖，我作为译者来说脸上有光。莫言获奖，我作为中国人、作为他的同胞脸上有光。"

　　记者又问："假如村上获奖，他获奖的理由是什么？"我总结为三点：一是以洗练、幽默、隽永、含蓄和节奏控制为主要特色的语言风格；二是通过传达都市人尤其都市年轻人的失落感、孤独感、疏离感、疲软感而对心灵处境的诗意开拓;三是对自由、尊严、爱等人类正面精神价值的张扬和对暴力源头及其表现形式的追问。结果村上没有获奖,咱们的莫言获奖。2013年村上也没获奖,加拿大籍作家爱丽丝·门罗获奖。2014年他又没获奖,法国作家帕特里克·莫迪亚诺获奖了。尽管村上连续三年与诺贝尔文学奖失之交臂,但这丝毫不影响其文学本身的价值。我更想说的是,东亚以至整个亚洲文学,半个世纪以来,从来没有像今天这样风光过、幸运过,因为中国的莫言和日本的村上同时出现于此。这两座并立的高峰,毫无疑问标志着亚洲文学在世界上的影响、声望和高度。

那么,莫言获奖的理由是什么? 如果说村上获奖的理由是虚拟的,那莫言获奖的理由就是实实在在的。诺贝尔文学奖评审委员会给出的评价是:"借助魔幻现实主义,将民间故事、历史与现代融为一体,莫言因此创造了一个世界,其复杂程度,令人联想起威廉·福克纳和加西亚·马尔克斯。"如果还要补充的话,我想是莫言作品中天马行空无可抑勒的文学想象力、长风出谷惊涛拍岸的叙事气势、山重水复波谲云诡的语言风格,尤其文本中大跨度运行的撼人魂魄的思想力量以及思想背后涌动的对中国充满悖论的国民性和现代性命运的忧思和关切之情。这些都不能不让瑞典学院的评审们受到感染和为之动容。

这两年多来,我集中阅读了莫言的主要作品和有关他的研究文献,有了一个意外的发现——莫言和村上看上去截然有别,但骨子里有不少相似和相通的部分。如果对这些部分加以探究和比较,将有助于加深读书界、文学界以及文化界对这两位世界级优秀作家之所以为优秀作家的文学特质的认识,进而从中获得某种启迪、坐标和视角。

在一般人眼里,或者从常识上看来,这两人差别太大了,一个是满脑袋高粱花粉的"土老帽",一个是满身名牌休闲装的都市"小资"。换个比喻,一个是挥舞光闪闪的镰刀光膀子割红高粱的壮汉,一个是斜举着鸡尾酒杯眼望窗外烟雨的绅士。一句话,简直是"城乡差别"的标本。这固然不错,我也完全承认。但这终究是表层现象,若是深挖下去,就能发现两人的根子是有不少连在一起的。

在做比较之前，我想先回顾一下莫言眼中的村上春树。《南方周末》在莫言获奖后的第三天采访他，问及如何评价村上春树的作品，莫言回答："村上春树是个非常有影响力的作家，在全世界的读者很多，被翻译作品的数量非常大，而且赢得许多年轻读者的喜爱，很不容易，我非常尊重他。他虽然比我大，但心态比我年轻，英文很好，同西方交流比较广泛，具有更多现代生活气质。他写日本历史方面比较少，关注现代生活，年轻人的生活，这一点是我无法相比的。我也是他的读者，比如《挪威的森林》《海边的卡夫卡》等，他的作品我写不出来。"这里所说的"无法相比"和"写不出来"，当然意味着莫言和村上春树的不同。那么，不同之处究竟表现在哪里？我认为，可以概括为以下三点。

第一，城乡差别。这一点再明显不过。莫言是乡土或者农村题材作家，村上则是浑身威士忌味的城里人，处理的也几乎是都市题材。换句话说，莫言的作品植根于他的故乡山东高密的泥土地，一贯倾听大地的喘息、触摸大地的灵魂，而村上则游走在东京大都会，始终审视现代都市的性格和出没其中的光怪陆离的经历。

第二，出生差别。莫言出身于农民家庭，几乎整个少年时代都在寻找食物，饥饿感控制着他所有的感官，使他成为猎食动物，不顾一切地追求咀嚼权利，吞噬是其唯一的世界观。就如《酒国》里对吃的迷恋描写得淋漓尽致。村上则是在有寺院僧侣背景的城市中产阶级生活中长大，他更向往逃学权利，自由是他世界观的核心要素。

第三，文化教养差别。两人同样喜欢看书，但莫言看的大多是《三国演义》《水浒传》等中国古典名著，以及《青春之歌》《林海雪原》《三家巷》等红色经典或中国现当代小说。村上则听着爵士乐，看《麦田里的守望者》《了不起的盖茨比》等美国现当代文学作品，看多卷本的世界历史，甚至包括《资本论》在内的好几大册马克思恩格斯经典著作。这导致莫言的作品更有本土性、民族性，而村上作品更有世界性。

换一个说法，莫言作品以糅合世界性的浓重本土性为特色，村上作品则几乎以淹没本土性的鲜明世界性为表征。这也甚至导致二者在文体，也就是语言风格、行文方面有明显差异。村上文体多少带有英文翻译腔和西方绅士气,拒绝冗长、市井气和市侩气,而莫言的文体汪洋恣肆、粗犷凌厉,具有荒原气息和草莽精神,甚至酒神精神。

以上是两个人的差别。此外,这两位作家又具有相近的精神底色和创作路径,坦率地说,这个意外发现让我激动了好一阵子。应该说,学者和读书人一个可贵的品质就在于从似是而非的坊间社会的一般性、流行性认知中独辟蹊径,探求与之有别的隐性通道,以便抵达文本表层背后的真相,抵达并且追问文本中的荒诞、梦幻本身,进而发掘作家最执着的理想诉求及其表达方式。这无论对中国作家、中国文学还是广大读者都可能具有某种积极的启示性。

下面,请允许我粗线条地将二人共通之处存在的启示性梳理出来。一共包括四个方面。

第一个相同:善恶中间地带。莫言1955年出生,11岁就赶上1966年爆发的"文革"。"文革"十年,我的青春就被这十年糟蹋了,上学只上到初一,莫言上到小学五年级。"文革"就是与传统的中庸之道彻底决裂,一切统统一分为二,非敌即友,非左即右,非善即恶,非好即坏决不含糊,决无妥协和折中。通过痛彻的个人体验和后来的深刻反思,莫言从早期作品《红高粱》开始,就溶解了这种善恶对立的二元化世界观,超越爱恨分明的阶级意识,在善与恶之间开拓出广阔的中间地带,甚至将善恶合而为一。比如《丰乳肥臀》的主人公母亲上官鲁氏,不分土匪、国军还是共产党,对他们留下的孩子都一视同仁。比如《生死疲劳》中甚至为地主翻案,让地主西门闹投胎为驴、牛、猪、狗、猴等来到人间巡视和抗议。莫言在《蛙》的代序言《捍卫长篇小说的尊严》中表示,在善与恶之间,美与丑之间,爱与恨之间,应该有一个模糊地带,而这里也许正是小说家施展才华的广阔天地。2012年12月7日,他以《讲故事的人》为题,在瑞典学院演讲时再一次提出同样的观点,他说:"每个人心中都有一片难用是非善恶准确定性的朦胧地带,而这片地带,正是文学家施展才华的广阔天地。只要是准确地、生动地描写了这个充满矛盾的朦胧地带的作品,也就必然地超越了政治并具备了优秀文学的品质。"村上春树同样有类似的善恶观,他说归根结底,善恶这东西并非绝对性观念,而是相对概念,有时候甚至整个换位。所以,较之什么是善什么是恶,更需要一个个人在一个个场合看清究竟是什么在强制我们，这个"什么"在性质上是善的还是恶的。在长篇小说《1Q84》中，村上进一步借教主之口表明："善恶不是静止的固定的，而是不断变换场所和立场的东西。一个善在下一瞬间就可能转换为恶，反之亦然。"陀思妥耶夫斯基在《卡拉马佐夫兄弟》中描绘的正是这样的世界形态，重要的是保持善恶之间的平衡。过于向一方倾斜就很难维持现实的平衡。

与这样的善恶观相关，两位作家都致力于挖掘自己心中的恶。莫言断然表示，只描写别人留给自己的伤痕，不描写自己留给别人的伤痕，不是悲悯，甚至是无耻。只揭示别人心中的恶，不袒露自己心中的恶，不是悲悯，甚至是无耻。只有正视人类之恶，只有认识到自我之丑，只有描写了人类不可克服的弱点和病态人格导致的悲惨命运，才是真正的悲剧，才可能具有拷问灵魂的深度和力度，才是真正的大悲悯。在莫言获得茅盾文学奖的作品《蛙》中，主人公曾经给许多婴儿接生，是守护生命的天使，同时为了坚决执行计划生育政策，给无数孕妇强行引产，造成过一尸两命的悲剧。作者在这一过程中，不断挖掘和拷问自己的灵魂，让"姑姑"嫁给了擅长捏泥娃娃的人，以便通过那些栩栩如生的泥娃娃，化解心中之恶，让自己的灵魂获得超度。村上春树在这方面同样有清醒的认识，他认为写小说是为了寻求自己和他人之间同情的呼应性、灵魂的呼应性，为此必须深入真正黑暗的场所，深入自己身上恶的部分，否则产生不了共振。即使能深入黑暗之中，如果深入得不深不浅，也还是很难引起人们的共振。他正是在这个意义上构思恶的。村上春树出版《天黑以后》接受采访时再次表示，无论《天黑以后》中的白川还是《海边的卡夫卡》的琼尼·沃克和山德士上校，他们身上体现的恶都不是来自外部，而绝对来自人的内部。换句话说，恶对于任何人来说都不是他者，恶就在自己身上，只有深挖下去才能与他人灵魂产生共振，才能产生真正的悲悯。这也正是善恶中间地带之说的深刻之处和价值所在。

第二个相同：民间视角与边缘人立场。莫言是在高密东北乡边缘地带长大的农民，身上天然流淌着民间边缘人的血脉，这使得他以民间视角创造了许许多多边缘人或者带有边缘人色彩的主人公画卷。其中最典型的就是《生死疲劳》中在农村合作化和人民公社化时期拒不入社的、全国唯一单干户蓝脸。莫言在瑞典学院演讲时专门提到这个边缘人："小说中以一己之身与时代潮流相对抗的蓝脸在我心中是一位真正的英雄。"在《三十年前的一次长跑比赛》那部中篇小说中，右派朱总人居然成了最受尊崇的高人：写一手好字，打一手好球，八千米长跑比赛，原本跑在最后面的这名右派最后成了第一名。莫言在主流与主旋律叙事高高在上、基本不存在个性的时代舞台上逆时代潮流而动，将被时代唾弃的另类塑造成了英雄。此外，我们在他的作品中也可以看到个体生命，尤其是边缘人生命被历史大小谬误蹂躏和肢解而欲哭无泪的惨烈经历，看到作者以个人经验进行个性化写作洞穿历史的雄心、勇气与力量。这在很大程度上不妨说是在民间视角与边缘人立场观照下的产物。中山大学谢有顺教授认为："莫言从一开始就是反叛的，也一直未被主流文化所成功消化，他的小说，无论精神指向，还是叙事风格，都是先锋的、独立的、非主流的。他没有成为这个盛世的合唱者，他眼里所看到的，也多是受伤者和软弱者。他写的，就中国庞大而坚硬的现实而言，是边缘的，是经常被人忽略和删除的。"

村上春树与此同时也进行着类似的努力。迄今为止，村上没有参加过任何组织和团体，没有任何职场经验。成为专职作家之前，他是爵士酒吧的小老板，一当就是七年。当了作家后，甚至作家协会这样的组织他也没有参加过，可以说是在游离于社会主流的边缘地带生活的边缘人，是不折不扣的个体户，和蓝脸一个样儿。村上本人也对此直言不讳，说自己是彻底的个人主义者，不把东西交给任何人，不同任何人发生关联，拒绝任何外部的无论他人还是体制的束缚，个体自由是他优先考虑的选项。二十多年来，村上一直追求极为私人性质的文学，一直以个人化的文本、个人化的方向追求极为个人化的主题。他还说，理所当然，刚开始写小说的时候，我考虑写的就是个人主义人物，就是他们在社会规范的边缘谋生的场景。众所周知，日本人是以集体性、集体协调性著称，村上对日本人的集体性这一点深恶痛绝。有一次对日本人进行问卷调查，要在自由、民主、集体性、个人性之间选择，日本人大多没有选择自由及个人性。他对此感到很失望。可问题是，包括边缘人在内的任何个体都不可能从根本上脱离国家、社会体制和主流文化而单独存在。这种双重性让村上感到纠结和痛苦，使得他深入思考体制和个人之间的关联性，从中探讨作为边缘人和个体获得自由的可能性，以及应该承担的责任和义务，从而使个体边缘人的生活场景、人生姿态成为窥视体制或者社会结构的一个内窥镜。于是，我们在《奇鸟行状录》中看到了日本战前军国主义体制的运作方式及其给个人造成的身心重创。从《海边的卡夫卡》中我们看到一个另类少年如何在成年人社会中聚敛成型。

莫言在 2008 年接受《上海文学》采访时也说，好的小说就是作家从个人出发创造的小说。如果作家个人的感受同时代的要求产生一种巧合，那就非常幸运了。如果作家个人的痛苦在小说里宣泄的过程中，正好暗合了大多数人的痛苦，满足了大多数人想宣泄的欲望，那么，这部小说肯定具有普适价值。虽然莫言和村上追求的都是个人性，但在作品的某一点上二者融为一体。可以说，两人都是非常幸运的作家，个人性恰巧和集体诉求碰到了一起。村上追求个人性，但就中国而言，这种个人性同处于社会转型期的中国年轻人的心理走向、审美诉求、心灵品位的开拓碰到了一起。我想这是村上能在中国收获如此大面积流行的主要原因。

第三个相同：富有东方神秘性的魔幻现实主义。"通过魔幻现实主义将民间故事、历史和现代融为一体"，对莫言的这句诺贝尔文学奖评语，用在村上身上也无不可。只是无论对于莫言还是村上，"因此创造了一个世界，其复杂程度，令人联想起威廉·福克纳和加西亚·马尔克斯"之语都有失偏颇。莫言否认马尔克斯对他的影响，否认《红高粱》有《百年孤独》的投影。不过他承认，福克纳的《喧哗与躁动》对他的创作有所启示。莫言说："读了福克纳之后，我感到如梦初醒，原来小说可以这样写。"但是他又说："马尔克斯和福克纳绝对是两座炽热的高炉，我们必须离得远一些。我们是冰块，离得近了会熔化掉，而且我们也不要试图超越一些东西。文学史上的大作家是一座座无可超越的巅峰，你只能另立山头。"事实上，莫言创作的魔幻现实主义，与其说处于马尔克斯和福克纳这两座巨峰的阴影之下，不如说这种魔幻或者梦更富有东方神秘性。这种神秘性主要来自民间故事、民间文学以及中国古典文学。其中莫言最看重的是《聊斋志异》，他说，"蒲松龄是我的家乡人，《聊斋志异》里的许多故事我小时候就听村里的老人讲过"。他在获奖演说《讲故事的人》中再度提到他的家乡流传着许多狐狸变美女的故事。

他说:"我幻想着能有一个狐狸变成美女与我来做伴放牛。"那些民间故事,日后成为他文学创作的来源,使得他笔下的故事蒙上了一层东方神秘色彩。比如《透明的红萝卜》中的红萝卜和主人公,尤其是《生死疲劳》中的六道轮回,魔幻程度可以说超越了卡夫卡的《变形记》。正如上海大学中文系教授陈晓明所指出的:"他的历史变形记也是魔幻色彩十足的后现代叙事,那不只是对当下后现代魔幻热潮的回应,也是对中国本土和民间的魔幻的继承,例如《西游记》、《聊斋志异》等名著的人兽同体、人鬼同形。"事实上,魔幻现实主义何尝只是拉美现实主义的专利?中国四大名著中的《西游记》自不必说,《水浒传》、《三国演义》又何尝没有魔幻色彩?那些英雄传奇,那些超能量,动不动力举千斤,有万夫不当之勇,这些不是魔幻又是什么?《红楼梦》的太虚幻境难道不是魔幻?总之,中国传统和民间的魔幻资源十分充足,莫言运用得心应手,源于他的自信心。

村上接触的是江户幕府时期创作的志怪故事《雨月物语》。《雨月物语》是18世纪上田秋成创作的志怪小说。书中9篇故事就有6篇脱胎于《剪灯新话》、《白蛇传》等中国古代传奇话本,一个共同特点就是故事的主人公自由穿梭于阴阳两界,或者实境与虚境、此岸与彼岸、现实与虚拟之间,将二者划出一条明确的界限几乎是不可能的。用村上的话来说:"现实与非现实在《雨月物语》中完全对接,对于跨越二者的界限我没有感到什么不自然。"他认为,物语、故事就是要超越解释的层面表达以普通文脉不能解释的事情。在写《国境以南太阳以西》的过程中,他始终在思考那些故事,以至于主人公岛本变得像狐狸精一样虚实莫辨。而在另一部巨著《奇鸟行状录》中,不相信任何宗教的他,宣扬了六道轮回中的生死轮回。比如西京动物园的兽医脸上有一颗青痣,主人公从深井上来之后脸上也忽然有了一颗青痣。可以断言,村上试图用这种轮回暗示历史与现实之间的某种关联,作为暗示方式而采用的魔幻现实主义明显带有古老东方特有的神秘性。哈佛大学教授杰·鲁宾认为村上春树了不起的成就在于对一个平凡的头脑观照世界的神秘和距离感有所感悟,而那种感悟完全是东方式的。村上相信故事的力量,即使在多媒体时代,故事文本仍然具有无可替代的特殊性。由此看来,尽管他和莫言处理的题材完全不同,但两人采用的魔幻现实主义手法及其带有的神秘性不谋而合。

第四个相同：创作目标同是陀思妥耶夫斯基。"我是一个讲故事的人，因为讲故事我获得了诺贝尔文学奖。"莫言在瑞典演讲的题目就是《讲故事的人》。村上的说法如出一辙："小说家就是讲故事的人。这是最基本的定义。"没错，小说家的确在讲故事，这一点不存在任何异议。问题在于讲怎样的故事，也就是写怎样的小说。耐人寻味的是，两位作家不约而同地将目光落在了陀思妥耶夫斯基身上。莫言说："我甚至认为作家这个职业应该是超阶级的，尽管你在社会当中属于某一个阶层，但在写作的时候应该努力做到超阶级，你要努力去怜悯所有的人，发现所有人的优点和缺点。中国缺少像托尔斯泰、陀思妥耶夫斯基这样的作家，多半是因为我们没有怜悯意识和忏悔意识，我们在掩盖灵魂深处的很多东西。"后来他又提到，像陀思妥耶夫斯基的《罪与罚》再放50年，尽管读者没有到过俄罗斯，也没有经历过农奴制，看了之后还是会震撼，会触及灵魂深处最痛的地方。从中不难看出，陀思妥耶夫斯基的怜悯、忏悔、灵魂救赎与自救，是莫言心目中的创作取向。由创作实践来看，《生死疲劳》中的地主西门闹坚定地认为自己有地产、有房产、有财产，但是没有罪恶，土改中被枪毙纯属冤枉。因而他死后尽管在阴曹地府受尽种种酷刑，但仍然不屈不挠地喊冤叫屈。这意味着莫言表现出难能可贵的对自身灵魂的拷问和忏悔，触及了作为个人乃至整个民族灵魂深处最痛的地方。

与莫言相比，村上对陀思妥耶夫斯基的推崇有过之而无不及。他说自己的教养体验、最初的知识结构几乎全部来自十九世纪欧洲小说，所列作家中排在第一位的就是陀思妥耶夫斯基。2002年他在接受采访时说："我的目标就是陀思妥耶夫斯基的《卡拉马佐夫兄弟》，那里面有种种样样的故事、纵横交错、难解难分、发烧发酵，从中产生新的价值，读者可以目击。这就是我考虑的综合小说。"也就是我们常说的"复调小说"。2008年他再度表明决心："陀思妥耶夫斯基是我的偶像，我的理想，他快到60岁的时候写了《卡拉马佐夫兄弟》这部至高无上的杰作，我也想那样。"2010年他又一次强调："作为创作目标，最大蓝图就是陀思妥耶夫斯基。综合小说的样板就是陀思妥耶夫斯基的《群魔》和《卡拉马佐夫兄弟》。"所以村上60岁的时候也写了一部《1Q84》，但国内外都认为这部作品同《卡拉马佐夫兄弟》相差甚远。《卡拉马佐夫兄弟》是陀思妥耶夫斯基最为出类拔萃的作品，陀思妥耶夫斯基经过长达 30 年的观察和思考，把一个作为家庭悲剧的杀父故事演化成极富社会内涵的宏伟的哲理小说。作品对人生哲理的探求和人性内涵的发掘极为出色，最大的艺术特色在于共时性形态结构，以此彰显同一时间不兼容而又相互交织的多种意识的共生状态，塑造既是圣贤又是坏蛋的混合性格。小说超越了善恶界限，将高尚与卑鄙、自省与忏悔熔于一炉，展示人类灵魂的切片，反对暴力，提倡仁爱和灵魂救赎，可以说是世界文学史上共时性观照人物心灵的诗学典范。《奇鸟行状录》、《海边的卡夫卡》、《1Q84》可以说是向这一创作取向发起挑战的代表性作品。拿《1Q84》来讲，里面所展现的灵魂切片的纹理深度和关乎人类行进方向的道德感，同《卡拉马佐夫兄弟》有不容忽视的距离，甚至没有超越村上自己中期的作品《海边的卡夫卡》。

莫言在《长篇小说的尊严》中说道："长篇小说的密度是指密集的事件、密集的人物、密集的思想。密集的思想是指多种思想的冲突和绞杀，如果一部小说只有所谓的正确思想，只有所谓的善与高尚，或者只有简单的公式化的善恶，这部小说的价值就值得怀疑。"去年他在北师大演讲的时候毫不含糊地宣称："我希望自己的小说不是一目了然的，希望写出具有最大弹性、最大模糊性的小说，过去我一直追求这样的艺术风格，但迄今还没有完全达到。"莫言口中的弹性、模糊性和村上口中的纵横交错、难解难分、发烧发酵可以说是异曲同工，都是对陀思妥耶夫斯基的杰作《卡拉马佐夫兄弟》的认同和向往，两人都在追求那样的复调小说。

以上尝试性地论述了莫言和村上的四点相同之处。此外，他们还有以下共同点。

其一，二者都写到二战、日本侵华。莫言的《红高粱》、《丰乳肥臀》涉及较多。村上有《奇鸟行状录》、《海边的卡夫卡》等。值得注意的是莫言、村上都有意触及没有进入正史的东西。比如《红高粱》的真实历史背景，是 1938 年 3 月 25 日孙家口伏击战，或许因为主力是国民党游击队，而没有在革命正史中留下记载。《奇鸟行状录》中的关东军第一次战败，被日本军部刻意屏蔽，幸存的参战官兵被派到战斗最激烈的东南亚战场，以便灭口。此外，两人作品中都出现了作为当下语境中的对方和他者的中国人、日本人。例如莫言的《蛙》，村上的《且听风吟》。

其二，两人总体上都不直接介入政治，而潜心从事文学创作，并以此干预社会。究其原因，同两人性格都比较内向有关，两人都行事低调。

其三，二者都在文体和语言上有自己的追求。莫言说自己从创作之初就关注对语言的探索，认为考量一个作家最终是不是真正的作家，一个鲜明的标志就是有没有形成自己独特的文体，认为对语言个性的追求是一种悲壮的战斗。村上反复强调文体就是一切、语言就是一切，大体追求的是四种可能性：一是语言的可能性；二是故事也就是物语的可能性；三是个体灵魂所能获得自由的可能性；四是个体灵魂在冲击高墙方面所能达到的可能性。可以说像他这样重视文体和语言的作家，在与他同时代的日本作家中是少有的。有一个不太恰当的说法，如果说莫言的作品是纵欲的，村上的作品则是禁欲的。莫言纵横捭阖、不可一世，村上含蓄内敛、轻逸洒脱。

借用中国作协李敬泽的话说，村上大约是一位飞鸟型的轻逸作家，他不是靠强劲狂放的叙事而只是富于想象力地表达人们心中飘浮着的难以言喻的情绪，他的修辞和隐喻丰富了无数人的自我意识。所以村上小说的主题是全球化时代的生存境遇的感伤寓言，对很多不同国度的读者来说差不多就是当代的卡夫卡。

最后，祝愿莫言写出陀思妥耶夫斯基那样伟大的复调小说。用莫言自己的话来说："伟大的长篇小说没有必要像宠物一样遍地打滚，也没有必要像猎狗一样结群吠叫，它应该是鲸鱼，在深海里孤独地遨游着，响亮而沉重地呼吸着，波涛翻滚地交配着，血水浩荡地生产着，与成群结队的鲨鱼保持足够的距离。"莫言是一个有格局的男人，这段文字写得大气象、大胸襟、大格局、大丈夫。

也祝愿村上春树写出不亚于或仅次于陀思妥耶夫斯基《卡拉马佐夫兄弟》那样的综合小说。也用村上的话说："里面有某种猥琐、某种滑稽、某种深刻又无法一语定论的混沌状况，同时有构成背景的世界观，如此纷纭杂陈的相反要素通通挤在一起。"村上和莫言表达的意思大致相同，气象不同，问题不同。

今生今世，我无论如何写不出那样的小说了，无论如何也拿不到诺贝尔文学奖了。唯其如此，我才祝愿别人，祝福别人，祝福伟大的小说，祝福诺贝尔文学奖！

2014 年于华中科技大学演讲
田小桐根据录音整理

文学经验与科学精神

李敬泽　中国作家协会副主席

　　非常高兴能够和这么多同学交流。我记得我刚来的第二天,好像也是在这个楼里讲过一次。我到华科大来,心里面很忐忑。为什么忐忑呢?因为华科大有这么多理科生、工科生,我自己是个文科生,我们一家子都是文科生。所以说对于像我这样的人来说,对工科生和理科生抱有一种敬畏之心,因为他们在我看来真是非常神奇,有很多我的智力和能力所达不到的本事。我现在经常在家里弄个什么……现在电器又多,弄着弄着,完全拿它没办法——怎么弄,连拍带打就是没有反应。这还得打电话求人,说:您忙不忙?不忙到我家来看看吧!这个人说:好吧!来了。来了我还得泡上好茶等着。结果人家一来,"梆"往那儿一摁。我一看:啊!没事儿啦!好!很崇拜。所以这次来到华科大,知道我们这里住着好几万的理科生和工科生,我感到一方面很敬畏,一方面很忐忑。忐忑在哪儿呢?就是说,面对这些理科生和工科生,我有什么好谈的。好在,一进来我就赶紧了解,原来我们华科大也有文科生。我说这下好了,和我们的文科生总还是有一些共同语言。所以我上次在那边那个更小的教室里,基本上就是和中文系的同学谈为什么我们华科大应该有一个中文系,或者说,文学教育、文学素养对于我们这样一所大学来说,它的意义何在。但是我今天发现,往这儿一站,他们告诉我今天来的可不光是文科生还有理科生。那么我发现我这个题是搞反了,我应该今天来谈一谈华科大为什么要有中文系。但是已经反了,那个题我已经谈过了。

我今天其实要谈的是什么呢？我今天要谈的还真不是说我们的理科生或者工科生，他们能够从人文教育中得到什么。我要谈的其实倒是反过来，就是我们的文科生，我们的人文学科、人文学科的学生，具体到像我这样搞文学的一个作家、一个学文学的学生，他们能够从科学中、从我们的理科生、工科生那里学到什么。所以我来这儿之前，昨天晚上和几个朋友坐那儿聊天，说起今天晚上要来讲课。然后我说，还想不起题目来。我跟大家把我这个方向、基本想法说了一下，但我说：说什么，我还不知道，没想好。然后就有朋友跟我说：你可以讲一讲，中国现代文学和当代文学中的理科生的形象或者说工科生的形象。这个问题还真把我难住了。我后来想了想，我们现代文学里有那么多的小说，当代文学里也有那么多的小说，但这里面真要说哪个是专门写理科生或者工科生的，我也能举出一些，但是肯定不多。

我感兴趣的倒不是这个，我感兴趣的是什么呢？那就是现代以来，中国有多少作家曾经是理科生或者工科生？我有点孤陋寡闻，回头我得请教一下蒋老师。因为我这一路上想来想去，我得承认，理科生和工科生当作家的确实不多。但是医科生当作家的很厉害。这个大家都知道，鲁迅先生是学医的，郭沫若也是学医的……然后我就想了想，假设让我碰到鲁迅先生给我开刀，我觉得还勉强能接受，尽管鲁迅先生肯定是脾气不太好，脸也比较黑，比较严肃。本来我就害怕，让鲁迅开刀我肯定更害怕。但是如果让郭沫若给我开刀，那我一定逃跑，这个受不了，因为我不敢保证他是不是开刀的时候要诗兴大发，那就要命了。医科改行当作家的，从现代开始断断续续一直有。眼前还有一个例子，就是我们现在一个很有名的"70后"作家——冯唐。冯唐是协和医科大学学妇产科的。所以我跟冯唐很熟，但是我找他还常常不是为了文学上的事，常常是某个朋友说其夫人有什么妇产科上的问题，这得找冯唐。他现在当然也早不当大夫了，但问题是他的同学现在都是协和医院里妇产科的大腕儿，都很厉害。大致也就如此。如果我们再想，学工科的也还是有。我们当代文学作品中大家都知道有《乔厂长上任记》。那是在1978年发表的很重要的一部作品，在80年代文学的谱系上通常会被认为是所谓的改革文学的先驱。它的作者蒋子龙就是学工科的。另外现在也还有一个学工科的，谁呢？麦家，就是写《暗算》的那位作家。我礼拜天从武汉回北京，就是为了和莫言一块儿给麦家的那个《解密》——他要重新出版他的《解密》——搞一个活动，我们去参加。在那次活动上，我就谈道：麦家作为一个小说家是工科生，这不是一个一般的身份问题。也许我们可以从他是一个工科生来理解他的小说。我不知道在座的朋友们都读过了没有？像麦家的小说《解密》、《暗算》，主要写谍战，写怎么破解密码，写那些很传奇、很有逻辑、很有推理能力的小说。现在想一想，如果不是个工科生，还真写不出来。我最近重读《解密》，《解密》讲的是密码的破译问题，其中谈到的数学啊，这些看得我就……但是麦家很厉害，他能让我们这些不懂数学的人也能大致知道这里的好玩之处……但是我想到一个作家居然能把这些事儿搞得这么清楚，我心里真是崇拜得很。

　　说这些是为了什么？我想说的是，尽管在中国，现代科学从1840年以后逐步进入中国，科学还不仅仅是科学，科学也是一种精神和文化，也是一种价值观，是一种认识世界的方式。那么现代科学1840年以后逐步进入中国，特别是五四运动的时候，我们有两面旗帜，一面是"德先生"——民主，另一面就是"赛先生"——科学。时至今日，经过这一百多年，科学在中国的文化和生活中可以说具有了很高的地位。但是，一方面科学的地位很高，科学很重要，全国人民都赞同这一点，同时现当代以来我们培养了这么多的工科生、理科生；而另一方面，有时候我们还是会感到，在我们的文化中，科学的精神还远远没有落地，还远远没有生根。其他方面，我就不说了，因为其他方面我又不懂，那么就说文学。文学通常会被认为是跟科学相对的一个东西：一边是文学，一边是科学，这几乎是一个事物的两极。我那天也讲过，科学处理的是理性，是人类的理性逻辑的这一面；文学所处理的是什么呢？处理的是我们的情感，我们的欲望，我们的希望、幻觉、情绪等方面。科学靠脑袋，文学主要靠什么呢？脑袋以下的部分——身体和心。文学强调的是感受。我不知道大家注意到没有，在我们汉语中也是这样。尽管我们现在知道从科学意义上说，这"心"是管不了什么事儿的，它主要就是管血液。但是在我们的传统中，心是个巨大的感觉器官，心是和我们的情感密切联系的。脑子这个地儿是个搞阴谋诡计的地方：我要动脑子——这个我要搞阴谋诡计;我要算账——这个我要动脑子。但是你说我们要碰到一个女孩子,我们肯定首先要动心;也许动完心了你再动脑子说我怎么接近她……这是动脑子。当然前提是动心。心会告诉我们一些东西,告诉我们一些不经理性检验的东西。后来我一个朋友搞心理学,他跟我谈过这个问题。他说,你不要以为我们古人的语言的用法是没有道理的,而是有道理的。就是说我们古人很顽固地认为情感跟心有关,这是有道理的。他说我们有实验数据的支撑:比如一个男孩子碰到一个他所心仪的女孩子,这个时候事先连上一串电极——这个也是你们理科生才懂的东西——说到时候一测,整个心率不一样,就是"动心"了。也就是说心这个地方,它确实与我们的情感密切相关。所以在这个意义上说,文学和科学常常被认为是人类生活中的两极:一极是在脑袋这里,一极是在心这里。它管的也是我们人类生活中,很不相同的两个区域。你说你要是搞实验天天动心,这个很麻烦;但是如果你谈恋爱只动脑不会动心,这个恐怕也谈不成,所以它们是管的我们人类生活中很不相同的两个区域。

那么我现在要谈的是什么呢?那天在那个小会议室里我在谈:其实脑子应该向心学习——我们的科学家们,我们的工程师们,无论是在你们今后处理社会生活还是处理你们自身在这个社会中的种种事务,除了你们的那种精确的理性思维之外,你们还应该对人类生活中那个几乎是不可预测的、不讲道理的那个情感情绪的那个区域,有充分的敏感、充分的感受能力。你没有这个能力,真的以为这个世界就是按照一个方方正正的理性来运行的话,那么我们会犯很多错误。即使是理性运行得再精确,在实际的人类生活中,也一样会犯很多错误,包括在经济学上。我们大家都知道,20世纪五六十年代要实行"计划经济"。为什么要实行"计划经济"呢?要我看这就是工程师们的美好理想,就是说我们可以完全凭着人类的理性,计算人类的供给需求这些复杂的经济活动,我们给出一个最美好、最完善的模型来,按照这个模型达到最大的效力——这个叫"计划经济"。结果我们搞了二三十年,发现搞不通,发现有问题。为什么?就是因为没有意识到即使在人类这么算计的经济生活和买卖关系之中,人类也不是完全靠理性的;影响人们经济选择的有大量的非理性的、情感的、不讲道理的因素,你不把这些因素考虑进去,我们的"计划经济"就搞不成,就没搞成。所以我们现在讲的是这一方面。

但是今天晚上我想讲的是什么呢？是事情的另外一面。另外一面就是,我们的文学,我们的其他人文学科,其实同样需要向我们的科学学习,向我们的理工思维学习。而且这种学习其实同样重要和迫切。前天在"喻家山论坛"上,有一位年轻人,论坛都散了又追上来,说:刚才没时间让我提,其实我还是想提个问题。提什么问题呢？那说吧！提这个问题很有意思,就是说那个武大的樱花是日本人种的——我也不知道他是有根据还是想当然,我们现在还有那么多人一到花开就都去看樱花,这太不应该了,您对此有什么看法？我说,我这个看法就是:第一,您打算怎么办呢？您打算把那些樱花树都砍掉？您打算把砍樱花树当作反对日本帝国主义的一次伟大行动？我说你要这么干,中国人民高不高兴我不知道,但日本人肯定要笑掉大牙。第二,我说恐怕除了你要考证一下这些樱花到底是不是日本人种的,另外还有一个更重要的考证,这个我还真考证过。关于樱花的来源,有的说是韩国,有的说是中国,现在在学术界占压倒性的说法是,樱花的原产地就是中国,世界上百分之八十的野生樱花都在中国。日本的樱花怎么去的呢？唐代的时候从中国带过去的。所以我说你看,你要真把它砍掉,你砍的还是咱们的樱花,心胸能不能宽广一点儿？这就不说了,题外话。但说的是什么呢？我觉得又有一个特别有意思的事儿。既然樱花是中国的,原产地就在中国,在中国的很多地方都原产樱花,那么为什么在中国的古籍中没有记载,很少谈到樱花？后来我翻了翻资料,有个解释,说我们中国的古人太不讲究了、太不严谨了,一两千年来,一直把樱花和樱桃搞混了,就是没仔细研究过樱花和樱桃有什么不同,反正大而化之地把这红红的一片当作樱桃树！这个我信,我们古人能干出这种事儿来。因为我还研究过别的,我 20 年前写过一本书,还真自己琢磨过这个问题。比如说玫瑰花,玫瑰花我们现在都认为是好的,在我们日常生活中天天要用的——咳,不是天天要用,二月十四日要用。就这么一个花,你要到中国古人的书里去翻吧,你永远搞不明白到底说的是什么花,蔷薇、月季、玫瑰——这几个说法完全是混的！大部分时间,古人说的那个"蔷薇"和"月季"其实就是玫瑰。但是我们的古人——

这些文科生也顾不上这些,从来就是大而化之,觉得哪个名字合适就用哪个名字,反正就是那个花儿,大致知道。所以我们现在要查古诗里面谈蔷薇的时候,你还得按现在的说法,仔细地查到底是不是蔷薇,不一定是现在的蔷薇;他说月季的时候也不一定是现在的月季,有时候指的可能是玫瑰。但反正最后都是那么个花儿,这是我们古人、我们古代的这些文科生干的事儿。我 20 年前还专门研究过啥呢? 很无聊。我研究过"鸬鹚",南方的江上那个鱼鹰,抓鱼用的,把脖子给勒上,然后让它叼鱼。按说这是古代中国很常见的,至少在南方,其实我查了一下,从古籍上讲,包括北方,河南、陕西那一带,当时都是用这种方式捕鱼。就是这么一个常见的东西,对于古人来说几乎就相当于他们家养了只鹅一样的东西,你要翻翻咱们这古书吧,关于鸬鹚的生殖方式就有各种千奇百怪的说法:有人说它是生蛋的;有人说它不是生蛋的,大鸬鹚下小鸬鹚。那个时候我看完后把这些捋一遍,我就说,在这点上我真不敢恭维我们古代的这些文科生啊,多复杂的一个事儿啊,就在你眼前嘛,你好好观察一下,你还搞不懂它到底是生蛋的呢? 还是大的生小的呢? 不花这个功夫。兴之所至,提笔,这叫写诗呢。所以某种程度上你就了解,为什么我们的古代没有产生出现代科学。我们古代都是由我们这些文科生凭着这种思维来搞,他永远想不到对这个世界上的事物进行精确的分类,进行仔细的观察,进行确切的定性。想不到这些,一切都是诗人的思维,大而化之,就这样了。然后就这样了还好,有时候还要放纵美好的想象,想得很奇怪。诗是都作好了,科学是谈不上。这个毛病直到现在也没怎么改。就是说在我们的文学中,在我们的文化艺术中,这个毛病现在也没怎么改。

那么话又说回来了,有的人会反驳我,说:没怎么改就对了,因为我是搞艺术的,我是作诗的,我只需要诗情画意啊,我真的不需要那么精确的科学的观察。为什么说我们有个中国画的传统——"写意"? 一个中国画家永远不会去深刻地、深入地想,说现在我画的这只鸟是什么鸟,我要画得多么像,多么确切,那在咱们中国人看来是极俗的一件事儿,那是鸟类学家干的事儿而不是一个艺术家应该干的事儿。是不是这样? 在其他艺术门类中是不是这样我就不好讲,但仅就文学来讲,我觉得,这样一种科学素质和科学精神的缺乏,实际上是对中国文学的长远发展和中国文学自现代以来的发展都造成了一些隐蔽的我们还不太注意的负面影响。我们同样也可以反过来去考察一下，比如19世纪的欧洲文学。我们一谈起19世纪欧洲文学，就会谈到雨果、巴尔扎克、司汤达、福楼拜这样一些伟大的作家，我们也会谈到现实主义、浪漫主义、自然主义等写作潮流。在我们的文学史上，或者是在我们的文学理论批评史上，我们通常都是把它当作文学内部的事情，是我们文学自己的事情，是一帮文学家们、文学的理论家和批评家们，在我们的文学发展过程中，我们天天在这儿拍脑袋，想啊想，想出了这些好办法。实际上，那个时代的文学是那个时代的整个文化、社会、精神方方面面共同运动的结果，其中很重要的一个，就是科学、科学精神在文化中的大规模的推进。科学带给了小说家们新的眼光。从某种程度上讲，科学也使得欧洲的这些小说家们获得了新的工作方式，建立了新的工作伦理。对这方面我们实际上谈得是很少的。比如，我们现在读巴尔扎克的小说，我们会发现几乎从19世纪早期、中期开始，不仅是巴尔扎克，而且当时欧洲的其他小说家，他们的小说中发生了一个很重要的变化，什么变化呢？就是像巴尔扎克这些作家，他们忽然有一种热情：我要用我的语言非常确切地去表达、去掌握外边的这个世界，这个客观的世界。我们有时候会有点儿忍受不了巴尔扎克，他会带着一个人说，这个人到哪条街上去，看到一个房子；进了这个房子，走到客厅里去。从街上进到房子，走到客厅，巴尔扎克能花两页甚至三页的篇幅。干什么？他会非常细致地说，在街道上这个房子是什么样的。他不会就用一句话说"这是个破旧的房子"、"这是个摇摇欲坠的房子"、"这是个让我想起什么的房子"，他觉得这些都不行。我必须确切地表达出来这到底是个什么房子，是个什么样的房子。巴尔扎克不惜从最细部的开始说：这是一个什么房子，进了屋，客厅的陈设是什么样的，然后从里屋出来一个人，这个人的神情是什么样的，他的衣服是什么样的，他的穿着是什么样的。我们现在的人再看那样的小说就觉得太啰唆了。为什么呢？因为我们现在的人是电视时代的人，不用你跟我说那么多。但我们可以返回19世纪来想，那时候也没有电视，那时候甚至照相机都没有发明和普及。为什么巴尔扎克要这么写？而且为什么在这之前的小说家不这么写？我想这就体现了整个科学精神，包括科学在社会中的文化权威，在整个19世纪的扩散，扩展到文学中。这样一种观察描述的确切性,它变成了一个艺术标准,变成了一个工作标准。就是说,不要以为我们是搞文学的,我们就可以天马行空;天马行空可以,但是即使天马行空,你也要如此确切、如此准确地把天马到底是怎么回事儿,这个马从头到尾,从头发梢儿到尾巴根儿,你要给我精确地表现出来,精确地刻画出来,令人信服地展现在这里。这个完全是在19世纪科学精神的引导之下,为小说带来的一个全新的艺术标准和艺术志向。而且这种标准和志向,还不仅仅是一开始我们所说的像巴尔扎克那样的,仅仅是一个外部事物的外部描述,很快它就会深化为对人的看法。比如在自然主义中,在左拉那样的作家中,他就是要用一个科学的方法、科学的眼光,把人像植物分类中的一个类别一样加以分类、加以分析:这个人为什么是这样的人,环境对他有什么影响,遗传对他有什么影响,等等。这同样是在科学思维之下,对人的一个重新认识。也许直到现在,我们的很多文学家对这样的影响也还是有的认为很好,有的认为不好。但是有一点是肯定的,正是在这种科学影响之下,才形成了现代小说的一系列基本的艺术标准。比如说小说的结构,我们现在都认为这很正常,因为小说应该有复杂、精密、完整、准确、首尾相顾的结构。这个信念从哪儿来的?不是从来都有的,我们看古代的小说,那个结构是很随便的。古代小说的结构几乎完全是个自然生成的结构,很随便。《红楼梦》的结构看上去不随便,但问题是它没写完,所以我们也不知道它到底随便还是不随便。

总体来讲,无论是中国小说还是外国小说,19世纪以前的小说,大部分都很随便,没有我们后来认为的小说要有一个完整的、精确的结构。19世纪以后不一样了,从某种程度上讲这也是科学造成的。在经受科学洗礼之后,人们认为需要在一个完整的、精确的、逻辑清晰的结构中,达到对世界的艺术认识。同时科学也确立了小说家和艺术家的一些基本的工作标准和工作前提。包括我们现在老讲的,小说家必须深入生活。从毛主席就开始讲"深入生活",要观察生活。其实我们仔细地分析一下这个说法,古代没这个说法,古代没有人要求人深入生活。"深入生活"是哪儿来的说法?从观念的演变上说,这种深入生活的要求,同样是19世纪的科学影响下的一个结果。19世纪的科学决定性地影响了人们对文学的看法:文学是对某种事物的反映，所以要像一个科学家一样，要像达尔文去考察古生物一样，深入到那里，面对那个对象，进行观察、分析、研究；而且像科学家一样，人们还希望深入生活的时间越长越好，越辛苦越好。所以我要说的这一切都表明：科学不是和文学没有关系的，科学不是文学的另一极。或者在我们今天这个论题的意义上，它不是另一极。科学已经深刻地影响到19世纪以后世界文学的发展，确立了文学的基本指标、基本的工作规范。正是在这个意义上说，我个人觉得我们的文学、我们的作家在如今的这个时代，在科学已经在全社会取得如此辉煌胜利的时代，我们其实依然有必要重温文学曾经从科学那里得到的馈赠。这种馈赠在今天的文学和文化发展中，也不是没有意义的。我认为我们现在有些问题，可能恰恰是因为我们忘了这份馈赠。我们已经忘了科学曾经给我们打开了一个新的天地，曾经在某些方面根本地影响了我们的工作方法和我们的工作伦理。我特别爱看江苏台一个相亲节目，叫《非诚勿扰》。每个礼拜六、礼拜天，如果在家没事儿我就看。在看的过程中，经常你就会发现上来一个文学青年，或者是爱文学，或者是正在搞写作。一上来一个文学青年，我就开始揪着心。其实和我也没什么关系，但是我总觉得怎么着也算是我这拨儿的人吧，我也和他是一拨儿的吧，情感上还是向着他。但是这么一期期看下来，我发现一个普遍现象，就是文学青年被灭灯的概率很高，通常是还没怎么地吧，灯就被人灭了，搞得我也觉得很没面子。我仔细地分析了一下为什么文学青年被灭灯的概率这么高，我觉得是有意思的。用我们北京话说是"拧巴"。他要是不说他爱文学吧还好点儿，他一说他爱文学你看看那个拧巴劲儿，你就会觉得他无法和周围的人、和这个世界建立一个恰当的关系，全是拧巴着的。世人皆醉我独醒啊！别人都是俗人啊，只有我是那啥。我说也难怪，要是我我也灭你的灯：你那么不俗，你自己不俗去吧。其实既然到了这儿，咱大家想的都是俗事儿：你不就是来找老婆，我不就是来找老公的吗？你非要摆出一副"我如此不俗"的架势，干吗呢？这是闲话。但由此我想到的是什么呢？文学，不是天然的……我们老说文学是"真善美"——又真又善又美，简直好像天下好东西全在它身上了。我觉得不是的，文学不是天然的真善美。文学把人带到沟里的情况多了去了。文学是什么呢？文学是人对自身的想象，文学也是人对整个世界的一种想象。那么既然它是这样一种想象、幻想,它其实有的时候是很容易走火入魔的,而且有时候是走火入魔而不自知。所以你就会发现在我们中国文学传统里,其实有一个大家都很喜欢但我深不以为然的一个传统。什么传统?就是我刚才说的"世人皆醉我独醒",这世界上没好人,就我好——高度自恋。你就会发现我们中国古人,从古代的文人到现代的文人,别的可能有很大的变化,但这个自恋的劲头,那是一直没变,有时变本加厉。所以你想,你是跑去谈恋爱的,但是结果你在那里尽情地展现你的自恋,能不灭你的灯么?肯定灭你的灯。所以从某种程度上讲,当我们的"五四运动"来临的时候,一百年前,我们的老祖宗们——鲁迅先生、胡适先生他们这些人,他们高举着"民主与科学"的旗帜,发动一场"新文学运动",有他们的道理。他们看到了我们的传统文学精神中,某些非常致命的东西。比如就像我刚才谈到的,看到了我们传统文学、我们传统的诗学情感、我们过去的古典叙事传统中,对于外部世界没有确切的兴趣,没有一个真正的认识热情。就像我刚刚说的,永远是大而化之,看了一千年的花儿,搞不清这到底是玫瑰还是月季,还是蔷薇,全是乱的。

说起来这不过是一个分类错误或者是一个分类混淆,但你可以想见这体现的是一个什么样的主体状态。我们一千多年都是在醉眼看花,却连一种花都看不清。这难道不是问题么?这是多大的问题啊!同时,我们对于主体与世界的关系、"我"与世界的关系的认识上也有很大的问题。就像刚才讲的,我们的文化传统中,从根儿上说,从屈原开始,当然屈原确实很伟大。这是我们中国的早期,是在我们中国诗歌发展中可以说近乎开天辟地的这么一个人物,提供了全新的一种文学风格,全新的诗的修辞方式。但是在他的所有的伟大之余我还是不得不说,后边的人好多也是跟着他学,也学拧巴了。天天只要生活中稍不如意就恨不得也要像屈原先生一样"虽九死其犹未悔",反正天下人都不好,只有我是"美人",我是"香草"。这样的一种情感方式其实是有问题的。也就是说,我们没有一个对外面的世界、对他者、对他人精细地、准确地、有力地去观察、去考究、去研究、去认识的这样一种热情,我们甚至想不到有这个必要;再加上我们对自己又无限热爱,觉得自己无限了不起,只要有错一定是别人有错,但就是我是没错。这两方面的毛病,说到底,我觉得真是该好好地上几天理工科的课,学一学,矫正一下,真不是天天读诗就能够把这些问题解决的。

从某种程度上讲,直到现在,我说的这两方面的问题在中国文学中依然没有解决而且依然非常严重。现在中国所有作家都很焦虑,说:我们现在要反映现实。怎么反映现实? 现实太了不得了,现实太复杂了。而我们真的花过功夫去研究现实么? 我们没花过功夫。不要满足于从总体上、从概念上去对现实做出概括。作为一个作家,你一定要在一个高度具体和细节的水平上,去把握你所选定的这个现实。所以前几天我在省图书馆也谈到一个例子,我就说有个作家用几十万字写农民工的生活,写得很悲愤。但是有一次我跟他聊天,我就问:现在北京这样的农民工一个月挣多少钱? 他说不知道。我说你怎么会不知道呢? 这样一个搞装修的农民工,他做油漆小工一个月挣多少钱? 他租房要花多少钱? 吃饭要花多少钱? 他到网吧去在网吧过夜要多少钱? 我这个朋友差点跟我翻脸,说我知道这些干什么! 我说为什么你认为知道这些没用呢? 当一个作家,你要写一个农民工的时候,这个农民工不是一个概念,这是一个活生生的确切的人。他一个月到底是挣五百,或者是挣一千五或者挣两千五,难道这跟他的整个精神状态、情感状态、生活状态没关系吗? 太有关系了,这可以说是他一切状态的前提啊,对吧? 你一个月挣五千和你一个月挣两千这是一个状态吗? 但是如果你对这个问题其实想都没有想过,概念你都没有,你还洋洋洒洒写了那么多,你都写的是什么呀? 说明你根本没有一个面对着这样一个人物,确切地、方方面面地、彻底地、准确地从最微小的方面开始把握他的生活、他的情感、他的困难和欢乐。你根本没有这样的愿望,你也根本没有这样的方法。所以你靠的是什么呢? 靠的就是大而化之。这个民工很可怜,我要同情他,他是弱者,我要同情他。不是说不用你同情,是说你作为一个作家的同情不是靠说出来的,是靠你把这个人活生生地写出来来实现的。实际上在这个世界上,当我们说我们面对现实、理解现实有如此多的困难的时候,很大程度上是由属于我们实际上无法真正地在经验水平上充分地把握现实的方方面面的状态。就像我讲的,你到医院去看个医生,那么他给你拔个牙,拔了,行。你跟他发生的是一个拔牙、被拔牙的关系,是一个医生和患者的关系。在这个意义上说你完全知道他是个医生。但是你可能完全不知道也不感兴趣,说这个医生绝不是这辈子只干拔牙这一件事。他的生活一定有方方面面的丰富性。我前些日子拔牙了,看着那个医生,我在想,一个人从早到晚盯着别人这嘴,就这么从早盯到晚,对他来讲是啥感觉,我就特别好奇。我觉得一定是非常特殊的感觉:它对一个牙医的职业来讲一定有他的特殊性。但是他的这些除了拔牙之外的所有东西其实我们都不了解。这个社会上很多人,如果看微博、看新闻,好像我们什么都懂、什么都知道,但真细问你一下,一个牙医的生活是怎么回事儿,一个的士司机的生活又是怎么回事儿,我们真的知道吗?不知道啊!我有一次就很感慨,我 20 世纪 90 年代的时候,那时候自己没车,整天坐出租车。整天坐出租车的时候,忽然和这个出租车司机聊起一个什么事儿,忽然他就说起来:哎,一个夏天我们就变阴阳人了。我说,夏天你怎么会变阴阳人,这是什么概念?他说在北京这样的城市,一个夏天下来,他这半边儿是黑的,这半边儿是白的。他一个夏天下来一直坐在车里,要晒嘛。这边按照规定是不许放遮阳棚的,所以他这边晒得全是黑的,这边晒不着,是白的。当时我的感觉是什么呢?我说你看,起码我坐过上千辆出租车司机的车,但我没有注意到这个问题。但这在他的生命中其实是很重要的一个事儿,是很能体现他的生命状态的事儿。

文学要做的是什么呢?文学就是,当我们千千万万人,我们这些普通人都满足于在这样一个概念的水平上理解世界的时候,都满足于我和这个世界仅仅发生的是拔牙的关系、坐出租车的关系、买东西的关系、去买一碗热干面的关系——所有这些关系的时候,文学要让我们和世界重新建立起"人的关系"。通过小说家的想象、表现和书写,让你意识到:哦,牙医不只是个拔牙的事儿,拔牙后边的事儿还多着呢。你们家那个做装修的小工,也不光是刷油漆的事儿,他也是个活人啊,活生生的人啊!所有这一切有助于让我们和世界在文学中建立一个人和人的关系。而为了要做到这一点,确实需要我们的作家、文学家们有一点儿科学的精神,有一点儿对这个世界、对他人耐心、精确地观察、把握、研究的热情和方法。当然也正是因为这样,如果我们对这个世界有一种真正的观察、把握、研究的热情和方法的话,我想我们的作家也就不会那么自恋。什么叫"自恋"?自恋就是对这世界无兴趣,对他人无兴趣，只对自己有兴趣，这叫自恋。他的兴趣投射不到别的地方去，他永远投射到自己身上。我不知道理工科生里有没有自恋的，我接触不多。但是我想，一个理工科生自恋的概率肯定要比文科生要少得多。因为他的好奇、他的关注一定不会整天投射到自己身上。某种程度上说，中国的文学、中国的艺术气质，我们真的不缺所谓的艺术家精神——觉得自己多么高明多么了不起，多么清醒，我们不缺这个，缺的是面对世界的时候的一点谦逊，面对世界的时候的一点宽厚。所以你会发现，我们会在我们的小说中或者是在我们的文化中找到无数很狂的人、很刻薄的人，但很少找到谦逊的人、富于同情心的人，这也正是使人感到失望的一面。文学说到底是干什么的呢？人类为什么需要文学呢？我觉得文学说到底真的不是让我们用来鄙视、贬低他人的，文学是给了我们信心，让我们对人的形象，让我们对人的真善美的可能，怀有一份信心的能力。所以在这个意义上说，我倒宁可希望我们的文学中能够多一点面对世界和他人的那种谦逊的态度，这个是我们现在特别缺乏的。

总而言之，我用了一个多小时谈了科学问题，科学在中国现代文学中，无论是从历史上还是到现在，我们有了一个严重的缺乏科学精神的古典时代；现代和当代，在我们的文学和文化中，尽管科学得到了那么大力的强调，但实际上，我觉得在我们的文学和文化中有时依然缺乏一种基本的科学精神的熏陶。从这个意义上说，我倒觉得，你们华科大的这些文科生们是有福的，你们有这么多理工科的同学，你们也有这样一个理工科的氛围。有这样一个氛围，我觉得其实很可能是件好事。在这个过程中，理工科的影响、科学的影响，可能使得我们在反过身来看文学、看艺术的很多问题的时候，给我们新的眼光，从某种程度上讲，也给我们新的创造力。我现在不当编辑了，我以前在《人民文学》当编辑的时候，我是特别关注我的作者们是干什么的。每当编辑给我报告说，这个谁谁谁以前是修变压器的，我就很兴奋，我说赶紧拿来我看看。为什么呢？我希望看到一个修变压器的人对世界的想象，我不希望看到一个中文系的人对世界的想象。中文系的人对世界的想象我还不知道吗？大致就那样。但是我真希望看到修变压器的人，在他的心里、他的眼中世界是什么样子的。所以我那个时候跟我的同事们反复讲，我说,使劲地去找各种各样的人,各种各样有才华的人,最好是使劲儿地去找那些理工生。

所以,今天就到了这个理工科生的大本营里来了,说了这么多不靠谱的话,请大家包涵!谢谢!

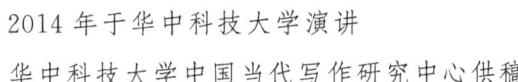

2014 年于华中科技大学演讲

华中科技大学中国当代写作研究中心供稿

20 世纪 90 年代中期，在教育部的倡导和组织下，文化素质教育"一呼而起"，高校文化素质教育的研究与实践探索蓬勃兴盛，而人文讲座则成为其中一道最为亮丽的风景线。原华中理工大学大学生文化素质教育基地（现华中科技大学国家大学生文化素质教育基地，以下简称"基地"）在诸多前辈时贤的鼓舞与关怀下，顺势而为，汇编出版了华中科技大学、清华大学、北京大学、东南大学、北京科技大学、中国人民大学、复旦大学等高校师生提供的人文讲座稿，并冠名《中国大学人文启思录》。《中国大学人文启思录》（1～6 卷）出版后，因其参与学校多、专题涉及广、讲座水平高、思想启迪深，在海内外引起广泛共鸣，影响巨大。"一花引来百花开"。此后，各高校纷纷推出形式各异的文化素质教育讲座并结集出版演讲稿，将全国高校的文化素质教育工作推上新的发展高度。

时隔多年后，我们决定续编《中国大学人文启思录》（7～10 卷），主要有三方面的原因：首先是向《中国大学人文启思录》（1～6 卷）致敬，冀图以此来继承与高扬由周远清、季羡林、杨叔子等先生所倡导和开启的大学生文化素质教育理念；其次也是对基地十多年来工作的回顾与总结；最后也是最重要的原因为，十八大以来，习近平总书记关于"文化自信"、"弘扬优秀传统文化"的系列重要讲话，特别是习总书记 2014 年 5 月 4 日在北京大学师生座谈会上的讲话，在全国高校和广大青年学生中产生了深刻的影响，为新时期文化素质教育指明了新方向,提出了新要求。一些兄弟高校、一批关注文化素质教育的老领导、老教授和广大热心读者希望我们能继续推出人文启思录。为此,我们不揣谫陋、不畏困难,戮力续编《中国大学人文启思录》。

与前6卷的编纂相比,此次续编最大的变化是稿源的单一化,即稿件基本源于在华中科技大学举办的各种人文讲座。华中科技大学致力于"让文化素质教育的旗帜更加鲜艳",精心打造人文讲座品牌,23年来从无间断。截至2017年6月,基地共举办讲座2185期,一大批专家学者在这里留下了大量精彩的报告。本次续编稿件主要来源于2003—2014年举办的1214场讲座。此外,还有部分稿件来源于华中科技大学中文系当代写作研究中心和研究生院"科学精神与实践"讲座。

此次续编延续了以前一贯的编辑体例和选录要求。第7卷选自2003—2007年的部分演讲;第8卷选自2008—2009年的部分演讲;第9卷选自2010—2012年的部分演讲;第10卷选自2013—2014年的部分演讲。

续编工作由基地主任欧阳康教授组织领导,刘金仿、余东升、索元元、郭玫、曾甘霖等承担具体的选编工作。

续编工作一如既往地得到了学校领导、杨叔子院士及有关专家学者的鼓励、支持和指导,华中科技大学中文系、研究生院提供了一批高水平的稿件,一批学生志愿者做了大量细致的录音整理工作,华中科技大学出版社给予了大力支持。在此,谨向他们表示衷心的感谢!

编　者

2017年10月24日